utb 5719

Eine Arbeitsgemeinschaft der Verlage

Brill | Schöningh – Fink · Paderborn
Brill | Vandenhoeck & Ruprecht · Göttingen – Böhlau Verlag · Wien · Köln
Verlag Barbara Budrich · Opladen · Toronto
facultas · Wien
Haupt Verlag · Bern
Verlag Julius Klinkhardt · Bad Heilbrunn
Mohr Siebeck · Tübingen
Narr Francke Attempto Verlag – expert verlag · Tübingen
Ernst Reinhardt Verlag · München
transcript Verlag · Bielefeld
Verlag Eugen Ulmer · Stuttgart
UVK Verlag · München
Waxmann · Münster · New York
wbv Publikation · Bielefeld
Wochenschau Verlag · Frankfurt am Main

Dr. Hans-Jürgen Bieling ist Professor für Politische Ökonomie am Institut für Politikwissenschaft der Eberhard Karls Universität Tübingen.

Carla Coburger ist Wissenschaftliche Mitarbeiterin am Cluster of Excellency ‚Africa Multiple' an der Universität Bayreuth.

Patrick Klösel ist Masterstudent der Philosophie und Ökonomie an der Ludwig-Maximilians-Universität München.

Hans-Jürgen Bieling, Carla Coburger,
Patrick Klösel

Kapitalismusanalysen

Klassische und neue Konzeptionen
der Politischen Ökonomie

WOCHENSCHAU VERLAG

Online-Angebote oder elektronische Ausgaben sind erhältlich unter www.utb-shop.de

Bibliografische Information der Deutschen Nationalbibliothek

Die Deutsche Nationalbibliothek verzeichnet diese Publikation in der Deutschen Nationalbibliografie; detaillierte bibliografische Daten sind im Internet unter http://dnb.d-nb.de abrufbar.

www.wochenschau-verlag.de

Printed in Germany
Einbandgestaltung: Atelier Reichert, Stuttgart
Umschlagmotiv: © Hurca! – stock.adobe.com

utb-Band-Nr. 5719
ISBN 978-3-8252-5719-4 (Buch)
E-Book ISBN 978-3-8358-5719-9 (PDF)

Inhalt

Vorwort

Die Grundidee dieses Buches hat mehrere Aspekte. Wir wollen erstens einen weiten Bogen von den Klassiker*innen des politökonomischen Denkens bis hin zu den jüngeren Diskussionen schlagen. Zweitens haben wir politökonomische Perspektiven ausgewählt, die interdisziplinär ausgerichtet und gesellschaftstheoretisch orientiert sind, d.h. auch Fragen von Macht und Herrschaft adressieren. Drittens richten wir den Fokus insbesondere auf Theorien, die für sich in Anspruch nehmen können, die spezifischen Triebkräfte und Dynamiken der kapitalistischen Entwicklung zu konzeptualisieren.

Zwei Kontexte gaben wichtige Impulse, um diesen Band in Angriff zu nehmen. Zum einen wird in Tübingen regelmäßig eine Vorlesung zu den „Klassikern des politökonomischen Denkens" angeboten, zu deren Begleitung es bislang zahlreiche, aber nur begrenzt nutzbare Lehrbücher gibt; der andere Kontext sind die Diskussionen im Rahmen der Initiative „Rethinking Economics Tübingen", die sich immer wieder mit der Einordnung und Zusammenführung unterschiedlicher heterodoxer Theorieperspektiven befassten.

Ein weiterer Impuls sollte nicht vergessen werden: Die Aufforderung und fortwährende Ermunterung durch den Wochenschau-Verlag, namentlich durch Tessa und Bernward Debus, dieses Publikationsprojekt zu starten und zu Ende zu führen. Diese Unterstützung ist nicht zu unterschätzen, da einige Prozesse und Ereignisse die Fertigstellung des Bandes wiederholt verzögert haben. Für die Nachsicht und gleichzeitige Förderung sind wir Tessa und Bernward zu großem Dank verpflichtet. Ebenso möchten wir all jenen Kolleg*innen und Kommiliton*innen danken, die uns in den letzten Jahren mit hilfreichen Fragen und Anregungen inspiriert und motiviert haben. Dies gilt nicht zuletzt für Felissa Hofmeister, die das Manuskript kritisch gegengelesen und kommentiert hat. Wir hoffen, dass das Buch zum besseren Verständnis politökonomischer Zusammenhänge beiträgt und die Diskussion über die Disziplingrenzen hinweg belebt. Dieser Band richtet sich deshalb auch nicht nur an angehende Politikwissenschaftler*innen, sondern ebenso an Studierende und Wissenschaftler*innen angrenzender Disziplinen, die sich einen Überblick über die historische Entwicklung der Politischen Ökonomie verschaffen wollen.

Tübingen und Berlin im Juni 2021
Hans-Jürgen Bieling, Carla Coburger und Patrick Klösel

1. Einleitung: Was ist Politische Ökonomie?

Grundlegende ökonomische und politökonomische Fragestellungen haben in den letzten Jahren wieder an Brisanz gewonnen. Die Phase der „Great Moderation" – d.h. einer verstetigten, ohne größere Schwankungen verlaufenden wirtschaftlichen Entwicklung Ende des 20. Jahrhunderts – schien nach dem Zusammenbruch des Realsozialismus die These vom „Ende der Geschichte" mit dem endgültigen Siegeszug des westlichen Modells der liberalen Demokratie und Marktwirtschaft zu bestätigen (Fukuyama 1989). Doch seit einiger Zeit gibt es in vielen Gesellschaften ein autoritäres Rollback, und es mehren sich die ökonomischen Krisen und politischen Konflikte. Die weltweite Finanz- und Wirtschaftskrise von 2007 bis 2009 und die Coronavirus-Pandemie seit 2020 sind nur zwei Beispiele für die multiplen Krisen zu Beginn des 21. Jahrhunderts. Verwiesen wird immer wieder auf den erstarkenden Rechtspopulismus, die sinkende Wahlbeteiligung in den meisten Demokratien, ein stagnierendes „säkulares" Wachstum und die Folgeprobleme des menschengemachten Klimawandels. Das an wirtschaftswissenschaftlichen Fakultäten hegemoniale neoklassische Paradigma nimmt diese Entwicklungen oft nur selektiv zur Kenntnis – zu eng ist der disziplinäre Fokus, zu gering ist die Bandbreite an Methoden, zu schwach nicht zuletzt das Gespür für die sozialstrukturellen, kulturellen und machtpolitischen Aspekte politökonomischer Entwicklungen und Umbrüche (Beckenbach et al. 2016).

1.1 Wieso heute noch die „Klassiker" lesen?

Angesichts einer derart verengten Perspektive wird der vorherrschende Methoden- und Theoriemonismus seit einiger Zeit mitunter sehr scharf kritisiert; und zwar nicht nur von altbekannten Akteuren wie den Gewerkschaften, kritischen Sozialwissenschaftler*innen und heterodoxen Ökonom*innen[1], sondern auch von Studierendeninitiativen wie dem Netzwerk Plurale Ökonomik und der International Student Initiative for Pluralism in Economics (Coburger/Klösel 2017). Ein wichtiger Anstoß der Kritik ist die Marginalisierung alternativer Konzeptionen, insbesondere politökonomischer Analysen und Interpretationen

1 Das Gendersternchen (*) hinter einem Wort dient als Verweis auf den Konstruktionscharakter des „sozialen Geschlechts".

in der akademischen Forschung und Lehre. Im Schatten neoklassischer Perspektiven, die konzeptionell Modelle einer „reinen Ökonomie" unterstellen und mit dem Selbstverständnis einer „exakten" Wissenschaft arbeiten, werden die der Ökonomie eingeschriebenen Machtbeziehungen, Konflikte, normativen Orientierungen und Überzeugungen meistens ignoriert. Tatsächlich verdeutlichen die jüngeren Entwicklungen des Gegenstandsbereichs – etwa die Finanzkrisen oder die Diskussionen über einen neuen Protektionismus – jedoch, dass derartige Dimensionen, Fragestellungen und Konzepte forschungsstrategisch hochrelevant sind. Sollen aktuelle wissenschaftliche Debatten und journalistische Beiträge in den Wirtschafts- und Finanzteilen der Qualitätspresse verstanden, hintergründig analysiert und kritisch eingeordnet werden, so kommt man ohne die vielfältigen Einsichten politökonomischer Konzepte nicht sehr weit.

Den Ausgangspunkt des vorliegenden Bandes bildet mithin eine „Doppelkrise": zum einen die Krise der kapitalistischen Ökonomie, nicht zuletzt in Europa; und zum anderen die Krise – oder zumindest Erschütterung – des vorherrschenden, neoklassisch oder marktliberal verengten, ökonomischen Denkens. Die zweite Krise ist insofern erstaunlich, als die Geschichte des (polit-)ökonomischen Denkens weit ausdifferenziert ist und einen beträchtlichen Schatz aufschlussreicher, zumindest inspirierender Analyseperspektiven in sich birgt. Wie sich die Theorien und Paradigmen entwickelt haben, ist wiederholt in Übersichtsbänden dargelegt worden. Wer sich kundig machen will, kann auf eine Reihe interessanter Schriften zurückgreifen: Etwas älter, mit engem Bezug zu den Quellentexten, vom Darstellungsstil daher mitunter etwas schwerer zugänglich sind die Studien von Werner Hofman (1986) oder Maurice Dobb (1977); etwas leichter zugänglich, aber ebenfalls auf die ökonomischen Theorien im engeren Sinne fokussiert, ist die Darstellung von Jürgen Kromphardt (2004). Darüber hinaus gibt es einige Publikationen, die den historischen Kontext und die Entwicklungslinien des (polit-)ökonomischen Denkens ins Zentrum stellen: Sehr knapp und pointiert erfolgt dies in „A Short History of Economic Thought" von Bo Sandelin, Hans-Michael Trautwein und Richard Wundrak (2008), etwas weiter ausgreifend in dem Überblicksband von Bachinger und Mathis (2009) und sehr ausführlich, systematisch und detailliert in „An Outline of the History of Economic Thought" von Ernesto Screpanti und Stefano Zamagni (2005). Jenseits der akademischen Fachbücher gibt es zudem das sehr anschaulich, kritisch und in Form eines Comics angelegte Buch „Economix. Wie unsere Wirtschaft funktioniert (oder auch nicht)" von Michael Goodwin und Dan Burr (2013).

Über die genannten Überblicksbände hinaus liegen weitere paradigmengeschichtlich orientierte deutschsprachige Werke vor. Diese sind zum Teil, so etwa die Bände von Bernd Ziegler (2008) oder Heinz D. Kurz (2013), recht schlank, zum Teil aber auch umfassender angelegt (so etwa Pierenkemper 2012; Söllner 2013). Sie verbleiben in der Darstellung aber weitestgehend innerhalb des Lehrkanons dessen, was in der Ökonomie – unter Ausklammerung politökonomischer und sozialökonomischer Ansätze – als Economics bezeichnet wird. Auch jene Bücher, die stärker biographisch ausgerichtet sind und die konzeptionellen Überlegungen einflussreicher Ökonomen rekonstruieren (Kurz 2008a; Linß 2007; Starbatty 2012; Pies 2016), nehmen kritische politökonomische und sozialökonomische Perspektiven allenfalls am Rande auf. Und selbst die Schriften, die sich als Kritik des ökonomischen Mainstreams verstehen, sind in der Erweiterung des theoretisch-konzeptionellen Horizonts oft etwas eng angelegt. Sie umschließen zwar die Perspektiven von Karl Marx und John Maynard Keynes (Herrmann 2016), eines Silvio Gesell (Senf 2007), die ökonomische Nachhaltigkeitsdiskussion (Rogall 2013) oder verweisen auf die mit den Konzeptionen verbundene wirtschaftspolitische Praxis (Schmid/Buhr 2015), lassen ansonsten aber eine ganze Reihe aufschlussreicher Theorien, so auch die laufenden sozialwissenschaftlichen Diskussionen in der Internationalen und Vergleichenden Politischen Ökonomie weitgehend unberücksichtigt (Bieling 2011a: 27 ff).

Gleichwohl sprechen einige der hier angeführten Publikationen ein Motiv an, das auch für den vorliegenden Band zentral ist: nämlich von den Klassikern lernen zu wollen. Schließlich hatten jene Klassiker bereits zu früheren Zeiten wichtige Fragestellungen aufgeworfen, Thesen formuliert und Konzeptionen entwickelt, die auch für die heutige Forschung und Diskussion noch relevant und analytisch hilfreich sind. Auch andere Bücher legen eine solche Perspektive durchaus nahe (Dobb 1977; Hofmann 1986; Senf 2007; Herrmann 2016). Die hier vorgenommene Rekonstruktion des politökonomischen Denkens zeichnet sich jedoch durch einige spezifische Merkmale aus:

- Erstens konzentriert sich die Auswahl der dargestellten und diskutierten Theoretiker*innen und Konzeptionen keineswegs nur auf Ökonomen*innen, sondern erstreckt sich auf Beiträge zur Politischen Ökonomie im weiteren Sinne. So werden nachfolgend auch einige Überlegungen dargestellt, die von vielen wohl eher der Wirtschaftssoziologie, der kulturellen politischen Ökonomie oder der vergleichenden Kapitalismusforschung zugerechnet werden.
- Zweitens impliziert der Fokus auf Politische Ökonomie zugleich ein besonderes Verständnis dieser Theorieperspektive. Es geht nicht um Ansätze, die im Sinne der „Neuen Politischen Ökonomie“ unter Politischer Ökonomie die Übertragung bestimmter ökonomischer Konzepte – so vor allem von Rational Choice und Nutzenmaximierung – auf andere Gesellschaftsberei-

che und die Sphäre der Politik verstehen. Es stehen vielmehr Konzeptionen im Zentrum, die Politische Ökonomie als Form von Gesellschaftstheorie begreifen. Diese Sichtweise war insbesondere für die frühen Klassiker charakteristisch, die sich oft als Moralphilosophen, Rechtswissenschaftler oder Nationalökonomen und darüber hinaus als Universalgelehrte begriffen hatten (Watson 2005).

- Mit diesem Verständnis von Politischer Ökonomie als Gesellschaftstheorie rücken drittens Fragen der Kapitalismusanalyse in den Vordergrund. So fragen die hier vorgestellten Konzeptionen unter anderem danach, warum der Kapitalismus eigentlich so dynamisch ist und wohin ihn diese Dynamik treibt. Es geht mithin um die Triebkräfte und Formen, aber auch die Widersprüche und Konflikte der ökonomischen und gesellschaftlichen Entwicklung. Gerade die Konflikte verweisen darauf, dass der kapitalistischen Ökonomie gegensätzliche – historisch spezifische – Interessenlagen, oder weiter gefasst: Macht- und Herrschaftsverhältnisse eingeschrieben sind, die sich auch in den politischen Arrangements, institutionellen Verhältnissen und öffentlichen Diskursen artikulieren.

Unter Berücksichtigung der aufgeführten Merkmale möchte der vorliegende Band nicht nur einen Überblick über wichtige Beiträge und die Entwicklung des politökonomischen Denkens und der zugrundeliegenden Kontextbedingungen geben. Er soll auch die aktive Auseinandersetzung mit den Autor*innen stimulieren und kritische Impulse und Anregungen für ein besseres Verständnis der aktuellen wissenschaftlichen und politischen Kontroversen liefern. Soweit dies gut erkennbar ist, sollen in diesem Zusammenhang – über die Erklärungsangebote und die akademische Rezeption hinaus – auch stets die ökonomischen und gesellschaftspolitischen Effekte, also die praktischen Wirkungen der jeweiligen Theorien reflektiert werden.

1.2 Konzeptionen der politischen Ökonomie – Gegenstand und Erkenntnisinteressen

Die Verwendung des Begriffs der „Politischen Ökonomie“ war in der Vergangenheit häufig umstritten und politisiert. In den 1970er und 1980er Jahren verwendeten ihn nicht wenige als Synonym für Marxismus. Diese Praxis war jedoch nicht nur unpräzise – die von Marx (1976 [1867]) verfasste Schrift *Das Kapital* trägt den Untertitel „Kritik der politischen Ökonomie“ –, sondern vor allem viel zu eng. Sie prägte zudem sehr stark die Debatten im deutschen Sprachraum, während der Begriff der „Political Economy“ in der britischen und amerikanischen Diskussion viel breiter verwendet wurde. Diese breite Diskussion erfasst liberale, republikanische und kritische Ansätze mit ihren vielschichtigen, zum Teil gegensätzlichen Grundannahmen. Gemeinsam sind ihnen aber stets gesellschaftstheoretisch orientierte Überlegungen zur Konzeptualisierung und Analyse politökonomischer Verhältnisse und Dynamiken, an die wir mit diesem Band anknüpfen. Bei der Verwendung und Schreibweise des Begriffs ist darauf zu achten, dass mit „Politischer Ökonomie" die (Inter-)Disziplin, mit „politischer Ökonomie" hingegen der Untersuchungsgegenstand gemeint ist. Letzterer stellt sich – infolge der gesellschaftlichen Differenzierung und unter den Bedingungen der Globalisierung – inzwischen recht komplex dar. In einer ersten Annäherung lassen sich drei Bereiche identifizieren, die den Gegenstand der politischen Ökonomie maßgeblich konstituieren: die Ökonomie, die Arenen des Staates und der Politik sowie die Sphären der Zivilgesellschaft (Bieling 2011a: 13 ff). Die Erkenntnisinteressen der Politischen Ökonomie beziehen sich, wie wir sehen werden, vor allem darauf, die innere Struktur der drei Bereiche, ihr Verhältnis zueinander und ihre komplexen Verflechtungen zu entschlüsseln.

Wenn sich der Blick auf die Ökonomie richtet, so betrachtet die Politische Ökonomie im Wesentlichen die Ausprägungen einer kapitalistischen Ökonomie. Diese zeichnet sich allgemein dadurch aus, dass Geld in der Form von Kapital investiert wird, um einen Profit zu erzielen (Fulcher 2007: 23). Die kapitalistische Ökonomie stützt sich dabei auf ein Geflecht an Produktionsbeziehungen und Märkten. Es werden also Waren – Güter und Dienstleistungen – erzeugt, die in der Ökonomie verschiedene Produktionsstufen durchlaufen, bis sie schließlich verteilt und anschließend konsumiert werden. Für die kapitalistische Produktionsweise sind neben dem Streben nach Profit vor allem vier Merkmale von grundlegender Bedeutung (Fülberth 2011: 6 ff; Kocka 2013: 9 ff): Als erstes ist das Privateigentum an Produktionsmitteln zu nennen, das maßgeblich den Charakter der Produktionsbeziehungen bestimmt. Ist das zur Produktion von Waren erforderliche Kapital – also die Verfügung über Geld, den Einsatz von Maschinen und anderen Produktionsgütern – in privater Hand, so impliziert dies zugleich den Ausschluss einer Kontrolle seitens der Beschäftigten. Das zweite Merkmal besteht im System der Warenproduktion. So werden Waren zur Produktion von weiteren Waren eingesetzt, um für den Markt, nicht aber für den Eigenverbrauch zu produzieren. Die für das System der Warenproduktion nötige Arbeitskraft wird durch ein drittes Merkmal, das System der Lohnarbeit, bereitgestellt. Dieses sorgt dafür, dass Arbeiter*innen ihre Arbeitskraft auf dem Arbeitsmarkt anbieten. Schließlich stützt sich die kapitalistische Ökonomie viertens auf ein funktionsfähiges Geld- und Finanzsystem. Dieses ermöglicht eine dynamische ökonomische – und gesellschaftliche – Entwicklung, weil durch die

Bereitstellung von Krediten, die erst durch die später realisierten Profite bedient und getilgt werden, oft große Investitionen und Innovationen bewerkstelligt werden. Die verschiedenen politökonomischen Perspektiven haben sich schwerpunktmäßig mit den genannten Organisationsformen der Produktion und Zirkulation befasst. Die Sphäre der Reproduktion, also der Kindererziehung, Altenpflege, häuslichen Arbeit und auch der Mensch-Natur-Beziehungen, wurde hingegen oft ausgeklammert. Sie spielt für die Funktionsweise der kapitalistischen Ökonomie jedoch eine konstitutive Rolle und ist von kritischen, vor allem feministischen und ökologischen Ansätzen durchaus in die Analyse der politischen Ökonomie mit einbezogen worden.

Das Politische in der politischen Ökonomie lässt sich unterschiedlich bestimmen: zum einen strukturell, weil in der kapitalistischen Ökonomie Menschen unterschiedliche Rollen ausfüllen, mit denen sozial ungleiche Lebenschancen und spezifische Formen der Macht oder Ohnmacht verknüpft sind. Zum anderen ist die Ökonomie aber auch insofern politisch, als die rechtlichen und institutionellen Verhältnisse für ihre Operationsweise konstitutiv sind. So besteht die grundlegende politökonomische Aufgabe des Staates darin, kollektiv verbindliche Regelsysteme zu etablieren, d.h. eine allgemein akzeptierte Rechtsordnung bereitzustellen und deren Geltung – durch die Polizei und ein funktionsfähiges Justizwesen – zu garantieren, um bestehende Unsicherheiten zu minimieren (Benz 2008). Darüber hinaus wirken die Formen und die Prozesse der politischen Regulation, vor allem der staatlichen Intervention oft umfassend und unmittelbar auf die Ökonomie ein (Deppe 2015). Der Staat interveniert per Gesetz und durch finanzielle Steuerungsmechanismen mitunter substanziell in die Funktionsweise der Ökonomie. Das Arsenal der politökonomischen Staatstätigkeit ist entsprechend sehr umfangreich und erstreckt sich von der Finanz-, Wirtschafts- und Konjunkturpolitik über die Gestaltung des öffentlichen Sektors (Verkehrswege, Bildung, Kultur etc.) bis hin zu Fragen der Wettbewerbs- und Industriepolitik. Von zentraler Bedeutung sind neben Verwaltungsaufgaben nicht zuletzt die distributiven Effekte der Arbeits- und Sozialpolitik.

Die genannten Tätigkeitsfelder verdeutlichen, dass der Staat die Funktionsweise der politischen Ökonomie vielfältig organisiert und nicht selten auch politisiert. Während die heute hegemonialen neoklassischen Ansätze den Staat ebenfalls als Akteur wahrnehmen, ihn allerdings als nutzenmaximierende Blackbox darstellen, nimmt die Politische Ökonomie die unterschiedlichen Facetten der politischen Intervention – Institutionen, Prozesse und Inhalte – und die ihnen eingeschriebenen gesellschaftlichen Verteilungskämpfe, konkurrierenden Ordnungsvorstellungen und Interessenkonflikte in den Blick. Die Politische

Ökonomie verweist auf diese Weise stets auf Fragen der Politischen Soziologie, d.h. auf die – in der Öffentlichkeit und in den Staatsapparaten – umkämpfte Reproduktion oder den Wandel gesellschaftlicher Macht- und Herrschaftsverhältnisse.

In der Vermittlung von Ökonomie und Politik kommt demzufolge der Sphäre der Zivilgesellschaft eine ganz zentrale Bedeutung zu. Was unter Zivilgesellschaft genau zu verstehen ist und wie sie analytisch und normativ – im Verhältnis zum Staat – gefasst werden sollte, ist in den liberalen, republikanischen und gramscianischen Konzeptualisierungen zum Teil recht kontrovers diskutiert worden (Adloff 2005). Jenseits aller Differenzen fungiert die Zivilgesellschaft zunächst als Infrastruktur der öffentlichen Kommunikation (Habermas 1992: 443 f). Sie umschließt neben den Medien – etwa dem öffentlichen und privaten Rundfunk, den Zeitschriften, Marktplätzen, Internet oder Schulbüchern – zum einen die politischen Akteure (Verbände, Parteien, soziale Bewegungen), die sich direkt an der Identifikation und Deutung gesellschaftlicher Probleme oder Krisen beteiligen, zum anderen aber auch viele Bedeutungsträger, Symbole oder Praktiken, die nicht oder nur punktuell als politisch betrachtet werden: so z.B. Lehrpläne, Museen und Denkmäler, Religionsgemeinschaften, Literatur, Lieder, Fahnen, Straßennamen und vieles mehr. All diese, hier nur unvollständig aufgeführten, Komponenten der öffentlichen Kommunikation lassen erkennen, dass in der Zivilgesellschaft – zuweilen sehr heftig – nicht nur über konkurrierende Interessen, sondern auch über divergierende Wertvorstellungen diskutiert und gestritten wird.

Welche Interessen und Werte sich als hegemonial, d.h. weithin anerkannt und unterstützungsfähig, durchsetzen, ist in gewissem Maße kontingent. Bei der Produktion von Wissen und Bedeutungen handelt es sich um einen widersprüchlichen und komplexen Prozess, der sich in mehreren zivilgesellschaftlichen Arenen vollzieht und in dem unterschiedliche Diskursebenen – konzeptive Intellektuelle, öffentliche Multiplikatoren und das Alltagsbewusstsein der Massen – aufeinander einwirken. Macht- und herrschaftssoziologisch bildet die Zivilgesellschaft eine Sphäre der Ambivalenz: Einerseits stellt sie einen „vorpolitischen Raum" dar, in dem sozialer Ungehorsam und sozialer Protest artikuliert und in die Öffentlichkeit getragen werden können. Dieser Aspekt wird von liberalen und republikanischen Theoretiker*innen hervorgehoben. Andererseits kann die Zivilgesellschaft mit Antonio Gramsci (1991) als Komponente eines „erweiterten Staates" gelesen werden, in der die Legitimitätsgrundlagen der sozialen, ökonomischen und politischen Ordnung ausgehandelt werden. Die Zivilgesellschaft ist dabei von staatlicher Macht durchzogen, was vor allem im Bildungs- und Kulturbereich sichtbar wird. Neben der Ökonomie und den Formen der staatlichen Regulierung und Intervention bildet die Zivilgesellschaft eine wichtige Vermittlungsarena, in der sich die gesellschaftlichen Akteure über die Funktionsweise der politischen Ökonomie bewusst werden können.

Die Politische Ökonomie als Wissenschaft lässt sich als Teil dieses Bewusstwerdungsprozesses interpretieren. Sie lenkt den Blick auf unterschiedliche Aspekte dieses komplexen Ineinandergreifens von Politik, Ökonomie und Zivilgesellschaft und bietet dabei spezifische Erklärungen und Interpretationen an. Je nachdem, wie die Beschaffenheit der politischen Ökonomie als Gegenstandsbereich genau gefasst wird, adressieren diese Erklärungen und Interpretationen unterschiedliche Zusammenhänge. Mal werden diese stärker strukturell, mal stärker akteurszentriert konzeptualisiert; und mal geht es vor allem um Interessen und Verteilungseffekte, mal stärker um Ideen, Überzeugungen, Normen oder Diskurse. Unter Berücksichtigung dieser Differenzen befasst sich die Politische Ökonomie unter anderem mit folgenden Fragen:

- Wie entstehen Werte und Preise? Welche Rolle kommt dabei der Produktion, welche Rolle den Marktprozessen zu? Sind „objektive" Faktoren – etwa die verausgabte Arbeit – oder „subjektive" Faktoren wie der mutmaßliche Nutzen für den Wert oder Preis eines Gutes maßgeblich?
- Lassen sich unterschiedliche Typen von Märkten – Güter- und Dienstleistungsmärkte, Kapital- und Finanzmärkte, Arbeitsmärkte – systematisch voneinander unterscheiden? In welchem Verhältnis stehen sie zueinander?
- In welchem Maße fördert die Struktur und Operationsweise der kapitalistischen Ökonomie spezifische gesellschaftliche Widersprüche und Konflikte? Welche sozialen und politischen Kräfte und Akteure sind daran beteiligt? Handelt es sich vor allem um Verteilungs-, oder auch um Wert- oder Ordnungskonflikte, die die politische Ökonomie, also auch die Rolle des Staates, insgesamt betreffen?
- Wie stellen sich die skizzierten Bestimmungsmomente der kapitalistischen Ökonomie historisch konkret dar? Ist es sinnvoll – und falls ja, in welcher Form – zwischen unterschiedlichen Stadien oder nationalen Ausprägungen des Kapitalismus zu differenzieren? Welche Erkenntnisse werden durch derartige Differenzierungen generiert?
- Warum kommt es in der kapitalistischen Entwicklung immer wieder zu Krisen? Welche Dynamiken oder Faktoren werden für Krisen verantwortlich gemacht? Unter welchen Bedingungen und nach Maßgabe welcher Kriterien lassen sich Krisen als groß oder strukturell, wann als klein oder konjunkturell bezeichnen?

- Warum hat sich der Kapitalismus – ungeachtet aller Krisen – als ein im Vergleich zu früheren Perioden besonders dynamisches und zugleich beständiges Gesellschaftssystem erwiesen? Welche Rolle kommt dabei ökonomischen Faktoren im engeren Sinne zu, z.B. den Finanzmärkten? Welche Bedeutung sollte rechtlichen, sozialstrukturellen oder kulturellen Faktoren beigemessen werden? Wie lässt sich kapitalistische Entwicklung überzeugend konzeptualisieren und erklären?

1.3 Linien der Theorieentwicklung: Perspektiven und Kontexte

In diesem Band geht es vor allem darum zu rekonstruieren, wie sich wichtige Vertreter*innen der Politischen Ökonomie mit den aufgeführten Fragestellungen auseinandergesetzt haben. Die jeweiligen Erkenntnisinteressen variierten in dem Maße, wie sich der Kapitalismus technologisch oder produktionsorganisatorisch fortentwickelte und – so etwa mit der Herausbildung handelskapitalistischer Strukturen, mit dem Übergang zum Industriekapitalismus oder mit dem Finanzmarktkapitalismus – jeweils neue Strukturelemente und Problemstellungen in den Vordergrund getreten waren. Es wäre dabei zu einfach, die Entwicklung der Politischen Ökonomie allein in Korrespondenz zur Veränderung ihres Untersuchungsgegenstandes zu betrachten oder – ähnlich wie in den Naturwissenschaften – eine Abfolge dominanter Paradigmen zu identifizieren (Kuhn 1976). Gegen eine derartige Perspektive spricht die offenkundige Vielfalt und Konkurrenz theoretisch-konzeptioneller Angebote, die zum Teil der inneren Differenzierung des wissenschaftlichen Prozesses, zum Teil aber auch den bestehenden gesellschaftlichen Spaltungslinien – etwa zwischen den sozialen Klassen, den Geschlechtern, Ethnien oder auch zwischen Zentrum und Peripherie – geschuldet sind. Auch diese Momente sind in die jeweils verfolgten Erkenntnisinteressen eingeflossen und haben zu abweichenden theoretischen Konzeptionen und politökonomischen Analyseperspektiven geführt.

Das Konkurrenz- und Spannungsverhältnis zwischen den Theorieangeboten stellt sich recht unterschiedlich dar. Manchmal konkurrieren die analytischen Perspektiven nur partiell und verhalten sich weitgehend komplementär zueinander. Entsprechend lassen sich durch die Kombination politökonomischer Ansätze auch neue Perspektiven gewinnen. Zuweilen sind die Spannungen aber auch sehr grundsätzlicher Art, verweisen also auf grundlegend divergierende Annahmen über die Struktur und Beschaffenheit der politischen Ökonomie. Recht gut deutlich wird dies, wenn man die Klassische Politische Ökonomie („die Klassik") und „die Neoklassik" kontrastiert.

Für die klassische Politische Ökonomie ist der Untersuchungsgegenstand der politischen Ökonomie durch soziale Beziehungen, Normen, Werte und Diskurse strukturiert. Ökonomische Beziehungen werden als ein Teilbereich der weiter gefassten gesellschaftlichen, durch soziale Machtverhältnisse geprägten Beziehungen analysiert. Diese Sichtweise lag insofern nahe, als es sich bei den Klassikern der Politischen Ökonomie nicht um Ökonomen im strengen Sinne, sondern in erster Linie um Sozial- oder Moralphilosophen (Adam Smith, John Stuart Mill), um Juristen und Philosophen (Karl Marx) oder Naturwissenschaftler (Ricardo) handelte, die sich selbst als Universalgelehrte verstanden und sich dem Feld der Ökonomie mit Blick auf allgemeine und übergeordnete gesellschaftliche Fragen zuwandten. Auch viele der nachfolgenden Theoretiker*innen lassen sich der Tradition der Klassischen Politischen Ökonomie zuordnen (John Maynard Keynes, Karl Polanyi, Antonio Gramsci etc.), da sie die politische Ökonomie als eine durch soziale, kulturelle und moralische Beziehungen organisierte Gesellschaftssphäre konzeptualisierten.

Einen deutlichen Kontrapunkt setzte hierzu gegen Ende des 19. Jahrhunderts die Marginalistische Revolution, die den theoretischen Grundstein für die heute in der Wirtschaftswissenschaft dominante „Neoklassik" legte. Mit ihr vollzog sich unter anderem die Abkehr von der „objektiven" und die Hinwendung zur „subjektiven" Werttheorie. Der Wert eines Gutes wird hier nicht mehr durch die in das Gut investierte Arbeitskraft bestimmt, sondern durch den subjektiven Nutzen der Konsument*innen, der in Preisen gemessen wird (Grenznutzenschule). Das der Produktion nach selbe Gut kann demnach in zwei unterschiedlichen Situationen unterschiedlichen Wert besitzen, obwohl zu seiner Produktion die gleiche Menge an Arbeitskraft und Kapital eingesetzt wurden. Neben der subjektiven Werttheorie und der Bezugnahme auf den *homo oeconomicus*, also ein strikt rationales und wirtschaftlich denkendes Individuum, ist die allgemeine Gleichgewichtstheorie zentraler Bestandteil der Neoklassik. Ein allgemeines Gleichgewichtsmodell beschreibt eine Ökonomie, in der auf allen Partialmärkten (z.B. Güter- und Geldmarkt) ein Gleichgewicht herrscht. Ein solches Gleichgewicht besteht in der Räumung des jeweiligen Marktes durch die Anpassung von Angebot und Nachfrage. Dieses Gleichgewicht ist durch variable Preise und die Präferenzen der rationalen Marktteilnehmer*innen sowie die Produktionsentscheidungen der Unternehmen determiniert. Zur allgemeinen Gleichgewichtstheorie wird dieses Modell, wenn es als Grundlage zur Beantwortung von nahezu allen Fragen über die Ökonomie (Arbeitslosigkeit, Preisentwicklung etc.) herangezogen wird.

Der Übergang zur Neoklassik markiert mit den modelltheoretischen Annahmen einer „reinen Ökonomie" zwar die Abkehr von der Politischen Ökonomie, hat auf deren Entwicklung jedoch großen Einfluss genommen: zum einen dadurch, dass sich viele der nachfolgenden politökonomischen Konzeptionen kritisch von der Neoklassik abgegrenzt haben; zum anderen aber auch dadurch, dass bestimmte Elemente des neoklassischen Denkens Eingang in die sozial- und politikwissenschaftlichen Diskussionen gefunden und ein spezifisches, individualistisch-rationalistisches Verständnis von Politischer Ökonomie geprägt haben, das sich von den Klassikern deutlich unterscheidet. Paradigmatisch ist dabei die Neue Politische Ökonomie, die ausschließlich auf die Momente des Tausches – in akademisch konstruierten ökonomischen, politischen und auch sozialen Märkten – und hierauf bezogene individuelle Entscheidungserwägungen Bezug nimmt. Die neoklassischen Basisprämissen und Erkenntnismethoden wie der methodologische Individualismus und die Annahme nutzenmaximierender und rational handelnder Individuen in durch Preissignale und Tauschbeziehungen organisierten Märkten wurden von vielen Vertreter*innen der Neuen Politischen Ökonomie rezipiert und fortan nicht nur auf Märkte, sondern im Prinzip auf alle Sozialbeziehungen angewendet (Dehling/Schubert 2011). Zu nennen wären hier diverse Varianten der Rational Choice und Public Choice Theorie. Diese Perspektive diffundierte beträchtlich und fand partiell sogar Eingang in die institutionalistische Politische Ökonomie wie etwa den von Peter Hall und David Soskice (2001) entwickelten Ansatz der Varieties of Capitalism (VoC).

Dieser Band bezieht die Neoklassik und die an diese anschließenden theoretischen Konzeptionen nur insofern in die Betrachtung mit ein, als dies für das Verständnis der späteren politökonomischen Perspektiven erforderlich ist. Der Schwerpunkt der nachfolgenden Kapitel liegt vor allem auf politökonomischen Konzeptionen, die sich von der Neoklassik explizit abgegrenzt und sich mit Fragen der ökonomischen und gesellschaftlichen Entwicklung – unter Einschluss von technologischen Innovationen, institutionellen und kulturellen Kontextbedingungen, Krisenprozessen sowie bestehenden Macht- und Herrschaftsverhältnissen – auseinandergesetzt haben. Um zu verstehen, wann, wie und warum sich diese Konzeptionen herausgebildet und profiliert haben, ist es hilfreich, unterschiedliche Einflussfaktoren genauer in den Blick zu nehmen. Vor allem drei Arten von Faktoren spielen eine wichtige Rolle:

- Als erstes sind die historischen Kontextbedingungen zu nennen. Sie haben insofern einen offensichtlichen Einfluss auf die Theorieentwicklung, als mit ihnen gesellschaftsstrukturelle Problemstellungen verknüpft sind, die theoretisch-konzeptionelle Innovationen erforderlich machten: so etwa die mit der Industrialisierung im 19. Jahrhundert verbundenen Umwälzungen in der Produktion, die Fortentwicklung der Arbeitsteilung und Ausweitung der Lohnarbeit sowie die soziale Verelendung, die zunächst von der klassischen Politischen Ökonomie, später dann von der historischen Schule aufgegriffen und theoretisch reflektiert worden sind. Ähnliches gilt im 20. Jahrhundert für die Expansion der Wohlfahrtsstaaten, die Krise des Fordismus oder die forcierte Globalisierung seit den 1980er Jahren. Auch diese Phänomene verweisen auf den Wandel der nationalen Kapitalismusmodelle und haben die politökonomische Theoriebildung maßgeblich geprägt.

- Über die historischen Kontextbedingungen hinaus kommt zweitens den Dynamiken des wissenschaftlichen Feldes eine zentrale Bedeutung zu. So beziehen sich neue politökonomische Konzeptionen eigentlich immer auf die analytischen Überlegungen früherer Theoretiker*innen. Sie können – implizit oder explizit – an bestehende Theorieangebote anschließen, dabei aber andere Akzente setzen. Oder sie gewinnen dadurch an Profil, dass sie einflussreiche Konzeptionen kritisieren und sich von diesen absetzen. Oft entfalten sich theoretische Denkbewegungen in größeren Gruppen – Netzwerken oder Debattenzirkeln –, die dann auf weitere Kreise ausstrahlen. Die wissenschaftliche Kommunikation bleibt dabei keineswegs – wie die Bezeichnung Politische Ökonomie vielleicht suggerieren mag – auf die wirtschafts- und politikwissenschaftliche Diskussion beschränkt. Nicht selten fließen auch die Ideen und analytischen Konzepte der benachbarten Sozialwissenschaften in die Fortentwicklung der Politischen Ökonomie ein.
- Neben den historischen Kontextbedingungen und der wissenschaftlichen Kommunikation reflektieren konzeptionelle Innovationen zumeist auch eine dritte Einflussgröße, die nur sehr schwer zu fassen ist: den Einfallsreichtum oder die Genialität der jeweiligen Theoretiker*innen. Dieses individuell-kreative Moment mag in der Biographie und Sozialisation der jeweiligen Personen angelegt und erkennbar sein. Ob und in welchem Maße es letztlich jedoch zum Tragen kommt, ist weitgehend kontingent.

Den skizzierten Einflussfaktoren kommt im konfliktiven Prozess des Wandels hegemonialer politökonomischer Paradigmen eine zentrale Bedeutung zu. Doch wie sind sie aufeinander bezogen? Wie greifen sie ineinander? Wir gehen davon aus, dass der politökonomische Diskurs – wie auch andere gesellschaftliche und politische Diskurse – mehrere Ebenen umschließt, die sich analytisch wie folgt differenzieren lassen. Auf einer ersten Diskursebene agieren die konzeptionell denkenden Intellektuellen. Sie definieren, analysieren und interpretieren gesellschaftliche Verhältnisse und Problemlagen und erarbeiten mehr oder minder kohärente Gesellschaftsentwürfe. Die ausgearbeiteten Perspektiven werden auf der zweiten Ebene von unterschiedlichen Multiplikatoren – Journalist*innen, Lehrer*innen, Politiker*innen und diversen Bildungsarbeiter*innen – aufgegriffen, verbreitet, umgeformt und an die jeweiligen Kontexte angepasst. Die dritte Diskursebene bildet schließlich das Alltagsbewusstsein, das – geprägt durch die jeweiligen Arbeits- und Lebensbedingungen – stärker fragmentiert, oftmals widersprüchlich und eng mit der moralischen Ökonomie verbunden ist. Erfahrungen von Anerkennung, aber auch von Ungerechtigkeit und Missachtung finden auf diese Weise Eingang in die Interpretation der politischen Ökonomie. In demokratisch verfassten Gesellschaften ist das Alltagsbewusstsein von großer Bedeutung; zugleich können sich nicht alle sozialen Klassen und Gruppen in der politischen Öffentlichkeit gleichermaßen artikulieren, was den Blick auf die bestehenden Macht- und Herrschaftsverhältnisse lenkt.

1.4 Wie ist dieses Buch aufgebaut?

Wie im Abschnitt über die Linien der Theorieentwicklung bereits angedeutet, ist der vorliegende Band historisch angelegt. Er gliedert sich, im Anschluss an diese Einleitung, in drei umfassendere Teile, in denen unterschiedliche kapitalistische Entwicklungskonstellationen und die für diese charakteristischen politökonomischen Debatten rekonstruiert werden. Die erste Konstellation (Teil 2) reicht von den Anfängen der Industriellen Revolution und der Herausbildung der klassischen Politischen Ökonomie (Adam Smith, David Ricardo, Karl Marx) über die Genese der Neoklassik und den Aufstieg der Naturwissenschaften bis hin zu stärker politisch-soziologisch, institutionell und kulturell geprägten Zugängen zur Kapitalismusanalyse. Letztere fallen in eine Zeit der allgemeinen – gesellschaftlichen und internationalen – politökonomischen Verunsicherung und starken Verflechtung von Industrie- und Staatsmacht. Doch nicht nur diese Tendenzen zur Vertrustung des Kapitalismus, auch die zunehmende Dominanz neoklassischer Gleichgewichtskonzeptionen, haben in einer zweiten Konstellation (Teil 3) im Sinne einer kritischen Absetzbewegung eine ganze Reihe von Theoretikern (u.a. John Maynard Keynes, Joseph Alois Schumpeter, Karl Polanyi oder Friedrich August von Hayek) dazu veranlasst, sich explizit mit den Triebkräften kapitalistischen Wandels, d.h. Innovationen wie Krisenprozessen, zu befassen. Der Blick richtet sich entsprechend auf politökonomische Theorien, die das Zusammenspiel von Krise, sozialer Ungleichheit, ökonomischer Instabilität und Erneuerung in unterschiedlichen Phasen des zwanzigsten Jahrhunderts spezifisch konzeptualisiert haben.

Die politökonomischen Diskussionen, die sich nach dem Ende des Zweiten Weltkriegs entfaltet haben, waren zunächst sehr stark durch die relativ stetige und dynamische Entwicklung des fordistischen Kapitalismus, dann aber auch – dies ist für uns die dritte Konstellation (Teil 4) – durch dessen Krise und die Krise der sozialen und ökologischen Reproduktionsbedingungen geprägt. Durch die forcierte Globalisierung seit den 1980er Jahren wurden die Krisenmomente in mancher Hinsicht spezifisch akzentuiert. So finden sich im vierten Teil des Bandes politökonomische Konzeptionen, die sich einerseits sehr stark – durch die Globalisierung nochmals verstärkt – in vergleichender Perspektive mit den Gemeinsamkeiten und Unterschieden der nationalen Kapitalismusmodelle befassen und sich andererseits den sozial-ökologischen und sozialstrukturellen Funktionsbedingungen dieser Modelle zuwenden. Stellvertretend für die inzwischen sehr weit verzweigte Diskussion stehen vor allem der Varieties of Capitalism Ansatz (VoC) und die Regulationstheorie. Obgleich in den jüngeren Konzeptionen der Politischen Ökonomie mitunter die Reproduktionssphäre als eine konstitutive Komponente der jeweiligen Kapitalismusmodelle punktuell thematisiert wird, sind sie – wie ihre Vorgänger – sehr stark auf die Organisation der Produktion und die offiziellen Marktbeziehungen fokussiert. Vor dem Hintergrund der Neuen Sozialen Bewegungen, insbesondere der dritten Welle der Frauenbewegung und der Umweltbewegung, ist diese Blickverengung zunehmend als Problem wahrgenommen und thematisiert worden. So gibt es seit einiger Zeit zahlreiche Anstrengungen, Konzeptionen einer feministischen und intersektionalen Politischen Ökonomie oder auch Ökologischen Politischen Ökonomie zu entwickeln, um unterschiedliche Dimensionen der gesellschaftlichen Reproduktion explizit und systematisch in die politökonomische Diskussion einzubringen.

Um die Ausführungen übersichtlich und fokussiert zu halten, erfolgt die Erläuterung der historischen Bezüge der diskutierten theoretischen Konzeptionen jeweils am Anfang der drei Hauptteile des Buches. Im Zentrum stehen dann die Rekonstruktion und Illustration der theoretischen Perspektiven. Wir konzentrieren uns dabei, sofern dies möglich ist, auf ausgewählte Referenztheoretiker*innen, versuchen aber auch das diskursive wissenschaftliche Umfeld in die Diskussion mit einzubeziehen. Die einzelnen Kapitel sind wie folgt strukturiert: Jedes Kapitel beginnt mit einer kurzen, historisch informierten Erläuterung des biographischen Hintergrundes der Theoretiker*innen, einschließlich ihrer wissenschaftlichen Bezüge und Netzwerke. Im Anschluss daran werden die Kernthesen und zentralen analytischen Beiträge präsentiert. Der Fokus liegt auf den Grundgedanken, insbesondere auf den konzeptionellen Innovationen und den normativen Schlussfolgerungen der theoretischen Perspektiven. Zuletzt wird auf die Rezeptionsgeschichte und die Anschlüsse an die jeweiligen Ansätze eingegangen. Dabei werden auch ihre gesellschaftlichen Effekte und Aktualitätsbezüge diskutiert. Um das Interesse an den Originalschriften zu wecken und einen gewissen Einblick in die Argumentationsweise der Theoretiker*innen zu geben, werden in die Rekonstruktion der Perspektiven kurze Originalpassagen illustrierend eingebaut.

Jenseits des übergeordneten Ziels, einen kompakten, historisch kontextualisierten Überblick über die Entwicklung des politökonomischen Denkens vorzuglegen, ist dieser Band dadurch motiviert, die Potenziale der Politischen Ökonomie als Gesellschaftstheorie freizulegen. Durch die Befragung der Klassiker der Politischen Ökonomie soll verdeutlicht werden, dass jede Analyse ökonomischer Prozesse und Interaktionen stets zugleich eine Analyse der sozialen, politischen und ökologischen Verhältnisse erfordert und Ökonomie nicht ohne diese gedacht werden kann.

2. Von der Industriellen Revolution ins lange 19. Jahrhundert

Die Geschichte des politökonomischen Denkens reicht historisch weit zurück. Wichtige Überlegungen lassen sich bereits in der Antike bei Aristoteles finden, der den Begriff der οἰκονομικά (oikonomika) einführte und im Rahmen einer moralischen Gesellschaftstheorie die Funktionsweise des Haushalts, des Geldes und Gemeinwesens untersuchte. Auch danach befassten sich im Mittelalter und der frühen Neuzeit andere Autoren – vornehmlich Philosophen wie Thomas von Aquin und später dann Bernard de Mandeville und David Hume (Medema/Samuels 2003) – vereinzelt mit unterschiedlichen Teilaspekten der politischen Ökonomie, z.B. mit Gerechtigkeitsfragen oder der Organisation der Arbeitsteilung. Von einer umfassend und systematisch angelegten Politischen Ökonomie konnte jedoch lange keine Rede sein. Diese begann sich im eigentlichen Sinne erst zu entfalten, als sich mit der Industriellen Revolution im 18. und 19. Jahrhundert die bis dahin bestehenden Strukturen der Ökonomie und Gesellschaft geradezu dramatisch veränderten. Es setzte eine beschleunigte politökonomische Entwicklung ein, die bis heute anhält.

Die multiple Revolution

Die Beschleunigung der ökonomischen Entwicklung durch die Industrielle Revolution war jedoch nicht voraussetzungslos. Erst mussten sich durch mehrere soziale Revolutionen die tradierten soziokulturellen, ökologischen und politischen Verhältnisse verändern und als politökonomisch hinreichend überlebensfähig erweisen. Die Ökonomie und die Gesellschaft wurden durch drei grundlegende Transformationen restrukturiert: erstens durch die Produktivitätssteigerung im Ackerbau und die damit einhergehende Beendigung der zyklischen Hungersnöte; zweitens durch die Einführung und Ausweitung der Lohnarbeit und die Einführung des Geldes als generellem Tauschmittel, was die Ablösung des auf Naturalien basierenden Tauschsystems mit sich brachte; und drittens durch die Entstehung der europäischen Nationalstaaten und die nationalstaatliche Förderung von Industrialisierung und imperialer Expansion.

Die Produktivitätssteigerung des Ackerbaus war eine notwendige Grundlage, um die wachsende Bevölkerung auf dem europäischen Kontinent zu ernähren und den Kreis der im Mittelalter zyklisch auftretenden Hungersnöte zu überwinden. Dazu wurden ab dem späten 17. Jahrhundert neue robuste Grassorten importiert und Feldfrüchte wie weiße Rüben, Klee und Raps angebaut, die als Futtermittel für Tiere und auch als Nahrung der Bevölkerung dienten und keiner nährstoffreichen Böden bedurften. Eine weitere wichtige Veränderung war die Rotation der Feldfrüchte, die die Erträge der Böden steigerte und durch eine gemäßigte und regenerative Extraktion ihrer Nährstoffe die kontinuierliche Nutzung der Böden über das gesamte Jahr ermöglichte (Liedtke 2012). Die Veränderung der Sorten, der Rotationsanbau sowie eine verbesserte Technologie und ausgebaute Bewässerungsstrukturen wurden ergänzt durch die Einfriedung von Land. Der Prozess der Einfriedung wurde primär von Grundbesitzern und dem Adel vorangetrieben und führte zwischen dem 17. und 19. Jahrhundert zu einer Monopolisierung der Ländereien. So konnten größere Flächen produktiver genutzt werden. Gleichzeitig wurden Subsistenzbauern vertrieben und ihrer früheren Lebensgrundlage beraubt. Das Resultat war zunächst eine steigende Armut in der Landbevölkerung, dann aber auch eine forcierte Urbanisierung und die Ausweitung der Lohnarbeit. Es vollzog sich eine Proletarisierung der ländlichen Bevölkerung. Die angestiegene Bevölkerungszahl und die Produktivitätssteigerung brachten eine Freisetzung von Arbeitskraft mit sich, die das Entstehen des tertiären Sektors in Form von Wirten, Hausangestellten, Verwaltern etc. vorantrieb und protoindustrielle Handwerksbetriebe förderte. Die soziale Veränderung der Arbeitsbeziehungen in den ländlichen Gebieten korrespondierte mit einem soziokulturellen Wandel in den Städten. In diesen hatte sich im Zuge des Handelskapitalismus eine neue Elite gebildet, deren Unabhängigkeit von den feudalen Beziehungen sich maßgeblich auch auf die neue Rolle des Geldes stützte.

Die Proletarisierung der Massen und die Wohlstandsmehrung der Handelszentren unterminierten mit der Durchsetzung von Geld als allgemeinem Tauschmittel die tradierten feudalen Strukturen. Friedrich Engels (1975: 393 f) schrieb in *Über den Verfall des Feudalismus und das Aufkommen der Bourgeoisie*:

> „Geld war [...] allgemeines Austauschmittel geworden, und damit hatte sich seine Masse bedeutend vermehrt; auch der Adel konnte es nicht mehr entbehren, und da er wenig oder nichts zu verkaufen hatte, da auch das Rauben jetzt nicht ganz so leicht mehr war, musste er sich entschließen, [...] zu borgen."

Hatte sich die Legitimation des feudalen Systems noch auf die personalisierte Beziehung zwischen Herr und Knecht gestützt, so verlangte bereits der Frühkapitalismus der Handelszentren den Vertrag als neues Strukturmerkmal sozialer

Beziehungen und ebnete damit den Weg für die bürgerliche Revolution und ein neues Verständnis von Rechtssubjekten, Eigentümern und Gesellschaftsordnung.

Die oben beschriebene Produktivitätssteigerung der Landwirtschaft, die Urbanisierung (Kocka 2001: 75 ff) und das Bevölkerungswachstum führten zu einer gestiegenen Binnennachfrage in den frühindustrialisierten Staaten, ebenso aber auch zu einer erhöhten Außennachfrage, da sich auch in den Nachbarländern ähnliche Entwicklungen vollzogen und auf der Grundlage einer expandierenden gewerblichen Produktion der Handel ausgeweitet werden konnte. Die Prozesse der geographischen Verdichtung und die Herausbildung einer lokalen Infrastruktur bedurften der Unterstützung durch ein modernes Geldsystem, um die Expansion über die kleinteiligen Grenzen der Stadtstaaten hinaus zu organisieren. Durch eine funktionsfähige Geldwirtschaft und ein dynamisches Kredit- und Versicherungswesen entstanden mithin neue politökonomische Strukturen und Abhängigkeitsverhältnisse, durch die sich auch das Gefüge gesellschaftlicher Interessen veränderte. An Bedeutung gewannen Geld- und Kreditgeber, die ihre Einsätze zuzüglich Gewinnmargen erstattet haben wollten. Die Händler intensivierten und erweiterten ihre Aktivitäten, um wie das Kreditsystem hohe Profite zu realisieren. Die feudalen Großgrundbesitzer sahen ihren Einfluss schwinden, versuchten dies durch die Beteiligung an den neuen Mechanismen des Marktes aber zum Teil zu kompensieren. Zugleich veränderte sich die politische Ordnungsstruktur. Das moderne Geld- und Kreditwesen ermöglichte und unterstützte die Herausbildung souveräner Nationalstaaten.

Die absolutistischen Systeme, die in Europa zwischen dem 16. und 18. Jahrhundert existierten, begünstigten das Aufkommen nationalistischer Kräfte und Ideen. Im Zuge der einsetzenden Industrialisierung wurde dieser Prozess – unter anderem durch merkantilistische Konzepte – verstärkt. Vorstellungen, die eine Einheit von Bevölkerung und politischem Machtapparat propagierten, gewannen an Bedeutung. Sie wurden dadurch gefördert, dass die staatlichen Gebilde auf die Sicherung und Ausweitung ihrer Grenzen bedacht waren und über den Zugriff und die Kontrolle über Ressourcen, Edelmetalle und externe Gebiete auf anderen Kontinenten miteinander konkurrierten. Der Prozess der Nationalstaatsbildung wurde im 19. Jahrhundert nochmals forciert. Schon zuvor stützte sich die koloniale Expansion vielfach auf die nationalistische Vorstellung, dass die staatliche Bürokratie und die Militär- und Marineeinheiten zur Versorgung der industriell benötigten Rohstoffe beitragen, um die einheimische Wirtschaft zu stärken. Es bildeten sich in unterschiedlichen Phasen der kapitalistischen Entwicklung im internationalen Maßstab jeweils spezifische Beziehungen zwischen Zentrum und Peripherie heraus. Im 16. Jahrhundert konzentrierte sich der Handelskapitalismus sehr stark auf die Organisation und Kontrolle des Seehandels mit Waren. Bedeutsam waren vor allem zwei Handelsdreiecke: das asiatisch-nahöstliche Dreieck handelte vornehmlich Gewürze, Porzellan und andere Luxusgüter; der atlantische Dreieckshandel verschiffte europäische Industriegüter nach Afrika im Tausch für versklavte Afrikaner*innen, die auf amerikanischen Plantagen Exportgüter wie Kaffee oder Baumwolle für Europa herstellten (Frank 1980: 32f). Mit der Transformation der Handelskolonien in Siedlungskolonien (Osterhammel 1995: 32ff) erweiterte sich die Extraktion durch die europäischen Mächte vom Handel mit Menschen auf die Ausbeutung natürlicher Ressourcen und Edelmetalle, die für die Industrialisierung der Heimatländer wichtig waren. Es entstand ein komplexes System von Handelsbeziehungen, Bürokratie und militärischer Kontrolle, mithilfe dessen die Kolonialmächte andere Gesellschaften unterwarfen, um ihre Vorstellung einer effizienten globalen Arbeitsteilung durchzusetzen und den Bedarf der europäischen Industrie zu stillen und eine maximale Profitrate zu erwirtschaften (Bagchi 1982).

Politökonomische und soziokulturelle Veränderungen

Die skizzierten Prozesse – die Agrarrevolution, die Proletarisierung der Bauern, die Etablierung eines modernen Geld- und Kreditsystems, die Erosion der feudalen Strukturen und der steigende Einfluss städtischen Kapitals sowie die Prozesse der Nationalstaatsbildung – waren für die Industrielle Revolution grundlegend. Diese lässt sich genauer betrachtet in unterschiedliche Phasen untergliedern, im Verlauf derer sich die heimische Produktionsweise und die globalen Strukturen deutlich, mitunter dramatisch veränderten (Ziegler 2005): Die leichtindustrielle Phase (1770–1840) stand im Zeichen eines sich entwickelnden Manufaktursystems. Dieses basierte auf neuartigen Produktionsverfahren, die eine räumliche Konzentration diverser kleinteiliger Arbeitsschritte erforderlich machten. Auf diese Weise konnten vorherige technologische Neuerungen – etwa die Dampfmaschine oder der mechanische Webstuhl – zunächst in England, mit einer gewissen Verzögerung dann auch auf dem europäischen Kontinent realisiert werden. Außerdem wurde die Wasser- und Dampfkraft entwickelt und systematisch genutzt, um die Kohle- und Stahlproduktion zu steigern, die für den Ausbau des (inter-)nationalen Transportwesens mit Eisenbahnen und Schiffen von zentraler Bedeutung war (Liedtke 2012: 29ff). Die schwerindustrielle Phase (1830–1890) war vor allem durch die wachsende Bedeutung der Kohle-, Eisen- und Stahlproduktion gekennzeichnet. Sie erfolgte mit dem Übergang vom Manufaktursystem zur Herausbildung großer Fabrikanlagen (Foster 1974: 18 ff). In diesem Prozess konnte die technologisch führende Rolle Englands vorerst fortgeschrieben werden, bevor ein grenzüberschreitender Technologietransfer einsetzte und in der Phase der „neuen" Industrien (1880–1914), d.h. der zunehmenden Bedeutung von Maschinenbau, metallverarbeitender Unternehmen und der chemischen und pharmazeutischen Industrie, die USA und die kontinentaleuropäischen Staaten erkennbar aufholen konnten. Im Zuge dieses Aufholprozesses spitzten sich die Konkurrenzbeziehungen und Konflikte, die auch tief in alle Lebensbereiche und die Organisation der Wirtschafts- und Gesellschaftspolitik hineinreichten, zwischen den europäischen Staaten zu.

Die diesem Teil des Bandes zugeordneten politökonomischen Theorien sind vor dem Hintergrund der hier nur sehr knapp skizzierten Umwälzungen in der Produktions- und Lebensweise zu interpretieren. Sie sind Ausdruck der Bemühungen, die Ursachen und Verlaufsformen der umfassenden ökonomischen und sozialen Veränderungen analytisch zu konzeptualisieren und zugleich Antworten auf die drängenden Probleme und Fragen der damaligen Zeit zu finden. Die Identifikation der Probleme und Fragen unterscheidet sich allerdings erheblich. Für manche stehen vor allem die Hindernisse, etwa der Protektionismus oder die Sonderstellung feudaler Klassen, der beschleunigten kapitalistischen Entwicklung im Vordergrund. Für andere geht es um die nationalen Schwierigkeiten, sich in diesen Prozess aktiv einzuklinken. Und wieder andere interessieren sich für die sozialen Folgen und strukturellen Widersprüche der kapitalistischen Modernisierung. Kurzum, schon die Überlegungen und Kontroversen in der frühen Phase politökonomischen Denkens, sind sehr stark durch divergierende Erkenntnisinteressen geprägt. Welche Probleme und Fragen von den hier diskutierten Theoretiker*innen ins Zentrum gestellt wurden, war nicht nur den Differenzen zwischen den Ländern oder dem historischen Entwicklungsstand der Industriellen Revolution geschuldet, sondern auch dem – positiven oder negativen – Verhältnis zu unterschiedlichen gesellschaftlichen Kräften, um deren Perspektiven in der Entfaltung des Industriekapitalismus auch diskursiv gerungen wurde.

2.1 Merkantilismus

Vom 16. Jahrhundert bis zum Ende des 18. Jahrhunderts entstand im europäischen Staatengefüge des industriellen Aufschwungs die Vision des merkantilen Systems. Unter dem französischen Finanzminister Jean-Baptiste Colbert [1661–1683] kristallisierte sich während der Herrschaft König Ludwigs XIV. eine nationale politökonomische Herrschaftsvision heraus, die wirtschaftliche

Stärke als notwendige Grundlage eines mächtigen Staates betrachtete. Durch einen starken Steuerstaat, die grundlegende Selbstversorgung der Bevölkerung und Zölle zur Stärkung der nationalen Industrie sollte der eigene Nationalstaat stärker und mächtiger werden als die Nachbarstaaten. Die machtpolitischen Orientierungen und die mit ihnen verbundenen wirtschafts- und finanzpolitischen Konzepte prägten eine Epoche der ökonomischen Ausdehnung und internationalen Transformation. Diese Ausdehnung fand unter dem Primat des Nationalstaates statt und führte durch den ungleichen Welthandel zu einer Spaltung innerhalb der globalen Ökonomie (Stapelfeldt 2001: 26).

2.1.1 Grundannahmen und Ausprägungen des Merkantilismus

Der Merkantilismus stellt eher ein dominantes wirtschaftspolitisches Projekt als eine einheitliche Denkschule dar. Gleichwohl gibt es einige übergreifende Überlegungen, die das merkantilistische Denken maßgeblich prägten. Grundlegend war die Auffassung, dass sich der Wohlstand eines Landes an der Verfügbarkeit finanzieller Ressourcen wie Gold, Silber und anderer Edelmetalle bemisst (vgl. Tabelle 1). Diese Ressourcen waren nicht nur Ausdruck, sondern zugleich Grundlage von Reichtum und Macht, d.h. der Fähigkeit, einen beachtlichen luxuriösen Konsum oder schlagkräftige Armeen zu finanzieren. Außerdem bildete das Geld für die Merkantilisten ein wichtiges ökonomisches Schmiermittel. Eine hinreichend große Menge an Zahlungsmitteln sorgte dafür, dass die Wirtschaft – der Handel und die Produktion – nicht ins Stocken geriet, sondern florierte. Eine wachsende Geldmenge mochte dabei zwar steigende Preise erzeugen, diese wurden zugleich jedoch als wichtiger Impuls für die wirtschaftliche Belebung und eine zunehmende Wirtschaftskraft gesehen.

In der Konsequenz plädierten die merkantilistischen Theoretiker dafür, einen Handelsbilanzüberschuss zu erwirtschaften, um zusätzliche Zahlungsmittel (Geld und Edelmetalle) ins Land zu holen. Um durch Handelsbilanzüberschüsse generierte Geldzuflüsse zu erzielen, sollten zum einen auf der Grundlage einer hohen inländischen Wertschöpfung die Exporte gesteigert werden. So wurden Exporte prämiert, neue Technologien und Produktionsmethoden gefördert, hochproduktive Industriezweige aufgebaut, zugleich aber auch die Arbeitskosten niedrig gehalten und der Zugriff auf günstige Rohstoffe und Vorprodukte sichergestellt. Zum anderen sollte der Zufluss industrieller Fertigprodukte durch protektionistische Instrumente – hohe Zölle und andere Importverbote oder -restriktionen – zugleich begrenzt werden.

Tabelle 1: Charakteristika des merkantilistischen Denkens

Übergeordnetes Ziel	Stärkung des absolutistischen Staates
Instrument/Mittel	Handelskapitalismus - Positive Handelsbilanz - Tendenziell autarke Volkswirtschaft
Quelle des Reichtums	Hartes Geld (Silber, Gold)
Handelspolitische Maßnahmen	Hohe Zölle auf Fertigwaren, niedrige oder keine Zölle auf importierte Rohstoffe, dynamische Geldwirtschaft, niedrige Arbeitskosten
Staatliche Struktur	Aktiver, interventionistischer Kontrollstaat
Motivation des Staates	Merkantilismus als Quelle von Reichtum für: - Luxus am Hof - Finanzierung von Kriegen

Quelle: eigene Zusammenstellung.

Die Durchsetzung merkantilistischer Konzepte erfolgte in Europa ungleichzeitig. Auch die Argumentationen variierten von Land zu Land. In England und den Niederlanden war das Äquivalent des Merkantilismus der sogenannte „Kommerzialismus". Dessen Schwerpunkt lag auf der Förderung des internationalen Handels, um Märkte in Südostasien und in den jeweiligen Kolonien zu erschließen und von dort preisgünstig Waren zu importieren. Die Implikationen dieser Strategie waren in der merkantilistischen Diskussion nicht unumstritten. Thomas Mun [1571–1641], ein sehr einflussreicher britischer Merkantilist und Direktor der *British East India Company*, wandte sich gegen die anfangs vertretene Fokussierung auf die Kapitalbilanz und die Vermeidung jeglicher Abflüsse von Gold und Silber. Er plädierte stattdessen dafür, den positiven Saldo der Handelsbilanz insgesamt, also einen Handelsbilanzüberschuss, im Blick zu behalten. Außerdem gab er zu bedenken, dass die inflationären Effekte der externen Geldzuflüsse nicht nur die heimische Wirtschaft stimulierten, sondern auch die internationale Wettbewerbsfähigkeit infolge verteuerter Exporte beeinträchtigten.

Auf dem europäischen Kontinent setzten die merkantilistischen Theoretiker, da sich die Problemlagen zum Teil unterschieden – der internationale Seehandel war weniger bedeutsam, die relative wirtschaftliche Rückständigkeit bildete hingegen das zentrale Problem – andere Akzente: In Frankreich leitete der „Colbertismus", benannt nach Jean-Baptiste Colbert [1619–1683], dem französischen Minister und Wirtschafts- und Finanzberater unter Ludwig XIV., einen wirtschaftlichen Modernisierungsprozess an, um die staatliche Steuerkraft zu stärken (Born 2012). Wichtige Elemente der merkantilistischen Strategie waren dabei: eine Rechtsvereinheitlichung, um die wirtschaftliche Kooperation im Inneren zu erleichtern; eine Infrastrukturpolitik (Bau und Ausbau von Straßen und Wasserwegen), um ebenfalls den Binnenhandel zu unterstützen; eine aktive staatliche Gewerbepolitik mit Monopolrechten und einer strikten Arbeitsdisziplin, um Manufakturen und leistungsfähige industrielle Großbetriebe zu fördern; und der Aufbau internationaler Handelskompanien, um die Ausbeutung der eigenen Kolonien zu unterstützen. Im Kontext dieser Aktivitäten wurde – auch machtpolitisch motiviert – ein umfassendes Arsenal protektionistischer Instrumente geschaffen, das neben Zöllen und anderen Einfuhrbeschränkungen auch eine Kontrolle des Technologietransfers beinhaltete.

In Deutschland stand der „Kameralismus" zunächst im Zeichen der wirtschaftlichen Konsolidierung nach dem Ende des Dreißigjährigen Krieges (1618–1648). Es ging darum, unter staatlicher Anleitung, d.h. gestützt auf eine fähige Zentralverwaltung, einen funktionsfähigen Wirtschaftsraum zu errichten, diesen rechtlich einzufassen und zweckmäßig zu organisieren. Von grundlegender Bedeutung waren dabei der Auf- und Ausbau der erforderlichen Infrastruktur und die Förderung gewerblicher Strukturen. Die deutsche Ausprägung des merkantilistischen Denkens zeichnete sich durch einen hohen Anspruch an Selbstversorgung bei allen Gütern der Binnennachfrage aus. Daraus resultierte die Förderung der Landwirtschaft, des Kleingewerbes und der binnenmarktorientierten Industrien. Alle Bedürfnisse sollten durch die eigene Produktion erfüllt werden, um möglichst unabhängig von anderen Staaten zu sein. Wie in den anderen Ländern auch, korrespondiert die Praxis einer protektionistischen Wirtschaftspolitik mit nationalistischen Visionen des Machtzugewinns. Es sollten vermehrt Güter exportiert werden, um eine positive Handelsbilanz zu schaffen und externe Geld- oder Goldzuflüsse zu ermöglichen, die machtstrategisch nutzbar gemacht werden konnten.

2.1.2 Merkantilismus als Machtstrategie

An den unterschiedlichen Komponenten des merkantilistischen Denkens haben sich spätere Theoretiker*innen immer wieder abgearbeitet. Sie haben die Perspektive oft scharf kritisiert, sie aber auch immer wieder zu systematisieren versucht. So untergliederte der schwedische Politökonom Eli Heckscher (1932) das Merkantilsystem in vier Subsysteme: (1) das Machtsystem, (2) das Schutzsystem, (3) das Geldsystem und schließlich (4) die Gesellschaftsauffassung. Er führte hierzu aus:

> „Die Doktrin des Merkantilismus erschöpft sich nicht in einer Darstellung seines im engeren Sinne ökonomischen Gehalts, [...]. In seiner Auffassung von der rechten Wirtschaftspolitik wurde nämlich der Merkantilismus auch von gewissen charakteristischen Gesellschaftsideen beherrscht, von Vorstellungen darüber, wie die Gesellschaft als Ganzes oder der Mensch als gesellschaftliches Wesen war und wie es deshalb behandelt werden musste." (Heckscher 1932: 245)

Der von Lars Magnusson entwickelte Diskursansatz schließt hieran an und nimmt vor allem das Zusammenspiel der unterschiedlichen Komponenten in den Blick. Er betrachtet den Merkantilismus als eine Aneinanderreihung ökonomischer Texte (Magnusson 1994: 211). Obwohl das Merkantilsystems in diesen Texten zum Teil unterschiedlich gefasst wurde, war es übergreifend jedoch durch eine zweifache Dynamik gekennzeichnet, die sich in den europäischen Nationalstaaten mehr oder minder ausgeprägt identifizieren ließ: Maßgeblich für die „interne Dynamik" waren Mechanismen der Vereinheitlichung, die sich in der Genese eines einheitlichen Staatsgefüges verdichteten. Um die nationale Einheitsbildung voranzutreiben und die staatlichen Machtapparate zu festigen, sollten die wirtschaftlichen Prozesse und rechtlichen Bedingungen innerhalb des Staatsgebietes vereinheitlicht und die Produktivität gesteigert werden (Hosfeld-Guber 1985: 124). So verdrängten die absolutistischen Machtzentren Europas die feudalen, zersplitterten Ländereien und zentrierten ihre Macht in der größeren Einheit. Die „externe Dynamik" bestand in der Abgrenzung gegenüber anderen europäischen Staaten und im Wettlauf um die relativ bessere Position. Die untereinander rivalisierenden europäischen Staatsgebilde versuchten durch Handelsgewinne ihre wirtschaftliche Macht zu stärken und ihre militärischen Kapazitäten auszubauen. Das Wirtschaftsleben wurde in den Dienst des Staates gestellt. Dieses Charakteristikum ist zwar wichtig für den Merkantilismus, für ihn jedoch nicht einzigartig. Selbst Adam Smith, einer der wichtigsten Kritiker des Merkantilismus und Vertreter der konkurrierenden Freihandelstheorie, schrieb in seinem Hauptwerk „Wohlstand der Nationen":

> „Wenn freilich irgendein Industrieerzeugnis zur Verteidigung der Nation nötig wäre, so dürfte es nicht immer klug sein, sich in betreff desselben von den Nachbarn abhängig zu machen; und wenn eine solche Manufaktur nicht anders im Land aufrechterhalten werden kann, so würde es nicht unbillig sein zu ihrer Unterstützung alle anderen Industrien zu versteuern. Die Prämien auf die Ausfuhr des in Großbritannien verfertigten Segeltuchs und

> Schießpulvers möchten sich wohl aus diesem Grund verteidigen lassen.“ (Smith 2009 [1776]: 521)

Die Instrumentalisierung des Wirtschaftlichen ist zwar kein Alleinstellungsmerkmal des Merkantilismus, aber doch eine zentrale Motivation. Colbert legte diese Zweck-Mittel Relation offen, als er sagte: „Der Handel ist die Quelle der Finanzen, und die Finanzen sind der Lebensnerv des Krieges.“ (zit. n. Heckscher 1932: 7). Der Krieg erscheint hier als Zweck, für dessen erfolgreiche Realisierung gute Finanzen und ein funktionsfähiges Finanzwesen nötig waren. Als wichtige Komponente der Machtpolitik diente der Krieg vor allem dem Staat. Dessen Priorität und Selbstzweck – dieses ist das eigentlich Charakteristische – ist in merkantilistischen Konzepten immer wieder hervorgehoben worden (Heckscher 1932: 11 ff).[2] Es ging also darum, die wirtschaftlichen Prozesse, also die Erzeugung von Reichtum, der staatlichen Machtpolitik unterzuordnen. Die Modalitäten variierten hierbei immer wieder. Sehr grob kann das merkantilistische Denken in zwei Hauptströmungen unterteilt werden.

- Defensiv-industriepolitische Strömung: Der defensiv-industriepolitische Ansatz war relativ einflussreich in den USA und dem aufholenden Preußen. Frühe Vertreter waren Alexander Hamilton [1755–1804] und Friedrich List [1789–1846]. Dieser Strömung ging es um die unabhängige und selbstständige Versorgung der Bevölkerung mit Grundnahrungsmitteln und Materialien des täglichen Gebrauchs, darüber hinaus aber auch darum, die eigene Wirtschaft mit Hilfe industriepolitischer Instrumente – Zölle, Subventionen, eine verbesserte Infrastruktur etc. – zu stärken. Der Fokus lag vor allem auf dem Aufbau einer starken Exportwirtschaft, also der Ausfuhr teurer Güter, um Devisen ins Land zu bringen. Der Import wurde auf notwenige Ressourcen und billigere Güter beschränkt.
- Offensiv-imperialistische Strömung: Diese Strömung spielte in Großbritannien und in anderen Kolonialmächten eine größere Rolle. Sie bezog sich instrumentell maßgeblich auf die Schifffahrt und die Kontrolle der internationalen Handelswege. Die primäre Quelle des nationalen Wohlstands und der staatlichen Macht lag hier bei Edelmetallen, darüber hinaus aber auch auf einer starken Flotte und einem schlagkräftigen Heer. Durch den ökono-

2 In dieser Hinsicht unterscheidet sich die merkantilistische Schule von den Physiokraten und von Adam Smith. Für letzteren – bereits der Titel seines Hauptwerkes „Wohlstand der Nationen“ weist hierauf in – fungierte der Staat nur als Umsetzungsagentur eines anderen, übergeordneten Ziels.

mischen und militärischen Expansionsdrang und die Errichtung von Kolonien sollten große Mengen an Edelmetallen und produktive Ressourcen beschafft werden. Ressourcen und Edelmetalle waren die maßgeblichen Treiber der Industrialisierung in Europa und ermöglichten die Vormachtstellung Großbritanniens und Frankreichs.

2.1.3 Kolonialismus: der Merkantilismus als globales System

Das merkantilistische Denken begünstigte die Entstehung eines globalen Handelssystems, in dem sich die Gleichstarken in einem ständigen Wettkampf befanden und die gewaltsame Unterwerfung Schwächerer anstrebten. Die ersten großen Expansionszüge und Plünderungen der europäischen Mächte auf dem afrikanischen Kontinent und in Südostasien begannen bereits im 15. Jahrhundert und waren von einer beispiellosen Zerstörung und Brutalität begleitet. Auf dem Weg nach Indien ließen sich die Portugiesen Anfang des 15. Jahrhunderts in Westafrika nieder. Die westafrikanischen Königs- und Fürstentümer, einschließlich ihrer militärischen und wirtschaftlichen Infrastrukturen, wurden gewaltsam angeeignet und die einheimische Bevölkerung unterworfen. Der Dreieckshandel führte zur Versklavung und Tötung von Millionen von Menschen. Landraub und Vernichtung waren feste Bestandteile dieser Epoche. Die ersten afrikanischen Sklav*innen gelangten unter ihren spanischen „Herren" 1479 als Sklav*innen der Krone nach Amerika, um dort in den Bergwerken und den Plantagen zu arbeiten. Hier zeigte sich bereits eine enge Verstrickung der Staatsebene mit dem Handelskapitalismus (Kocka 2013: 49 f).

Mit dem Beginn der Industrialisierung veränderte sich der Charakter der kolonialen Beziehungen: Gestützt auf die Überlegungen der Merkantilisten wurden die kolonialen Gebiete zunehmend als potentielle Absatzmärkte für die eigenen Güter und als Quelle billiger Ressourcen für die heimische Produktion betrachtet. Mit dem günstigen Zugriff auf externe Märkte und Ressourcen war zugleich die Erwartung verbunden, die relativen Machtbeziehungen zwischen den imperialen Staaten zum eigenen Vorteil zu verschieben. Es kristallisierte sich eine globale Arbeitsteilung heraus, in der die Kolonialmächte für die Herstellung industrieller Fertigungsprodukte und die kolonialisierten Gebiete für die Ressourcenextraktion zuständig waren. Als eine Art „Gegenleistung" sicherte die Kolonialmacht den militärischen Schutz der Kolonialgebiete. Dieser Schutzauftrag stützte sich auf eine starke Seeflotte und ein großes Heer.

2.1.4 Rezeption und Kritik

Die Genese des merkantilistischen Denkens ist zwar eng mit dem absolutistischen Zeitalter und der beginnenden Industrialisierung verbunden, hat jedoch auch danach den Prozess der kapitalistischen Entwicklung begleitet. Es löste sich dabei partiell aus seiner engen Verknüpfung mit machtstrategischen Erwägungen und nahm primär Bezug auf die defensiv-industriepolitischen Überlegungen zur Ermöglichung ökonomischer Entwicklungen. Besondere Beachtung fand dabei immer wieder, so auch in Südostasien, die von Friedrich List (1982 [1841]) in die Diskussion eingebrachte Konzeption des „Erziehungszolls", die für einen gewissen äußeren Schutz von noch nicht wettbewerbsfähigen Branchen, den sog. „infant industries", vor ihren internationalen Konkurrenten plädierte. Etwas weiter gefasst sind im Vergleich hierzu die Konzepte einer „strategischen Handelspolitik", die – unter Einschluss von High-Tech-Sektoren – eine gezielte handels- und industriepolitische Förderung der nationalen Wettbewerbsfähigkeit erreichen möchte (Gilpin 2001: 214 ff).

Merkantilistische, genauer: neo-merkantilistische Perspektiven sind in aktuellen Diskussionen, häufig auch in Ländern mit einer starken Exportorientierung und positiven Leistungsbilanz, nach wie vor relevant. Sie haben sich mit der These der wohlfahrtssteigernden Wirkung eines liberalen Handelssystems inzwischen jedoch arrangiert, weshalb einige Kritiken, die im Laufe der Zeit gegen die merkantilistische Perspektive vorgebracht worden sind, nur noch bedingt oder modifiziert zutreffen. So wird etwa die sehr oberflächliche Annahme, dass Gold, Silber und andere Edelmetalle die Quellen des nationalen Reichtums darstellen, die von Physiokraten wie Marquis de Mirabeau [1715–1789] und Liberalen wie Adam Smith [1723–1790] als „Absurdität" kritisiert wurde (Isenmann 2014: 10), schon lange von keinen Theoretiker*innen des Merkantilismus mehr vertreten. Auf die selbstkritischen Reflektionen von Thomas Mun wurde bereits hingewiesen. Mittlerweile ist durchaus bekannt, dass Handels- und Leistungsbilanzüberschüsse zwar Geldzuflüsse mit sich bringen, die aber ohne eine gleichzeitige Ausweitung der Produktion im Landesinneren – und ohne eine korrigierende Geldpolitik der Zentralbank – inflationäre Effekte begünstigen.

Nach wie vor bedenkenswert sind jedoch zwei andere Kritikpunkte, die gegen merkantilistische Konzepte vorgebracht werden. Beide Einwände problematisieren die mutmaßlichen Effekte (neo-)merkantilistischer Praktiken. Die eine Kritik hebt hervor, dass merkantilistische Strategien die wohlfahrtsfördernden Resultate einer liberalen Wirtschaftsordnung nicht zur Entfaltung kommen lassen. Schon Adam Smith und David Ricardo [1772–1823] kritisierten, dass innerhalb geschützter Märkte durch die fehlende internationale Konkurrenz Monopole und Kartelle entstehen würden, die wiederum Wohlfahrtsverluste für die Konsumenten mit sich bringen. Auch in der jüngeren Handelstheorie ist die These merkantilistisch generierter Marktverzerrungen und Wohlfahrtseinbußen nach wie vor aktuell. Die andere Kritik ist weniger wohlfahrtsökonomisch als friedenspolitisch angelegt. Sie hinterfragt den Partikularismus, insbesondere die „beggar-thy-neighbour"-Effekte merkantilistischer Konzepte. Schließlich lässt sich – saldenmechanisch müssen Überschüssen immer auch Defizite an anderer Stelle gegenüberstehen – das Ziel einer aktiven Leistungsbilanz nicht verallgemeinern. Wenn sich dennoch hieran alle orientieren, führt dies zu einem erhöhten internationalen Konfliktpotenzial und einer Mobilisierung von Gewalt, wodurch die Voraussetzungen des internationalen Handels tendenziell unterminiert werden. Diese Problematik spielte historisch eine wichtige Rolle, ist aber auch heute – angesichts der Dynamiken der ungleichen Entwicklung – noch immer virulent.

2.2 Vom Merkantilismus zur Klassischen Politischen Ökonomie: Adam Smith

In der kritischen Auseinandersetzung mit dem merkantilistischen Denken bildete sich im 18. und frühen 19. Jahrhundert die – liberal geprägte – Klassische Politische Ökonomie heraus. Wichtige Vertreter der Klassischen Politischen Ökonomie waren Adam Smith [1723–1790] und David Ricardo [1772–1823]. Sie haben die Diskussionen der damaligen Zeit maßgeblich geprägt. Auf ihre Überlegungen, vor allem auf die von Smith, werden sich die nachfolgenden Ausführungen in erster Linie beziehen. Zuweilen werden noch weitere Vertreter dem klassischen politökonomischen Denken zugeordnet: als merkantilistisch geprägter Vorläufer bereits William Petty [1623–1673], der erste Überlegungen zu den Vorteilen, d.h. Produktivitätseffekten der Arbeitsteilung, zur arbeitswerttheoretischen Bestimmung der Preise und den Verteilungskonflikten von Kapital und Arbeit angestellt hat; Thomas Malthus [1766–1834], der das sog. Bevölkerungsgesetz begründete, das aufgrund einer limitierten Nahrungsmittelproduktion nur ein begrenztes Wachstum der Bevölkerung annimmt; oder John Stuart Mill [1806–1873], der die Konzepte der anderen Klassiker aufnahm, systematisierte und im Anschluss an Jeremy Bentham [1748–1832] mit einer utilitaristischen, d.h. zweckorientiert-ethischen Perspektive verband.

Ob Malthus und Mill als Repräsentanten der Klassischen Politischen Ökonomie gelten sollen, ist nicht unumstritten. Dies liegt nicht daran, dass sie kein Verständnis von Ökonomie als strukturierendem Element gesellschaftlicher Entwicklungsprozesse gehabt hätten. Dies ist durchaus der Fall. Weniger zutreffend ist für sie ein anderes Merkmal der Klassischen Politischen Ökonomie: die Konzeptualisierung einer objektiven Werttheorie. Diese tritt mit der Fokussierung auf Marktprozesse oder subjektive Erklärungskomponenten, so z.B. im Utilitarismus, in den Hintergrund und wird relativiert.[3]

2.2.1 Adam Smith: von der Philosophie zur Ökonomie

Die meisten Theoretiker, die der Klassischen Politischen Ökonomie zuzurechnen sind, waren Briten. Dies ist wenig verwunderlich, da zur damaligen Zeit die wirtschaftliche Entwicklung in Großbritannien am weitesten vorangeschritten war. Nach dem Scheitern des Absolutismus und im Anschluss an die „Glorious Revolution" von 1688/1689, d.h. die Kooperation von Adel, Grundbesitz und Bürgertum unter den Bedingungen einer konstitutionellen Monarchie, hatten sich die Bedingungen für die Herausbildung industriekapitalistischer Strukturen deutlich verbessert (Hobsbawm 1976: 33 ff). Es vollzog sich ein Liberalisierungsprozess, in dem Gilden und Zünfte an Bedeutung verloren, also ein System der „Gewerbefreiheit" etabliert wurde. Ebenso wurden relativ früh ein funktionsfähiges Kreditsystem und ein moderner Steuerstaat geschaffen; und durch die relative Entmachtung des Adels und die Steigerung der landwirtschaftlichen Produktivität entstand eine industriell einsetzbare Lohnarbeiterschaft. Diese fand zunächst Beschäftigung in den diversen Manufakturbetrieben, bevor sich diese in der zweiten Hälfte des 18. Jahrhunderts allmählich in Großbetriebe der industriellen Produktion verwandelten. Von zentraler Bedeutung waren Tuch- und Bekleidungsindustrie, Kohleförderung Eisenproduktion oder die Keramikindustrie.

Adam Smith konnte die damals rasante technologische und arbeitsorganisatorische Modernisierung gleichsam vor seiner Haustür beobachten (zur Biographie vgl. Sturm 2008: 68 ff; Herrmann 2016: 15 ff; ausführlicher Streminger 2017: 23 ff). Er wurde 1723 in Kirkcaldy (Schottland) geboren. Seine Mutter war Tochter eines reichen Landbesitzers, sein Vater gehobener Beamter, der jedoch früh, noch im Geburtsjahr von Adam Smith verstarb. Obwohl Smith aufgrund einer schwachen gesundheitlichen Konstitution erst im Alter von 9 Jahren zur Schule ging, studierte er bereits 1737, also als 14-Jähriger, an der Universität Glasgow bei Francis Hutcheson [1694–1746] Philosophie und andere grundlegende Wissenschaften. 1740 wechselte er an das Balliol College in Oxford, ging nach seinem Abschluss 1746 dann aber zurück zu seiner Mutter nach

---

3 Karl Marx [1818–1883] hatte den Begriff der Klassischen Politischen Ökonomie ursprünglich eingeführt, um arbeitswerttheoretische Konzeptionen zu charakterisieren und die Abkehr hiervon, die auf der Erscheinungsebene der Preise verbleibt, als „vulgärökonomisch" herabzusetzen (Marx 1985 [1859/60]: 37 ff).

Kirkcaldy. Ab 1748 folgte eine Phase des Übergangs und der Unsicherheit als Privatgelehrter in Edinburgh, wo er Vorlesungen in Rhetorik und Literatur hielt. 1751 übernahm er an der Universität Glasgow eine Professur für Logik und ab Ende des Jahres einen Lehrstuhl für Moralphilosophie, der ihm Gelegenheit gab, sich intensiv mit Fragen der Ethik, des Rechts und der Ökonomie zu befassen. Im Jahr 1759 erschien sein erstes Hauptwerk „Theorie der ethischen Gefühle" (Smith 2010 [1759]).

In seiner Zeit in Glasgow hatte Adam Smith eine freundschaftliche Beziehung zu David Hume, einem einflussreichen Aufklärer und Vertreter des Empirismus, entwickelt. Dieser beschaffte ihm eine Tutorenstelle, die mit einer lebenslangen Rente von 300 Pfund Sterling jährlich sehr gut bezahlt war. Smith musste dafür die Professur aufgeben und von Anfang 1764 bis Ende 1766, also knapp drei Jahre, den jungen Herzog von Buccleuch und dessen Bruder auf einer Bildungsreise nach Frankreich und in die Schweiz begleiten. Er kam dabei in Kontakt mit dem philosophischen Aufklärer Voltaire [1694–1778] und den einflussreichen Physiokraten Anne Robert Jacques Turgot [1727–1781] und François Quesnay [1694–1774], die dem merkantilistischen Denken sehr kritisch gegenüberstanden. Schon in Frankreich begann er an seinem zweiten Hauptwerk, dem *Wohlstand der Nationen*, zu arbeiten. Nach seiner Rückkehr nach Schottland in seinen Heimatort Kirkcaldy setzte er seine Studien fort, so dass das Buch zehn Jahre später erscheinen konnte (Smith 2009 [1776]). Kurz danach wurde er im Jahr 1778 zum Zollkommissar von Schottland berufen. Er zog mit seiner Mutter und seiner Cousine nach Edinburgh, überarbeitete mehrfach – nicht im Sinne einer Revision, sondern Präzisierung – die *Theorie der ethischen Gefühle*, verfasste noch ein paar kleinere Schriften und starb im Jahr 1790.

Es ist wohl wenig übertrieben, in Adam Smith einen einflussreichen Universalgelehrten und zentralen Referenzpunkt des politökonomischen Denkens zu sehen. Dies ist nicht den etwas skurrilen Zügen seiner Persönlichkeit geschuldet. Er galt als zerstreut, neben der sehr engen Beziehung zu seiner Mutter hatte er die Angewohnheit, Selbstgespräche zu führen. Wichtiger war seine sehr gute Beobachtungs- und reflektierte Interpretationsgabe. In den Worten von Recktenwald (2012: 134 f):

> „Seine Schriften weisen ihn als einen scharfen und klugen Beobachter der Menschen aus, der weder Selbstsucht, Dummheit und Voreingenommenheit der Welt überschätzt, noch Nächstenliebe, Klugheit und Offenheit unterschätzt, als einen realistischen Humanisten mit einem ungebrochenen Verhältnis zu allen Schichten der Bevölkerung."

Es ging Smith vor allem darum, die gesellschaftliche Entwicklung im Dreiklang von Moral, Ökonomie und Politik zu analysieren und zu interpretieren. Der Stellenwert und die Strahlkraft seiner Schriften ergeben sich daraus, dass er aufmerksam wichtige Dynamiken und Organisationsprinzipien der kapitalistischen Ökonomie studierte, nicht zuletzt die Arbeitsteilung und die Ausweitung von Marktbeziehungen, und diese Beobachtungen auf originelle, aber stets sehr gut nachvollziehbare Art und Weise kategorial systematisierte, also „Gesetzmäßigkeiten" zu begründen versuchte, und diese empirisch anschaulich illustrierte. Seine konzeptionellen Überlegungen machten ihn vor allem posthum zu einer einflussreichen – gegen den Merkantilismus und Protektionismus gerichteten – intellektuellen Stimme eines aufgeklärten, politisch aufstrebenden britischen Bürgertums.

2.2.2 Die Analyse des kapitalistischen Systems

Adam Smith hat eine politökonomische Konzeptualisierung des sich entfaltenden Industriekapitalismus geleistet, die eine ganze Reihe bahnbrechender Überlegungen und Erkenntnisse beinhaltet. Diese bewegen sich in Übereinstimmung mit den ökonomischen und politischen Entwicklungen seiner Zeit. Sie beziehen sich auf die Ursachen, Formen und Effekte der Arbeitsteilung, die durch sie geförderte gesellschaftliche Entwicklung und Wohlstandsmehrung, die werttheoretische Analyse des Wohlstands wie auch die politischen Empfehlungen einer angemessenen Staatstätigkeit. Nicht selten ist Smith als Repräsentant eines radikal wirtschaftsliberalen Denkens porträtiert worden; vor allem dann, wenn seine moralphilosophischen Überlegungen in der *Theorie der ethischen Gefühle* im Gegensatz zur politökonomischen Analyse im *Wohlstand der Nationen* diskutiert wurden.

> „Während die erste Schrift Sympathie und Mitgefühl als soziale Interaktionen untersucht, stellt die zweite besonders die Bedeutung von Eigeninteressen in den Fokus seiner Betrachtung. Eine Debatte über grundlegende Widersprüche zwischen den beiden Werken entbrannte und etablierte das sogenannte Adam-Smith-Problem." (Lenger 2017: 8)

Inzwischen hat sich jedoch die Auffassung durchgesetzt, dass diese Entgegensetzung akademisch konstruiert ist. Für Smith selbst verhielten sich die Fragestellungen und Thesen beider Schriften eher komplementär zueinander. In beiden Schriften interessierten ihn die Prozesse, durch die aus einer individuellen Perspektive heraus eine für alle vorteilhafte gesellschaftliche Ordnung generiert wurde. In der *Theorie der ethischen Gefühle* (Smith 2010 [1759]) ging es vor allem

„um die Frage, wie der Mensch durch das Miteinander mit anderen erkennt, was tugendhaft ist" (Horn 2009) und wie im Sinne einer entfalteten Persönlichkeitsbildung zentrale moralische Voraussetzungen der sozialen und ökonomischen Kooperation – „Empathie, Wohlwollen, Gewissen und Selbstkontrolle" – generiert werden (Horn 2009). Im *Wohlstand der Nationen* war das Erkenntnisinteresse etwas anders angelegt. Smith befasste sich hier – erneut in anthropologischer Perspektive – mit den Formen der sozialen Kooperation unter den Bedingungen eines marktbasierten Wettbewerbs. Er versuchte in erster Linie die Funktionsweise und Entwicklung einer hochproduktiven, also wohlstandsmehrenden, in zunehmendem Maße arbeitsteilig organisierten Ökonomie zu ergründen.

2.2.2.1 Arbeitsteilung

Den Ausgangs- und Referenzpunkt der Überlegungen von Adam Smith zum gesellschaftlichen Wohlstand bildet die gesellschaftlich erbrachte Arbeit. Er grenzt sich damit klar ab von den bis dahin vorherrschenden Auffassungen über die Quellen des gesellschaftlichen Reichtums: zum einen von den Merkantilisten, die im Geld und anderen Edelmetallen nicht nur den Ausdruck, sondern zugleich die Quelle des Reichtums erblickten; und zum anderen von den Physiokraten, die allein die landwirtschaftliche Arbeit als produktiv und wertschaffend betrachteten, nicht aber die gewerbliche Arbeit oder den Handel.

Die Fokussierung auf die industrielle Arbeit und den Handel war für Adam Smith insofern naheliegend, als er beobachten konnte, dass diese Bereiche damals stetig an Bedeutung gewannen; und dieser Bedeutungsgewinn mit einer Zunahme des gesellschaftlichen Wohlstands einherging. Es war aber nicht nur die gesteigerte Quantität der gewerblichen Arbeit, die für die Wohlstandsmehrung sorgte. Noch wichtiger waren die veränderten Organisationsformen der Arbeit, d.h. die neuen, betrieblichen wie marktvermittelten Formen der Arbeitsteilung, durch die die „Produktivkräfte der Arbeit" – heute würde man sagen: die Arbeitsproduktivität – enorm gesteigert werden konnten. Wie dieser Zusammenhang zu verstehen ist, hat Adam Smith (2009 [1776]: 11 f) gleich zu Beginn seiner Untersuchung eingängig mit dem berühmten Stecknadelbeispiel illustriert (Quellentext 1).

Quellentext 1: Das Stecknadelbeispiel

Nehmen wir zum Beispiel ein sehr unbedeutendes Gewerbe, bei welchem man jedoch sehr oft von der Teilung der Arbeit Notiz genommen hat; nämlich das Gewerbe des Nadelmachers. Ein Arbeiter, der für diese Tätigkeit [...] nicht angelernt wäre, der mit dem Gebrauch der dazu verwendeten Maschinen [...] nicht vertraut wäre, könnte vielleicht mit dem äußersten Fleiß täglich kaum eine, gewiß aber keine zwanzig Nadeln herstellen. In der Tat aber, wie diese Tätigkeit jetzt betrieben wird, ist es nicht nur ein besonderes Gewerbe, sondern sie teilt sich in eine Anzahl von Zweigen, von denen die meisten wiederum besondere Gewerbe sind. Der eine zieht den Draht, ein anderer streckt ihn, ein dritter schneidet ihn ab, ein vierter spitzt ihn zu, ein fünfter schleift ihn am oberen Ende, wo der Kopf angesetzt wird; die Herstellung des Kopfes erfordert zwei oder drei verschiedene Tätigkeiten; das Ansetzen desselben ist eine besondere Tätigkeit, das Weißglühen der Nadeln eine andere, ja sogar das Einlegen der Nadeln in Papier bildet ein Gewerbe für sich. So ist das wichtige Geschäft der Stecknadelfabrikation in ungefähr achtzehn verschiedene Verrichtungen geteilt, die in manchen Fabriken alle von verschiedenen Händen vollbracht werden, während in anderen zuweilen zwei oder drei derselben von einem einzigen Mann besorgt werden. Ich habe eine kleine Fabrik dieser Art gesehen, wo nur zehn Menschen beschäftigt waren und manche von ihnen daher zwei oder drei verschiedene Verrichtungen zu erlernen hatten. Obgleich nun diese Menschen sehr arm und darum nur leidlich mit den nötigen Maschinen versehen waren, so konnten sie doch, wenn sie sich tüchtig daran hielten, in einem Tag zusammen etwa zwölf Pfund Stecknadeln liefern. Ein Pfund enthält über viertausend Nadeln von mittlerer Größe. Diese zehn Personen konnten demnach täglich über achtundvierzigtausend Nadeln herstellen. Da jeder den zehnten Teil von achtundvierzigtausend Nadeln machte, so lässt sich auf jeden täglich viertausendachthundert Nadeln rechnen. Hätten sie dagegen alle einzeln und unabhängig gearbeitet und wäre keiner für diese besondere Tätigkeit angelernt worden, so hätte gewiß keiner zwanzig, vielleicht nicht eine Nadel täglich machen können, d.h. sicher nicht den zweihundertvierzigsten, vielleicht nicht den viertausendachthundertsten Teil von dem, was sie jetzt infolge einer besonderen Teilung und Verbindung ihrer verschiedenen Verrichtungen zu leisten imstande sind.

Quelle: Smith (2009 [1776]: 12).

Dieses Beispiel steht stellvertretend für viele andere Industriezweige, in denen die Arbeitsteilung ebenfalls intensiviert und dadurch die Produktivkraft der Arbeit, also ihre Ergiebigkeit gesteigert werden konnte. Die Faktoren, die hierfür verantwortlich sind, schildert Smith (2009 [1776]: 15) wie folgt:

> „Diese große Vermehrung der Arbeitsmenge, welche infolge der Arbeitsteilung die nämliche Zahl von Leuten hervorzubringen imstande ist, beruht auf dreierlei verschiedenen Umständen: erstens auf der gesteigerten Geschicklichkeit jedes einzelnen Arbeiters, zweitens auf der Zeitersparnis, welche gewöhnlich bei dem Übergang von einer Arbeit zur anderen verlorengeht, und endlich auf der Erfindung zahlreicher Maschinen, welche die Arbeit erleichtern und abkürzen und einen einzigen Menschen befähigen, die Arbeit vieler zu verrichten."

Die arbeitsteilig organisierte Gesellschaft ist in diesem Sinne durch eine Spezialisierung auf klar abgegrenzte Tätigkeiten, eine strikte betriebliche Kontrolle und beachtliche Innovationspotenziale gekennzeichnet. Ihre Entwicklung ist außerordentlich dynamisch, weil sich die Arbeitsteilung und die Ausdehnung der Marktbeziehungen wechselseitig positiv stimulieren. Je stärker die Arbeitsteilung voranschreitet, desto ergiebiger ist der Arbeitsprozess und das Volumen der hergestellten Produkte auf dem Markt wächst an; und je stärker sich dieses Wachstum darstellt, desto größer werden die Möglichkeiten, neue Spezialisierungen zu realisieren und die Arbeitsteilung weiter voranzutreiben. Nicht ohne Grund werden in Städten oder nationalen Volkswirtschaften sehr viel mehr Berufe praktiziert als in dörflichen Gemeinschaften.

Dieser Zusammenhang zwischen der Marktgröße und dem Stand der Arbeitsteilung ist sicherlich grundlegend. Für Smith bilden jedoch weder dieser Zusammenhang noch die vorhersehbaren positiven Wirkungen, also die Wohlstandseffekte, die eigentliche Ursache der Arbeitsteilung. Diese Ursache liege stattdessen, so Adam Smith, in der natürlichen Neigung des Menschen zu tauschen begründet. Wie dies zu verstehen ist, illustriert er anhand mehrerer Vergleiche mit dem Tierreich. Diese Vergleiche verdeutlichen, dass auch Tiere mitunter kooperieren, aber stets auf der Grundlage von Begierden, nicht von Übereinkommen: „Kein Mensch hat jemals einen Hund mit einem anderen einen gütlichen und wohlbedachten Austausch eines Knochens gegen einen anderen vornehmen sehen." (Smith 2009 [1776]: 20) Ganz anders verhält es sich mit den Menschen. Deren Neigung zu tauschen, eröffnet ihnen die Möglichkeit, ihre jeweiligen Talente und beruflichen Befähigungen zu entwickeln und zu vervollkommnen und – auf der Grundlage dieser Fähigkeiten – überschüssige Produkte herzustellen.

Die Betonung der positiven Effekte der voranschreitenden Arbeitsteilung und die durch diese geförderte Produktivität und das Wachstum des gesellschaftlichen Wohlstands stehen bei Adam Smith klar im Vordergrund. Gleichwohl ist er keineswegs blind für die Schattenseiten der Arbeitsteilung (Smith 2009 [1776]: 800 f). Er sah durchaus, dass die Menschen, die sehr wenige einfache Tätigkeiten ausführen, mit der Zeit abstumpfen. Sie haben keine Gelegenheit, ihren Verstand zu schulen, kreativ zu werden, eigene Ideen zu entwickeln und umzusetzen. Einseitige Tätigkeiten führen für Smith nicht nur zur beruflichen Dequalifizierung, sondern auch zu einem monotonen Lebensstil, der unfähig macht, sich an anderen gesellschaftlichen Prozessen zu beteiligen. Um dem entgegenzuwirken, plädiert er dafür, die allgemeine Schulbildung zu fördern.

2.2.2.2 Wert- und Preistheorie

Die Entwicklung der Arbeitsteilung und der Marktbeziehungen sind für Smith eng miteinander verknüpft. Damit sich die Marktbeziehungen entfalten können, bedarf es jedoch weiterer Komponenten. Neben einer Infrastruktur (der schulischen und beruflichen Ausbildung, Handelsrouten, Marktplätzen etc.) kommt auch der Einführung des Geldes, also eines allgemeinen Zahlungsmittels – anfangs waren dies unterschiedliche (Edel-)Metalle wie Gold, Silber oder Kupfer –, eine große Bedeutung zu. Durch das Geld wurde es möglich, gewisse Stockungen im Handel, die aus der langen Suche nach passenden Gegenangeboten resultierten, zu überwinden. Die hergestellten Produkte konnten durch das Geld als allgemeines Handelsmittel, d.h. die Festlegung nominaler Preise, zueinander in Beziehung gesetzt und damit leichter und zeitverschoben miteinander getauscht werden.

Vor dem Hintergrund dieser Entwicklungen stellte sich Adam Smith die Frage, wie sich der Wert eines gehandelten Gutes bestimmen lässt. Um diese Frage zu beantworten, nahm er eine grundlegende Unterscheidung vor, die sich auf zwei unterschiedliche Bedeutungen des Wertes bezog: Zum einen hat jedes Gut einen Gebrauchswert oder Nutzen; so ist ein Bett zum Schlafen, ein Stuhl zum Sitzen, ein Brot zum Sattwerden, ein Kugelschreiber zum Schreiben da; zum anderen hat jedes Gut aber auch einen Tauschwert, es erzielt auf dem Markt einen spezifischen Preis. Dass beide Bedeutungen des Wertes nicht in einem unmittelbaren Zusammenhang stehen, erläuterte er anhand des berühmten Wert-Paradoxons:

> „Dinge, die den größten Gebrauchswert haben, haben oft wenig oder keinen Tauschwert, und umgekehrt haben andere oft den größten Tauschwert, aber wenig oder keinen Gebrauchswert. Nichts ist brauchbarer als Wasser, aber es läßt sich dafür kaum etwas kaufen, kaum etwas dafür in Tausch erhalten. Ein Diamant dagegen hat beinahe gar keinen Gebrauchswert und doch ist oft eine Menge anderer Güter dafür im Tausch zu haben." (Smith 2009 [1776]: 34)

Aus dem Wertparadoxon ergibt sich für Smith zunächst nur, dass sich der Preis eines Gutes nicht aus dem Gebrauchswert herleiten lässt. Es muss stattdessen eine andere Bestimmungsgröße geben; und diese sieht er in der Arbeit. Manchmal spricht Smith von der Mühe oder Beschwerde, die jemand aufwenden muss, um sich dieses Gut zu beschaffen. Er geht also davon aus, dass „die Arbeit der wahre Maßstab des Tauschwerts aller Waren ist" (Smith 2009 [1776]: 36), auf dem Markt also *grosso modo* gleiche Arbeitsquanten getauscht werden, wenn sich die Menschen wechselseitig die Bedarfsmittel des täglichen Lebens – Fleisch, Brot, Tuch, Wein etc. verschaffen. Genauer betrachtet handelt es sich bei dieser Bestimmung aber nur um eine erste Annäherung. Auf den zweiten Blick wird erkennbar, dass sich der Tauschwert nicht direkt aus den Arbeitsquanten herleiten lässt. Denn ebenso bedeutsam sind auch die Mühe, das Geschick, die Qualifikation, die für die Erstellung eines Gutes erforderlich sind. Auch diese Aspekte werden bei der Aushandlung des Nominal- oder Geldpreises berücksichtigt.

Smith unterscheidet also zwischen der Erscheinungsebene des Tauschwerts, d.h. dem nominellen Wert eines Gutes (dem auf dem Markt realisierten Preis), und der dem Tauschwert zugrundeliegenden Wertsubstanz, d.h. dem „wahren" Wert eines Gutes (der Quantität und Qualität der in ihm steckenden Arbeit). Der „wahre" Wert bestimmt für ihn grundsätzlich den nominellen Wert oder Preis. Dies gilt im Prinzip für alle Güter, auch für die Arbeit und selbst für das Geld. Dem Wert der Arbeit – Smith meint hier den Wert der Arbeitskraft – liegt dabei eine „Quantität von Bedürfnissen und Annehmlichkeiten des Lebens" zugrunde, die zugleich bestimmt, ob „der Arbeiter [...] reich oder arm, gut oder schlecht belohnt" ist (Smith 2009 [1776]: 38); und im Geld schlägt sich nieder, wie groß der jeweilige Anteil des in ihm steckenden Edelmetalls und der zu dessen Freisetzung erforderlichen Arbeit ist.

Nun sieht man den Waren nicht immer gleich an, wieviel Arbeit in ihnen steckt. Über die Preise, die sich herausbilden, wird entsprechend vor allem auf der Ebene des nominellen Wertes verhandelt. So ist etwa der Preis des Geldes gelegentlichen Schwankungen unterworfen, da die Geldmenge – damals etwa durch einen verringerten Edelmetallanteil bei der Münzprägung oder eine bessere Ausbeutung der Goldminen – im Vergleich zur sonstigen Produktion stärker (Inflation), mitunter aber auch schwächer wachsen kann (Deflation). Solche Schwankungen und auch die Unterschiede zwischen räumlich entfernten Märkten sorgen dafür, dass der nominelle Preis eines Gutes von dessen „wahrem" Wert immer mal wieder abweicht. Mittel- und langfristig ist jedoch der „wahre" Wert der Güter relativ konstant; und wenn Güter am gleichen Ort zur gleichen Zeit ge- und verkauft werden, so fungiert das Geld als genauer Maßstab für ihren Arbeitswert.

Die arbeitswerttheoretische Grundlegung der Funktionsweise der Ökonomie bildet für Smith allerdings nur den Ausgangspunkt seiner Überlegungen. Er reserviert sie gleichsam für einen „frühen und rohen Zustand der Gesellschaft, welcher der Kapitalanhäufung und Landaneignung vorgeht" und in der „das ganze Arbeitsprodukt dem Arbeiter" gehört (Smith 2009 [1776]: 53). Im fortgeschrittenen Zustand der Gesellschaft, der durch die Ansammlung von Kapital in den Händen einiger Personen gekennzeichnet ist, wird der Wert der Güter dann nicht mehr allein durch die in die Produktion eingeflossenen Arbeitsquanten bestimmt, sondern durch weitere Faktoren: Hierzu zählt das eingesetzte Kapital, dessen Wert durch den Verkauf der Güter nicht nur erstattet werden muss, sondern für die Leitung, Beaufsichtigung und Kontrolle der Arbeit auch noch einen Gewinn oder Profit abwirft; und hierzu zählt ebenso der zur Verfügung gestellte Grund und Boden, für den die Grundbesitzer eine Grundrente erhalten:

> „Wie sich der Preis oder Tauschwert jeder einzelnen Ware für sich in den einen oder anderen oder in alle drei Teile auflöst, so muß der Preis aller Waren insgesamt, welche das ganze jährliche Arbeitsprodukt eines Landes bilden, sich gleichfalls in jene drei Teile auflösen und unter verschiedene Bewohner des Landes sich als Arbeitslohn, als Kapitalgewinn oder als Grundrente verteilen." (Smith 2009 [1776]: 57)

Der hier vollzogene Übergang von der Arbeitswert- zu einer Produktionspreistheorie bleibt im *Wohlstand der Nationen* zum Teil inkonsequent und etwas missverständlich (Kromphardt 2004: 78 f). Einerseits legt Adam Smith dar, dass im fortgeschrittenen Zustand der Gesellschaft der Profit und die Grundrente nicht vom Wert der Güter abgezogen werden. Diese bilden vielmehr zusätzliche Bestimmungsgrößen, die in den Tauschwert einfließen. Andererseits neigt er, wenn er sich der Lohnbildung zuwendet, doch wieder der Auffassung zu, dass die Rente und der Kapitalgewinn einen Abzug vom Ertrag der Arbeit bilden (Smith 2009 [1776]: 71).[4]

Die lohntheoretischen Überlegungen von Smith verdeutlichen, dass er die bürgerliche Gesellschaft durch einen Klassengegensatz geprägt sieht (Schulten 2004: 30 f). Während sich die „Arbeiter*innen“ zusammenschließen, um höhere Löhne durchsetzen zu können, vereinigen sich die Unternehmer*innen, um dem entgegenzuwirken. Für Smith befinden sich die Unternehmer in einer strukturell vorteilhaften Position:

> „Es ist indes nicht schwer vorauszusehen, welche der beiden Parteien unter den gewöhnlichen Umständen in diesem Streit die Oberhand behalten und die andere zur Einwilligung in ihre Bedingungen zwingen wird. […] Ein Gutsbesitzer, ein Pächter, ein Handwerksmeister oder ein Kaufmann können, wenn sie auch keinen einzigen Arbeiter beschäftigen, doch im allgemeinen ein oder zwei Jahre von den Kapitalien leben, die sie erworben haben. Viele Arbeiter dagegen können nicht eine Woche, wenige nur einen Monat und kaum einer ein Jahr ohne Beschäftigung bestehen.“ (Smith 2009 [1776]: 72)

Angesichts dieses Machtungleichgewichts und der Dynamiken auf dem Arbeitsmarkt ist Smith skeptisch, dass die Löhne der „Arbeiter*innen“ (und ihrer Familien) das Existenzminimum dauerhaft überschreiten können.

Das Changieren zwischen unterschiedlichen Theorien – einer Arbeitswert-, Produktionspreis- und Lohnabzugstheorie – mag irritieren. Letztlich sind jedoch die produktionspreistheoretischen Überlegungen dominant. Dies zeigt sich auch in den Ausführungen zur Marktpreisbildung. Hier legt Smith dar, dass sich der gewöhnliche oder natürliche Preis an den landesüblichen Durchschnittskosten orientiert, die für die Erzeugung und Bereitstellung der Produktionsfaktoren aufzubringen sind. Der tatsächliche Preis mag aufgrund von Schwankungen im Angebot oder der wirksamen Nachfrage von diesem natürlichen Preis abweichen. Letztlich strebt der tatsächliche Preis, so Smith, jedoch dem natürlichen Preis zu. Angebot und Nachfrage gleichen sich aus und tendieren zu einem

4 Später erläutert Smith (2009 [1776]: 330 ff) auf der Grundlage der Unterscheidung zwischen der produktiven (Wert zusetzenden) und unproduktiven (keinen Wert schaffenden) Arbeit, dass vom Ertrag der Arbeit auch die Kosten der unproduktiven Arbeit – für Smith sind dies z. B. die Tätigkeiten von Dienstboten – abgezogen werden.

„Zentralpreis, gegen den die Preise aller Waren beständig gravitieren" (Smith 2009 [1776]: 63).

2.2.2.3 Faktoren der ökonomischen Entwicklung

Die Preisschwankungen und die Mechanismen von Angebot und Nachfrage könnten nahelegen, dass Adam Smith gleichgewichtstheoretisch gedacht hat. Tatsächlich handelte es sich bei ihm jedoch eher um einen Entwicklungstheoretiker. Ihn interessierten vornehmlich die Prozesse, über die sich das „einfache System der natürlichen Freiheit" entwickelt und zur Entfaltung kommt. Er richtet den Blick auf den Manufaktur- und Industriekapitalismus, für ihn: die Handelsgesellschaft. Doch schon zuvor gab es andere Gesellschaftsordnungen, die sich in ihrem Entwicklungsniveau deutlich unterschieden (Smith 2009 [1776]: 724 ff). Adam Smith benennt selbst vier verschiedene Gesellschaftsformen (Bachinger/Mathis 2009: 203 ff): die Jägergesellschaft, die aufgrund eines fehlenden Privateigentums auch keine Herrschaftsstrukturen ausbildete; die Hirtengesellschaft, in der Eigentum und eine gewisse Arbeitsteilung, also soziale Ungleichheiten und Regierungsfunktionen entstanden; die Agrargesellschaft, in der diese Prozesse weitergetrieben wurden und sich staatliche Strukturen herausbildeten; und die bürgerliche Handelsgesellschaft, in der die Marktbeziehungen durch die Arbeitsteilung beständig erweitert, größere Eigentumsbestände angehäuft und dieses Eigentum durch die Rechtsordnung und den Staat abgesichert werden.

Für die schwache Entwicklungsdynamik der vorbürgerlichen Gesellschaften war für Adam Smith vor allem die nicht vorhandene oder nur gering ausgebildete Arbeitsteilung verantwortlich. Diese gewann im heraufziehenden Handels- und Industriekapitalismus nun augenscheinlich an Fahrt. Gesellschaftlich stimulierte sie – bei allen sozialen Ungleichheiten – grundsätzlich den zivilisatorischen Fortschritt; und ökonomisch erzeugte sie Wachstum und Innovationen. Das Wachstum wird durch die Arbeitsteilung deswegen gefördert, weil diese das gesellschaftliche Arbeitsquantum und die Arbeitsproduktivität steigert, so dass zusätzliche Werte entstehen, die über Prozesse des Sparens und Investierens den Kapitalstock anwachsen lassen. Das zusätzliche Kapital begünstigt zudem Innovationen im Prozess der Arbeitsorganisation. Zuweilen entspringen diese Innovationen aber auch den kreativen, auf Arbeitserleichterung zielenden Praktiken der Arbeiter*innen – darunter auch Kinder – selbst:

> „Bei den ersten Dampfmaschinen war ein Knabe fortwährend damit beschäftigt, die Kommunikation zwischen dem Kessel und Zylinder, sowie der Stempel hinauf- und hinunterging, abwechselnd zu öffnen und zu schließen. Einer dieser Knaben, der mit seinen Kameraden spielen mochte, bemerkte, daß, wenn er eine Schnur von dem Griff des Ventils, welches diese Kommunikation öffnete, an einem anderen Teil der Maschine befestigte, das Ventil sich ohne sein zu tun öffnete und schloss und ihm die Freiheit ließ, sich mit seinen Spielkameraden zu belustigen." (Smith 2009 [1776]: 17)

Wie bereits angedeutet, kann sich die Arbeitsteilung als Triebkraft von Innovation und Entwicklung innerhalb der bürgerlichen Handelsgesellschaft vor allem dann entfalten, wenn sie durch Prozesse der Marktausdehnung begleitet wird. Adam Smith erläutert derartige Zusammenhänge in unterschiedlichen Kontexten: wenn er auf die markt- und wettbewerbsfördernde Rolle des Geldes eingeht; wenn er die Bedeutung der infrastrukturellen Vernetzung durch den Transport (Schifffahrt und Straßen) und die Schaffung von Handelswegen anspricht; wenn es um die Aufhebung feudalistischer Hemmnisse (der Zünfte und Gilden) geht; oder wenn – in der Kritik des Merkantilismus – die Förderung des externen Handels in den Blick rückt. Die unterschiedlichen Aktivitäten der Marktausdehnung tragen dazu bei, dass die Arbeitsteilung intensiviert und der gesellschaftliche Wohlstand gesteigert wird. Für Adam Smith ist diese Entwicklung weder zufällig noch folgt sie einem Masterplan. Sie ist vielmehr das Ergebnis eines sozial eingebetteten – die Menschen sind sozial interaktiv und grundlegend aufeinander angewiesen – Wettbewerbs. Hierauf weist er bereits am Anfang des Buches *Wohlstand der Nationen* hin, wenn er das Eigeninteresse und den Egoismus des Fleischers, Bäckers oder Brauers als Grundlage einer effektiven Arbeitsteilung illustriert (Smith 2009 [1776]: 21). In einer viel zitierten Passage wird die Funktionsweise des Handels in ähnlicher Form im internationalen Kontext diskutiert:

> „Wie nun jedermann nach Kräften sucht, sein Kapital auf den inländischen Gewerbefleiß zu verwenden und diesen Gewerbefleiß so zu leiten, dass sein Produkt den größten Wert erhält, so arbeitet auch jeder notwendig dahin, das jährliche Einkommen der Nation so groß zu machen, als er kann. Allerdings ist es in der Regel weder sein Streben, das allgemeine Wohl zu fördern, noch weiß er auch, wie er dasselbe befördert. Indem er den einheimischen Gewerbefleiß dem fremden vorzieht, hat er nur seine eigene Sicherheit vor Augen, und in dem er diesen Gewerbefleiß so leitet, daß sein Produkt den

größten Wert erhalte, beabsichtigt er lediglich seinen eigenen Gewinn und wird in diesen wie in vielen anderen Fällen von einer unsichtbaren Hand geleitet, daß er diesen Zweck befördern muß, den er sich in keiner Weise vorgesetzt hatte." (Smith 2009 [1776]: 451)

2.2.3 Das wirtschaftspolitische Leitbild: das „einfache System der natürlichen Freiheit"

Die „unsichtbare Hand" des Marktes wird im *Wohlstand der Nationen* nur einmal, und das eher beiläufig, erwähnt; und doch erscheint diese Metapher vielen als der zentrale Fixpunkt des von Adam Smith beschriebenen „einfachen Systems der natürlichen Freiheit". Diese Fokussierung auf die „unsichtbare Hand" ist in der Smith-Rezeption weitverbreitet. Sie ist auf der einen Seite sicherlich zu eng, da Smith die Frage nach den Organisationsprinzipien und -formen, die die „natürliche" im Sinne einer „vernünftigen" Freiheit und Ordnung hervorbringen, nicht nur auf die Operationsweise des Marktes, sondern der Gesellschaft insgesamt bezieht. Der „natürliche Lauf der Dinge" – eine ebenfalls häufig verwendete Formulierung – taucht nicht nur im *Wohlstand der Nationen* auf, sondern auch in anderen Schriften, wie z.B. der *Theorie der ethischen Gefühle* (so auch Bachinger/Mathis 2009: 191 ff). Natürliche menschliche Verhaltensweisen und Kooperationsformen lassen sich für Smith in zahlreichen, sehr unterschiedlichen gesellschaftlichen Handlungssphären identifizieren; und sie sind dabei keineswegs nur – und wenn doch, dann durch soziale und kulturelle Erwägungen eingebettet – auf ökonomische Kalküle und das Eigeninteresse bezogen.[5]

Innerhalb dieses weiten Verständnisses des „einfachen Systems der natürlichen Freiheit" ist auf der anderen Seite die Referenz auf das Eigeninteresse, den Markt und die Wohlstandsmehrung allerdings von besonderer Bedeutung. Diese Aspekte gewinnen mit der Entwicklung der bürgerlichen Gesellschaft, d.h. der voranschreitenden Individualisierung und der Ausdehnung von Marktbeziehungen, mehr und mehr an Gewicht. Von Smith selbst wurden alle Prozesse, die eine solche Entwicklung fördern, grundsätzlich begrüßt. Im Gegenzug kritisierte er all jene Konzepte und Faktoren, die der Liberalisierung und deren wohlstandsmehrenden Effekten entgegenstanden. Im Inneren sind dies die Sonderrechte unterschiedlicher sozialer Klassen – Smith spricht von Ständen –, wie z.B.

5 Es gibt bei Adam Smith noch keinen *homo oeconomicus*, also das ganz auf die Maximierung des eigenen Nutzens fokussierte Individuum, wie dies von Vertreter*innen der neoklassischen Ökonomie zuweilen suggeriert wird (Watson 2005: 107 ff).

der Grundbesitzer, der in Zünften organisierten Handwerker, aber auch anderer Gewerbetreibender wie der Kaufleute selbst:

> „Es liegt immer im Interesse der Verkäufer, den Markt zu erweitern und die Konkurrenz zu verengen. Die Erweiterung des Marktes kann oft mit dem öffentlichen Interesse ganz im Einklange sein, aber die Verengung der Konkurrenz widerstreitet demselben immer und kann nur dazu dienen, den Verkäufern dadurch, daß sie ihre Gewinne größer macht, als sie auf natürlichem Weg ausfallen könnten, Gelegenheit zu geben, ihren Mitbürgern eine alberne Abgabe aufzuladen, von der jene allein den Vorteil ziehen." (Smith 2009 [1776]: 269)

Die Strategien der Marktkontrolle – z.B. in Form von Preisabsprachen – und der Etablierung von Privilegien durch die Instrumentalisierung des Staates (Steuervergünstigungen und Subventionen) bleiben für Smith eine permanente Gefahr. Diese betrifft auch die Außenwirtschaftsbeziehungen (Kromphardt 2004: 85 ff). Smith sah in den protektionistischen Instrumenten (Zöllen, Mengenbeschränkungen), die gemäß den damals vorherrschenden merkantilistischen Konzepten errichtet und genutzt worden waren und – im Interesse der Grundbesitzer und mancher Gewerbetreibenden – den internationalen Handel beschränkten, eine Minderung des Wohlstands. Um eine derartige Fehlallokation von Ressourcen und Gütern zu vermeiden, plädierte er für den Freihandel, der dem System der natürlichen Freiheit viel besser entsprach:

> „Räumt man also alle Begünstigungs- oder Beschränkungssysteme völlig aus dem Wege, so stellt sich das klare und einfache System der natürlichen Freiheit von selbst her. Jeder Mensch hat, solange er nicht die Gesetze der Gerechtigkeit übertritt, vollkommene Freiheit, sein Interesse auf seine eigene Weise zu verfolgen und seine Industrie sowohl als sein Kapital mit der Industrie und den Kapitalien anderer Menschen oder anderer Klassen von Leuten in Konkurrenz zu bringen." (Smith 2009 [1776]: 703)

Der Staat soll in dieser Perspektive der Versuchung widerstehen, sich in die Wirtschaft direkt einzumischen und sie politisch lenken zu wollen. In einem ersten Zugriff sind von Adam Smith die Aufgaben, die der Staat übernehmen soll, relativ nüchtern und bescheiden definiert worden:

> „Nach dem Systeme der natürlichen Freiheit hat die Staatsregierung nur noch drei Pflichten zu beobachten, drei Pflichten freilich, die höchst wichtig, aber die auch ganz einfach und für den gemeinen Menschenverstand faßlich sind: Die erste ist die Pflicht, die Nation gegen die Gewalttätigkeiten und Angriffe anderer unabhängiger Nationen zu schützen; die zweite die Pflicht, jedes einzelne Glied der Nation gegen die Ungerechtigkeit oder Unterdrückung jedes anderen Gliedes derselben soviel als möglich zu schützen, d.h. die Pflicht, eine genaue Rechtspflege aufrechtzuerhalten; die dritte Pflicht endlich ist die, gewisse öffentliche Werke und Anstalten zu errichten und zu unterhalten, deren Errichtung und Unterhaltung niemals in dem Interesse eines Privatmannes oder einer kleinen Zahl von Privatleuten liegen kann, weil der Gewinn daran niemals einem Privatmann oder einer kleinen Zahl von Privatleuten Entschädigung gewähren würde, obgleich er eine große Nation oft mehr als schadlos hält." (Smith 2009 [1776]: 703)

Wenn man sich die Umstände der damaligen Zeit vergegenwärtigt, so ist diese Aufgabenbestimmung keineswegs deckungsgleich mit den Konzepten eines Minimal- oder Nachtwächterstaats, die vor allem von den französischen Physiokraten vertreten worden waren, gelegentlich aber auch Adam Smith zugeschrieben wurden. Genauer betrachtet ist der Staat von Smith recht umfassend definiert worden. Wie im obigen Zitat angesprochen sollte der Staat nicht nur zuständig sein für die Landesverteidigung, die innere Sicherheit und ein funktionsfähiges Justizwesen, sondern auch für zahlreiche öffentliche Werke und Anstalten, heute würde man sagen: die öffentliche Infrastruktur. Smith nennt zum einen die den Transport und Handel fördernde Infrastruktur, z.B. Häfen, schiffbare Kanäle, Landstraßen, Brücken oder Postämter; zum anderen schenkt er auch den Bildungsinstitutionen, den Schulen und Universitäten, eine besondere Aufmerksamkeit. Um die staatlichen Aufgaben erfüllen zu können, war für Smith ein leistungsfähiges Steuersystem erforderlich. Nicht alle Aufgaben sollten staatlich direkt finanziert werden. Gerade für die Errichtung der Infrastruktur schienen ihm Nutzungsentgelte (Gebühren) in der Regel als bessere Option.

Fasst man diese Überlegungen zusammen, so musste das „einfache System der natürlichen Freiheit" für Adam Smith durch einen gut entwickelten – vornehmlich regulierenden – Infrastrukturstaat flankiert und abgesichert werden. Allen Vorstellungen einer aktiven wirtschaftspolitischen Steuerung stand er jedoch ablehnend gegenüber; und obgleich er sich sehr eindeutig gegen fortbestehende oder neu errichtete Markt- und Wettbewerbsbeschränkungen wandte, gibt es bei Smith keine Konzeption einer prozeduralen Wettbewerbspolitik.

2.2.4 David Ricardo

Einige der von Adam Smith entwickelten Gedanken und Konzepte wurden etwas später von David Ricardo [1772–1823], einem anderen Repräsentanten der Klassischen Politischen Ökonomie, aufgegriffen und zugespitzt oder weiterentwickelt. Das Denken Ricardos war im Vergleich zu dem von Adam Smith weniger empirisch als modelltheoretisch angelegt, zugleich aber noch stärker auf die politische Praxis zugeschnitten. Dieser Zugriff auf den Untersuchungsgegenstand erklärt sich zum Teil aus seiner Biographie (Kurz 2008b; Eltis 2012). Aufgewachsen in einer wohlhabenden jüdischen Familie und unterrichtet von Privatlehrern, stieg er bereits als 14-Jähriger in das Börsenmakler-Geschäft des Vaters ein. Er machte im Ausgang der Napoleonischen Kriege finanzielle Gewinne, da er auf die Niederlage Napoleons spekuliert hatte, die er danach in den Erwerb großer Ländereien investierte. Erst nachdem er im Jahr 1799 den *Wohlstand der Nationen* von Smith gelesen hatte, begann er sich intensiver mit Fragen der Politischen Ökonomie zu beschäftigen. Er veröffentlichte einige Essays, hatte Kontakt zu Robert Malthus und James Mill, dem Vater von John Stuart Mill, und publizierte im Jahr 1817 sein Hauptwerk *Über die Grundsätze der Politischen Ökonomie und der Besteuerung* (Ricardo 1994 [1817]). In dieser Studie akzentuierte er vor allem drei Diskussionspunkte, die bereits von Smith behandelt oder zumindest angesprochen worden waren:

Erstens strebte Riccardo eine konsequente arbeitswerttheoretische Grundlegung ökonomischer Prozesse an. Im Unterschied zu Smith, für den die Arbeitswerttheorie nur für „den frühen und rohen Zustand der Gesellschaft“ (Smith 2009 [1776]: 53) Gültigkeit beanspruchen konnte, versuchte Riccardo sie auch auf die bürgerliche Gesellschaft zu übertragen (Dobb 1977: 85 ff). Er nimmt die Menge der eingesetzten Arbeit als Grundlage aller Werte und nicht – wie es in einigen Passagen bei Smith deutlich wird – die Vergütung als Ausdruck der Menge an Waren, die man sich für die eingesetzte Arbeit beschaffen kann. Bei dem Versuch, diese Konzeption im Sinne einer mathematischen Beweisführung zu belegen, d.h. die Kopplung von Wertgrundlage (verausgabter Arbeit) und Wertmaß (Preise) schlüssig darzulegen, ist Ricardo letztlich jedoch gescheitert. Dies liegt auch daran, dass ein unveränderlicher Wertmaßstab, der als Referenzpunkt einer solchen Berechnung fungieren könnte, nicht zu finden ist. Wie Ricardo (1994 [1817]: 82) selbst schreibt, sind die Löhne stets veränderlich und von den „Sitten und Gebräuchen des Volkes“ bestimmt; und andere Güter lassen sich nicht unmittelbar arbeitswerttheoretisch kalkulieren, da in die Berechnung der verwendeten Produktionsmittel, also der eingesetzten Maschinen und des verarbeiteten Materials, immer auch Produktionspreise der Vorperioden einfließen, die aufgrund der sich wandelnden Produktivität der dazu erbrachten Arbeit, wie auch der Preisschwankungen, ebenfalls nicht konstant sein können.

Zweitens knüpft Ricardo in seinen Überlegungen zur Entwicklung der Profitrate weitgehend an das von Thomas Robert Malthus aufgestellte „Bevölkerungsgesetz" an. In einem gewissen Kontrast zu Adam Smith – dieser war aus machtpolitischen Gründen skeptisch, dauerhaft höhere Löhne realisieren zu können – postuliert das „Bevölkerungsgesetz" eine Quasi-Unmöglichkeit, die Reallöhne steigern zu können. Für Malthus ist dies darauf zurückzuführen, dass steigende Löhne durch eine sinkende Kindersterblichkeit und höhere Lebenserwartung zu einem Bevölkerungswachstum führen, was einen Arbeitskräfteüberschuss und eine erhöhte Nachfrage nach Nahrungsmitteln zur Folge hat. Die Lebensmittelpreise steigen somit, zumal die Produktivität des Bodens nur begrenzt zu steigern ist. Armut, Verelendung und Hunger nehmen bei den Arbeitern daher zu, wodurch die Bevölkerung wieder schrumpft. Ricardo hat diese Perspektive weitgehend übernommen; vor allem deswegen, um darzulegen, dass neben der steigenden Bodenrente – bedingt durch die nachlassende Grenzproduktivität der Böden – auch steigende Löhne die Profitrate beeinträchtigen und für die Arbeiter selbstschädigend sind (Kurz 2008b: 130). Er hat sie zugleich aber auch insofern modifiziert, als nicht allein die Preise für Getreide und Lebensmittel – vermittelt über die Löhne – die Preise der anderen Güter bestimmen, sondern alle zur Reproduktion der Arbeiter erforderlichen Güter.

Schließlich scheint drittens in den Überlegungen zur Entwicklung der Profitrate nicht nur der Klassengegensatz von Kapital und Arbeit auf, sondern auch zwischen Industrie- und Handelskapital und Großgrundbesitz. Dies wird nicht zuletzt deutlich, wenn Ricardo die Importzölle auf Korn im doppelten Sinne kritisiert: als Faktoren, die die Lebensmittelpreise und Löhne erhöhen und somit die Profitrate und Investitionen des industriellen Kapitals beeinträchtigen; und als damit verknüpfte Nichtausschöpfung der wohlfahrtssteigernden Effekte des Freihandels. Er geht dabei über Adam Smith hinaus. Dieser hatte schon im *Wohlstand der Nationen* dargelegt, dass es für ein Land vorteilhaft ist, Waren aus anderen Ländern zu beziehen, wenn sie dort billiger hergestellt werden können, und umgekehrt Waren zu exportieren, die im Inland billiger produziert werden (Smith 2009 [1776]: 448 ff). Diese Begründung des Freihandels gemäß dem Theorem „absoluter Kostenvorteile" entwickelt Ricardo zum Theorem „komparativer Kostenvorteile" weiter (Tabelle 2). Er legt am Beispiel des Handels von Tuch und Wein zwischen England und Portugal dar – England benötigt 100 Leute zur Produktion von Tuch, 120 Leute für die Produktion von Wein, Portugal hingegen 90 Leute für die Tuch- und 80 Leute für die Weinherstellung –, dass sich für beide der Handel dennoch lohnt; und zwar wenn sich England auf Tuch und Portugal auf Wein spezialisiert (Ricardo 1994 [1817]: 109 ff).[6] Um die Produktmengen unter Einschluss des Handels zu realisieren, müssen in beiden Ländern relativ weniger Leute eingesetzt werden: in England 200 statt 220 und in Portugal 160 statt 170. Nun besteht sicherlich die Gefahr, dass die portugiesische Tuchindustrie ebenfalls nach England exportiert. Da der hierdurch generierte portugiesische Handelsbilanzüberschuss jedoch Geldzuflüsse zur Folge hat, die die Inflation ankurbeln und die Wettbewerbsfähigkeit beeinträchtigen, wird die englische Tuchindustrie relativ konkurrenzfähiger.

Tabelle 2: Komparative Kostenvorteile

		Tuch	Wein	Insgesamt
Ausgangslage: Autarkie	England	100 Arbeitskräfte	120 Arbeitskräfte	220
	Portugal	90 Arbeitskräfte	80 Arbeitskräfte	170
Gesamtproduktion (ohne Außenhandel)				**390**
Außenhandel/Arbeitsteilung	England	200 Arbeitskräfte	--	200
	Portugal	--	160 Arbeitskräfte	160
Gesamtproduktion (mit Außenhandel)				**360**

Quelle: Eigene Zusammenstellung nach Ricardo (1994 [1817]: 115).

2.2.5 Rezeption, Wirkung und Kritik

Die Rezeptionsgeschichte der Schriften von Adam Smith ist nicht nur sehr lang, sondern auch sehr umfangreich. Dies liegt daran, dass die von ihm aufgeworfenen Fragestellungen und angedachten Konzepte – in begrenzterem Maße gilt dies auch für Ricardo – gleichsam die Grundlage der anschließenden politökonomischen Diskussionen bildeten. Zunächst bezog sich die Diskussion, dies betrifft vor allem die Rezeption durch Karl Marx, auf die wert-, preis-, und geldtheoretischen Überlegungen. Danach rückten, vermittelt über John Stuart Mill und die Utilitaristen, die markttheoretischen Überlegungen und die hierauf bezogenen individuellen, auf die Realisierung von Freiheit zielenden Ausführungen mehr und mehr ins Zentrum der Smith-Rezeption. Die eher beiläufig von Smith erwähnte Metapher der „unsichtbaren Hand" avancierte zu einer der berühmtesten Formeln in der Geschichte der Wirtschaftstheorie. In diese Rezep-

6 Den historischen Hintergrund dieses Beispiels bildet der Methuen-Vertrag – benannt nach dem englischen Verhandlungsführer John Methuen – aus dem Jahr 1703. Damals hatte Portugal England zugestanden, zollfrei Textilien nach Portugal exportieren zu können. Gleichzeitig wurde der Wein-Export von Portugal nach England erleichtert.

tionslinie fügen sich auch die an Ricardo anschließenden Konzeptionen der neoklassischen Freihandelstheorie ein: etwa das Heckscher-Ohlin-Modell, das neben der Arbeit auch die Ausstattung der Länder mit weiteren Produktionsfaktoren berücksichtigt, oder das Stolper-Samuelson-Theorem, das die Preisveränderungen und die Verteilungseffekte der Handelsliberalisierung zu erfassen versucht.

In der Rekonstruktion der von Adam Smith entwickelten politökonomischen Perspektive ist verschiedentlich bereits angedeutet worden, dass die Bedeutung und das Verhältnis der – ethischen und rationalistischen – Komponenten immer wieder kontrovers diskutiert worden ist. Auf der einen Seite stehen all jene, die in Adam Smith nicht nur einen Vordenker des Wirtschaftsliberalismus, sondern Begründer des marktradikalen Denkens sehen. Diese Interpretation ist durch die Gründung neoliberaler Netzwerke und Think Tanks wie z.B. der Mont Pelerin Society oder des Adam Smith Institute in London gefördert worden (Cockett 1995: 280 ff). Vertreter*innen dieser Lesart fokussieren sich vor allem auf die Metapher der „unsichtbaren Hand" und tendieren dazu, seine sonstigen gesellschaftstheoretischen Erwägungen auszublenden. Auf der anderen Seite hat es aber immer wieder gegenläufige Interpretationen gegeben, in denen Smith' sozialphilosophische und gesellschaftstheoretische Ideen nicht verschwinden, sondern als grundlegend angesehen werden (Watson 2005: 101 ff). Das von ihm entwickelte Leitbild des „einfachen Systems der natürlichen Freiheit" erscheint dann nicht als eine radikal individualistische und marktradikale Konzeption, sondern als System eines sozialmoralisch und ordnungspolitisch eingehegten Wettbewerbs (Horn 2009; Bachinger/Mathis 2009).

Die Rezeptionsgeschichte lässt sich mithin als sehr breit und kontrovers charakterisieren. Obgleich es für die Lesart, dass es sich bei Adam Smith um einen Gesellschaftstheoretiker mit eher sozialliberalen Orientierungen – man denke an die umfassende Infrastruktur und die Bedeutung eines öffentlichen Schulwesens – gehandelt hat, zahlreiche Hinweise und Belege gibt, hat sich in der Öffentlichkeit eher die Wahrnehmung eines marktradikalen Theoretikers durchgesetzt. Dies ist nicht unwesentlich der politischen Wirkungsgeschichte seiner Überlegungen geschuldet. Diese zeichnet sich dadurch aus, dass die von Smith entwickelten Konzepte und Argumente – vermittelt über unterschiedliche andere „Theoretiker*innen" und Think Tanks – vornehmlich zum Zwecke der wirtschaftlichen Liberalisierung aufgegriffen und vorgebracht worden sind. In diesem Sinne lassen sich Adam Smith und David Ricardo als intellektuelle Vordenker von Initiativen begreifen, die sich gegen den Merkantilismus richteten, so etwa der von Richard Cobden gegründeten *Anti-Corn Law League*, die in den 1830er und 1840er Jahren auf den Wegfall der Getreidezölle drängte; und auch später atmen viele nach innen oder nach außen gerichtete Initiativen einer ökonomischen Liberalisierungsagenda – etwa die Programme der Deregulierung und Privatisierung seit den 1980er Jahren, oder der Abschluss internationaler Handelsabkommen – den Geist von Smith und Ricardo.

Das analytische Erklärungspotenzial politökonomischer Konzepte ist nun freilich nicht unmittelbar durch deren breite Rezeption und politische Wirksamkeit bestimmt, sondern durch die Kriterien der theoretischen Kohärenz und empirischen Plausibilität. Und hierauf bezogen gibt es ungeachtet der unbestrittenen Originalität der Überlegungen von Smith durchaus einige Schwachpunkte, die abschließend wenigstens kurz erwähnt werden sollten.

Einen ersten Schwachpunkt bilden die partiell widersprüchlichen werttheoretischen Ausführungen in den unterschiedlichen Kapiteln. Nach der arbeitswerttheoretischen Grundlegung schwenkt Smith später auf eine Produktionspreistheorie um. Er entwickelt darüber hinaus noch eine Lohnabzugstheorie, wenn er in der Wertbestimmung die Bodenrente und den Kapitalgewinn vom Ertrag der Arbeit abzieht. Außerdem bleibt zum Teil unklar, was mit dem Wert der Arbeit bei Smith genau gemeint ist: Zunächst scheint es das verausgabte Arbeitsquantum wie bei Ricardo zu sein. Später bezieht er sich aber auf die Güter, die sich die Arbeiter als Gegenwert zu den erhaltenen Löhnen beschaffen können. Für Ulrike Herrmann (2016: 49) war die Art und Weise, wie Smith mit solchen Unklarheiten umging, typisch für sein Werk: „Er ignorierte die Widersprüche einfach" – und setzte an anderer Stelle neu an.

Ein zweiter Schwachpunkt besteht – zumindest aus heutiger Sicht – darin, dass Smith seine philosophische und politökonomische Forschung zwar im Sinne der Aufklärung als Gesellschaftstheoretiker betrieb, seine Argumentation jedoch durch naturalistische und religiöse Restbestände gekennzeichnet blieb. Die religiösen Restbestände resultieren aus der Rezeption des Stoizismus. Sie zeigen sich darin, dass das deistische Weltbild, d.h. die Annahme einer göttlichen Garantie von Harmonie und Stabilität, ungeachtet allen Lasters und Eigennutzes bei Smith im „einfachen System der natürlichen Freiheit" und der Metapher der „unsichtbaren Hand" zur Entfaltung gelangt (Fleischmann 2007: 80f). Dieses System und das ihm eingeschriebene menschliche Handeln werden dabei zugleich naturalisiert; zumindest dann, wenn Smith vom „natürlichen Lauf der Dinge" spricht oder den Tausch und die Marktprozesse weniger als gesellschaftliche Phänomene, sondern vielmehr als Neigungen darstellt, die in der Natur des Menschen angelegt sind.

Schließlich sei als ein dritter Schwachpunkt noch die wenig entwickelte Konzeptualisierung des Geldes bei Smith genannt. So konnte Smith zwar beobachten, wie durch die Erschließung neuer Gold- und Geldquellen und die partielle Entkopplung des Geldes von den Goldbeständen, also die Papiergeldschöpfung, die Dynamik des Kapitalismus gefördert wurde. Dennoch bleibt sein Geldverständnis recht oberflächlich. Er diskutiert das Geld nur mit Bezug auf seine Funktion als Wertmaßstab sowie als Tausch- und Zirkulationsmittel. Als Kredit tritt es nur dann in Erscheinung, wenn zuvor gespart worden ist. Die umgekehrte Perspektive vermag er nicht einzunehmen. In dieser stellt der Kredit ein Schuldverhältnis zwischen Gläubigern und Schuldnern dar, das am Anfang steht. Erst danach, also wenn die Schuldner sparen oder Profite erwirtschaften, werden die Zinsen bezahlt und der Kredit getilgt. Smith konnte diese dynamisierende Rolle des Geldes nicht systematisch erfassen, weil er hierzu das Geld auch als Wertaufbewahrungsmittel und – dies ist die Perspektive der Banken und Unternehmen – als Kapital genauer hätte in den Blick nehmen müssen.

2.3 Kritik der Politischen Ökonomie: Karl Marx

An Karl Marx [1818–1883] scheiden sich die Geister. Von vielen wird er als beeindruckender Denker bewundert, zumindest anerkannt. So landete er im Jahr 2003 in der Fernsehsendung „Unsere Besten – die größten Deutschen" nach Adenauer und Luther, aber noch vor Goethe, Einstein oder Bismarck auf Rang drei. Andere bringen ihm keine derartige Wertschätzung entgegen. Sie betrachten ihn in erster Linie als Umstürzler und Staatsfeind, zuweilen auch als Vordenker der realsozialistischen Gesellschaftsmodelle. Diese zweite Perspektive verdeutlicht, dass die von Marx entwickelte Politische Ökonomie und Gesellschaftstheorie zuweilen sehr stark politisiert ist. Durch den Zuschnitt seiner Theorie, seine Analysen und seine politischen Aktivitäten hat Marx hierzu sicherlich mit beigetragen.

Es wäre jedoch oberflächlich, seine Überlegungen nur von ihren politischen Effekten her zu betrachten und sich mit ihrem analytischen und zeitdiagnostischen Potenzial nicht auseinanderzusetzen. Genau hierauf, d.h. die Rekonstruktion dieses Potenzials, sollen sich die nachfolgenden Ausführungen konzentrieren. Die Bezüge zu Adam Smith sind dabei klar erkennbar. Wie sich Smith an den zu seiner Zeit sehr einflussreichen merkantilistischen Konzepten abarbeitete, so entwickelte Karl Marx seine Theorie durch die Rezeption und Auseinandersetzung mit der Klassischen Politischen Ökonomie. Obgleich er arbeitswerttheoretisch argumentierte, ordnete er sich selbst nicht dieser Denkströmung zu. Dies ist vor allem dadurch begründet, dass er einen „Bruch" vollzog und ein neues Paradigma begründete, das er selbst als „Kritik der Politischen Ökonomie" bezeichnete. Die Kritik bezog sich sowohl auf die theoretischen Konzeptionen der

Klassischen Politischen Ökonomie als auch auf den betrachteten Untersuchungsgegenstand: die kapitalistische Produktionsweise. Diese hat Marx aufgrund der ihr eingeschriebenen Widersprüche und Formen der Ausbeutung, Unterdrückung und Entfremdung sehr scharf kritisiert, angesichts ihrer ungeheuren zivilisatorischen Kraft – besonders eindrucksvoll zum Ausdruck gebracht im *Manifest der Kommunistischen Partei* (Marx/Engels 1972 [1847/48]) – zugleich aber auch bewundert.

2.3.1 Karl Marx: Auf dem Weg zu einer politökonomischen Theorie der sozialen Revolution

Die scharfe Kritik an der bürgerlichen Gesellschaft war in der Entwicklung der kapitalistischen Produktionsweise angelegt. Marx konnte zunächst in Deutschland, dann in Frankreich und schließlich in Großbritannien im täglichen Alltag beobachten, wie die Industrielle Revolution voranschritt. Hatte Adam Smith noch die frühkapitalistische Manufakturperiode und die Baumwollindustrie mit der Tuchproduktion vor Augen gehabt, so richtete sich der Blick von Marx auf die verbreitete Nutzung der Dampfmaschine, die Kohle- und Stahlproduktion, den Maschinenbau und die Revolutionierung von Kommunikation und Transport durch Telegraphie, Eisenbahn und Dampfschifffahrt. Es entstanden große Industriebetriebe. Die „soziale Frage" konzentrierte sich geographisch zunehmend in den Städten – zunächst in Großbritannien, dann auch auf dem Kontinent – und spitzte sich in Form der Arbeits- oder Arbeiter*innenfrage zu (Engels 1972 [1845]; Abendroth 1965: 51 ff). Die Arbeiter*innen begannen vermehrt, sich zu organisieren. Sie gründeten sozialistische Parteien, schlossen sich in Gewerkschaften zusammen und formten Arbeiter- und später auch Bildungsvereine unterschiedlichster Art. Mit der Entfaltung des industriellen Kapitalismus entstand mithin eine neue soziale Kraft. Skandalisierten deren Aktivitäten anfangs vor allem die materiellen Notlagen der Überarbeitung – auch von Kindern –, der Ausbeutung und des Überlebens, also Hunger, schlechtes Wohnen, unzureichende Kleidung oder fehlende medizinische Dienste, so rückten mit der Zeit mehr und mehr die politökonomischen Ursachen dieser Notlagen ins Zentrum der Kritik.

Die Schriften von Marx haben zu dieser Verschiebung nicht unwesentlich beigetragen. Allerdings war diese Bezugnahme auf die Arbeiter*innenbewegung in der Biographie von Marx nicht unmittelbar angelegt gewesen (Gehrke 2008: 217 ff; Herrmann 2016: 75 ff; Schweikard 2017). Er selbst war 1818 in Trier geboren worden und wuchs – der Vater war Rechtsanwalt – in einem bürgerlichen Elternhaus auf. Nach einem eher durchschnittlichen Abitur ging Marx 1835 zum Studium der Rechtswissenschaften nach Bonn. Ein Jahr später wechselte er nach Berlin, wo er sein Interesse für philosophische Fragen entwickelte und mit einer Gruppe der „Junghegelianer" – u.a. Bruno Bauer, Ludwig Feuerbach, Arnold Ruge – in Kontakt kam, die Hegels dialektische Methode und Religions- und Staatstheorie progressiv zu wenden bestrebt waren. Marx widmete sich daraufhin dem Studium der Philosophie, das er 1841 mit einer in Jena eingereichten Dissertation zur *Differenz der demokritischen und epikureischen Naturphilosophie* abschloss. Da ihm eine akademische Karriere im autoritären preußischen Staat aus politischen Gründen verwehrt schien, arbeitete er nach dem Studium als (Chef-) Redakteur der liberal-demokratisch orientierten „Rheinischen Zeitung" in Köln.

Als Journalist entwickelte er einen polemisch-sarkastischen Schreibstil. Er geriet rasch in Konflikt mit den preußischen Behörden. Nach dem Verbot der Zeitschrift im Frühjahr 1843, heiratete Marx zunächst Jenny von Westphalen, mit der er im Herbst dann zu Arnold Ruge nach Paris ging, um dort an den „Deutsch-Französischen Jahrbüchern" zu arbeiten. Die Pariser Jahre (1843–45) und auch die Zeit in Brüssel (1845–47) – Marx war vom französischen Staat auf Drängen Preußens ausgewiesen worden – waren für die weitere Entwicklung von Marx sehr bedeutsam. Er kam nicht nur in Berührung mit dem Frühsozialismus, vor allem mit Pierre-Joseph Proudhon [1809–1865], sondern auch mit Friedrich Engels [1820–1895]. Engels, der zu den Jahrbüchern einen Beitrag mit dem Titel „Umrisse zu einer Kritik der Nationalökonomie" beigesteuert hatte, regte Marx dazu an, sich eingehender mit den Schriften von Adam Smith, David Ricardo und anderen britischen Ökonomen auseinanderzusetzen. Der Prozess der materialistischen Neuorientierung verlief über die Veröffentlichung zahlreicher Schriften (Artus 2014: 14f): u.a. die *ökonomisch-philosophischen Manuskripte* (1844), die *Thesen über Feuerbach* (1845), *Die deutsche Ideologie* (1845), *Das Elend der Philosophie* (1847) oder auch *Lohnarbeit und Kapital* (1847).

In dem Maße, wie sich in dieser Zeit die Situation revolutionär zuspitzte, wurde Marx selbst verstärkt politisch aktiv. Mit Engels trat er dem Bund der Gerechten bei, der sich Ende 1947 in den Bund der Kommunisten umbenannte. Ein Nebenprodukt dieser Aktivitäten war das *Manifest der kommunistischen Partei.* Nach dem Ausbruch der Februarrevolution in Frankreich und der Märzrevolution in Deutschland ging Marx nach Köln und wurde dort Herausgeber der Neuen Rheinischen Zeitung. Im Zuge der Konterrevolution wurde die Zeitschrift jedoch verboten und Marx aus Preußen ausgewiesen. Über den Umweg Paris landete er 1849 im Londoner Exil, wo er bis zu seinem Tod lebte.

Die Londoner Zeit war durch große finanzielle Probleme gekennzeichnet. Dies lag unter anderem daran, dass Karl und Jenny Marx nicht gut mit Geld umgehen konnten und einen eher verschwenderischen Lebensstil pflegten. Vor allem aber hatte die Familie keine regelmäßigen Einkünfte. Kleinere Erbschaften waren schnell aufgebraucht, ebenso die Honorare, die Marx für einige hundert Artikel erhielt, die er zwischen 1951 und 1862 für die New York Daily Tribune geschrieben hatte.[7] Von großer Bedeutung war daher die finanzielle Unterstützung durch Friedrich Engels, der als Fabrikbesitzer wohlhabend war. Jenseits der prekären familiären Situation war das Leben in London durch einen Rückzug vom politischen Aktivismus geprägt. In den 1860er und 1870er Jahren äußerte er sich nur noch punktuell zu tagespolitischen Themen und Auseinandersetzungen: z.B. durch die *Inauguraladresse der Internationalen Arbeiter-Assoziation* (1864) oder den Gewerkschaftsvortrag *Lohn, Preis, Profit* (1965). Im engen Austausch mit Engels widmete er sich seit den 1850er Jahren schwerpunktmäßig dem intensiven Studium der Politischen Ökonomie. Er verfasste zunächst einige Vorarbeiten – z.B. *Grundrisse der Kritik der politischen Ökonomie* (1857–58) oder *Zur Kritik der Politischen Ökonomie* (1859) –, bevor im Jahr 1867 der erste Band der Schrift *Das Kapital* erschien (Marx 1976 [1867]). In diesem ging es vor allem um die Analyse des „Produktionsprozesses". Posthum wurden, von Engels ergänzt und zusammengestellt, noch der zweite und dritte Band des Kapitals publiziert, die sich auf die Analyse der „Zirkulationssphäre" (Marx 1983 [1885]) und den „Gesamtprozess" konzentrierten (Marx 1988 [1894]).

Die biographischen Stationen von Marx sind mit spezifischen Phasen seines Schaffens verbunden. Nicht wenigen gelten die 1850er Jahre als Übergang von einem „jungen" oder „humanistischen" zu einem „reifen" oder „wissenschaftlichen" Marx. Louis Althusser (1968: 31) sprach sogar von einem „epistemologischen Bruch", der den Wechsel von einer ideologischen, durch praktische Interessen geleiteten, zu einer objektiv-wissenschaftlichen Forschungsmethode und Begrifflichkeit markiert. Eine derart rigide Separierung erscheint überzogen. Es ist jedoch erkennbar, dass in der Entwicklung des Marx'schen Denkens in verschiedenen Phasen unterschiedliche intellektuelle Einflussmomente prägend waren. Mit Bezug auf die Kritik der Politischen Ökonomie stellen sich diese wie folgt dar: Zu nennen ist erstens Friedrich Engels. Dieser hat Marx nicht nur finanziell unterstützt, sondern durch den permanenten, sehr engen Austausch immer wieder inspiriert, die eigenen Konzepte zu schärfen und weiterzuentwickeln. Dies geschah zweitens durch die Auseinandersetzung mit konkur-

7 In diesem Kontext sind auch die von Marx verfassten politischen Schriften *Klassenkämpfe in Frankreich* (1950) und *Der achtzehnte Brumaire des Louis Bonaparte* (1952) anzusiedeln.

rierenden politökonomischen Deutungsangeboten: zum einen mit den Überlegungen der Frühsozialisten – Pierre-Joseph Proudhon [1809–1865], Henri de Saint-Simon [1760–1825], Robert Owen [1771–1858] – und zum anderen mit den Theorien der Klassischen Politischen Ökonomie, in erster Linie den Schriften von Adam Smith und David Riccardo. Drittens war die Rezeption der Hegelschen Dialektik von zentraler Bedeutung. Marx war bestrebt, den subversiv-revolutionären Charakter freizulegen, den das Denken in prozessierenden Widersprüchen besaß. Ihm ging es darum, dieses auf „jede gewordene Form im Flusse der Bewegung" zu beziehen, auch auf die „widersprüchliche Bewegung der kapitalistischen Gesellschaft" (Marx 1976 [1867]: 28). Dies schloss mit ein, eine historisch-materialistische Perspektive zu entwickeln, die über den kontemplativen, bloß anschauenden Materialismus eines Ludwig Feuerbach [1804–1872] hinausging und die subjektiv-praktischen Komponenten der alltäglichen sozialen Praxis miteinschloss (Marx 1969 [1844]).

2.3.2 Die kapitalistische Produktionsweise, oder: das Kapital als soziales Verhältnis

Die dialektische Methode bildete für Marx den Schlüssel, um die prozessierenden Widersprüche der bürgerlichen Gesellschaft zu analysieren. Überzeugt davon, dass die theoretischen Konzepte und Ideen in der Wirklichkeit selbst angelegt sind, verweist die dialektische Methode zum einen – im Sinne von Bewegungsgesetzen – auf die Formen der gesellschaftlichen Entwicklung:

> „In der gesellschaftlichen Produktion ihres Lebens gehen die Menschen bestimmte, notwendige, von ihrem Willen unabhängige Verhältnisse ein, Produktionsverhältnisse, die einer bestimmten Entwicklungsstufe ihrer materiellen Produktivkräfte entsprechen. Die Gesamtheit dieser Produktionsverhältnisse bildet die ökonomische Struktur der Gesellschaft, die reale Basis, worauf sich ein juristischer und politischer Überbau erhebt und welcher bestimmte gesellschaftliche Bewußtseinsformen entsprechen. Die Produktionsweise des materiellen Lebens bedingt den sozialen, politischen und geistigen Lebensprozess überhaupt. […] Auf einer gewissen Stufe ihrer Entwicklung geraten die materiellen Produktivkräfte der Gesellschaft in Widerspruch mit den vorhandenen Produktionsverhältnissen, oder, was nur ein juristischer Ausdruck dafür ist, mit den Eigentumsverhältnissen, innerhalb deren sie sich bisher bewegt hatten. Aus Entwicklungsformen der Produktivkräfte schlagen diese Verhältnisse in Fesseln derselben um. Es tritt dann eine Epoche sozialer Revolutionen ein." (Marx 1985 [1859]: 8f)

Die ontologische, auf die materielle Entwicklung der Gesellschaft verweisende Komponente der Dialektik war für Marx grundlegend. Sie führte ihn dazu, „die Anatomie der bürgerlichen Gesellschaft in der politischen Ökonomie zu suchen" (Marx 1985 [1859]: 8). Zum anderen umschließt die dialektische Methode aber auch eine spezifische Erkenntnismethode. Diese geht davon aus, dass Erkenntnisse über die permanente Rückkopplung von Forschung und Darstellung generiert werden. So kam es für Marx darauf an, von der ungeordneten konkreten Totalität auf dem Wege der Abstraktion zu analytisch gehaltvollen einfachen Begriffen zu gelangen, deren Entfaltung – Marx (1974 [1857/58]: 22) spricht mit Bezug auf Hegel vom Aufstieg „vom Abstrakten zum Konkreten" – in der Darstellung dann eine reiche, durch soziale Beziehungen strukturierte Totalität ermöglicht. Gleichzeitig ging Marx davon aus, dass die analytische Erschließung der gesellschaftlichen Totalität dann am besten gelingt, wenn sie die fortgeschrittenen Formen der bürgerlichen Gesellschaft, in der damaligen Zeit: England, in den Blick nimmt.[8]

2.3.2.1 Ware, Wert und Geld

Diese methodologischen Erwägungen schlagen sich auch in der Studie *Das Kapital* nieder. Legte Marx im Vorwort dar, warum seine konzeptionellen Überlegungen und empirischen Illustrationen auf England Bezug nehmen, so stieg er darstellungstechnisch vom Abstrakten zum Konkreten auf. Der Einstieg lautete entsprechend:

> „Der Reichtum der Gesellschaften, in welchen kapitalistische Produktionsweise herrscht, erscheint als eine ‚ungeheure Warensammlung', die einzelne Ware als seine Elementarform. Unsere Untersuchung beginnt daher mit der Analyse der Ware." (Marx (1976 [1867]: 49)

Bei der Analyse der Ware knüpft Marx unmittelbar an Adam Smith an. Er unterscheidet wie dieser zwischen dem „Gebrauchswert" oder der Nützlichkeit einer Ware und ihrem „Tauschwert", der in ihr vergegenständlichten Quantität und Qualität der Arbeit. Was für Adam Smith die Geschicklichkeit der Arbeiter, ist für Marx die Produktivkraft der Arbeit, die sich im Laufe der Zeit durch den vermehrten Einsatz von Maschinen und die berufliche Ausbildung verändert, in der Regel steigert:

---

8 Es gibt zahlreiche Zusammenfassungen und Interpretationen der von Marx entwickelten Kritik der politischen Ökonomie. Gute Überblicke mit unterschiedlichen Akzentuierungen liefern unter anderem Schleifstein (1972: 95 ff) und Heinrich (2016).

> „Je größer die Produktivkraft der Arbeit, desto kleiner die zur Herstellung eines Artikels erheischte Arbeitszeit, desto kleiner die in ihm kristallisierte Arbeitsmasse, desto kleiner sein Wert. Umgekehrt, je kleiner die Produktivkraft der Arbeit, desto größer die zur Herstellung eines Artikels notwendige Arbeitszeit, desto größer sein Wert. Die Wertgröße einer Ware wechselt also direkt wie das Quantum und umgekehrt wie die Produktivkraft der sich in ihr verwirklichenden Arbeit." (Marx (1976 [1867]: 55)

Für Marx hat nicht nur die Ware einen „Doppelcharakter", einen Gebrauchswert und einen Tauschwert, die einander bedingen. Auch die verausgabte Arbeit selbst hat einen „Doppelcharakter": Zum einen handelte es sich, sofern sie auf den Gebrauchswert bezogen ist, um „konkrete" Arbeit, also das Tischlern, das Jagen oder das Backen und andere Aktivitäten, in denen die arbeitenden Menschen eine spezifische Bestätigung finden und sich selbst verwirklichen. Zum anderen ist in Bezug auf den Tauschwert aber allein die – von all ihren konkreten Ausformungen absehende – „abstrakte" Arbeit, d.h. die Quantität und Produktivität der eingesetzten Arbeit relevant.

Ein spezifischer Gebrauchswert und die diesen erzeugende konkrete Arbeit sind für jede Ware erforderlich. In der durch die kapitalistische Produktionsweise geprägten Gesellschaft ist jedoch der Tauschwert dominant. Nach Marx werden die Waren als Äquivalente, d.h. entsprechend der in ihnen steckenden gesellschaftlich durchschnittlich notwendigen Arbeit getauscht. Die verausgabte Arbeit – nicht die konkrete Arbeit, sondern die abstrakt verausgabte Arbeit – bildet für ihn die Wertsubstanz, die es erst möglich macht, dass die Waren zueinander in Beziehung gesetzt und getauscht werden können.

Wie dies zu verstehen ist, erläutert Marx in seiner Wertformanalyse, d.h. der Analyse der Formen, die der Warentausch in der bürgerlichen Gesellschaft annimmt. Die „einfache Wertform" bezieht sich auf den Tausch Ware gegen Ware. Unter diesen Bedingungen mag die Gebrauchs- oder Naturalform einer Ware als einzelnes Äquivalent noch als Ausdruck des Werts einer anderen Ware und damit von abstrakt menschlicher Arbeit erscheinen. Dies ändert sich jedoch in komplexen Tauschsystemen mit der „allgemeinen Wertform" und der „Geldform". Dann wird erkennbar, dass „nicht der Austausch die Wertgröße der Ware, sondern umgekehrt die Wertgröße der Ware ihre Austauschverhältnisse reguliert" (Marx (1976 [1867]: 78). Das einzelne Äquivalent wird zum allgemeinen Äquivalent; und dieses nimmt per Konvention die spezifische Naturalform der Ware Gold oder Geld an.

Die Geldform ist für Marx in der Warenform angelegt. Mit der Verallgemeinerung der Warenform wird diese jedoch zum Fetisch. Die sozialen Beziehungen verflüchtigen sich. Die Produzenten interagieren in verdinglichter Form miteinander, indem sie sich als Besitzer von Waren gegenübertreten:

> „Es ist nur das bestimmte gesellschaftliche Verhältnis der Menschen selbst, welches hier für sie die phantasmagorische Form eines Verhältnisses von Dingen annimmt. Um daher eine Analogie zu finden, müssen wir in die Nebelregion der religiösen Welt flüchten. Hier scheinen die Produkte des menschlichen Kopfes mit eigenem Leben begabte, untereinander und mit den Menschen in Verhältnis stehende selbständige Gestalten. So in der Warenwelt die Produkte der menschlichen Hand. Dies nenne ich den Fetischismus, der den Arbeitsprodukten anklebt, sobald sie als Waren produziert werden, und der daher von der Warenproduktion unzertrennlich ist." (Marx (1976 [1867]: 86f)

Die Ausführungen zum Fetischcharakter der Warenwelt sind vor allem ideologietheoretisch bedeutsam. In der bürgerlichen Gesellschaft stellen sich die sozialen Verhältnisse für Marx notgedrungen anders dar, als sie beschaffen sind. Er argumentiert – allerdings nicht nur hier – mit der Unterscheidung von Wesen und Erscheinung. Der historische und gesellschaftliche Charakter der Privatarbeiten wird verschleiert. Die sie strukturierenden Formen der Herrschaft und Ausbeutung erscheinen den Menschen als quasi-natürlich, jenseits ihrer eigenen Kontrolle und Einflussnahme.

Durch den Geldfetisch als besondere Form des Warenfetischs wird der „falsche Schein", also die Verselbständigung, mitunter Verherrlichung der kapitalistischen Produktionsweise weiter befestigt:

> „Eine Ware scheint nicht erst Geld zu werden, weil die anderen Waren allseitig ihre Werte in ihr darstellen, sondern sie scheinen umgekehrt allgemein ihre Werte in ihr darzustellen, weil sie Geld ist. Die vermittelnde Bewegung verschwindet in ihrem eignen Resultat und läßt keine Spur zurück. Ohne ihr Zutun finden die Waren ihre eigne Wertgestalt fertig vor als einen außer und neben ihnen existierenden Warenkörper. Diese Dinge, Gold und Silber, wie sie aus den Eingeweiden der Erde herauskommen, sind zugleich die unmittelbare Inkarnation aller menschlichen Arbeit. Daher die Magie des Geldes." (Marx (1976 [1867]:107)

Das Geld ist für Marx mithin eine besondere Ware. Es fungiert als allgemeines Äquivalent im Tauschprozess und gleichzeitig als Fetisch zur Verschleierung der gesellschaftlichen Bedingungen der Produktion und Verteilung in der kapitalistischen Produktionsweise. Die besondere Rolle des Geldes ergibt sich allerdings nicht nur aus seiner Funktion als Wertmaß oder „Maßstab der Werte" und als Tausch- oder Zirkulationsmittel – diese Funktionen waren bereits von Adam Smith dargestellt worden –, sondern auch aus seiner Funktion als Wertaufbewahrungs- und Zahlungsmittel, also als Mittel der Schatzbildung und des Kredits, und seiner Funktion als Kapital. Wenn Marx (1976 [1867]: 161) vom Geld als der ersten „Erscheinungsform des Kapitals" spricht, so wird bereits erkennbar, dass er in ihm nicht ein neutrales Steuerungsmedium sieht, sondern ein soziales Machtverhältnis, das auf spezifische Herrschafts- und Ausbeutungsprozesse verweist.

2.3.2.2 Die Verwandlung von Geld in Kapital und der Doppelcharakter der Arbeit

Das Geld ist durch seine Funktion als allgemeines Äquivalent, in dem sich die gesellschaftlich erzeugten Werte aufeinander beziehen können, eine besondere Ware. Doch nicht nur als Wertmaßstab, als Zirkulations- und Zahlungsmittel, auch als erste Erscheinungsform des Kapitals bildet das Geld ein konstitutives Element der kapitalistischen Produktionsweise. Mit dem Geld als Kapital verändert die Warenzirkulation ihren Charakter. Es geht nicht mehr nur um den geldvermittelten Warentausch, d.h. den Tausch: Ware – Geld – Ware (W – G – W), sondern zugleich auch um den komplementär-gegenläufigen Prozess Geld – Ware – Geld (G – W – G). Das „treibende Moment" und der „bestimmende Zweck" dieses zweiten Prozesses ist, so Marx (1976 [1867]: 164), „der Tauschwert selbst". Wenn das Geld als Kapital eingesetzt wird, so strebt es zugleich allerdings danach, den eigenen Wert zu erhöhen, d.h. einen Überschuss oder Mehrwert zu erzielen. Erst die gesteigerte Wertgröße und die Bewegung, die diese Steigerung realisiert, macht Geld zu Kapital. Die zutreffendere Formel lautet entsprechend: G – W – G'; wobei G' eben das eingesetzte Kapital plus den erzielten Überschuss zum Ausdruck bringt.

Doch letztlich nährt diese „allgemeine Formel des Kapitals, wie es in der Zirkulationssphäre erscheint" (1976 [1867]: 170), die Illusion, dass der Mehrwert im Tauschprozess selbst, durch einen einfachen Preisaufschlag entsteht. Dies mag sich aus der Perspektive des Handels- oder des zinstragenden Kapitals auf den ersten Blick so darstellen. Hiermit wäre jedoch impliziert, dass das Prinzip des Äquivalententausches, das für den kapitalistischen Markt charakteristisch ist, systematisch verletzt wird. Dem ist nach Marx jedoch nicht so. Es werden Äquivalente getauscht – und doch entsteht ein Mehrwert. Dieser wird in der Zirkulationssphäre nur realisiert, nicht hingegen erzeugt. Dies geschieht vielmehr im Produktionsprozess; und zwar deswegen, weil hier eine zweite besondere Ware zum Einsatz kommt: „das Arbeitsvermögen oder die Arbeitskraft" (Marx 1976 [1867]: 181). Die Arbeitskraft hat als Ware einen ganz spezifischen Gebrauchswert. Sie ist nämlich in der Lage, mehr Werte zu schaffen, als zu ihrer eigenen Reproduktion erforderlich sind.

Um das Geheimnis des Kapitals und der Mehrwertproduktion zu lüften, bestimmt Marx zunächst den Wert der Ware Arbeitskraft und erläutert dann in einem zweiten Schritt den Prozess der Mehrwertproduktion. Zur Ware Arbeitskraft schreibt er:

> „Der Wert der Arbeitskraft, gleich dem jeder andren Ware, ist bestimmt durch die zur Produktion, also auch Reproduktion, dieses spezifischen Artikels notwendige Arbeitszeit. Soweit sie Wert, repräsentiert die Arbeitskraft selbst nur ein bestimmtes Quantum in ihr vergegenständlichter gesellschaftlicher Durchschnittsarbeit. Die Arbeitskraft existiert nur als Anlage des lebendigen Individuums. Ihre Produktion setzt also seine Existenz voraus. Die Existenz des Individuums gegeben, besteht die Produktion der Arbeitskraft in seiner eigenen Reproduktion und Erhaltung." (Marx (1976 [1867]: 185 f)

Zu den alltäglichen Lebensmitteln, die zur Produktion und Reproduktion der Arbeitskraft erforderlich sind, zählen für Marx Nahrung, Kleidung, Heizung, Wohnung wie auch Erziehung, Bildung und Ausbildung. All die für die Herstellung dieser Waren erforderliche Arbeitszeit fließt in den Wert der Arbeitskraft ein. Dieser Wert variiert entsprechend zwischen den nationalen Gesellschaften, aber auch im historischen Prozess gemäß der Kulturstufe und der Lebensansprüche der Arbeiter*innen. Marx (1976 [1867]: 185) spricht von einem „historischen und moralischen Element", das in die Wertbestimmung der Arbeitskraft eingeht, wobei das moralische Element für den Klassenkampf steht, d.h. für das Vermögen der Arbeiter*innen, den eigenen Bedürfnissen gegenüber dem Kapital durch eine bessere Entlohnung und verbesserte Arbeitsbedingungen Ausdruck zu geben.

Der Wert der Ware Arbeitskraft ist für Marx in diesem Sinne vor der Produktion festgelegt, aber erst in dieser entfaltet die Arbeitskraft ihren Gebrauchswert. Das heißt, in der Produktion wird sie verausgabt oder produktiv konsumiert und erzeugt Waren und den Mehrwert. Die Mehrwertproduktion und Ausbeutung ist der kapitalistischen Produktionsweise demzufolge systematisch eingeschrieben, ohne dass das Prinzip des Äquivalententausches verletzt wird. Die Zirkulationssphäre ist für Marx durch die Prinzipien der Freiheit (keiner wird gezwungen, keine Sklaverei), der Gleichheit (alle tauschen nur Äquivalente), des Eigentums (alle verfügen über ihr jeweiliges Vermögen) und des Eigennutzes zum Wohle aller charakterisiert. Diese allgemeinen Prinzipien verändern dann aber den Charakter, wenn die Produktion mit in den Blick genommen wird:

> „Der ehemalige Geldbesitzer schreitet voran als Kapitalist, der Arbeitskraftbesitzer folgt ihm nach als sein Arbeiter; der eine bedeutungsvoll schmunzelnd und geschäftseifrig, der andere scheu, widerstrebsam, wie jemand, der seine eigne Haut zu Markt getragen und nun nichts andres zu erwarten hat als die – Gerberei." (Marx 1976 [1867]: 191)

Wie sich die Verwertung des Kapitals durch die Generierung von Mehrwert in der Produktion vollzieht, wird von Marx sehr genau und umfassend untersucht. Der Verwertungsprozess ist für ihn zunächst nur „ein über einen gewissen Punkt hinaus verlängerter Wertbildungsprozess" (Marx 1976 [1867]: 209). Der Kapitalist stellt hierbei Kapital zur Verfügung (C), investiert also in Produktionsmittel und Arbeitskräfte. Die Produktionsmittel (Maschinen, Zwischenprodukte und Rohstoffe) werden vom Arbeiter im Prozess der produktiven Konsumption verarbeitet; und zwar über den Punkt hinaus, an dem dieser die zu seiner eigenen Reproduktion erforderlichen Warenwerte hergestellt hat. Die eingesetzten Produktionsmittel bezeichnet Marx als konstantes Kapital (c), da deren Wert im Produktions- und Arbeitsprozess nicht vermehrt, sondern nur auf das neue Produkt übertragen wird. Im Unterschied hierzu spricht er in Bezug auf die eingesetzte Arbeitskraft von variablem Kapital (v), da die Arbeitskraft in der Lage ist, durch ihre Veräußerung dem Produkt einen Mehrwert (m) zuzusetzen (Marx 1976 [1867]: 223 f). In der Konsequenz lässt sich der Verwertungsprozess als Formel wie folgt darstellen:

G -> C -> c + v … Produktionsprozess -> c + v + m -> C' -> G'

Für Marx geht es in der kapitalistischen Produktionsweise nicht nur darum Waren, sondern vor allem Mehrwert zu erzeugen. In der Konkurrenz mit anderen Kapitalisten, sind die Kapitalisten bestrebt, die Verwertung des Kapitals stetig zu verbessern. Dies läuft auf eine Steigerung der Mehrwertrate, also der Ausbeutungsrate, d.h. des erzielten Mehrwerts im Verhältnis zum eingesetzten variablen Kapital, hinaus. Marx unterscheidet hierbei zwei spezifische Strategien: zum einen die Strategie der Steigerung des absoluten Mehrwerts durch eine Ausweitung der täglichen, wöchentlichen und jährlichen Arbeitszeit – ein Prozess, der zeitlich aber an gewisse Schranken stößt; und zum anderen die Strategie der Steigerung des relativen Mehrwerts, d.h. einer erhöhten Produktivität der Arbeit – mehr Output pro Arbeitsstunde –, die durch eine verbesserte Qualifikation der Arbeiter*innen, vor allem aber auch durch den Einsatz neuer Maschinen, Technologien und Konzepte einer effizienteren Produktions- und Arbeitsorganisation erzielt werden kann.

Dass sich die skizzierten Mechanismen entfalten können, ist allerdings nicht voraussetzungslos. Die Herausbildung und Verallgemeinerung der kapitalistischen Produktionsweise vollzieht sich über zwei strukturelle Veränderungen, die in den vorherigen Ausführungen zum Teil bereits angedeutet worden sind: Die eine strukturelle Veränderung besteht in der Genese des Privateigentums an Produktionsmitteln. Dieser mitunter gewaltsame, staatlich organisierte Prozess ist von Marx erst am Ende des ersten Bandes des Kapitals im Kapitel über die „ursprüngliche Akkumulation“, d.h. die Trennung von Produzent und Produktionsmittel – z.B. durch die Privatisierung vormals gemeinschaftlich organisierter Böden, Gebäude oder Institutionen –, erläutert worden (Marx 1976 [1867]: 741 ff). Die zweite strukturelle Veränderung ist mit der ersten eng verbunden. Sie besteht in der Genese des „doppelt freien Lohnarbeiters“. Dieser ist anders als der Sklave oder Leibeigene insofern frei, als er frei über sein Leben und seine eigene Arbeitskraft verfügen kann; er ist aber ebenso insofern frei, als er über keine Produktionsmittel verfügt und zum Zwecke der eigenen Reproduktion seine Arbeitskraft auf dem Arbeitsmarkt verkaufen muss (Marx 1976 [1867]: 181 ff).

2.3.2.3 Die Dynamik der kapitalistischen Akkumulation

Die Prozesse der ursprünglichen Akkumulation und die Genese des doppelt freien Lohnarbeiters verdeutlichen, dass Marx in *Das Kapital* zwar eine weitgehend logische Darstellungsweise gewählt hat, die ihrerseits jedoch im Sinne einer Kondensation historischer Entwicklungen interpretiert werden sollte. Gesellschaftliche Machtverhältnisse und Abhängigkeiten, die Rolle von Politik und Staat sind mithin konstitutiv für die konkrete Ausprägung der kapitalistischen Akkumulationsdynamik. Sie wirken auf diese ein, werden selbst aber auch durch diese geformt und verändert. Wie dies geschieht, ist allgemein durch die „Bewegungsgesetze“ der kapitalistischen Akkumulation bestimmt.

Für Marx ist klar, dass die kapitalistische Produktion immer auch die Reproduktion umschließt, d.h. die Wiederherstellung der für die Produktion erforderlichen Ausgangsbedingungen. Analytisch unterscheidet er zwischen den Formen der einfachen und erweiterten Reproduktion. Die einfache Reproduktion verbleibt auf der gleichen Stufenleiter. Durch die neu produzierten Waren – Produktionsmittel und Konsumgüter – werden die alten nur ersetzt; ebenso verstetigt sich die Klassenspaltung der Gesellschaft in Kapitalist*innen und Lohnarbeiter*innen. Tatsächlich ist durch den konkurrenzvermittelten Zwang zur Steigerung des absoluten und relativen Mehrwerts der kapitalistischen Produktionsweise jedoch die Tendenz zur Expansion eingeschrieben. Der erzeugte Mehrwert übersteigt die Erfordernisse der einfachen Reproduktion. Es wird Kapital akkumuliert, d.h. der Bestand an Fabriken, Maschinen und anderen Produktionsmitteln wächst an; ebenso vermehrt sich die Zahl der Lohnarbeiter*innen. Marx (1976 [1867]: 605 ff) interpretiert die Akkumulation des Kapitals als erweiterte Reproduktion, d.h. als Reproduktion auf „progressiver Stufenleiter".

Die Arbeiter*innen mögen versuchen, an der Akkumulation des Kapitals durch höhere Löhne zu partizipieren. Marx sieht jedoch nicht, dass höhere Löhne die Reproduktion des Kapitalverhältnisses ernsthaft gefährden könnten. Dies liegt nicht zuletzt daran, dass die Steigerung des relativen Mehrwerts durch eine Erhöhung der Arbeitsproduktivität, die modernere Maschinen, eine bessere Qualifikation der Arbeiter oder eine Arbeitsintensivierung voraussetzt, die dominante Tendenz der kapitalistischen Akkumulation darstellt. Hierdurch verändert sich zugleich die organische Zusammensetzung des Kapitals. Sie steigt, da der Anteil des konstanten Kapitals, dessen Wert in der Produktion nur auf das neue Gut übertragen wird, im Verhältnis zum variablen Kapital zunimmt. Besonders deutlich ist dies bei Rationalisierungsinvestitionen. Aber auch viele Erweiterungsinvestitionen bringen es mit sich, dass mit der Größe der Betriebe das konstante stärker als das variable Kapital anwächst.

Die steigende organische Zusammensetzung des Kapitals korrespondiert für Marx mit den Prozessen der Konzentration und Zentralisation. Die Konzentration des Kapitals bezieht sich dabei auf die Erweiterung und Ausdehnung der Produktion. Einzelne Kapitalisten häufen immer mehr Produktionsmittel in ihren Händen an, um sich in der Konkurrenz behaupten zu können, wenngleich sich auch immer wieder neue Kapitale bilden oder von den größeren abspalten. Komplementär zur Konzentration des Kapitals realisiert sich die Zentralisation des Kapitals durch den Zusammenschluss einzelner, bereits bestehender Kapitale zu größeren Einheiten. Marx (1976 [1867]: 654) charakterisiert die Zentralisation des Kapitals wie folgt:

> „Es ist dies nicht mehr einfache, mit der Akkumulation identische Konzentration von Produktionsmitteln und Kommando über Arbeit. Es ist Konzentration bereits gebildeter Kapitale, Aufhebung ihrer individuellen Selbstän-

> digkeit, Expropriation von Kapitalist durch Kapitalist, Verwandlung vieler kleinerer in weniger größere Kapitale. Dieser Prozeß unterscheidet sich von dem ersten dadurch, daß er nur veränderte Verteilung der bereits vorhandnen und funktionierenden Kapitale voraussetzt, sein Spielraum also durch das absolute Wachstum des gesellschaftlichen Reichtums oder die absoluten Grenzen der Akkumulation nicht beschränkt ist. Das Kapital schwillt hier in einer Hand zu großen Massen, weil es dort in vielen Händen verlorengeht. Es ist die eigentliche Zentralisation im Unterschied zur Akkumulation und Konzentration."

Marx hatte die Herausbildung von großen Konzernen, Trusts oder Kartellen und die Strategien der Marktbeherrschung schon relativ früh beobachten können. Wie die Konzentration, so war für ihn auch die Zentralisation des Kapitals – heute spricht man von Fusionen und Übernahmen – maßgeblich ein Produkt der kapitalistischen Konkurrenz. Letztere wurde darüber hinaus durch das Kreditwesen, in vielen Ländern auch die Börse, stimuliert, da der Kredit einzelne Unternehmen in die Lage versetzt, sich andere Unternehmen anzueignen.

Die Prozesse der Konzentration und Zentralisation des Kapitals deuten bereits darauf hin, dass der Prozess der kapitalistischen Akkumulation nicht reibungslos verläuft. Die zentralisierte ökonomische Macht übersetzt sich nicht selten in politische Macht. Vor allem sind der Akkumulation strukturelle Widersprüche – unter anderem die gesellschaftliche Produktion und gleichzeitige private Aneignung des Mehrwerts –, soziale Konflikte – zwischen Kapital und Arbeit, aber auch zwischen den Unternehmen – und Krisenprozesse eingeschrieben, die auf die zyklischen Stockungen im Prozess der Kapitalverwertung verweisen. Marx selbst hat keine systematische Krisentheorie entwickelt. In seinen Schriften, vor allem im zweiten und dritten Band des Kapitals, sind unterschiedliche Elemente einer durch Überakkumulation, Überproduktion und Unterkonsumption begründeten Krisentheorie zu finden (Hoffmann 1983).[9]

In der langen Frist sorgt zudem die steigende organische Zusammensetzung des Kapitals dafür, dass sich die Verwertungsbedingungen des Kapitals immer wieder verschlechtern. Marx spricht in diesem Zusammenhang vom „Gesetz des

---

9 Unter einer Überakkumulation ist ein überproportionales Wachstum des Kapitals (Produktionsanlagen, Dienstleistungen, Finanztitel) zu verstehen, das keine ausreichende Verwertung mehr findet. Die Überproduktion bezieht sich stärker auf ein zu großes Angebot an Konsumgütern und verhält sich spiegelbildlich zur Unterkonsumption, die durch niedrige Löhne und Einkommen verursacht wird.

tendenziellen Falls der Profitrate". Der Profit ist die Erscheinungsform des Mehrwerts. Die Profitrate bringt – auf der Ebene der Werte, nicht der Preise – anders als die Mehrwertrate (m/v) nicht nur den Mehrwert im Verhältnis zum eingesetzten variablen Kapital zum Ausdruck, sondern den Mehrwert im Verhältnis zum eingesetzten konstanten und variablen Kapital (m/(c+v)). Wenn die Entwicklung der kapitalistischen Produktionsweise nun dahingeht, den Wertumfang des eingesetzten konstanten Kapitals (c) im Verhältnis zum variablen Kapital (v), also die organische Zusammensetzung des Kapitals zu steigern, gleichzeitig der Mehrwert (m) als Ausdruck des Profits aber allein aus dem variablen Kapital (v) generiert wird, so hat dies zur Folge,

> „daß die Rate des Mehrwerts bei gleichbleibendem und selbst bei steigendem Exploitationsgrad der Arbeit sich in einer beständig sinkenden allgemeinen Profitrate ausdrückt. [...] Die progressive Tendenz der allgemeinen Profitrate zum Sinken ist also nur *ein der kapitalistischen Produktionsweise eigentümlicher Ausdruck* für die fortschreitende Entwicklung der gesellschaftlichen Produktivkraft der Arbeit." (Marx 1988 [1894]: 223)

Zuweilen ist das Gesetz vom tendenziellen Fall der Profitrate als Zusammenbruchsgesetz des Kapitalismus (fehl-)interpretiert worden. Marx selbst legt dar, dass der ökonomisch induzierte Zusammenbruch keineswegs zwingend ist. So gibt es für das Kapital grundsätzlich die Möglichkeit, die fallende Profitrate durch eine steigende Profitmasse auszugleichen und die Akkumulation fortzusetzen. Außerdem gibt es eine Reihe von Faktoren, die dieser Entwicklung entgegenwirken (Marx 1988 [1894]: 242): so vor allem ein erhöhter Exploitationsgrad, d.h. die Ausweitung und Intensivierung der Arbeit; eine wettbewerbsinduzierte Absenkung des Arbeitslohns unter seinen Wert; eine Verbilligung der Elemente des konstanten Kapitals (kapitalsparender technischer Fortschritt, billigere Rohstoffe); eine relative Überbevölkerung, die niedrigere Löhne und eine Fortsetzung der arbeitsintensiven Produktion ermöglicht; ein auswärtiger Handel, der den Import günstigerer Rohstoffe und Zwischenprodukte, ebenso aber auch den Export der Überproduktion ermöglicht; und eine Zunahme des zinstragenden Kapitals, insbesondere des Aktienkapitals, wodurch sich in bestimmten Situationen eine vergünstigte Bereitstellung von Kapital ergibt.

Die Auflistung und Diskussion der entgegenwirkenden Faktoren im dritten Band des Kapitals erfolgt nicht besonders systematisch. Gleichwohl verdeutlichen die Gegentendenzen recht gut, warum Marx im Vorwort zum ersten Band bereits darauf hingewiesen hatte, dass die bürgerliche Gesellschaft „kein fester

Kristall, sondern ein umwandlungsfähiger und beständig im Prozess der Umwandlung begriffener Organismus ist" (Marx 1976 [1867]: 16). Die permanente Umwandlung und Expansion der kapitalistischen Produktionsweise ist in den letzten Jahrzehnten in einen globalisierten Finanzmarktkapitalismus gemündet (Foster 2007). Dessen Reproduktion stützt sich maßgeblich auf zwei Dynamiken, die sich im Sinne der dem tendenziellen Fall der Profitrate entgegenwirkenden Faktoren interpretieren lassen: Zum einen ist nach innen eine neue Dynamik der Durchkapitalisierung, eine „neue Landnahme" (Dörre 2009) erkennbar[10]; David Harvey (2003) spricht von „Akkumulation durch Enteignung". Die Durchkapitalisierung erfolgt oft in Form einer Finanzialisierung, d.h. der finanzmarktvermittelten Durchdringung und Reorganisation von Sphären außerhalb des Finanzsystems, etwa vieler Unternehmen – Stichwort: Shareholder-Value-Orientierung –, der Rohstoff- und Immobilienmärkte oder der öffentlichen Infrastruktur und Alterssicherung. Diese Prozesse werden vor allem durch die einflussreichen Akteure der Finanzwelt – Großbanken, Investmentbanken, institutionelle Anleger (Versicherungen, Investment und Pensionsfonds), Hedgefonds, Private Equity Fonds, Ratingagenturen – organisiert und vorangetrieben. Zum anderen haben sich in den letzten Jahrzehnten nach außen gerichtet die Prozesse der Globalisierung beschleunigt (Dicken 2011). Im Kern handelt es sich hierbei ebenfalls um eine Durchkapitalisierung oder eine „externe Landnahme". Gestützt auf die infrastrukturelle Vernetzung – Verkehr, Kommunikation, Finanzen – und die Aushandlung zahlreicher Liberalisierungsverträge erstrecken sich die transnationalen Wertschöpfungsketten bis weit in vormals wenig erschlossene Regionen hinein.

Vor allem die Globalisierungsdynamik ist von Marx schon sehr früh erkannt und thematisiert worden. Die Tendenz des Kapitals, den Weltmarkt zu schaffen, überformt und durchdringt die von Marx verfassten politökonomischen Studien. Besonders eindrucksvoll und mit kräftigen Worten ist die Globalisierung – mit ihren räuberischen wie zivilisatorischen Dimensionen – bereits im „Kommunistischen Manifest" dargestellt worden (zur Aktualität dieser Schrift vgl. Hobsbawm et al. 1998).

---

10 Der „Landnahme"-Begriff geht zurück auf Rosa Luxemburg. Diese hatte in ihrer Imperialismusstudie mit Bezug auf Marx argumentiert, dass „die kapitalistische Akkumulation zu ihrer Bewegung nichtkapitalistischer sozialer Formationen als ihrer Umgebung bedarf, in ständigem Stoffwechsel mit ihnen vorwärts schreitet und nur so lange existieren kann, als sie dieses Milieu vorfindet" (Luxemburg 1987 [1913]: 315).

Quellentext 2: Die Bourgeoisie im Manifest der kommunistischen Partei

Die Bourgeoisie kann nicht existieren, ohne die Produktionsinstrumente, also die Produktionsverhältnisse, also sämtliche gesellschaftlichen Verhältnisse fortwährend zu revolutionieren. Unveränderte Beibehaltung der alten Produktionsweise war dagegen die erste Existenzbedingung aller früheren industriellen Klassen. Die fortwährende Umwälzung der Produktion, die ununterbrochene Erschütterung aller gesellschaftlichen Zustände, die ewige Unsicherheit und Bewegung zeichnet die Bourgeoisepoche vor allen anderen aus. Alle festen eingerosteten Verhältnisse mit ihrem Gefolge von altehrwürdigen Vorstellungen und Anschauungen werden aufgelöst, alle neugebildeten veralten, ehe sie verknöchern können. Alles Ständische und Stehende verdampft, alles Heilige wird entweiht, und die Menschen sind endlich gezwungen, ihre Lebensstellung, ihre gegenseitigen Beziehungen mit nüchternen Augen anzusehen.
Das Bedürfnis nach einem stets ausgedehnteren Absatz für ihre Produkte jagt die Bourgeoisie über die ganze Erdkugel. Überall muß sie sich einnisten, überall anbauen, überall Verbindungen herstellen.
Die Bourgeoisie hat durch ihre Exploitation des Weltmarkts die Produktion und Konsumption aller Länder kosmopolitisch gestaltet. Sie hat zum großen Bedauern der Reaktionäre den nationalen Boden der Industrie unter den Füßen weggezogen. Die uralten nationalen Industrien sind vernichtet worden und werden noch täglich vernichtet. Sie werden verdrängt durch neue Industrien, deren Einführung eine Lebensfrage für alle zivilisierten Nationen wird, durch Industrien, die nicht mehr einheimische Rohstoffe, sondern den entlegensten Zonen angehörige Rohstoffe verarbeiten und deren Fabrikate nicht nur im Lande selbst, sondern in allen Weltteilen zugleich verbraucht werden.
An die Stelle der alten, durch Landeserzeugnisse befriedigten Bedürfnisse treten neue, welche die Produkte der entferntesten Länder und Klimate zu ihrer Befriedigung erheischen. An die Stelle der alten lokalen und nationalen Selbstgenügsamkeit und Abgeschlossenheit tritt ein allseitiger Verkehr, eine allseitige Abhängigkeit der Nationen voneinander. Und wie in der materiellen, so auch in der geistigen Produktion. Die geistigen Erzeugnisse der einzelnen Nationen werden Gemeingut. Die nationale Einseitigkeit und Beschränktheit wird mehr und mehr unmöglich, und aus den vielen nationalen und lokalen Literaturen bildet sich eine Weltliteratur.

> Die Bourgeoisie reißt durch die rasche Verbesserung aller Produktionsinstrumente, durch die unendlich erleichterte Kommunikation alle, auch die barbarischsten Nationen in die Zivilisation. Die wohlfeilen Preise ihrer Waren sind die schwere Artillerie, mit der sie alle chinesischen Mauern in den Grund schießt, mit der sie den hartnäckigsten Fremdenhaß der Barbaren zur Kapitulation zwingt. Sie zwingt alle Nationen, die Produktionsweise der Bourgeoisie sich anzueignen, wenn sie nicht zugrunde gehen wollen; sie zwingt sie, die sogenannte Zivilisation bei sich selbst einzuführen, d.h. Bourgeois zu werden. Mit einem Wort, sie schafft sich eine Welt nach ihrem eigenen Bilde.

Quelle: Marx/Engels (1972 [1847/48]: 465 f).

2.3.3 Zum Verhältnis von Ökonomie und Politik

Die Entfaltung der kapitalistischen Produktionsweise vollzieht sich nicht einfach als ein systemischer Prozess. Der kapitalistischen Akkumulation sind vielfältige Krisen und Konflikte eingeschrieben. Dem Staat und der Politik kommt in der Durchsetzung und Festigung der bürgerlichen Gesellschaft, in der Bearbeitung ihrer Krisen, eine grundlegende Bedeutung zu. Dessen war Marx sich stets bewusst. Eigentlich hatte er vorgehabt, auch eine Studie zur Rolle des bürgerlichen Staates zu verfassen. Da er hierzu jedoch nicht mehr gekommen ist, ist über eine zutreffende theoretische Konzeptualisierung von Staat und Politik immer wieder heftig gestritten worden. In den Schriften von Marx selbst sind unterschiedliche konzeptionelle Zugänge zu finden (Hay 1999: 153 ff). Mal erscheint der Staat als repressiver Arm der Bourgeoisie, mal als Instrument der herrschenden Klasse, mal als „ideeller Gesamtkapitalist", so eine Formulierung von Friedrich Engels im sog. „Anti-Dühring" (Engels 1962 [1877/78]: 260), und mal als gesellschaftlicher Kohäsionsfaktor.

Diese unterschiedlichen Bestimmungen des Staates ergeben sich allgemein daraus, dass der Staat eine gewisse Zwitterrolle in der Gesellschaft einnimmt (Hay 1999; Jessop 2007: 83 ff; Deppe 2015: 36 ff). Er ist grundsätzlich beides zugleich: Zum einen ist er *kapitalistischer Staat*, dessen Aktivitäten darauf ausgerichtet sind, die kapitalistische Produktionsweise mit den dieser eingeschriebenen Herrschaftsformen und Interessenlagen zu stützen; und zum anderen ist er ebenso *Staat in der kapitalistischen Gesellschaft*, der als Knotenpunkt vielfältiger sozialer Machtverhältnisse grundlegende reproduktive Aufgaben – Bereitstellung der öffentlichen Infrastruktur, Organisation der inneren und äußeren Sicherheit, Gewährleistung bürgerlicher Freiheitsrechte – übernimmt. Darüber hinaus sind die Schriften, die sich mit staats- und politiktheoretischen Fragestellungen befassen, in unterschiedlichen Kontexten entstanden. Das ihnen zugrundeliegende Erkenntnisinteresse variiert und mündet in partiell abweichende Argumentationsfiguren. Einige Hinweise mögen dies illustrieren:

Eher schlicht und unmittelbar, aber sprachlich sehr kraftvoll war das Verhältnis von Ökonomie und Politik – für Marx das Verhältnis von Klassen und Klassenkampf – im Kommunistischen Manifest konzeptualisiert worden. Die politische Botschaft steht hier im Vordergrund, die Analyse tritt zurück, erscheint ihr nachgeordnet. Charakteristisch sind der optimistische geschichtsphilosophische Grundton und die Fokussierung auf den sog. „Grundwiderspruch" von Kapital und Arbeit. Dieser erlangt unmittelbare Relevanz für die politischen Auseinandersetzungen:

> „Das *Manifest* behandelt Klassen als ‚ganze' Subjekte – kollektive Subjekte oder Akteure. Die Übertragung des Klassenkampfes von der ökonomischen auf die politische Ebene wird als völlig problemlos behandelt. Beide Ebenen sind austauschbar: die eine führt unweigerlich auf die andere." (Hall 1989a: 17)

Die Niederlage der Februar- bzw. Märzrevolution 1848, der Sieg der Konterrevolution und der Rückzug ins intensive Studium der Politischen Ökonomie haben Marx dann dazu gebracht, das Verhältnis von Ökonomie und Politik komplexer zu konzeptualisieren. In den politökonomischen Studien, nicht zuletzt in den arbeitssoziologischen Passagen in *Das Kapital*, tritt an den einfachen Antagonismus ein widersprüchlicher Antagonismus. Nochmals Stuart Hall (1989a: 28):

> „notwendige Bedingungen erweisen sich als nicht intendierte *Effekte*, die selbst wiederum widersprüchliche Auswirkungen haben; Auswirkungen auf *Ebenen*, an die man nicht gedacht hatte; Tendenzen, die sofort von ihrem Gegenteil durchkreuzt werden; Fortschritte, die an anderer Stelle zu Rückschritten werden. Vor allem aber ist das Proletariat, das in dem früheren Text als eine wesentlich homogene Kraft vorgestellt wurde, nunmehr selbst dauernd und unablässig den Einwirkungen der widersprüchlichen Kapitalgesetze ausgesetzt, wird umdefiniert, reorganisiert und umgeformt."

Auch in anderen Schriften lässt sich ein direktes Entsprechungsverhältnis von ökonomischen und politischen Prozessen nur schwer identifizieren. Es wird vielmehr erkennbar, dass sich die unterschiedlichen gesellschaftlichen Sphären zwar aufeinander beziehen und wechselseitig strukturieren, aber aufgrund der Spezifika der jeweiligen Sphären besondere Handlungslogiken vorherrschen. In *Der achtzehnte Brumaire des Louis Bonaparte* betrachtet Marx die Sphäre der Politik als eine Art Bühne der Repräsentation, auf der – beeinflusst durch verschiedene Ideologien, durch „eigentümlich gestaltete Empfindungen, Illusionen, Denkweisen und Lebensanschauungen" (Marx 1969 [1852]: 139) – keine ganzen Klassen, sondern eher Fraktionen und Allianzen unterschiedlicher Gruppen um Macht und Einfluss ringen. Die politischen Kämpfe werden durch die ökonomischen Verhältnisse strukturiert, haben zugleich aber auch eine eigene, besondere Wirksamkeit, nicht vorhersehbare Ergebnisse miteingeschlossen. Die Gesellschaftsformation als das Ensemble von ökonomischen, sozialen, ideologischen und politischen Verhältnissen einschließlich der Formen ihrer Institutionalisierung wird in diesem Sinne als eine komplexe und widersprüchliche Einheit begriffen.

Der Politik kommt im Prozess der kapitalistischen Entwicklungsdynamik somit eine strukturierte, aber eigenständige Bedeutung zu. Als zentrale Komponente des öffentlichen Handelns sind politische Konflikte Ausdruck einer durch die gegebenen Strukturen eingefassten Kontingenz. So schreibt Marx (1969 [1852]: 115) am Anfang des „Achtzehnten Brumaire":

> „Die Menschen machen ihre eigene Geschichte, aber sie machen sie nicht aus freien Stücken, nicht unter selbstgewählten, sondern unter unmittelbar vorgefundenen, gegebenen und überlieferten Umständen."

Und auch im Vorwort zur Kritik der Politischen Ökonomie hebt er die Eigenständigkeit der Politik und ihre gleichzeitige strukturelle Einfassung hervor:

> „Mit der Veränderung der ökonomischen Grundlage wälzt sich der ganze ungeheure Überbau langsamer oder rascher um. In der Betrachtung solcher Umwälzungen muß man stets unterscheiden zwischen der materiellen, naturwissenschaftlich treu zu konstatierenden Umwälzung in den ökonomischen Produktionsbedingungen und den juristischen, politischen, religiösen, künstlerischen oder philosophischen, kurz, ideologischen Formen, worin sich die Menschen dieses Konflikts bewußt werden und ihn ausfechten. Sowenig man das, was ein Individuum ist, nach dem beurteilt, was es sich selbst dünkt, ebensowenig kann man eine solche Umwälzungsepoche aus ihrem Bewußtsein beurteilen, sondern muß vielmehr dieses Bewußtsein aus den Widersprüchen des materiellen Lebens, aus dem vorhandenen Konflikt zwischen gesellschaftlichen Produktivkräften und Produktionsverhältnissen erklären." (Marx 1985 [1859]: 9)

2.3.4 Perspektiven der Emanzipation

Marx war der festen Überzeugung, dass die der kapitalistischen Entwicklung eingeschriebenen Widersprüche – unter Berücksichtigung der strukturell eingefassten Kontingenz des Politischen – zur sozialen Revolution führen, die Produktionsverhältnisse also aufgesprengt werden. Die Arbeit erscheint ihm hierbei in doppelter Weise als emanzipatorische Kraft: Sie ist die zentrale Komponente, über die sich die Entfaltung der Produktivkräfte realisiert; und sie ist in Gestalt der Arbeiterbewegung und ihrer Organisationen der politische Akteur, der die soziale Revolution vorbereitet, durchsetzt und absichert. Wie die sozialistische oder kommunistische Gesellschaft, die an die Stelle der bürgerlichen Gesellschaft tritt, aussehen soll, wird von Marx nicht genauer ausgeführt.

Es gibt in den Schriften nur einige, zumeist sehr allgemeine Hinweise. In den Frühschriften, so z.B. *Die deutsche Ideologie*, richten sich die Überlegungen von Marx und Engels vor allem auf die Kritik und Aufhebung der Arbeitsteilung.

> „Sowie nämlich die Arbeit verteilt zu werden anfängt, hat Jeder einen bestimmten ausschließlichen Kreis der Tätigkeit, der ihm aufgedrängt wird, aus dem er nicht heraus kann; er ist Jäger, Fischer oder Hirt oder kritischer Kritiker und muß es bleiben, wenn er nicht die Mittel zum Leben verlieren will – während in der kommunistischen Gesellschaft, wo Jeder nicht einen ausschließlichen Kreis der Tätigkeit hat, sondern sich in jedem beliebigen Zweige ausbilden kann, die Gesellschaft die allgemeine Produktion regelt und mir eben dadurch möglich macht, heute dies, morgen jenes zu tun, morgens zu jagen, nachmittags zu fischen, abends Viehzucht zu treiben, nach dem Essen zu kritisieren, wie ich gerade Lust habe, ohne je Jäger, Fischer, Hirt oder Kritiker zu werden." (Marx/Engels 1969) [1845/46]: 33)

Auch in späteren Schriften wird die Arbeitsteilung, vor allem die Trennung von geistiger und körperlicher Arbeit, kritisiert und als aufhebbare Quelle gesellschaftlicher Herrschaft betrachtet. Ebenso richtet sich der Blick aber auf die Aufhebung des Privateigentums an Produktionsmitteln, also die Etablierung einer klassenlosen Gesellschaft. Im Fetischkapitel des ersten Bandes von *Das Kapital* spricht Marx (1976 [1867]: 92) von einem „Verein freier Menschen" und „gemeinschaftlichen Produktionsmitteln"; und in einigen politischen Schriften deutet er auch an, wie die Arbeiterbewegung politisch in diese Richtung voranschreiten kann. Einen zentralen Referenzpunkt bildet dabei die Pariser Kommune von 1871. Diese wird von Marx – im Kontrast zur repressiven monarchistischen Zentralmacht – als Keimzelle einer sozialistisch umgestalteten, auf rätedemokratischen Strukturen basierenden Gesellschaft dargestellt, in der der Staat als Herrschaftsinstanz keine Rolle mehr spielen soll:

> „Die Kommune sollte nicht eine parlamentarische, sondern eine arbeitende Körperschaft sein, vollziehend und gesetzgebend zu gleicher Zeit. Die Polizei, bisher das Werkzeug der Staatsregierung, wurde sofort aller ihrer politischen Eigenschaften entkleidet und in das verantwortliche und jederzeit absetzbare Werkzeug der Kommune verwandelt. [...] Die öffentlichen Ämter hörten auf, das Privateigentum der Handlanger der Zentralregierung zu sein. Nicht nur die städtische Verwaltung, sondern auch die ganze, bisher durch den Staat ausgeübte Initiative wurde in die Hände der Kommune gelegt." (Marx 1962 [1871]: 339)

In den Schriften von Marx und Engels gibt es noch ein paar weitere Formulierungen zur Operationsweise einer sozialistisch oder kommunistisch organisierten Gesellschaft. Aber auch diese kommen über den Status einer Vision oder eines sehr allgemein gehaltenen Leitbilds nicht hinaus. Tatsächlich hat Marx selbst nur eine Kritik der – kapitalistischen – politischen Ökonomie entwickelt, aber keine Politische Ökonomie des Sozialismus entworfen. Nach der Etablierung realsozialistischer Gesellschaftsmodelle oder auch von sozialistischen Projekten in „Entwicklungsländern" versuchten Wissenschaftler*innen wiederholt, in diese Richtung weiterzuschreiten und Konzepte einer alternativen, sozialistisch organisierten Allokation von Gütern und Ressourcen zu entwickeln (so z.B. Lange 1936, 1937; Dietrich 2006).

Im Rückblick kann diesen und anderen Konzepten einer Politischen Ökonomie des Sozialismus allenfalls ein begrenzter Erfolg zugestanden werden. Die Schwierigkeiten und Grenzen können diesen Konzepten selbst zugeschrieben werden, vor allem aber den politökonomischen Blockaden und machtpolitischen Verhältnissen in den (real-)sozialistischen Gesellschaften. Nicht selten wird auch diskutiert, ob und inwiefern die Überlegungen von Marx selbst nicht ebenfalls mit in die Verantwortung genommen werden können. Die hierzu vorgebrachten Argumente – eine überzogene Kritik des Marktes, eine zu starke Staatsfixierung oder totalitäre Neigungen – sind mehr oder minder überzeugend. Zuweilen wird in den Kontroversen (etwa Brie 1991; Demirovic 1991) aber auf einen Aspekt aufmerksam gemacht, den Marx ganz offensichtlich unterschätzt hat. So orientieren sich all seine Andeutungen zum Sozialismus oder Kommunismus am Modell einer in sich transparenten Gesellschaft. Ein solches Modell wird dem erreichten Stand der Produktivkraftentwicklung und den Komplexitätsanforderungen heutiger Gesellschaften nur schwerlich gerecht.

2.3.5 Rezeption, Wirkung und Kritik

Ungeachtet der politisch-praktischen Schwierigkeiten und letztlich des Scheiterns von sich auf Marx positiv beziehenden Gesellschaftsmodellen haben seine Schriften eine ungemein breite – sowohl politische als auch akademische – Rezeption erfahren. Diese lässt sich in wenigen Absätzen nicht annäherungsweise angemessen darstellen (zum Überblick vgl. die Beiträge in Arthus 2014; Quante/Schweikard 2016). Dies liegt grundsätzlich daran, dass sich Marx disziplinär nur schwer verorten lässt. Er hat seine Kritik der Politischen Ökonomie als eine Gesellschaftstheorie angelegt, die später in unterschiedlichste sozialwissenschaftliche Teildisziplinen ausstrahlte. Außerdem spielt eine Rolle, dass die Rezeption der Marx'schen Schriften nicht allein wissenschaftlich erfolgte, sondern in der engen Verknüpfung von politischen und wissenschaftlichen Diskussionen, oft außerhalb der Universitäten. Angesichts der komplexen Wirkungsgeschichte beschränken sich die abschließenden Ausführungen notgedrungen darauf, recht selektiv einige Phasen und Linien der Rezeption zu umreißen.

Eine erste Phase, die noch zu den Lebzeiten von Marx einsetzte, war durch die Aufnahme seiner Überlegungen in den Organisationen der Arbeiterbewegung bestimmt. Vor allem in den sozialistischen Parteien – in Deutschland in Gestalt von August Bebel [1840–1913] und Wilhelm Liebknecht [1826–1900] – formierten sich revolutionäre Strömungen, die sich sehr stark auf die von Marx entwickelten Konzepte bezogen. Die Rezeption stand zunächst im Zeichen der politischen Entgegensetzung von revolutionären und reformistischen Strategien. Diese Kontroverse wurde in einer zweiten Phase zu Anfang des 20. Jahrhunderts dann überlagert durch imperialismustheoretische Diskussionen (Deppe et al. 2011). Diese Diskussionen waren nicht durchgängig, aber doch wesentlich durch die Bezugnahme auf Marx gekennzeichnet: Dies galt für die krisentheoretischen Überlegungen, vor allem aber für die Prozesse der Konzentration und Zentralisation des Kapitals und die damit verbundene Verschmelzung von ökonomischer und politischer Macht in Gestalt des nach außen imperialistischen und nach innen repressiven Nationalstaats.

Eine dritte Phase setzte zum Ende des Ersten Weltkriegs ein. Die Unterstützung des Krieges und der Erfolg der Oktoberrevolution in Russland führten zu scharfen inneren Konflikten in den sozialistischen Parteien. Während sich die meisten mit der repräsentativen Demokratie arrangierten und versuchten, durch soziale Reformen einen allmählichen Übergang in eine sozialistische Gesellschaft zu organisieren (Sassoon 1996: 27ff), spaltete sich ein revolutionär orientierter Teil ab und organisierte sich fortan in kommunistischen Parteien. In diesen spielten marxistische Konzepte eine deutlich größere Rolle, wenngleich auch in den sozialdemokratischen Parteien Perspektiven, die sich auf Marx bezogen, keineswegs gänzlich verschwanden.

Die skizzierten Phasen verdeutlichen, dass die marxistische Politische Ökonomie über einen langen Zeitraum vor allem als Instrumentarium zur Analyse der Bedingungen der Klassenkämpfe fungierte. Sie war eng verknüpft mit den politischen Organisationen der Arbeiter*innenbewegung. Ihre gesellschaftliche und auch wissenschaftliche Wirkung – in und im Umfeld der Arbeiterbewegung gab es zahlreiche Intellektuelle und Netzwerke der Arbeiter*innenbildung – lässt sich ohne die Rolle der Arbeiter*innenbewegung als aufstrebender sozialer Kraft nur schwerlich verstehen. In der vierten Phase seit den 1930er Jahren löste sich diese Symbiose dann jedoch auf. Sehr prononciert hat dies Perry Anderson (1978) in seiner Studie *Über den westlichen Marxismus* dargelegt. Er argumentierte, dass sich als (Spät-)Folge der Oktoberrevolution ein eigenständig-kritischer Marxismus im Osten, also in den realsozialistischen Gesellschaften, kaum entfalten konnte, sich im Westen die marxistische Theoriebildung zugleich aber zunehmend von der politischen Praxis entfernte. Inhaltlich kam dies zum Ausdruck in der Vernachlässigung politökonomischer Themen und einer verstärkten Beschäftigung mit erkenntnistheoretischen, kulturellen und ästhetischen Fragen.

In dieser Zuspitzung war diese Charakterisierung der marxistischen Debatten der Nachkriegsjahrzehnte wohl überzogen. Sie erfolgte jedoch vor dem Hintergrund der einsetzenden fünften Phase seit Ende der 1960er Jahre. Diese Phase war durch eine Wiederentdeckung des Marxismus und der marxistischen Politischen Ökonomie im Zuge einer verstärkten Politisierung kapitalistisch geprägter Machtverhältnisse gekennzeichnet. Nicht nur der Protest der 68er-Bewegung, die auflebenden Streik- und Protestwellen der Arbeiter*innen und Gewerkschaften, auch die revolutionären Befreiungsbewegungen in vielen Gesellschaften der „Dritten Welt" begünstigten die erneute, sehr intensive und breite Rezeption der Marx'schen Schriften und der sich hierauf beziehenden marxistischen Theorien. Die Renaissance des Marxismus erfolgte allerdings nicht nur in den politischen Bewegungen und Organisationen. Sie erreichte in vielen Ländern auch die Universitäten und wissenschaftlichen Diskurse. Unterschiedliche Aspekte der politischen Ökonomie – von der Wert- und Krisentheorie über die Klassentheorie, die Arbeits- und Gewerkschaftsforschung bis hin zur Staatstheorie und Ideologiekritik – wurden in akademischen Zeitschriften, auf Konferenzen und in Lehrveranstaltungen sehr breit und kontrovers diskutiert. In den meisten Ländern blieb dabei die Zahl der an diesen Diskussionen beteiligten Fachökonom*innen jedoch insgesamt überschaubar.

Die sechste Phase setzte bereits in den 1980er Jahren ein, ist jedoch vor allem mit dem Ende des Realsozialismus verbunden. Das Erscheinungsbild stellt sich ambivalent dar: Auf der einen Seite gibt es entgegen der These vom „Ende der Geschichte“ (Fukuyama 1989) in den sozialen Bewegungen wie im Wissenschaftssystem viele Diskussionen, in denen marxistische Konzepte noch immer eine wichtige Rolle spielen. Ein zentraler Referenzpunkt sind dabei vor allem die Widersprüche des globalisierten Kapitalismus und die damit verbundenen Kämpfe um Demokratisierung, erträgliche Arbeitsbedingungen, den Schutz der Reproduktionssphäre und nachhaltige Mensch-Naturbeziehungen (Gill 2000). In der Betrachtung der Dynamiken des Kapitalismus – einschließlich der ungleichen und abhängigen Entwicklung und der gesellschaftlichen wie globalen Machtbeziehungen und Herrschaftsverhältnisse – versuchen viele Wissenschaftler*innen das analytische Potenzial marxistischer Konzepte neu zu erschließen oder diese weiter zu entwickeln. Auf der anderen Seite ist ein relativer Rückzug von an Marx anschließenden Theorien und Konzepten aus den akademischen Diskursen aber nur schwerlich zu übersehen. Dies liegt unter anderem daran, dass es je nach Forschungsfeld und Erkenntnisinteresse inzwischen zahlreiche kritische Theorieangebote gibt – post-keynesianische Konzepte, postkoloniale Perspektiven, feministische Theorien, poststrukturalistische Ansätze etc. –, die partiell in Konkurrenz zu marxistischen Perspektiven stehen. Außerdem sind in den intensiven, mitunter sehr heftig geführten Diskussionen der zurückliegenden Jahrzehnte einige Probleme und Schwächen, zumindest Grenzen der von Marx entwickelten Theorieperspektive offensichtlich geworden.

Ein erstes Problem besteht darin, dass die Marx’schen Schriften und die sich auf diese beziehenden marxistischen Perspektiven einen sehr starken Praxisbezug haben. Ein solcher Bezug liefert immer wieder Impulse, birgt aber auch die Gefahr einer stark politisierten Wissenschaft. So besteht die Gefahr der Vereinnahmung und Instrumentalisierung durch politische Akteure. Die marxistische Diskussion in Gestalt des Marxismus-Leninismus war im Realsozialismus kaum mehr kritische Wissenschaft, sondern vor allem Legitimationswissenschaft. Im Umkehrschluss hat die Politisierung in den kapitalistisch organisierten Gesellschaften vielfach zur Folge gehabt, dass die analytischen Potenziale marxistischer Konzepte im Schatten mutmaßlicher politischer Konsequenzen gar nicht mehr in den Blick genommen wurden.

Ein zweites Problem bilden die arbeitswerttheoretischen Grundlagen der von Marx entwickelten Kritik der Politischen Ökonomie. Wenngleich die Marx'sche Arbeitswerttheorie durchdachter und systematischer als die von Ricardo ist, bleibt auch für ihn das Transformationsproblem, d.h. das Verhältnis von Werten und Preisen, bestehen; zumindest dann, wenn die Beziehung von Werten und Preisen auf dem Wege einer mathematischen Berechnung expliziert werden soll. Schließlich sind in der Bestimmung des Werts der Ware Arbeitskraft wie auch aller anderen Werte aufgrund der produktiv konsumierten Vor- und Zwischenprodukte immer auch Preisgrößen zu berücksichtigen. Als archimedischer Punkt ist ein klarer arbeitswerttheoretisch bestimmbarer Anker, auf den sich alle Preise mathematisch zurückführen ließen, nicht identifizierbar.

Doch nicht nur das Transformationsproblem bildet eine Schwachstelle der Arbeitswerttheorie. Auch die mit der Arbeitswerttheorie verbundene Konzeption der produktiven Arbeit ist fragwürdig und umstritten. Nach Marx ist unter kapitalistischen Gesichtspunkten nur die Arbeit als produktiv zu bezeichnen, die Mehrwert schafft. Die Bedeutung und Qualität der reproduktiven Arbeit, so vor allem die Kritik aus feministischer Perspektive (Scheele/Wöhl 2018), wird auf diese Weise nicht hinreichend gewürdigt. Im Kern macht dieser Einwand auf die sehr enge Verwobenheit der Marx'schen Theorie mit dem kritisierten Untersuchungsgegenstand – der kapitalistischen Produktionsweise – aufmerksam. Allerdings ist Marx selbst differenzierter, als es so manche Kritik unterstellt; nicht zuletzt dann, wenn er explizit hervorhebt, so etwa in der Kritik am Gothaer Programm (Marx 1973: 15 ff), dass der gesellschaftliche Reichtum – unter Einschluss der Natur und der reproduktiven Arbeiten – sich nicht in den kapitalistisch erzeugten Werten erschöpft.

Ein weiteres Problem stellt das Basis-Überbau-Theorem dar, das häufig Anlass zu einer ökonomistischen, klassenreduktionistischen und deterministischen Interpretation und einer entsprechenden Kritik gegeben hat. In den Marx'schen Schriften gibt es einige Passagen, die eine kurzschlüssige und vereinfachende Rezeption begünstigen; ebenso wird an anderen Stellen – etwa in *Die deutsche Ideologie* (Marx/Engels 1969 [1845/46]) oder in *Thesen über Feuerbach* (Marx 1969 [1845]) – aber auch erkennbar, dass das Theorem besser nicht zu eng auszulegen ist. Hoch problematisch wird das Theorem vor allem dann, wenn es in der Verknüpfung mit geschichtsphilosophischen Überlegungen eine Fortschrittsperspektive entwirft, die der gesellschaftlichen Entwicklung und den ihr eingeschriebenen Kämpfen empirisch nicht im Entferntesten entspricht. Solchen Tendenzen ist in der marxistischen Diskussion wiederholt entgegengewirkt worden. Besonders bedeutsam war der Versuch Antonio Gramscis (1991–99), das marxistische Denken zu erneuern. Dieser lief darauf hinaus, durch die Reformulierung, wenn nicht sogar Aufhebung des Basis-Überbau-Theorems der Zivilgesellschaft eine größere Bedeutung zukommen zu lassen.

2.4 Die Marginalistische Revolution in Westeuropa: Beginn der Neoklassik

Es mag verwundern, dass in diesem Buch über Konzeptionen der Politischen Ökonomie ein Kapitel über die Neoklassik bzw. die „Marginalistische Revolution" zu finden ist. Schließlich orientiert sich das neoklassische Denken am Modell einer „reinen Ökonomie". Es setzt sich explizit nicht mit gesellschaftlichen und politökonomischen Zusammenhängen auseinander – politische, kulturelle oder institutionelle Bedingungen und Machtbeziehungen spielen zumeist nur als störende Faktoren eine Rolle –, sondern versucht die Ökonomie mit formal-mathematischen Methoden isoliert zu betrachten (Sandelin et al 2014: 40). Die Neoklassik vollzieht mithin, der Begriff „Economics" bringt dies im Englischen gut zum Ausdruck[11], den Abschied von der Klassischen Politischen Ökonomie. Außerdem kann sie – jenseits des Verweises auf „exogene Schocks" und statistische Extrapolation – auch keine Konzeption der wirtschaftlichen und gesellschaftlichen Entwicklung präsentieren. Eigentlich scheint es daher folgerichtig, die Auseinandersetzung mit der Neoklassik aus diesem Band auszusparen. Wenn wir die neoklassische Perspektive hier doch vorstellen und diskutieren, so liegt dies zum einen daran, dass sich viele der nachfolgend dargestellten Perspektiven explizit in Abgrenzung und Kritik der Neoklassik entwickelt haben und somit besser verständlich werden. Zum anderen bildet die Neoklassik noch immer die Grundlage des heutigen wirtschaftswissenschaftlichen Mainstreams, ist also auch für dessen aktuelle politökonomische Kritik noch immer relevant.

Bei den Begriffen der „Neoklassik" und der „Marginalistischen Revolution" handelt es sich jeweils um ex-post Konstruktionen. Diese Konstruktionen bezogen sich auf eine zunächst noch fragmentierte Theorieschule, die ab den frühen 1870er Jahren in West- und Mitteleuropa entstand und sich bald zur vorherrschenden Richtung ökonomischen Denkens entwickelte. Die Bezeichnung „Neoklassik" wurde erstmals von Thorstein Veblen (1900: 261) benutzt, um die Arbeiten von Alfred Marshall [1842–1924], eines bedeutenden Vertreters der zweiten Generation

11 In einigen der frühen Schriften wurde zuweilen noch, selbst im Titel, von Political Economy gesprochen. Mehr und mehr setzte sich dann jedoch der Begriff Economics durch. Im Anschluss an Alfred Marshall, der den Begriff Economics auch im Titel verwendete, verallgemeinerte sich dieser Begriffswechsel (Bürgin/Maissen 1999: 191 ff).

der Marginalisten zu charakterisieren. Der Alternativbegriff der „Marginalistischen Revolution", der in besonderer Weise die utilitaristischen Ursprünge dieses Denkens betont und den jeweiligen Nutzen oder Ertrag einer zusätzlich konsumierten oder produktiv eingesetzten Einheit zu bemessen versucht, entstand noch später im Laufe des 20. Jahrhunderts. Zunächst hatte John A. Hobson (1914) noch eher pejorativ vom „Marginalism" gesprochen, bevor später andere den Begriff im Sinne der Marginalistischen Revolution positiv zu wenden versuchten (Howey 1972).

Hier werden beide Begriffe weitgehend synonym verwendet. Sie beziehen sich auf ein neues ökonomisches Paradigma, das sich zum Teil positiv auf die Klassische Politische Ökonomie bezog, sich in anderen Punkten aber ebenso von dieser abgrenzte. Die Abgrenzung stützte sich, wie die nachfolgenden Komponenten verdeutlichen (Screpanti/Zamagni 2005: 165 ff; Kurz 2013: 51 ff), auf einen stark veränderten Blick auf den Untersuchungsgegenstand: durch eine starke Fokussierung auf die marktvermittelte Allokation knapper Ressourcen, eine rationale Kalkulation durch Nutzenmaximierung, die Annahme einer Substituierbarkeit von Konsumgütern wie auch von Produktionsfaktoren, eine methodologisch-individualistische Konzeptualisierung des homo oeconomicus, das Selbstverständnis einer exakten, durch naturwissenschaftliche und mathematische Methoden geprägten Wissenschaft sowie durch die Abkehr von einer objektiven und Hinwendung zu einer subjektiven Werttheorie.

2.4.1 Die Gründergeneration

Der letztgenannte Aspekt – die Profilierung einer subjektiven Werttheorie – verweist auf einen deutlichen Bruch mit der Klassischen Politischen Ökonomie. Diese hatte sich selbst als Gesellschaftstheorie betrachtet und über die objektive Werttheorie, insbesondere die Arbeitswerttheorie und die Thematisierung ungleicher Verteilungs- und Herrschaftsverhältnisse, einen Zugriff auf die konkurrierenden Interessenlagen und gesellschaftspolitischen Positionen sozialer Klassen gefunden. Ein derartiger analytischer Zugriff – die von Marx entwickelte Version hatte dies nachhaltig unterstrichen – diente aus der Perspektive des neoklassischen Denkens vor allem den Interessen der Arbeiterbewegung und geriet unter den Bedingungen verschärfter sozialer Konflikte unter Ideologieverdacht.

> „It was necessary, therefore, to ‚re-invent' economic science, reconstructing it on a foundation which would allow the deletion of the concepts themselves of ‚social class', ‚labour power', ‚capitalism', ‚exploitation', ‚surplus', etc. from the body of science. The theory of marginal utility provided the solution." (Screpanti/Zamagni 2005: 172)

Hinter der Fokussierung auf die Analyse von Grenzeinheiten, genauer: auf den Effekt einer „marginalen“ zusätzlichen Einheit des Konsums oder der Produktion, verbarg sich also das Bestreben, die ökonomischen Diskussionen zu verwissenschaftlichen. Dies schlug sich auch in einer methodischen Neuorientierung nieder. Die dem neoklassischen Denken zugeneigten Wissenschaftler*innen wiesen die Methode der historischen Induktion vielfach zurück und wendeten sich der mathematisch-formalen Analyse als Methode ökonomischer Forschung zu. Hierin reflektierte sich auch, stimuliert durch die Industrielle Revolution und die kapitalistische Entwicklungsdynamik, der gesellschaftliche und universitäre Siegeszug, zumindest Bedeutungsgewinn, der Naturwissenschaften, also der Mathematik, Physik und der Mechanik.

In der Rekonstruktion des neoklassischen Denksystems verweisen heutige Beobachter*innen (so z.B. Screpanti/Zamagni 2005: 164 ff; Ziegler 2008: 94 ff; Söllner 2012: 41 ff; Pierenkemper 2012: 157 ff) immer wieder auf die zentrale Bedeutung von drei Wissenschaftlern: William Stanley Jevons [1835–1882], Carl Menger [1840–1921] und Léon Walras [1834–1910].[12] Diese drei Wissenschaftler gelten gemeinhin als führende Vertreter der Gründergeneration der Neoklassik. Sie hatten unabhängig voneinander zu Beginn der 1870er Jahre drei Schriften publiziert – *The Theory of Political Economy* (Jevons 1924 [1871]), *Grundsätze der Volkswirthschaftslehre* (Menger 1990 [1871]) und *Éléments d'economie politique pure* (Walras 1988 [1874]) –, die jeweils unterschiedliche Schwerpunkte hatten, aber auch Gemeinsamkeiten zum Ausdruck brachten. Alle drei Wissenschaftler wendeten Methoden des Denkens in Grenzeinheiten an, um wirtschaftswissenschaftliche Fragestellungen und Phänomene zu bearbeiten. Darüber hinaus einte sie ihre Außenseiterrolle mit Blick auf die damalige universitäre Forschung, die ihre ursprünglich weitgehende Nichtteilnahme am intradisziplinären Diskurs des Faches begründet.

William Stanley Jevons hatte zunächst verschiedene Fächer der Natur- und Geisteswissenschaften studiert. Er lehrte und forschte dann in Manchester und London und legte den Grundstein einer mathematisch-formalen ökonomischen Theorie, die in der *Theory of Political Economy* ausgearbeitet wurde. Jevons nahm dabei Bezug auf den Utilitarismus des britischen Philosophen Jeremy Bentham [1748–1832] und betrachtete Freude und Leid – später Nutzen genannt – als die Grundkategorien sozialen und damit ökonomischen Handelns. Schon zu Beginn seines wissenschaftlichen Werdegangs sprach er sich dezidiert für die

---

12 Eine ausführliche Darstellung wichtiger einzelner Repräsentanten der Neoklassik findet sich in den Überblicksbänden von Kurz (2008a) und Starbatty (2012).

Nutzung mathematischer Methoden zur Analyse ökonomischer Fragestellungen aus.

Neben seinen elementaren Beiträgen zur Grenznutzenschule, auf die weiter unten eingegangen wird, finden sich in seinem Werk auch einige Kuriositäten. Jevons' „Sonnenfleckentheorie" – konzeptuell verwandt mit den Konjunkturtheorien von William Herschel [1738–1822], Clement Juglar [1819–1905] und Nikolaj Kondratjew [1892–1938] – geht beispielsweise davon aus, dass konjunkturelle Schwankungen in der Wirtschaft durch die Sonnenaktivität hervorgerufen werden, die über Wetterphänomene die landwirtschaftliche Produktivität beeinflussen. Was heute nicht zuletzt aufgrund der angenommenen Monokausalität als höchst unplausibel gilt, erschien für Jevons' Zeitgenossen in einer noch landwirtschaftlich geprägten Gesellschaft durchaus als eine gute Erklärung für periodische Krisen und Wachstumsschübe der Volkswirtschaft.

Weniger kurios und durchaus noch Teil der heutigen Lehrmeinung der Wirtschaftswissenschaft ist Jevons' Gesetz der Unterschiedlosigkeit der Preise („Law of one price"), demzufolge für ein Gut ein einheitlicher Preis entstehen muss, sobald es keine räumlichen, zeitlichen oder subjektiven Unterschiede aufweist und vollkommene Informationen über das Gut vorliegen. In einem effizienten Markt kann es durch das Gesetz des einheitlichen Preises keine Arbitragemöglichkeiten geben. Auch Mengen-Preis-Effekte sind ausgeschlossen. Für Jevons (1924 [1871]: 87 ff) kann es in einem einheitlich organisierten, offenen Markt zu einem bestimmten Zeitpunkt nicht verschiedene Preise für ein und dasselbe Produkt geben.

Eine dritte wichtige Idee ist das sog. „Jevons-Paradoxon", das auf eine empirische Beobachtung zurückgeht. So war die von James Watts erfundene Dampfmaschine deutlich effizienter als frühere Versionen, da sie die Kohle weitaus besser zu nutzen vermochte. Wider Erwarten ging der Kohleverbrauch in England jedoch nicht zurück, sondern stieg weiter an, da die effizientere Nutzungsmöglichkeit von Kohle zu einer vermehrten Nutzung der Dampfmaschine geführt hatte. Auch heute noch spricht man vom „Jevons-Paradox", wenn technologischer Fortschritt die effizientere Nutzung eines Rohstoffes gewährleistet und dadurch der Verbrauch dieses Rohstoffes insgesamt zunimmt. Im Bereich der Energie- und Umweltökonomik illustriert dies auch das Phänomen des Rebound-Effekts, das ebenfalls auf die komplexe Interaktion von technologischem Fortschritt und Ressourcennutzung verweist.

Im selben Jahr wie Jevons' *Theory of Political Economy* erschien in Wien das Hauptwerk von *Carl Menger* (1990 [1871]) die *Grundsätze der Volkswirthschaftslehre*. Als einer der ersten Ökonomen in Mitteleuropa vertrat Menger einen methodologischen Individualismus als Grundlage ökonomischer Theoriebildung. Der Fokus der ökonomischen Theorie sollte nicht mehr auf gesellschaftlichen Klassen – wie bei Smith, Ricardo oder Marx – oder Nationalstaaten wie in der merkantilistischen Tradition liegen, sondern bei einzelnen, ihren Nutzen maximierenden Individuen. Menger teilte mithin das marginalistische Grundprinzip von Jevons, war im Gegensatz zu Jevons und auch Walras allerdings skeptisch gegenüber einer Mathematisierung der Volkswirtschaftslehre. Gleichwohl sprach sich Menger im Methodenstreit mit der deutschen historischen Schule, der in der zweiten Hälfte des 19. Jahrhunderts im deutschen Sprachraum dominanten Perspektive, dafür aus, die Wirtschaftswissenschaft als eine eigenständige, exakte Wissenschaft zu begreifen. Für ihn ging es darum, allgemeine, unveränderbare ökonomische Gesetze zu identifizieren und diese deduktiv auf die Empirie anzuwenden. Carl Menger begründete aus heutiger Sicht die sogenannte Österreichische Schule, die in vielen Punkten neoklassisch orientiert blieb und der auch Eugen Böhm von Bawerk [1851–1914] sowie Ludwig von Mises [1881–1973] und Friedrich August von Hayek [1899–1992] zugerechnet werden.

Neben Wien und London war Lausanne das dritte Zentrum der frühen Marginalisten. Hier arbeitete *Léon Walras* an einer Allgemeinen Gleichgewichtstheorie, gemäß der sich Preise und Gütermengen auf verschiedenen Märkten in einem Gleichgewicht befinden. In seiner Studie *Éléments d'économie politique pure* (Walras 1988 [1874]) entwickelte er aus den Grundkategorien Knappheit und Nutzen ein umfassendes mikroökonomisches Modell. Walras unterstellte ein der „unsichtbaren Hand" Adam Smiths ähnliches Preissystem, das Angebot und Nachfrage auf allen Märkten ins Gleichgewicht bringt. Das Walrasianische Gesetz besagt, dass in einem allgemeinen Gleichgewichtsmodell die Summe der Überschussnachfrage stets gleich Null ist. Der viel zitierte Walrasianische Auktionator ist ein fiktiver Auktionator in der „Mitte" des jeweiligen Marktes, der mit allen Marktakteuren in Kontakt steht. Er legt den Gleichgewichtspreis fest und sorgt so für das Markt- und Tauschgleichgewicht.

> „Der Auktionator verkündet Preise für alle Güter und lässt die Wirtschaftsakteure ihre Gebote formulieren. Wenn sich die ausgerufenen und vorgeschlagenen Preise decken, erklärt er den Handel für beendet. Die Gleichgewichtspreise sind festgestellt. Im gegenteiligen Fall passt der Auktionator die Preise gemäß der Regel an: Er verteuert diejenigen Güter, für die es einen Nachfrageüberschuss gibt und reduziert den Preis, wenn es ein Überangebot gibt – solange, bis Angebot und Nachfrage ausgeglichen sind und die endgültige Bewertung zu Gleichgewichtspreisen erfolgt ist." (Linß 2007: 46f)

Die Arbeiten von Walras waren so einflussreich, dass sich in Lausanne eine eigene Schule bildete. Dieser sogenannten Lausanner Schule sind auch Vilfredo Pareto [1848–1923] und Eugenius Slutsky [1880–1948] zuzurechnen.

2.4.2 Die Marginalistische Revolution auf dem Vormarsch

Die hier skizzierten Arbeiten der drei frühen Vertreter des Marginalismus waren zweifelsohne grundlegend für die Herausbildung eines neuen ökonomischen Denksystems. Es wäre jedoch verkürzt, den Erfolg der Neoklassik allein auf die genannten Theoretiker zurückzuführen. Zum einen lassen sich verstreut über Westeuropa und – bedingt durch Sprach- und Fakultätsbarrieren – ohne gegenseitige Kenntnis voneinander, schon vor den drei „Begründern" der Neoklassik einige Vorläufer der Marginalistischen Revolution ausmachen (Pierenkemper 2012: 108 ff; Söllner 2012: 73 f). Johann Heinrich von Thünen [1780–1850] wendete in *Der isolirte Staat* (von Thünen 1990 [1826]) erstmals mathematische Methoden auf ökonomische Fragestellungen an, indem er das Konzept der Grenzproduktivität verwendete und gewinnmaximierende Faktoreinsätze berechnete. Augustin A. Cournot [1801–1877] betrachtete gewinnmaximierende Unternehmen im Falle von Monopolen und Oligopolen und legte damit die Grundlage zur mikroökonomischen Wohlfahrtsanalyse im Markt für mehrere Unternehmen (Cournot 1924 [1838]). Hermann Heinrich Gossen [1810–1858] schließlich entwickelte in seinem bereits in den 1850er Jahren verfassten, zwischenzeitlich aber in Vergessenheit geratenen Werk *Die Entwicklung der Gesetze des menschlichen Verkehrs und der daraus fließenden Regeln für menschliches Handeln* (Gossen 1889 [1854]) zwei Theoreme, die für die Analyseperspektive der Neoklassik typisch sind und auf den tendenziell abnehmenden Grenznutzen und die Prozesse der Substitution von Konsumgütern verweisen.

Die Vorläufer der Neoklassik – von Thünen, Cournot und Gossen – formten zunächst noch keine Schule und ihre Reichweite blieb sehr begrenzt. Mit den Arbeiten von Jevons, Menger und Walras begann dann jedoch der Siegeszug der Neoklassik in Westeuropa. In Ländern mit einer langen (historisch-)institutionalistischen Tradition wie Deutschland oder den Vereinigten Staaten blieben marginalistische Ansätze vorerst noch weitgehend ungehört. Mehr und mehr führten die Ideen der Marginalisten ab den 1880er Jahren jedoch zu einer Revolution ökonomischen Denkens, und die Neoklassik wurde in ganz Europa zum Standardansatz für ökonomische Forschung.

> „Then suddenly, in the 1880s and the first half of the 1890s, the revolution exploded. Marshall, Edgeworth, and Wicksteed in England, Wieser and

> Böhm-Bawerk in Austria, Pantaleoni in Italy, and Cassel and Wicksell in Sweden all published fundamental works in the spirit of the new way of doing economic science.“ (Scepanti/Zamagni 2005: 164)

Nach den Vorläufern und der Gründergeneration sorgte also vor allem diese zweite Generation von Vertretern der Neoklassik dafür, dass sich die neue Art des ökonomischen Denkens rasch verallgemeinerte. Unter den genannten Vertretern der zweiten Generation war der britische Ökonom Alfred Marshall [1842–1924] von besonderer Bedeutung. Ihm gelang es im Jahre 1903, an der Universität Cambridge die Volkswirtschaftslehre als eigenes Studienfach zu etablieren. Sein Hauptwerk *Principles of Economics* (Marshall 1927 [1890]) diente vielen Generationen nach ihm als Standardlehrbuch zur Einführung in die Volkswirtschaftslehre. In diesem und seinen späteren Werken schaffte es Marshall, die neoklassischen Theoreme und Konzeptionen, die bisher eher lose und unverbunden nebeneinanderstanden, in einem einheitlichen Theoriegebäude zu vereinen und durch innovative analytische Methoden und Darstellungsweisen weiter zu entwickeln (Ziegler 2008: 101 ff). Von Marshall stammt unter anderem die bekannte Darstellung des Angebots-Nachfrage-Diagramms, das die Menge eines Gutes gegen seinen Preis abträgt. Im Schnittpunkt der Angebots- mit der Nachfragegerade – oft auch als „Marshall-Kreuz“ bezeichnet – befindet sich das Gleichgewicht. Die Angebotsgerade ist durch die Kosten für Produktionsmittel und Technologien bestimmt, die Nachfragegerade hingegen durch die Vorlieben und Präferenzen der Konsument*innen.

2.4.3 Grundgedanken, zentrale Theoreme und konzeptionelle Innovationen

Nach dieser historischen Hinführung zu einer allgemeinen intellektuellen Bewegung, die später als „Neoklassik“ oder „marginalistische Revolution“ bezeichnet wurde, lassen sich nun einige der eingangs nur knapp angeführten, aber prägenden Merkmale und Eigenheiten dieser Perspektive etwas genauer darstellen. Sie werden exemplarisch anhand einiger Textpassagen, vor allem von Jevons, illustriert und im nächsten Abschnitt mit Blick auf die Konsum-, Produktions- und Markttheorie weiter vertieft.

Ein erstes, bereits erwähntes Merkmal bildet die Nähe der Neoklassik zu den Naturwissenschaften. Dies ist einerseits methodisch der Fall, wenn die mathematische Modellierung und die quantitativ-statistischen Methoden zur Beschreibung und Analyse sozialer Interaktionen benutzt werden. Andererseits hat die Neoklassik auch erkenntnistheoretisch eine „naturwissenschaftliche“ Forschungslogik adaptiert. Es geht nicht um die Möglichkeit einer unterschiedlichen Interpretation sozialer Verhältnisse und die interaktive Erzeugung von Bedeutungen, sondern um möglichst präzise Vorhersagen und eine große deskriptive Korrektheit ökonomischer Analysen. Ökonomisches Handeln wird so auf die quantitativ erfassbaren, jedenfalls messbaren Komponenten des Wirtschaftslebens reduziert. Diese Hinwendung zu den Naturwissenschaften entspricht dem rationalistischen Zeitgeist des späten 19. Jahrhunderts. Jevons schreibt:

> „Es scheint mir, daß unsere Wissenschaft mathematisch sein muß, einfach deshalb, weil sie sich mit Mengen beschäftigt. Wo immer die behandelten Dinge größer oder kleiner sein können, müssen die Gesetze und Beziehungen der Natur der Sache nach mathematisch sein." (Jevons 1924 [1871]: 3)

Diese Mathematisierung ist jedoch kein Selbstzweck, sondern lediglich von instrumentellem Nutzen. Dazu nochmals Jevons:

> „Ob die mathematischen Gesetze der Ökonomie in Worten ausgedrückt werden oder in den gebräuchlichen Formeln, x, y, z, p, q, usf., ist Nebensache oder Gegenstand bloßer Bequemlichkeit. Wenn wir die Umstände und Weitschweifigkeiten nicht scheuen, können wir die verwickeltsten mathematischen Aufgaben in gewöhnlicher Sprache stellen und ihre Lösung in Worten geben." (Jevons 1924 [1871]: 3f)

Ein zweites Charakteristikum ist die Kritik und Ablehnung der bis dahin von der Politischen Ökonomie vertretenen objektiven Werttheorie und Hinwendung zu einer subjektiven Werttheorie. Der Wert eines Gutes wird nun nicht mehr durch die in das Gut eingegangenen Produktionsfaktoren – vor allem Arbeit (Marx), aber auch Boden und Kapital (Smith) –, sondern durch den subjektiven Nutzen der Konsument*innen bestimmt. Deren Geschmack und Genuss – ihre Präferenzen und Zahlungsbereitschaft – sind bestimmend für den Preis.

> „Wiederholte Überlegungen und Untersuchungen haben mich zu der einigermaßen neuen Meinung geführt, daß der Wert gänzlich vom Nutzen abhängt. Die herrschende Meinung erblickt eher in der Arbeit als im Nutzen den Ursprung des Wertes; und es gibt sogar solche, welche fest behaupten, daß die Arbeit die Ursache des Wertes sei." (Jevons 1924 [1871]: 1)[13]

13 Die These, „dass der Wert gänzlich vom Nutzen abhängt", wird letztlich jedoch insofern relativiert, als der Nutzen – vermittelt über die Preise – immer in Beziehung zur Knappheit und den Produktionskosten als Mittel zur Reduzierung dieser Knappheit zu betrachten ist.

Als drittes Merkmal ist der hohe Stellenwert von Rationalität – im Sinne einer instrumentellen Rationalität – zu nennen. Sie bildet einen integralen Bestandteil des neoklassischen Forschungsprogramms. Das aus der instrumentellen Rationalität abgeleitete „ökonomische Prinzip" fordert einerseits, unter einer Budgetbeschränkung möglichst viel zu erreichen oder ein gegebenes Ziel mit möglichst geringen Mitteln erreichen. Hier spielen auch utilitaristische Einflüsse und Erwägungen eine große Rolle. Grundsätzlich wird menschliches Verhalten als vollständig durch Nutzen- und Kostenabwägungen erklärbar konzipiert. Der homo oeconomicus, ein in neoklassischem Sinne „rational" handelnder, weil nutzenmaximierender Akteur, steht im Zentrum des neoklassischen Denkens.

> „Freude und Leid sind zweifellos die wichtigsten Gegenstände der Wirtschaftsrechnung. Unsere Bedürfnisse mit der geringsten Anstrengung auf das Höchste zu befriedigen – den größten Betrag des Wünschenswerten mit den geringsten, unwünschenswerten Kosten zu verschaffen – oder in anderen Worten, die Freude auf ein Maximum zu bringen, ist die Aufgabe der Wirtschaft." (Jevons 1924 [1871]: 36)

Der homo oeconomicus ist zugleich Ausdruck einer methodologisch individualistischen Perspektive. Gesellschaftstheoretisch erscheinen soziale Kollektive als nicht relevant oder werden als in Individuen auflösbare Einheiten begriffen. Auch der gesellschaftliche Kontext erscheint für die ökonomische Analyse im engeren Sinne belanglos. Als Referenzpunkt der ökonomischen Untersuchung fungiert mithin ein Individuum, das seinen Nutzen unabhängig von anderen und unabhängig von kulturellen, moralischen und sonstigen Einflüssen der sozialen Umwelt maximiert.

Ein viertes Merkmal besteht in der Gleichgewichtsorientierung der Neoklassik. Diese betrifft zum einen die Wirtschaftssubjekte – Konsument*innen wie Unternehmen –, die danach streben, ihren Konsum oder ihre Produktion zu optimieren, indem sie die konsumierten Güter oder eingesetzten Produktionsfaktoren in ein gutes Verhältnis, mithin Gleichgewicht bringen. Zum anderen tendieren aber vor allem die Märkte, auf denen sich die Wirtschaftssubjekte begegnen, zum Gleichgewicht. Dieses ist erreicht, wenn sich auf einzelnen Märkten, so z.B. dem Güter- oder Geldmarkt, das Angebot von Gütern und die Nachfrage nach ihnen bei einem bestimmten Mengen- und Preisniveau so einpendeln, dass es für die Akteure keine Anreize zur Verhaltensänderung gibt. Gilt dies simultan für alle Märkte, so existiert in einer Volkswirtschaft das von Walras konzeptualisierte allgemeine Gleichgewicht. Für die Modellierung ökonomischer Prozesse ist das Gleichgewichtsdenken zweifelsohne sehr hilfreich. Gleichwohl fällt es der Neoklassik dadurch schwer, ökonomische Entwicklung zu denken. Auch Krisen sind eigentlich nicht vorgesehen und werden zumeist als „externe Schocks" betrachtet.

Fünftens schließlich interessiert sich die Neoklassik für die Operationsweise von Märkten, vor allem für deren Fähigkeit, eine optimale Ressourcenallokation zu bewerkstelligen. Jevons schreibt:

> „Unter einem Markte werde ich zwei oder mehrere Personen, welche mit zweien oder mehreren Gütern handeln, verstehen, deren Vorräte an jenen Gütern und Tauschabsichten allen bekannt sind." (Jevons 1924 [1871]: 82)

Der Blick auf die Ökonomie ist in diesem Sinne fokussiert, zugleich aber auch sehr eng. Nicht kommodifizierte Aktivitäten werden ausgeblendet. Außerdem wird mit der Annahme eines „vollkommenen Marktes" gearbeitet. Dieser zeichnet sich durch vollständige Information über Preise, gehandelte Mengen und Marktteilnehmer sowie einen freien Wettbewerb zwischen diesen aus. Diese Markttransparenz setzt voraus, dass es auf dem Markt keinerlei reale Unsicherheit gibt. Jevons gibt selbst zu:

> „Der theoretische Begriff eines vollkommenen Marktes gelangt in der Praxis mehr oder weniger vollständig zur Durchführung." (Jevons 1924 [1871]: 83).

In der Rezeption wird diesem Vorbehalt, d.h. dem „mehr oder weniger", zumeist allerdings kaum Beachtung geschenkt.

2.4.4 Konsum-, Produktions- und Markttheorie

Die skizzierten Merkmale des neoklassischen Denksystems lassen sich in unterschiedlichen Untersuchungsbereichen identifizieren. Zumeist wird zwischen drei Bereichen oder auch Säulen der Theorieentwicklung differenziert: der Konsumtheorie, der Produktionstheorie und der Markttheorie.

Die Konsumtheorie, oft auch als „Herzstück" der Neoklassik bezeichnet, stand zunächst im Zentrum des intellektuellen Interesses. Wie zuvor bereits Adam Smith und andere Theoretiker, so beziehen sich auch die Vertreter des neoklassischen Denkens auf das sog. Wertparadoxon. Dieses thematisiert, dass einige sehr nützliche Güter, etwa Wasser, sehr billig, andere weitaus weniger nützliche Güter, z.B. Diamanten, hingegen sehr teuer sind. Adam Smith hatte diese Paradoxie mit Verweis auf die eingesetzte Arbeitszeit als objektiver Wertgrundlage und den hieraus abgeleiteten Tauschwert der Arbeitskraft aufgelöst. Die Neoklassik wählte einen anderen Weg. Dieser bezog sich stärker auf den Gebrauchswert, dessen Bedeutung gemäß der Konzeption des Grenznutzens jedoch subjektiviert und dynamisiert wurde. Danach ist der Wert eines Gutes eine veränderliche Größe, die zwischen unterschiedlichen Personen wie auch in Abhängigkeit von den Umständen variiert:

> „Viele Güter, welche uns höchst nützlich sind, werden am wenigsten geschätzt und begehrt. Ohne Wasser können wir nicht leben, und dennoch schätzen wir es unter gewöhnlichen Verhältnissen gar nicht. Warum ist dies so? Einfach deshalb, weil wir gewöhnlich so viel davon besitzen, daß sein Grenznutzengrad auf fast Null herabgesetzt ist. Wir erfreuen uns täglich des fast unendlich großen Nutzens des Wassers, aber wir bedürfen in diesem Falle keines größeren Verbrauches, als uns zur Verfügung steht. Wird aber bei Dürre die Wasserversorgung unzureichend, so beginnen wir die höheren Grade des Nutzens zu fühlen, an welche wir zu anderen Zeiten nur wenig denken.“ (Jevons 1924 [1871]: 51).

Die Konzeption des Grenznutzens – ein anderes Wort für den Nutzen aus der nächsten konsumierten Einheit – geht außerdem davon aus, dass sich subjektiv selbst am gleichen Ort die Umstände verändern können. Nicht jede Einheit eines Gutes spendet denselben Nutzen. Jede weitere Einheit eines konsumierten Gutes spendet weniger Nutzen als die vorherige Einheit. Eine durchschnittlich hohe Ausstattung mit unterschiedlichen Gütern ist für den Konsumenten daher besser als eine hohe Ausstattung mit nur einem einzigen Gut.

Zunächst hatte sich die Fachwelt noch darüber gestritten, welchem der drei Marginalisten, Jevons, Menger oder Walras, das Verdienst zukommt, das Wertparadoxon mit Verweis auf die Knappheit eines Gutes und den Grenznutzen der letztkonsumierten Einheit zuerst aufgelöst zu haben. Dann wurde jedoch die bereits deutlich ältere, aber kaum wahrgenommene Schrift von Hermann Heinrich Gossen neu entdeckt. Dieser hatte schon früh in *Entwicklung der Gesetze des menschlichen Verkehrs* (Gossen 1889 [1854]) zwei grundlegende Gesetze formuliert (Quellentext 3): Das Gesetz des fallenden Grenznutzens (Sättigungsgesetz) geht davon aus, dass der Nutzen einer zusätzlichen Einheit eines Gutes für ein Individuum kontinuierlich abnimmt; das Gesetz des Ausgleichsvorzugs (Grenznutzenausgleichsgesetz) verweist darauf, dass der Nutzen dann am größten ist, wenn sich der Konsum auf mehrere Güter verteilt und zwischen diesen ein angemessenes Verhältnis gefunden wird.[14]

Quellentext 3: Die Gossen'schen Gesetze

Diesem Grundsatz zu Folge ist denn zunächst der Versuch zu machen, die Gesetze zu erforschen, nach denen die Kraft zu genießen wirkt.
Bei näherer Betrachtung, wie das Genießen vor sich geht, findet man denn bei allem Genießen folgende gemeinschaftlichen Merkmale:
1. Die Größe eines und desselben Genusses nimmt, wenn wir mit Bereitung des Genusses ununterbrochen fortfahren, fortwährend ab, bis zuletzt Sättigung eintritt.
[…] Eine ähnliche Abnahme der Größe des Genusses tritt ein, wenn wir den früher bereiteten Genuss wiederholen, und nicht bloß, daß bei wiederholter Bereitung die ähnliche Abnahme eintritt, auch die Größe des Genusses bei seinem Beginnen ist eine geringere, und die Dauer, während welcher etwas als Genuß empfunden wird, verkürzt sich bei der Wiederholung, es tritt früher Sättigung ein, und beides, anfängliche Größe sowohl, wie Dauer, vermindern sich um so mehr, je rascher die Wiederholung erfolgt.
Für beide Merkmale liefert das tägliche Leben tausendfältige Thatsachen als Beweise.
Dem Künstler, dem der Genuß eines neuen Kunstwerks gewährt wird, wird dasselbe in dem Augenblick, in welchem er es lange genug betrachtet hat, um alle Einzelheiten desselben genau aufzufassen, den größten Genuß gewähren. Dieser Genuß wird bei fortgesetzter Betrachtung fortwährend sinken, und über kürzere oder längere Zeit, verschieden je nach dem Gegenstande und dem Menschen, wird er müde werden, es wird Sättigung eintreten auch dann, wenn er dabei noch aufgelegt bleibt, andere Genüsse mitzumachen, ja selbst sich noch an anderen Kunstwerken ähnlicher Art zu erfreuen. […]
Wer mit einer einzigen Speise seinen Hunger stillt, dem wird der erste Bissen am Besten schmecken; schon weniger gut der zweite, noch we-

14 Gossen hat diese Gesetze in seiner Schrift in unterschiedlichen Varianten mehrfach formuliert und erläutert. Hier in dem Quellentext sind sie als „Genussgesetze" angeführt. Später im Text werden sie begrifflich in Form von „Wertgesetzen" reformuliert (Neubauer 1931: 737 ff).

niger der dritte, und so weiter, bis es ihm bei fast eingetretener Sättigung auch fast gleichgültig geworden sein wird, ob er diesen letzten Bissen noch zu sich nimmt oder nicht. Aber auch, daß bei der Wiederholung der Sättigung durch dieselbe Speise ein Sinken des Genusses und eine Verminderung der Quantität des Genossenen eintritt, der Verkürzung der Zeitdauer bei geistigen Genüssen entsprechend, sehen wir durch die Erfahrung unzweideutig bestätigt. Der Arme, der nur an Festtagen einen Braten zu verzehren hat, hat von der Sättigung durch Braten unfreiwillig mehr Genuß, als derjenige, der sich täglich diesen Genuß bis zur Sättigung verschafft, und bei diesem letzteren steigert sich der Genuß, den die Sättigung durch Braten gewährt, je länger ihm dieser Genuß vorenthalten wird. [...]

2. Der Mensch, dem die Wahl zwischen mehreren Genüssen frei steht, dessen Zeit aber nicht ausreicht, alle vollaus sich zu bereiten, muss, wie verschieden auch die absolute Größe der einzelnen Genüsse sein mag, um die Summe seines Genusses zum Größten zu bringen, bevor er auch nur den größten sich vollaus bereitet, sie alle theilweise bereiten, und zwar in einem solchen Verhältniß, daß die Größe eines jeden Genusses in dem Augenblick, in welchem seine Bereitung abgebrochen wird, bei allen noch die gleiche bleibt.

Quelle: Gossen (1889 [1854]: 4 ff).

Vermutlich fällt es nicht schwer, sich für das Sättigungsgesetz weitere Beispiele – etwa den Genuss von Äpfeln, Mischgetränken oder anderen Formen des nicht materiellen Konsums wie Fernsehen, Lesen etc. – aus dem täglichen Leben vorzustellen. Gleiches gilt für das Grenznutzenausgleichsgesetz, wenn man etwa an die Zusammenstellung von Speisen oder die möglichst abwechslungsreiche Gestaltung von Tagesabläufen denkt. Zugleich ist hierbei allerdings zu berücksichtigen, dass Abwägungen über den Grenznutzen stets unter Berücksichtigung des Angebots, also der verfügbaren Menge und der dadurch definierten Preise – diese sind unter gewissen Voraussetzungen als ein externes Datum gegeben – stattfinden. Nur auf der Grundlage einheitlicher Preise lässt sich der Ausgleich von Gütern kalkulieren; und nur so kann auch die Grenzrate der Substitution unterschiedlicher Güter – etwa von Autos, Fahrrädern oder Zugreisen – bestimmt werden. Auch bei weiteren Differenzierungen innerhalb der Konsumtheorie werden monetäre Komponenten mitberücksichtigt (Söllner 2012: 49 ff). Dies gilt z.B. für die Konsumentenrente, die denen zukommt, die auch bei einem über dem Gleichgewichtspreis liegenden Preisniveau das Gut konsumieren würden; oder für die Differenzierung zwischen unterschiedlichen Gütern: z.B. zwischen Substitutivgütern (Butter und Margarine) und Komplementärgütern (Autos und Benzin) oder zwischen inferioren Gütern (der Konsum nimmt bei steigendem Einkommen relativ ab) und superioren Gütern (der Konsum nimmt bei steigendem Einkommen überproportional zu).

Jenseits solcher Differenzierungen veränderte sich im Laufe der Zeit der Charakter der neoklassischen Nutzenfunktion. Waren die Neoklassiker der ersten und zweiten Generation zumeist noch von einer kardinalen Nutzenfunktion ausgegangen, mit der der Nutzen einzelner Güter genau bemessen werden sollte, so gingen die meisten Ökonomen im Anschluss an John Hicks (1950 [1939]) zu einem ordinalen Verständnis der Nutzenfunktion über. So wurde auf einen klar definierten Maßstab des Nutzens fortan verzichtet und nur noch der relative Nutzen erfasst. Paul Samuelson (1938) war noch skeptischer. Für ihn konnte durch den Nutzen das Verhalten der rationalen Wirtschaftssubjekte nicht erklärt, sondern allenfalls beschrieben werden.

Das neoklassische Denken profilierte sich zunächst vor allem durch die Konsumtheorie. Im Schatten der hierbei entwickelten Konzepte gab es aber auch einige Beiträge zur Produktionstheorie. Auch diese zeichneten sich durch ein Denken in Grenzeinheiten aus (Söllner 2012: 56 ff). Der Blick richtete sich hierbei allerdings nicht auf die Erwägungen und Entscheidungen der Konsument*innen oder privaten Haushalte, sondern der Unternehmen. Wie die Konsument*innen den Nutzen zu maximieren versuchen, so geht es den Unternehmen darum, so die Annahme, ihren Gewinn zu maximieren. Wenn die Inputpreise als externes Datum gegeben sind, richtet sich ihr Blick auf die Möglichkeiten der Kostenminimierung durch einen optimalen Einsatz der Produktionsfaktoren. Um diesen optimalen Einsatz zu ermitteln, kalkulieren die neoklassischen Modelle den Grenzertrag, d.h. den Effekt (Output), den die nächste Einheit der eingesetzten Produktionsfaktoren hervorruft. Hierbei wird in der Regel unterstellt, dass die verschiedenen Produktionsfaktoren – z.B. Maschinen, Arbeitskräfte, Rohstoffe etc. – in einem gewissen Maße substituierbar sind und deren Effekte im Sinne einer partiellen Faktorvariation jeweils spezifisch, d.h. als Grenzproduktivität der Arbeit, des Bodens oder des Kapitals, also bei Ausklammerung von Veränderungen der anderen Produktionsfaktoren (ceteris paribus) berechnet werden können.

Erste Überlegungen, die in die Richtung einer solchen Produktionstheorie weisen, wurden bereits von Anne Robert Jaques Turgot [1727–1781] und Johannes Heinrich von Thünen [1783–1850] entwickelt. Beide hatten die landwirtschaftliche Produktion vor Augen und fragten danach, wie und bis zu welchem Punkt ein vermehrter Einsatz der Produktionsfaktoren (Boden, Arbeit, Düngemittel) den Ertrag steigern kann, ohne dass die hierbei entstehenden Kosten den zusätzlichen Ertrag übersteigen. Gemäß den landwirtschaftlichen Erfahrungen – der begrenzten Nutzbarkeit der Böden – orientierten sich die Darstellungen am sog. „Ertragsgesetz", d.h. einer spezifischen, klassischen Produktionsfunktion, in der es anfangs zu einer überproportionalen (Phase 1) und dann zu einer proportionalen Steigerung des Grenzertrags kommt (Phase 2), bevor dieser nur noch unterproportional steigt (Phase 3) und schließlich sogar negativ wird (Phase 4).

In der neoklassischen Perspektive sind vor allem die zweite und dritte Phase des Ertragsgesetzes interessant. Sie haben dazu angeleitet, weitere Variationen in der Entwicklung der Produktion, d.h. weitere Produktionsfunktionen zu konzeptualisieren. Als typisch neoklassische Produktionsfunktion gilt die sog. Cobb-Douglas-Funktion, die die Elastizität und Substituierbarkeit der verwendeten Produktionsfaktoren mit einbezieht. Mit seinen Überlegungen zur Grenzproduktivität hatte bereits von Thünen wichtige Vorarbeiten hierzu geleistet, die später von Knut Wicksell [1851–1926] aufgegriffen und konsequent mathematisiert wurden. Wicksell führte auch den Begriff der Skalenerträge ein, die in der Cobb-Douglas-Funktion als konstant, sinkend oder steigend modelliert werden können. Steigende Skalenerträge oder sog. „Economies of Scale" bringen zum Ausdruck, dass große Unternehmen, vor allem Transnationale Konzerne, ihren kleineren Konkurrenten produktionstechnisch häufig überlegen sind. Sie können dann – analog zur Konsumentenrente – eine Produzentenrente realisieren, da sie die hergestellten Güter auch bei einem Preisniveau unterhalb des Gleichgewichtspreises anbieten würden.

Die dritte Säule der Neoklassik bildet neben der Konsum- und der Produktionstheorie die Markttheorie. Diese bewegt sich gleichsam im Schnittfeld der Haushalts- und Unternehmensentscheidungen. Die Haushalte und die Unternehmen treten sich auf dem Markt gegenüber, wenn sie unter Beachtung des ihnen verfügbaren Budgets ihren Nutzen oder ihren Gewinn zu maximieren versuchen. Der Markt gewährleistet in der Neoklassik eine optimale Allokation von Gütern und Ressourcen. Wie dies zu verstehen ist, ist im Sinne einer partiellen Gleichgewichtsanalyse vor allem von Alfred Marshall (1927 [1890]) konzeptualisiert und dargestellt worden. Danach werden die Menge und der Preis der auf dem Markt gehandelten Produkte durch Angebot und Nachfrage, d.h. vor allem durch die Produktionskosten der Unternehmen und Nutzenerwägungen der

Konsument*innen bestimmt.[15] Die Anpassungsprozesse auf dem Markt orientieren sich kurzfristig an den Nutzenerwägungen, langfristig aber an den gesellschaftlichen Durchschnittskosten in der Produktion. Marshall selbst hat diese Prozesse und andere, oben bereits angesprochene Aspekte differenziert und doch gut nachvollziehbar dargestellt (Pierenkemper 2012: 173 ff). Im Anschluss an ihn sind die gleichgewichtstheoretischen Überlegungen weiterentwickelt worden: Sachlich und mathematisch komplex ist das dynamische Modell eines Wachstumsgleichgewichts, da hierbei der Output nachfolgend wieder als Input fungiert, teilweise aber auch verkonsumiert wird.

Die drei Säulen der Konsum-, Produktions- und Markttheorie strukturieren das System des neoklassischen Denkens. Darüber hinaus gibt es weitere Konzepte und Modelle, die sich auf spezifische Teilaspekte beziehen. Einige dieser Konzepte sollen wenigstens kurz benannt werden (Ziegler 2008: 106 ff): Was die Geldtheorie betrifft, so unterscheidet die Neoklassik relativ strikt zwischen einem realen und einem monetären Sektor der Ökonomie. Das Geld tritt wie bei Adam Smith nur als Tausch- oder Zahlungsmittel in Erscheinung, nimmt selbst aber keinen Einfluss auf die Entwicklung der realen Ökonomie. Diese Neutralitätsannahme des Geldes lag in den 1930er Jahren der von Irving Fischer [1967–1947] ausgearbeiteten Quantitätstheorie des Geldes zugrunde und später auch dem Monetarismus von Milton Friedman [1912–2006]. In beiden Konzepten wirkt sich eine erhöhte Geldmenge langfristig allein auf das Preisniveau – die Inflation – aus, nicht jedoch auf die Produktion und die Beschäftigung.

Außerdem befassten sich einige Vertreter der Neoklassik mit wohlfahrtsökonomischen Fragestellungen (Ziegler 2008: 113 ff; Söllner 2012: 99 ff). Arthur Cecil Pigou [1877–1959], einem Schüler Marshalls, ging es darum, die gesellschaftliche Wohlfahrt durch die Berücksichtigung „externer Effekte" – z.B. Umweltbelastungen – neu zu berechnen und Wohlfahrtseinbußen für die Allgemeinheit durch staatliche Maßnahmen, die sog. Pigou-Steuer, zu korrigieren. Auch das Kaldor-Hicks-Optimum eröffnet Möglichkeiten der staatlichen Intervention. Im Kontrast zum Pareto-Optimum, das keine Steigerung des gesellschaftlichen Wohlstands mehr gegeben sieht, wenn ein Wirtschaftssubjekt Abstriche im Ver-

15 In der Regel geht die Neoklassik von einem Konkurrenzgleichgewicht aus. Mitunter wird aber auch darauf eingegangen – zunächst von Augustin A. Cournot, dann auch von Alfred Marshall und Knut Wicksell –, dass sich die Prozesse der Preisbildung in unterschiedlichen, abweichenden Marktformen – Polypolen, Monopolen und Oligopolen – jeweils besonders darstellen (Söllner 2012: 62 ff).

sorgungsniveau hinnehmen muss, kann gemäß des Kaldor-Hicks-Optimums die Wohlfahrt durch eine Entschädigung der relativ schlechter gestellten Wirtschaftssubjekte insgesamt gesteigert werden. Schließlich ist noch die Theorie öffentlicher Güter zu erwähnen (Samuelson 1954). Diese macht darauf aufmerksam, dass es im Falle bestimmter Güter – Leuchttürme, Straßen, Postämter, Schulen und andere Bereiche der öffentlichen Infrastruktur –, von denen niemand ausgeschlossen werden soll (Prinzip des Nicht-Ausschlusses) und die bei Inanspruchnahme nicht oder nur begrenzt vernutzt werden (Prinzip der Nicht-Rivalität), sinnvoll ist, die Bereitstellung dieser Güter dem Staat zu überantworten.

2.4.5 Rezeption, Einfluss und Kritik

Die unterschiedlichen Forschungs- und Anwendungsfelder neoklassischer Konzeptionen sind im vorangegangenen Abschnitt nur sehr allgemein umrissen und angedeutet worden. Die Darstellung ist keineswegs vollständig, lässt aber deutlich werden, dass es sich bei der Neoklassik um eine sehr weit verzweigte Denkbewegung und Theorieperspektive handelt, die sich akademisch mehr und mehr durchgesetzt hat und die wirtschaftswissenschaftlichen Diskussionen bis heute dominiert. Nicht selten wird ökonomisches Denken und wirtschaftswissenschaftliche Analyse nahezu bruchlos mit neoklassischen Konzepten identifiziert:

> „In particular, the neoclassicals came to command the language of science and objectivity, effectively making these synonymous with their own work, irrespective of whether that work could then demonstrate that it was both scientific and objective in an appropriate sense. At the same time, the neoclassicals came to dominate the terrain of policy relevance." (Morgan 2016: 1)

Allgemein lassen sich die politischen Implikationen des neoklassischen Denkens als liberal beschreiben. Die öffentliche Wahrnehmung, Relevanz und politische Einflussnahme der Neoklassik variierten in unterschiedlichen Phasen jedoch. So neigten die frühen Repräsentanten der ersten und zweiten Generation zu einer Laissez-faire-Praxis:

> „Jevons, Menger, and Walras, and the vast majority of the marginalists of the following generations, were fervent supporters of laissez-faire. Certainly, while classical laissez-faire had focused on the problem of accumulation, neoclassical laissez-faire was oriented more towards the problem of allocative efficiency." (Screpanti/Zamagni 2005: 173)

In der politischen Praxis gewann diese Perspektive, die das ungehinderte Wirken der Marktkräfte empfahl, vor allem nach dem Ersten Weltkrieg, also in den 1920er Jahren an Bedeutung: international durch die erneute Etablierung des Goldstandards, liberalisierte Kapitalmärkte und die Förderung des Freihandels und national – im Kampf gegen die Arbeiterbewegung – durch die Deregulierung der Arbeitsmärkte.

Diese Orientierung wurde in einer zweiten Wirkungsphase des neoklassischen Denkens nach dem Zweiten Weltkrieg dann aufgegeben. Im Anschluss an die Schriften von John Maynard Keynes [1883–1946] kristallisierte sich ein neuer, als „neoklassische Synthese" bezeichneter Mainstream heraus. Die neoklassische Synthese zeichnete sich dadurch aus, dass einige Aspekte der von Keynes entwickelten Perspektive – die Einkommensabhängigkeit der Nachfrage, die Nicht-Neutralität des Geldes und Steuerungsfunktion der Geldpolitik, die Überwindung der Liquiditätsfalle durch staatliches Deficit-Spending und die Rigidität des Arbeitsmarktes – in das neoklassische Denksystem integriert wurden. Als führende Repräsentanten der neoklassischen Synthese gelten John Richard Hicks [1904–1989] und Paul A. Samuelson [1915–2009]. Sie und andere haben nicht nur die akademische Ausbildung an den Universitäten makroökonomisch erweitert, sondern auch Konzepte für eine umfassendere, stärker sozialliberal ausgerichtete staatliche Wirtschaftspolitik vorbereitet.

Im Laufe der 1970er und 1980er Jahre wird – vor dem Hintergrund der Stagflation (hohe Inflation bei wirtschaftlicher Stagnation) und der beschleunigten Globalisierung und damit begrenzten Effektivität einer staatlichen Nachfragesteuerung – die Tragfähigkeit der keynesianischen Elemente innerhalb des neoklassischen Denksystems dann jedoch vermehrt in Frage gestellt. Die Neoklassik wendete sich wieder stärker ihren früheren Konzepten zu. Die optimale Allokation von Gütern und Ressourcen wurde erneut relativ unkritisch dem Markt überantwortet; und wenn Probleme der Unterversorgung oder Fehlallokation auftraten, wurden die Ursachen hierfür vor allem bei der Politik – Stichwort: Staatsversagen – oder anderen störenden äußeren Einflüssen gesucht. In diesem Sinne unterstützen viele Vertreter der Neoklassik denn auch einen neoliberalen Kursschwenk, der allgemein durch eine Entfesselung der Märkte, vor allem durch eine Beschneidung des gewerkschaftlichen Einflusses und den Abbau arbeits- und sozialpolitischer Rechte und Leistungen gekennzeichnet ist.

Die verschiedenen Phasen verdeutlichen, dass es keine zwangsläufige Verknüpfung von neoklassischem und neoliberalem Denken, aber doch eine gewisse Wahlverwandtschaft gibt. Neoliberale Schlussfolgerungen sind häufig naheliegend. Sie werden durch zentrale Aspekte der Neoklassik mit vorbereitet: so etwa durch die unkritische Fokussierung auf die Allokationseffizienz der Märkte, durch die Denkfigur des homo oeconomicus – in erster Linie als eines nutzenmaximierenden Konsumenten – oder auch durch den methodologischen Individualismus, d.h. die Geringschätzung sozialer Strukturen und Kollektive. Diese Nähe oder Wahlverwandtschaft von Neoklassik und Neoliberalismus hat dazu geführt, dass so manche gegen die Neoklassik vorgebrachte Kritik politisch eingefärbt ist. Trotz und auch jenseits dieser Einfärbung haben sich mit der Zeit aber auch zahlreiche akademische Kritiken gehäuft, von denen einige wenigstens kurz benannt werden sollen (vgl. u.a. Bürgin/Maissen 1999: 195 ff; Watson 2005: 60 ff; Herrmann 2016; 140 ff).

Erstens gibt es den häufig vorgebrachten Einwand der Realitätsferne. Dieser steht im Kontrast zum Selbstverständnis der Neoklassik, eine exakte, empirisch fundierte Forschung anzuleiten. Der Einwand der Realitätsferne will eine solche Motivation keineswegs absprechen. Er thematisiert aber, dass die Annahmen, mit denen viele der neoklassischen Modelle arbeiten, die gesellschaftlichen Gegebenheiten nicht nur vereinfachen, sondern ihnen vielfach widersprechen. Die Modellierung und mathematische Formalisierung empirischer Phänomene wird damit fragwürdig. Nicht selten gewinnt man den Eindruck, dass der rein instrumentelle Nutzen der Mathematik wie er von Jevons stark gemacht wurde, einer Modellierungspraxis gewichen ist, bei der Formalisierung mehr zählt als empirische Validierung (Romer 2015).

Eine zweite Kritik problematisiert die einseitige Fokussierung auf Märkte und hierauf ausgerichtete – rational handelnde – Wirtschaftssubjekte. Die Neoklassik neigt dazu, alle anderen, ökonomisch durchaus sehr relevanten Faktoren und Einflüsse – etwa die sozialen Beziehungen in den Betrieben, kollektive Organisationsformen, die kulturellen Prozesse der Bedeutungsproduktion oder auch die Aspekte einer nicht marktbasierten Wirtschaftstätigkeit – auszublenden. Sofern diese Aspekte institutionenökonomisch dennoch erfasst werden, geht es meistens darum, sie in die neoklassische Rationalitätslogik einzupassen. Der besonderen Qualität und Eigenständigkeit von ökonomisch relevanten, aber durch andere Logiken und Erwägungen geprägten sozialen, politischen und kulturellen Handlungsfelder, wird auf diese Weise jedoch nicht Rechnung getragen.

Drittens ist unter anderem von keynesianischer Seite kritisiert worden, dass die neoklassischen Konzepte zwischen den unterschiedlichen Märkten nur unzureichend differenzieren. Sie orientieren sich am Gütermarkt und übertragen ihre Modelle hiervon ausgehend relativ bruchlos und unreflektiert auf andere Sphären. Tatsächlich funktionieren die Arbeitsmärkte, Wohnungsmärkte oder Kapitalmärkte aber nicht wie einfache Gütermärkte. Auf ein Bier kann man verzichten, auf einen Arbeitsplatz und Lohneinkommen oder eine Wohnung eher nicht. Ebenso ist eine Krise auf einem Gütermarkt – z.B. Schreibmaschinen – begrenzbar, eine Krise auf dem Kapitalmarkt kann hingegen eine ganze Volkswirtschaft in eine tiefe Rezession ziehen. Eng verknüpft mit der Funktionsweise von Kapitalmärkten sind auch die Geldmärkte, d.h. die eher kurzfristigen Kreditbeziehungen zwischen den Banken. Diese Beziehungen, die ihnen eingelagerten Prozesse der Geldschöpfung und die hiermit verbundenen Effekte für die Wirtschaftstätigkeit und Beschäftigung, stellen zugleich auch die Neutralitätsannahme des Geldes in Frage.

Schließlich sei viertens noch auf die ausgeprägte Gleichgewichtsorientierung der Neoklassik verwiesen. Diese hat zur Folge, dass die dynamische Entwicklung des Kapitalismus bestenfalls unzureichend – mit Blick auf das Wachstum, nicht aber unter Berücksichtigung von Innovationen – erfasst werden kann. Vera Linß (2007: 48) charakterisiert die Neoklassik wie folgt:

> „Es ist ein mechanischer Ansatz, der die Kompliziertheit und Fragilität der Wirtschaft außen vor lässt. Die Wirtschaftswissenschaft hatte sich zu einer reinen Theorie nach dem Vorbild der Naturwissenschaften gewandelt, womit der Versuch unternommen wurde, theoretische und politische Fragestellungen voneinander zu trennen. Plötzlich wurde der Kapitalismus nicht mehr als ein historisches gesellschaftliches Konstrukt betrachtet, das ständig unter Spannung steht, sondern als eine statische, mehr oder weniger geschichtslose Art der Organisation. Die Triebkraft des Systems, die alle früheren Analytiker fasziniert hatte, wurde nun ignoriert."

Es wäre jedoch zu kurz gesprungen, bei dieser Kritik stehen zu bleiben. Wie die nachfolgend diskutierten Klassiker*innen zeigen, haben diese die Grenzen und Defizite, insbesondere die fehlende Konzeptualisierung der kapitalistischen Entwicklung, zum Anlass genommen, neue theoretische Konzepte zu entwerfen.

2.5 Anschlüsse an die Historische Schule: Werner Sombart

Die Diffusion des neoklassischen Denkens schritt ab Ende des 19. Jahrhunderts erkennbar voran. In Deutschland war dieser Prozess weniger ausgeprägt. Dies lag nicht an der Prominenz marxistischer Konzeptionen, die in der universitären Diskussion nur am Rande berücksichtigt und zumeist ablehnend zurückgewiesen wurden, als vielmehr am großen Einfluss und Nachhall der „Historischen Schule" der Nationalökonomie. Diese Schule war durch eine von der Klassischen Politischen Ökonomie und der Neoklassik deutlich abweichende theoretische

Perspektive gekennzeichnet. Im Kontrast zu einer abstrakten Theoriebildung oder deduktiven Modellwissenschaft setzte sie auf die historische, empirisch-induktive und hermeneutische Erschließung – daher auch das Selbstverständnis einer verstehenden Nationalökonomie – und Interpretation sozioökonomischer Verhältnisse. Und auch politisch hielt sie sich nicht zurück, sondern war bestrebt, eine ethisch-moralische Begründung für die Gestaltung der Wirtschafts- und Sozialbeziehungen zu liefern.

In der internationalen Literatur über die Entwicklung des ökonomischen Denkens kommt die Historische Schule selten vor. Die deutschsprachigen Überblicksbände sehen in ihr aufgrund der fehlenden theoretisch-methodischen Stringenz – differenzierter und positiver ist Pierenkemper (2010: 116 ff) – zumeist einen „Irrweg". Sofern es um einzelne Vertreter geht, wird allenfalls Gustav Schmoller [1838–1917], führender Repräsentant der jüngeren Historischen Schule, vorgestellt. Andere prominente Wissenschaftler, wie Werner Sombart [1863–1941] und Max Weber [1864–1920], deren analytische Konzeptionen durch die Historische Schule inspiriert sind, die sich zugleich aber theoretisch und methodisch reflektiert von dieser absetzen, kommen in der ökonomischen Theoriediskussion nur sehr selten vor. Dies ist verwunderlich und bedauerlich zugleich. Schließlich haben sie, insbesondere Werner Sombart, versucht, den Kapitalismusbegriff – jenseits seiner Verwendung als Schlagwort und Kampfbegriff – für das Verständnis des Wirtschaftssystems und der Wirtschaftsweise analytisch nutzbar zu machen; und auf dem Wege hierhin die Grundlagen für eine institutionelle politische Ökonomie geschaffen, die unter Berücksichtigung der kulturellen Prozesse der Sinnstiftung und Bedeutungsproduktion für die jüngere wirtschaftssoziologische Diskussion wie auch für die heutige Vergleichende Politische Ökonomie noch immer relevant und inspirierend sind.

Die nachfolgenden Ausführungen konzentrieren sich vor allem auf die Überlegungen Werner Sombarts, da sich dieser – gestützt auf die Methode des theoretischen Historismus – darauf konzentrierte, die Genese und Operationsweise des kapitalistischen Wirtschaftssystems umfassend und systematisch zu erklären, während sich Max Weber – im Sinne der vergleichenden Betrachtung von Idealtypen – stärker für einzelne Phänomene, vor allem für den Geist und die bürokratischen Organisationsformen des westlichen Rationalismus interessierte (Parsons 2015 [1928/29]). Bevor es um Werner Sombart und dessen Konzeptualisierung des Kapitalismus geht, lohnt sich jedoch ein Rückblick auf die Überlegungen der älteren und jüngeren Historischen Schule, an die Sombart anschloss und die er zugleich theoretisch und methodisch weiterzuentwickeln bestrebt war.

2.5.1 Die ältere und jüngere Historische Schule

Die Sonderrolle und starke Stellung der Historischen Schule in der Entwicklung der deutschen Nationalökonomie wird allgemein auf den großen Einfluss der Romantik, des Idealismus und Historizismus zurückgeführt (zu den nachfolgenden Ausführungen vgl. Pierenkemper 2012: 116; Söllner 2012: 219 ff; Ziegler 2008: 86 ff). Diese Strömungen, nicht zuletzt der Historismus, haben auch anderen wissenschaftlichen Fächern – etwa den Sprachwissenschaften, der Rechtswissenschaft und der Geschichtswissenschaft – ihren Stempel aufgedrückt. In der politökonomischen Diskussion führten die Einflüsse dazu, dass die Überlegungen der Klassischen Politischen Ökonomie, vor allem das Bestreben, raum- und zeitunabhängige Gesetze und Modelle zu entwickeln, als korrektur- und ergänzungsbedürftig betrachtet wurden. Die Hervorhebung der historischen Dimension – oft wurde mit Stufenmodellen der wirtschaftlichen Entwicklung gearbeitet – bildete nur ein Merkmal der Historischen Schule. Weitere Differenzen zur Klassik waren eine stärkere Fokussierung auf die organische Gemeinschaft und auf eine sittlich gestaltete Wirtschafts- und Lebensweise, die durch einen aktiven, auf sozialen Ausgleich bedachten Staat und eine entsprechende Rechtsordnung gewährt und abgesichert werden sollte.

Die „historische Methode" des Sammelns und der Interpretation von Daten war die Grundlage dafür, verallgemeinerbare Erkenntnisse, also Theorie, und praktische Erkenntnisse, also eine politisch aktiv gestaltete Wirtschaftsordnung zu ermöglichen. Im Vergleich zur „jüngeren" Historischen Schule war die „ältere" Historische Schule stärker geschichtsphilosophisch imprägniert. Sie war in sich allerdings wenig kohärent und verfügte über kein systematisch entwickeltes Forschungsprogramm. Als ihre wichtigsten Vertreter gelten Wilhelm Roscher [1817–1894], Bruno Hildebrand [1812–1878] und Karl Gustav Knies [1821–1898]. Wilhelm Roscher war insofern führend, als er die „historische Methode" (Priddat 1995) begründet und diverse Stufenmodelle der ökonomischen Entwicklung entworfen hatte. Bruno Hildebrand setzte sich mit den sozialen Problemen der damaligen Zeit auseinander und argumentierte – unter anderem gegen Friedrich Engels gerichtet –, dass Formen der Armut und Verelendung vornehmlich als ländliches Phänomen und nicht so sehr als Folge der Industrialisierung zu begreifen waren. Er stützte sich dabei auf zahlreiche Statistiken, um seine Argumentation zu unterfüttern. Karl Gustav Knies hat sich wie Roscher methodologisch für die Historische Schule verdient gemacht. Eines seiner Spezialgebiete war das Geld- und Kreditwesen.

Schon die ältere Historische Schule war durch einen sozial- und kulturwissenschaftlichen – im eigenen Verständnis „wirklichkeitswissenschaftlichen" –

und zugleich ethisch-praktischen Zugriff auf Fragen der politischen Ökonomie gekennzeichnet. Die „jüngere" Historische Schule setzte diese Perspektive fort, war unter der Führung Gustav von Schmollers [1838–1917] aber verstärkt darum bemüht, ein wissenschaftliches Forschungsprogramm mit einer korrespondierenden wirtschafts- und sozialpolitischen Agenda zu entwickeln (Goldschmidt 2008; Winkel 2012). Im Vergleich zur „älteren" Historischen Schule war die Forschung weniger geschichtsphilosophisch als historisch-empirisch orientiert. Über die empirische Materialsammlung hinausgehend wurde der Anspruch formuliert, unter Berücksichtigung der komplexen Zusammenhänge und Kontextbedingungen auch allgemeine Gesetze und Regelmäßigkeiten, mithin theoretische Erkenntnisse formulieren zu wollen. Die empirisch-induktive Herangehensweise und die Identifikation historischer Entwicklungsstufen oder Epochen blieb dabei bestimmend. Zugleich wurde stärker darauf geachtet, die spezifischen institutionellen Strukturen und kulturellen Prozesse zu erfassen, also in hermeneutischer Perspektive eine sinnverstehende Sozialökonomie zu entwickeln. Letzteres schließt ein organisch-evolutorisches Verständnis der sozialökonomischen Entwicklung mit ein. Gemäß diesem sedimentieren sich historische Erfahrungen in den Institutionen und Organen einer gemeinschaftsbasierten Gesellschaft.

Neben Schmoller werden als weitere wichtige Vertreter der jüngeren Historischen Schule zumeist Georg Friedrich Knapp [1842–1926], Adolph Wagner [1835–1917] und Lujo Brentano [1844–1931] genannt. Georg Friedrich Knapp entwickelte eine – heute wieder verstärkt diskutierte – Geldtheorie, gemäß derer das Geld ein Produkt des Staates und der Rechtsordnung darstellt. Komplementär hierzu befasste sich Adolph Wagner mit finanzwissenschaftlichen Fragen. Für Wagner nahmen die staatlichen Aufgaben – z.B. die Volksbildung, innere Sicherheit und andere Infrastruktur-, Kultur- und Sozialaufgaben – mit dem Fortgang der kapitalistischen Entwicklung stetig zu. Er formulierte bereits 1876 das „Gesetz der wachsenden Ausdehnung der Staatsthätigkeiten" (zit. n. Söllner 2012: 222), das für die meisten OECD-Staaten bis in die 1980er und 1990er Jahre, also bis zur Phase der neoliberalen Entstaatlichung (Bofinger 2008) empirische Bestätigung fand. Im Vergleich zu Wagner und den anderen Vertretern der jüngeren Historischen Schule war die Perspektive Lujo Brentanos weniger staatszentriert. Er plädierte in sozialliberaler Absicht dafür, die Arbeitsmärkte durch Elemente des Arbeits- und Sozialschutzes und der kollektivvertraglichen Absicherung unter Mitwirkung der Gewerkschaften sozial einzubetten.

Ungeachtet aller Unterschiede ist die jüngere Historische Schule durch eine enge Verknüpfung der wissenschaftlichen Forschung mit der praktischen

Wirtschafts- und Sozialpolitik gekennzeichnet. Ihre Vertreter wurden entsprechend als „Kathedersozialisten“ bezeichnet. Dieser Begriff hatte zunächst einen negativen Beiklang, war er doch von Heinrich Bernhard Oppenheim [1819–1880], einem Liberalen, als Gegenbegriff zur ebenfalls pejorativen Konnotation der „Manchester-Schule“ eingeführt worden. Der damalige Kontext war, dass führende Vertreter der Historischen Schule in der doppelten Abgrenzung gegenüber der Sozialdemokratie und dem ökonomischen Liberalismus einen wirtschafts- und sozialpolitischen Programmentwurf verfasst hatten, der 1872 auf der Gründungstagung des *Vereins für Socialpolitik (VfS)* – noch heute der Fachverband der deutschsprachigen Wirtschaftswissenschaftler*innen – in Eisenach angenommen wurde. Im VfS waren neben den Vertretern der Historischen Schule, durch sie beeinflusste Wissenschaftler, Politiker und Verwaltungsbeamte aktiv. Wie der Name zum Ausdruck bringt, ging es im Verein darum, reformpolitische Wege zur Bearbeitung der verschärften sozialen Problemlagen zu identifizieren. Im Kontrast zur sozialistischen Arbeiter*innenbewegung und deren Organisationen, die für die Vergesellschaftung der Produktionsmittel und eine umfassende Demokratisierung der Gesellschaft kämpften, orientierte sich der VfS am normativen Postulat eines sozialen, gemeinwohlorientierten Staatshandelns. Die Bezüge zur Bismarck'schen Sozialgesetzgebung der 1880er Jahre waren eher indirekt, aber klar erkennbar.

Im akademischen Feld nahm die Historische Schule in Deutschland lange eine dominante Rolle ein. Allerdings wurde diese Dominanz – zumindest punktuell – auch in Frage gestellt (Pierenkemper 2012: 128 ff; Ziegler 2008: 90 ff). Die erste Infragestellung erfolgte im sog. „Methodenstreit“, der in den Jahren 1883 und 1884 zwischen Schmoller und Carl Menger [1840–1921] ausgetragen worden war. Die Bezeichnung als „Methodenstreit“ ist dabei etwas irreführend. Sicherlich ging es auch um die Vor- und Nachteile einer induktiven (Schmoller) und deduktiven (Menger) Forschungsstrategie. Im Kern drehte sich der Konflikt aber darum, was unter einer nationalökonomisch adäquaten Theoriebildung verstanden werden sollte. Als führender Vertreter der aufkommenden Neoklassik als einer „exakten“ Wissenschaft argumentierte Menger, dass zwischen einer historischen, einer theoretischen und einer praktischen Nationalökonomie zu trennen sei. Die Historische Schule könne keinen Theorieanspruch für sich reklamieren, da ihre Forschung über historisch-deskriptive und praktisch orientierte Arbeiten nicht hinausgelange. Im Gegenzug hielt Schmoller daran fest, dass nationalökonomische Theoriebildung nicht raum- und zeitlos erfolgen könne und auf der Identifikation von Regelmäßigkeiten auf der Grundlage historischer Daten und Statistiken beruhen müsse.

Handelte es sich beim Methodenstreit nicht zuletzt um einen Machtkonflikt um akademische Deutungshoheit, so rückte im etwas später geführten „Werturteilsstreit" das Verhältnis von Wissenschaft und politischer Praxis in den Blick. Auf der Grundlage des Selbstverständnisses einer historisch-ethischen Wissenschaft waren die „Kathedersozialisten" der Auffassung, ihre normativ verbindlichen Aussagen, mithin Werturteile, wissenschaftlich begründen zu können. Max Weber hatte diese Auffassung hingegen in einigen Aufsätzen (als spätere Fassung siehe Weber 2002 [1917]) und zugespitzt dann auf einer Tagung des VfS im Jahr 1909 in Frage gestellt. Unterstützt wurde er dabei von Werner Sombart (Appel 1992: 91 f). Der von Weber formulierte Einwand lautete, dass zwischen wissenschaftlichen, also objektiven, und wertenden Aussagen zu trennen sei. Werte spielen als Gegenstand – z. B. bei der Analyse von Zweck-Mittel-Relationen – und Voraussetzung wissenschaftlicher Forschung zwar stets eine Rolle, letztlich könne über sie, so Weber, aber nicht wissenschaftlich entschieden werden. Werturteile gehörten für ihn vielmehr in die Sphäre der Politik.

2.5.2 Werner Sombart: ein bürgerlicher Kapitalismustheoretiker

Werner Sombart schloss mit seinen Studien zur Herausbildung und Entwicklung des modernen Kapitalismus an die Perspektiven der jüngeren Historischen Schule an. Es ging ihm immer auch darum, deren Forschungsprogramm unter Berücksichtigung gewisser wissenschaftlicher Standards – Stichpunkt: Werturteilsfreiheit – weiterzutreiben. Im Vergleich zur jüngeren Historischen Schule hat sich bei Sombart das Verhältnis von historischer und theoretischer Forschung jedoch umgekehrt. Seine Untersuchungen sind durch eine in stärkerem Maße theoriegeleitete, zumindest theoretisch konzeptualisierte Rekonstruktion historisch-empirischer Entwicklungen gekennzeichnet. Im Geleitwort zur ersten Auflage von *Der moderne Kapitalismus* reflektiert Sombart (2018 [1902]: 50 f) sein Verhältnis zu Schmoller und zur Historischen Schule wie folgt:

> „Was mich von ihm und den Seinen trennt, ist das Konstruktive in der Anordnung des Stoffs, ist das radikale Postulat einheitlicher Erklärung aus letzten Ursachen, ist der Aufbau aller historischen Erscheinungen zu einem sozialen System, ist kurz das, was ich als das spezifisch Theoretische bezeichne. Ich könnte auch sagen: ist Karl Marx. Ich fühle mich aber trotzdem in keinem Gegensatze zum ‚Historismus', ebenso wenig freilich zu aller ernsten nationalökonomischen Theorie."

Die sehr positive Bezugnahme auf Marx deutet bereits darauf hin, dass das höchst umfangreiche Gesamtwerk von Sombart nicht ganz leicht zu interpretieren ist. Die für ihn zentralen Themen der damaligen Zeit waren das Verständnis und Verhältnis von Kapitalismus, Sozialismus und Nationalismus. Seine Beschäftigung mit diesen Themen und Konzepten war durch einige Wendungen gekennzeichnet, in denen sich auch die gesellschaftspolitischen Auseinandersetzungen der damaligen Zeit reflektieren: der Aufstieg und die innere Spaltung der sozialistischen Bewegung, die Krise des Fortschrittsdenkens und des deutschen Bürgertums und der erstarkte Nationalismus und Antisemitismus.

Die Kontinuitäten und Brüche im politökonomischen Denken Sombarts erschließen sich zum Teil aus seiner Biographie (vom Brocke 1992; Appel 1992: 11 ff; Peukert 2000: 18 ff; Lenger 2009a). Er wurde 1963 in Ermsleben, im Harz, als Sohn von Anton Ludwig Sombart – erfolgreicher Zuckerindustrieller, Mitbegründer des Vereins für Socialpolitik, nationalliberaler Politiker und Mitglied des Reichstags – geboren. Sein Vater beeinflusste ihn in seiner akademischen Entwicklung und unterstützte ihn lange auch finanziell. Das Studium der Nationalökonomie und der Rechtswissenschaften führte Werner Sombart ab 1882 nach Berlin, Pisa und Rom. 1888 promovierte er bei Gustav von Schmoller mit einer Arbeit über die Pachtverhältnisse und Arbeitsbeziehungen in der römischen Campagna. Von 1888 bis 1890 war er zunächst Syndikus der Bremer Handelskammer, bevor er – ohne Habilitation und protegiert von Friedrich Althoff im preußischen Kulturministerium – im Herbst 1890 zum Extraordinarius nach Breslau berufen wurde. In Breslau setzte er sich konstruktiv mit den Marx'schen Schriften auseinander, schrieb eine – von Friedrich Engels gelobte – Besprechung des dritten Bandes des Kapitals (vom Brocke 1992: 120 f) und verfasste auf der Grundlage zahlreicher Vorträge eine Studie zu *Sozialismus und soziale Bewegung*, die ihn selbst „berühmt" machte (Appel 1992: 13) und „den Beginn einer breiteren Auseinandersetzung mit Marx innerhalb des bürgerlichen Publikums markierte" (Lenger 2009a: 17).

Die Beschäftigung mit Marx brachte Sombart früh den Ruf eines Marxisten ein. Er bewunderte an Marx – gegen die ethischen Erwägungen der Historischen Schule gerichtet – vor allem dessen „sozialen Realismus", lehnte die marxistische Dialektik, Erkenntnistheorie und Konzeptualisierung von Gesetzmäßigkeiten aber ab. Die von Sombart entwickelte Analyseperspektive, die auch in der Erstfassung seines Hauptwerks *Der moderne Kapitalismus* von 1902 zum Ausdruck kommt, lässt sich wohl am besten als „theoretischer Historismus" bezeichnen. Hierhinter verbirgt sich eine theoretisch angeleitete Rekonstruktion historischer Prozesse – vor allem derjenigen, die die Herausbildung des Kapitalismus begünstigten – unter Einschluss der subjektiven Prädispositionen und Motive der beteiligten Menschen (Sombart 2018 [1902]: 41). Sombarts Präferenz für eine historische und zugleich verstehende Nationalökonomie, also eine starke Gewichtung von psychologischen und kulturellen Komponenten, deutet darauf hin, dass die Charakterisierung als Marxist nicht ganz zutreffend ist; zumal Sombart zwar auch politisch als Sozialreformer aktiv war, seine Position jedoch im Kern bürgerlich blieb. Er befürwortete in dieser Zeit ein Bündnis zwischen der revisionistischen Sozialdemokratie und dem bürgerlichen Sozialliberalismus. Durch die politische Integration der Arbeiterklasse sollten die sozialistischen Elemente innerhalb der kapitalistischen Wirtschaftsweise wie auch der Nationalstaat gestärkt werden (Lenger 2009a: 18 f).

Ungeachtet der fortbestehenden Distanz zur Sozialdemokratie, trug Sombarts öffentliche Einordnung als Marxist dazu bei, dass mehrere Berufungen nach Freiburg, Heidelberg und Karlsruhe aus politischen Gründen scheiterten. 1906 wurde er zwar Professor an der neugegründeten Handelshochschule zu Berlin, durfte an der Universität aber keine Vorlesungen halten. Erst 1917 wurde er ordentlicher Professor an der Friedrich-Wilhelms-Universität Berlin, der heutigen Humboldt Universität. Er lehrte dort nicht nur bis zu seiner Pensionierung im Jahr 1931, sondern weit darüber hinaus bis 1938. Jenseits der Universität war Sombart auch verbandspolitisch aktiv. Schon 1904 hatte er mit Edgar Jaffé [1866–1921] und Max Weber [1864–1920] die Redaktion des Archivs für Sozialwissenschaft und Sozialpolitik übernommen; und wenig später war er 1909 – zusammen mit Max Weber, Georg Simmel [1858–1918], Ferdinand Tönnies [1855–1936] und Rudolf Goldscheid [1870–1931] – federführend an der Gründung der Deutschen Gesellschaft für Soziologie (DGS) beteiligt. Auch aus dem Verein für Socialpolitik zog er sich keineswegs zurück. Er fungierte bis zu dessen Selbstauflösung 1936 als dessen letzter Vorsitzender. Im Jahr 1941 starb Sombart in Berlin.

Die Lehr-, Vortrags- und Schreibtätigkeit von Sombart ist umfassend und schillernd. Seine Überlegungen sind nicht ganz leicht einzuordnen, da er einige Schriften mehrfach überarbeitet und auch inhaltlich reformuliert hat. Dies gilt nicht zuletzt für die Studie *Sozialismus und soziale Bewegung* von 1896, die später deutlich verändert als *Proletarischer Sozialismus* (1924) und *Deutscher Sozialismus* (1934) erschienen; dies gilt aber auch für sein Hauptwerk *Der moderne Kapitalismus*, das 1916 in überarbeiteter Fassung und 1927 durch einen weiteren Band ergänzt neu aufgelegt worden war. Grundlegende Konzepte der Schrift blieben bestehen. Aber die Leitlinie der Darstellung hatte sich wesentlich geändert. In der Erstfassung war der Kapitalismus als eine die progressiven, sozialistischen Elemente fördernde Kraft noch erkennbar gewesen. In der Neuauflage rückte – vermittelt über einige Zwischenstudien und eine kulturpessimistische

Lesart der soziologischen Überlegungen von Ferdinand Tönnies – dann jedoch der Gegensatz von Gemeinschaft und Gesellschaft verstärkt ins Zentrum der Betrachtung. Nicht zuletzt wurde die Rolle des – in der Erstfassung dem Untergang geweihten – Handwerks und der Bauernschaft als Bollwerk gegen den Kapitalismus sehr viel positiver gesehen.

All dies deutet darauf hin, dass Sombart in der Zwischenzeit eine technik- und kulturkritische Wende vollzogen hatte (Appel 1992: 163). Die Genese und Entwicklung des Kapitalismus wurde – inspiriert durch die Protestantismus-Studie Max Webers (2002 [1904/05]) – auf andere Religionen wie die jüdische Religion und den Katholizismus erweitert, wobei auf der Grundlage der verwendeten Stereotype auch antisemitische und antikapitalistische Elemente erkennbar wurden. Die Kritik der Technik und der Massengesellschaft brachte Sombart nicht nur in Berührung mit Vertretern der sog. „konservativen Revolution" und des jungkonservativen Tat-Kreises, sondern auch zum Strasser-Flügel der NSDAP (vom Brocke 1992: 156 ff). Obgleich Sombart 1934 sogar den Aufruf „Deutsche Wissenschaftler hinter Adolf Hitler" unterzeichnet hatte, kam es offenbar zu keiner intensiveren Kooperation mit den Nationalsozialisten. Dies lag nicht nur daran, dass nach dem Röhm-Putsch der Strasser-Flügel ausradiert wurde. Wichtiger war noch, dass Sombarts (1932; 1934) Vorstellungen einer planwirtschaftlichen, auf Handwerk, Landwirtschaft und Autarkie aufbauenden Ökonomie den Nazis als impraktikabel und zu romantisch erschienen.

2.5.3 Die Analyse des modernen Kapitalismus

Wenn die Schriften Sombarts über einen relativ langen Zeitraum wenig rezipiert wurden, so hat dies sicherlich auch mit der Hinwendung zu den anti-demokratischen Positionen der „konservativen Revolution", der partiellen Unterstützung des Nationalsozialismus und den antisemitischen Stereotypen in einigen Studien zu tun. Seine Theorie- und Analyseperspektive war, obgleich die beteiligten Fachdisziplinen sich schon damals zu separieren bestrebt waren, durch eine enge Verknüpfung von Nationalökonomie, Soziologie und Geschichtswissenschaft gekennzeichnet. Die von ihm vertretene Perspektive der Nationalökonomie als einer verstehenden Sozialwissenschaft wurde in den Jahrzehnten nach dem Zweiten Weltkrieg nur von wenigen geteilt; und auch der von ihm populär gemachte Begriff des Kapitalismus[16] stieß in der Konstellation des Kalten Kriegs

16 Häufig wird der Kapitalismus-Begriff Marx zugeschrieben. Dies ist jedoch nicht ganz zutreffend. Marx hat den Begriff nur ganz vereinzelt verwendet. Er sprach zumeist von der „kapitalistischen Produktionsweise", wenn die Organisation der Mehrwerterzeugung, und von der „bürgerlichen Gesellschaft", wenn die über die Produktion hinausgreifenden so-

auf Vorbehalte. Doch viele dieser Vorbehalte werden den – historisch informierten – theoretisch-konzeptionellen Leistungen Sombarts nicht gerecht. Noch stärker als Max Weber hat er zahlreiche heuristische Überlegungen angestellt, die für die heutige wirtschaftssoziologische und politökonomische Diskussion immer noch inspirierend sind.

2.5.3.1 Grundlegende Merkmale des kapitalistischen Wirtschaftssystems

Für das von Sombart verfolgte Forschungsprogramm ist die Verknüpfung von nationalökonomischen, geschichtswissenschaftlichen und soziologischen Erwägungen und Perspektiven grundlegend. Ihm ging es – ähnlich wie Max Weber (Lenger 2009b: 126 ff) – allgemein darum, die Genese und Entwicklung des Kapitalismus mit Hilfe einer analytisch aufschlussreichen Begriffs-, Typen- und Systembildung zu rekonstruieren[17] und hierbei auch die handlungsleitenden Motivationen der beteiligten Akteure mit einzubeziehen. Darüber hinaus sollte, stärker zeitdiagnostisch ausgerichtet, die Kulturbedeutung des modernen Kapitalismus spezifiziert werden. Diesen Aufgaben wandte sich Sombart in zahlreichen Aufsätzen, insbesondere aber in seinem Hauptwerk *Der moderne Kapitalismus* zu. Die Formen und Leitlinien der Darstellung – und damit verbunden, die Einordnung der Entwicklung des Kapitalismus – haben sich im Übergang von der ersten zur zweiten Fassung zwar verschoben, die allgemeine analytische Heuristik, mit Hilfe derer Sombart die Genese und Entwicklung des Kapitalismus zu erfassen versucht, ist jedoch gleichgeblieben.

Der moderne Kapitalismus wird von Sombart als eine spezifische Ausprägung des Wirtschaftssystems – d.h. der Art und Weise die „menschliche Unterhaltsfürsorge" zu organisieren – begriffen. Er versteht unter einem Wirtschaftssystem

> „eine bestimmt geartete Wirtschaftsweise, das heißt eine bestimmte Organisation des Wirtschaftslebens, innerhalb derer eine bestimmte Wirtschaftsgesinnung herrscht und eine bestimmte Technik zur Anwendung gelangt. In

---

zialen Verkehrsformen gemeint waren. Die zunehmende Prominenz des Kapitalismusbegriffs erklärt sich nicht unwesentlich daraus, dass ihn Sombart systematisch verwendet und in gewisser Weise popularisiert hat, indem er ihn in die universitäre und bürgerliche Diskussion hineintrug.

17 Ähnlich wie bei Weber handelt es sich bei den von ihm entwickelten Begriffen um Idealtypen. Idealtypen heben einzelne, als wesentlich erachtete Aspekte der sozialen Verhältnisse in übersteigerter, zugespitzter Form hervor, um die vielschichtige gesellschaftliche Realität – im Sinne einer „kulturellen Morphologie" (Parsons 2015 [1928/29]: 438) – systematisch zu erfassen und zu ordnen.

dem Begriffe des Wirtschaftssystems wird die historisch bedingte Eigenart des Wirtschaftslebens zu einer begrifflichen Einheit zusammengefaßt. Alle übrigen nationalökonomischen Begriffe sind auf diesen Ober- oder Grundbegriff auszurichten." (Sombart 1987a [1916]: 21 f)

Die grundlegende Differenz, derer sich Sombart in historischer Perspektive und konzeptionell zuwendet, ist die zwischen den vorkapitalistischen Wirtschaftssystemen und dem modernen kapitalistischen Wirtschaftssystem. Die prägenden Merkmale des Kapitalismus illustriert er wie folgt:

> „Es ist eine verkehrswirtschaftliche Organisation, bei der regelmäßig zwei verschiedene Bevölkerungsgruppen: die Inhaber der Produktionsmittel, die gleichzeitig die Leitung haben, Wirtschaftssubjekte sind und besitzlose Nurarbeiter (als Wirtschaftsobjekte), durch den Markt verbunden, zusammenwirken, und die von dem Erwerbsprinzip und dem ökonomischen Rationalismus beherrscht wird." (Sombart 1987a [1916]: 319).

Der Kapitalismus unterscheidet sich für Sombart deutlich von den vorkapitalistischen Systemen, d.h. der Dorf- oder Eigenwirtschaft wie auch der handwerklich geprägten Gesellschaft. Das Handwerk hat mit dem Kapitalismus zwar einige Elemente gemeinsam: so vor allem die verkehrswirtschaftliche Organisation auf der Grundlage der Einzel- und Privatwirtschaft und der marktvermittelten Berufsdifferenzierung, unterscheidet sich von diesem aber aufgrund der fehlenden „sozialen Differenzierung des persönlichen Produktionsfaktors" in die „Besitzer der Produktionsmittel und technische Nurarbeiter" (Sombart 1987a [1916]: 319 f).[18] Erst die letztgenannte Komponente lässt das Gewinnstreben zum dominanten Zweck des Wirtschaftens werden. Die vorkapitalistischen Wirtschaftssysteme orientierten sich noch am Prinzip der Selbstsuffizienz oder

18 Der Stellenwert des Handwerks hat sich von der Erstauflage zur Neuauflage von *Der moderne Kapitalismus* deutlich verändert. In beiden Fassungen unterscheidet Sombart das Handwerk aufgrund dessen Wirtschaftsgesinnung – der Selbstsuffizienz – vom Profitstreben der kapitalistischen Unternehmung. 1902 war das Handwerk für ihn noch dem Untergang geweiht. In der Neuauflage erschien es ihm dann aber sehr viel mächtiger bis hin zur potenziellen Kontrolle des Handels. Hatte zunächst „eine Spur kaufmännischen Denkens ausgereicht, um die Handwerker als Kapitalisten zu disqualifizieren, erschienen die Handwerker nun gemeinsam mit den Bauern als Bollwerk gegen die Rationalisierung und Entfremdung als den Hauptkennzeichen kapitalistischer und zugleich auch sozialistischer Entwicklung." (Lenger 2009a: 29).

Bedarfsdeckung. Sie waren traditionalistisch organisiert und beruhten auf Formen der bäuerlichen Solidarität, aber auch der persönlichen Abhängigkeit. Im Kontrast hierzu kennzeichnet den Kapitalismus die Durchsetzung und Verallgemeinerung des Erwerbsprinzips. Die Grundlage hierfür bildet die „Beherrschung des Wirtschaftslebens durch Besitzer der sachlichen Produktionsfaktoren" und die entsprechende „Ausschließung der ausführenden Arbeiter", oder anders formuliert: das „Verwertungsstreben des Kapitals als der dem ‚kapitalistischen' Wirtschaftssysteme eigentümlichen Triebkraft für alles wirtschaftliche Geschehen" (Sombart 2018 [1909]: 215 f).

Grundlegende Voraussetzungen für die Herausbildung des Kapitalismus sieht Sombart in einem modernen Staat, d.h. einer wirtschaftlich vorteilhaften, umfassenden Organisation und effektiven Verwaltung des politischen Gemeinwesens, in der Verfügung und monetären Nutzbarmachung von Edelmetallen für die Entwicklung der Wirtschaftsbeziehungen sowie in einem gewissen technologischen Niveau und einer verkehrsbasierten Infrastruktur. Seine historische Rekonstruktion des Übergangs zum Kapitalismus ist, was etwa die Rolle der Städte, des Handwerks oder der Grundrente betrifft, nicht unumstritten. Jenseits der um diese Punkte kreisenden Kontroversen ist die von Sombart entwickelte Konzeptualisierung des Kapitalismus jedoch höchst aufschlussreich. In einem theoretisch-synthetisierenden Aufsatz von 1925 schrieb er:

> „Wir verstehen unter Kapitalismus ein bestimmtes Wirtschaftssystem in dem Sinne, den ich dem Worte unterlege, das durch folgende Merkmale gekennzeichnet ist:
> 1. Form, Ordnung: es ist (a) eine privat-verkehrswirtschaftliche Organisation und es findet (b) ein regelmäßiges Zusammenwirken verschiedener Bevölkerungsgruppen: der Inhaber der Produktionsmittel, der Produktionsleiter und der besitzlosen Nur-Arbeiter statt, die sämtlich (c) durch den Markt in Beziehung gebracht werden.
> 2. Geist, Wirtschaftsgesinnung, wie ich es genannt habe: es wird vom Erwerbsprinzip, vom Konkurrenzprinzip und vom ökonomischen Rationalismus beherrscht.
> 3. Sachbehandlung: die entsprechende Technik ist die von den Schranken der organischen Welt emanzipierte, revolutionäre Technik der modernen Zeit." (Sombart 2002 [1925]: 378)

Diese konzeptionelle Trias von Ordnung, Geist und Technik durchzieht Sombarts Schriften. Sie wird dann weiter ausdifferenziert. Bezogen auf die Prinzipien und Formen der kapitalistischen Ordnung verweist er neben den bereits im Zitat angeführten Aspekten insbesondere auf die Differenzierung der Berufe und die inner- wie zwischenbetriebliche Arbeitsteilung; und was die Technik betrifft, so diskutiert er die hohe Produktivität der kapitalistischen Produktionsorganisation und die durch den Profit und die Konkurrenz getriebene und auf wissenschaftlichen Verfahren basierende Entwicklung immer neuer Technologien und arbeitsorganisatorischer Verfahren. Besondere Aufmerksamkeit schenkt Sombart jedoch dem Geist oder der kapitalistischen Wirtschaftsgesinnung. Dieser Geist bildet für ihn die treibende Kraft in der Entwicklung des Kapitalismus:

> „Derselbe Geist, aus dem der neue Staat und die neue Religion, die neue Wissenschaft und die neue Technik geboren werden: er schafft auch das neue Wirtschaftsleben. Wir wissen: es ist ein Geist der Irdischheit und Weltlichkeit; ein Geist mit ungeheurer Kraft zur Zerstörung alter Naturgebilde, alter Gebundenheiten, alter Schranken, aber auch stark zum Wiederaufbau neuer Lebensformen, kunstvoller und künstlicher Zweckgebilde. Es ist jener Geist, der seit dem ausgehenden Mittelalter die Menschen aus den stillen, organisch gewachsenen Liebes- und Gemeinschaftsbeziehungen herausreißt und sie hinschleudert auf die Bahn ruheloser Eigensucht und Selbstbestimmung." (Sombart 1987a [1916]: 327)

Die kapitalistische Wirtschaftsgesinnung kommt für Sombart in unterschiedlichen Bereichen zur Entfaltung. Sie stützt sich auf drei zentrale Ideen (Sombart 2002 [1925]: 381 ff): Die erste Idee ist die bereits genannte Erwerbsidee, mit der – als Gegenpol zur Idee der Nahrungssicherung – zugleich das Gewinn- und Verwertungsstreben des Kapitals verbunden ist, die aber auch das Geschäftsinteresse umschließt, d.h. das Streben der Unternehmer, sich mit ihren eigenen ökonomischen Konzepten zu behaupten, sich in ihnen zu verwirklichen. Die zweite Idee, der Erwerbsidee zum Teil eingeschrieben, ist die Konkurrenzidee. Diese rückt die Elemente des Wettbewerbs der Wirtschaftssubjekte ins Zentrum der Betrachtung und mit ihnen die Tendenz, die Erwerbslogik auf alle Sphären auszudehnen, sie zu intensivieren und zum Leitmotiv allen sozialen Handelns zu machen. Die dritte tragende Idee des modernen Kapitalismus ist schließlich die des Rationalismus. Der Rationalismus kommt für Sombart darin zum Ausdruck, dass die Formen der Wirtschaftsführung planmäßig, zweckmäßig oder zweckdienlich und rechnungsmäßig – im Sinne von wirtschaftlich vorteilhaft – zugeschnitten werden. Die Idee des Rationalismus setzt sich zunehmend durch, und doch zeigt sich das kapitalistische Wirtschaftssystem immer wieder in hohem Maße irrational. Sombart (2002 [1925]: 381 ff) führt dies darauf zurück, dass das Durchsetzungs- oder Machtstreben der einzelnen Wirtschaftssubjekte Elemente der Unberechenbarkeit und Willkür generiert, die einer allgemeinen Rationalität oft entgegenstehen.

Die durch diese drei Ideen konstituierte Wirtschaftsgesinnung manifestiert sich in einem Drang nach Macht, Durchsetzung und Eroberung. Sie entfaltet sich in unterschiedlichen Sphären – Staat, Religion, Wissenschaft oder Technik – auf jeweils spezifische Weise und erfasst vor allem die Wirtschaftssubjekte. Sombart spricht daher auch vom „Unternehmergeist", der die besondere Gabe bezeichnet, sich durchzusetzen, zu erobern und händlerisch zu agieren. Aber dieser Geist steht für ihn nicht allein, sondern wird von einem „Bürgergeist" begleitet, der auf eine sichere Ordnung, rechnerische Exaktheit und Zweckbestimmung hinarbeitet.

> „Will der Unternehmergeist erobern, erwerben, so will der Bürgergeist ordnen, erhalten. Er drückt sich in einer Reihe von Tugenden aus, die alle darin übereinstimmen, daß als sittlich gut dasjenige Verhalten gilt, das eine wohlgefühlte kapitalistische Haushaltung verbürgt. Daher sind die Tugenden, die den Bürger zieren, vornehmlich: Fleiß, Mäßigkeit, Wirtschaftlichkeit, Vertragstreue. Die aus Unternehmergeist und Bürgergeist zu einem einheitlichen Ganzen verwobene Seelenstimmung nennen wir dann den kapitalistischen Geist. Er hat den Kapitalismus geschaffen." (Sombart 1987a [1916]: 329)

2.6.3.2 Die kapitalistische Unternehmung und der kapitalistische Unternehmer

Die Quellen, die den kapitalistischen Geist zur Entfaltung gebracht haben, sind für Sombart divers und zahlreich zugleich. Sie haben sich im Zuge der Genese des Kapitalismus in dessen rechtliche, institutionelle und materielle Operationsweise gleichsam eingeschrieben. Um diesen Einschreibungsprozess zu verstehen und zu erklären, wendet sich Sombart (2002 [1925]: 392 ff) den Wirtschaftssubjekten, den Unternehmern, innerhalb ihres spezifischen Handlungsfeldes zu. Er gelangt auf diese Weise zur kapitalistischen Unternehmung als einem verselbständigten Geschäftsbereich. Die Wirtschafts-, Vermögens- und Sozialbeziehungen sind in der kapitalistischen Unternehmung entpersönlicht und versachlicht, das Erwerbsprinzip und Gewinnstreben objektiviert. Ob und wie die Geschäftsabläufe erfolgen, ist zunehmend weniger von personalen Zufälligkeiten abhängig, sondern – als Ausdruck der Idee des Rationalismus – durch Kriterien der ökonomischen Zweckmäßigkeit bestimmt.

Die rationale Gestaltung des wirtschaftlichen und gesellschaftlichen Lebens verweist auf die konstitutive Bedeutung des Rechts für die kapitalistischen Organisationsformen. So stützt sich die Operationsweise des Kapitalismus auf spezifische Verfahren der Rechnungsführung, etwa die doppelte Buchführung, und eine Vielzahl vertragsrechtlicher Arrangements. Diese umschließen Pachtverträge, Bauverträge, Kreditverträge, Arbeitsverträge, Liefer- oder Kaufverträge etc. Die vertrags- und eigentumsrechtlichen Bestimmungen schlagen sich auch in den unterschiedlichen Formen der Unternehmensorganisation nieder. Diese Formen haben sich im Zuge der Herausbildung und Entwicklung des modernen Kapitalismus immer wieder gewandelt (Sombart 1987b [1916]: 11 ff). Sombart (1987b [1916]: 139) betrachtet eingehender die unterschiedlichen Formen der Unternehmung – etwa die Groß- und Kleinbetriebe, ihre sektorale Zuordnung oder ihre Organisationsform als Personal-, Aktien- oder Kommanditgesellschaft –, da mit ihnen oft spezifische Arten und Inhalte der Leistungserbringung, der Kapitalbildung und Kapitalbeschaffung und auch der Positionierung des Unternehmers in den Betrieben, einschließlich der Beziehungen zu den übrigen Beschäftigten verbunden sind.

In den kapitalistischen Unternehmen ist die Rolle der Unternehmer zentral. Sie sind für Sombart die Wirtschaftssubjekte, die über die Wirtschaftsobjekte, also die besitzlosen „Nurarbeiter“, verfügen, und den kapitalistischen Geist tagtäglich exekutieren. Wie dies genau geschieht, ist maßgeblich durch das inhaltliche Profil und die jeweiligen Betriebsformen der Unternehmung bestimmt. Mit beiden ist ein besonderes Anforderungs- und Leistungsprofil der Unternehmer*innen verbunden, das unterschiedliche Komponenten enthält und gewichtet. Im Idealfall vereint die Figur des Unternehmers mehrere Menschentypen in sich. Für Sombart (2002 [1925]: 403 ff; ähnlich Sombart 2018 [1909]: 243 ff) ist der vollkommene Unternehmer:

> „a) *Erfinder:* nicht sowohl von technischen Neuerungen als vielmehr von ökonomisch-organisatorisch neuen Formen der Produktion, des Transports und des Absatzes. Als Erfinder-Unternehmer endigt seine Tätigkeit nicht mit der Erfindung selbst: diese muß zu tausendfähigem Leben erweckt werden.
> b) *Entdecker:* Entdecker wird der Unternehmer von neuen Absatzmöglichkeiten: intensiv wie extensiv: dieser, wenn er ein räumlich neues Feld für seine Betätigung ausfindig macht; jener, wenn er in einem schon beherrschten Gebiete neue Bedürfnisse entdeckt.

c) *Eroberer:* der Unternehmer muss die Entschlossenheit und die Kraft besitzen, alle Hindernisse, die sich ihm in den Weg stellen, niederzukämpfen. Ein Eroberer muß er aber auch sein in dem Sinne eines Mannes, der viel zu wagen die Kraft hat. Der alles einsetzt, um für sein Unternehmen Großes zu gewinnen.
d) *Organisator:* Organisieren heißt: viele Menschen zu einem glücklichen erfolgreichen Wirken zusammenfügen; heißt Menschen und Dinge so zu disponieren, daß die gewünschte Nutzwirkung uneingeschränkt zutage tritt. Darin ist nun ein sehr mannigfaches Vermögen und Handeln eingeschlossen. [...]
e) *Kaufmann:* Kaufmann nenne ich in diesem Zusammenhang nicht einen Menschen, der einen bestimmten Beruf ausübt, sondern einen, dem bestimmte Funktionen im kapitalistischen Wirtschaftsprozess obliegen."

Im konkreten Fall liegen jeweils besondere Kombinationen der unterschiedlichen Komponenten des Unternehmers vor. Sombart schenkt der Fähigkeit, eigene Konzepte realisieren, sich durchsetzen und gut verhandeln zu können, also dem „Entdecker", „Eroberer" und „Kaufmann", eine besondere Beachtung. Wichtige Motive und Eigenschaften der kapitalistischen Unternehmer sind für ihn „Machtstreben, Ehrgeiz, Pflichtbewußtsein, Gemeinnützigkeit, Betätigungsdrang usw." (Sombart 1987c [1927]: 36). Entscheidend ist letztlich, dass der Unternehmer in der Lage ist, betriebliche Führungsaufgaben zu erfüllen. Es handelt sich, so Sombart (2002 [1925]: 409 f), im Idealfall um starke Persönlichkeiten, die ungeachtet aller Tendenzen zur Objektivierung, Mechanisierung und Versachlichung der Ökonomie, dem kapitalistischen Geist immer wieder neue Impulse geben, ihn als einen „lebendigen Organismus" am Laufen halten.

2.5.3.3 Die organische Evolution des Kapitalismus

Wie sich dieses Impulsgeben und Ingangsetzen des Kapitalismus vollzogen hat und zu verstehen ist, hat Sombart in historischer Perspektive, d.h. mit Blick auf unterschiedliche Epochen oder Konstellationen des Kapitalismus, ausführlich diskutiert. Er gelangt dabei zu einer Konzeption der organischen Evolution des Kapitalismus, in der sich unterschiedliche Epochen identifizieren, aber nicht immer ganz trennscharf unterscheiden lassen (Sombart 1987a [1916]: 25 f). In der Hochepoche des modernen Kapitalismus kommt das vorherrschende Wirtschaftsprinzip der Gewinn- und Erwerbsorientierung mehr oder minder voll zur Entfaltung. In der Frühepoche und der Spätepoche koexistiert oder überlappt es sich mit konkurrierenden Prinzipien: mit dem Prinzip der Nahrungssicherung und Bedarfsdeckung im Frühkapitalismus und mit dem Prinzip der Versorgung im Spätkapitalismus. Sombart (2018 [1929]) sieht den Übergang zum Spätkapitalismus – ab etwa 1880 – als einen komplexen, mehrschichtigen Prozess, der alle drei Elemente des Wirtschaftssystems – den Geist, die Ordnung und die Technik – erfasst (Quellentext 4) und darüber hinaus spezifische territoriale und bereichsspezifische Ausprägungen aufweist.

Quellentext 4: Wandlungen des Kapitalismus

Von dieser Wandlung des inneren Aufbaues habe ich nunmehr zu sprechen. Wir werden sie uns am besten klarmachen, wenn wir das Wirtschaftssystem nach den drei Bestandteilen, die es wie jedes Wirtschaftssystem bildet, untersuchen, das ist 1. nach der Seite dessen, was ich die Wirtschaftsgesinnung nenne, des subjektiven Geistes, 2. nach der Seite der Ordnung und 3. nach der Seite des Prozesses, des Hergangs, der Technik.
Die Wirtschaftsgesinnung, der subjektive Geist, hat wesentliche Veränderungen in den letzten Zeiten erfahren und wird sie weiter erfahren. Der kapitalistische Geist ist doch wohl gekennzeichnet durch eine eigentümlich starke Spannung zwischen Irrationalismus und Rationalismus, zwischen Spekulation und Kalkulation, zwischen Unternehmergeist und Bürgergeist, wie ich es genannt habe. Und diese Spannung lässt nach. Es findet, so kann man es ausdrücken, eine Durchrationalisierung des kapitalistischen Geistes statt, und ein voll rationalisierter Geist ist kein kapitalistischer Geist in seinem eminenten Sinne mehr. Diese Wandlung lässt sich im Einzelnen nachweisen.
[...]
Damit aber komme ich zum zweiten Punkt, zum zweiten Bestandteil des Wirtschaftssystems, der Ordnung. Die dem Kapitalismus adäquate Ordnung, im wesentlichen Rechtsordnung, ist die freie, individualistische, wie sie in der Tat bis vor kurzem herrschte und grundsätzlich ja heute noch herrscht. Denken Sie an die Gesetze der letzten Menschenalter, so werden Sie diesen durchgängigen Zug des Individualismus noch verspüren. Eine Reichsgerichtsentscheidung aus der allerletzten Zeit besagt zum Beispiel: „Das Deutsche Bürgerliche Gesetzbuch steht den Verhältnissen seiner Entstehungszeit entsprechend auf einem individualistischen Standpunkt!" Richtig! Diese freie Rechtsordnung ist nun im Begriff, in eine gebundene Rechtsordnung überzugehen, wobei die Bindung teilweise staatlicher Natur, teilweise Selbstbindungen sind. [...]

Der Unternehmer arbeitet im wachsenden Maß in einem gebundenen System, einem System der Selbstbindung, das er sich geschaffen hat durch Bürokratisierung der Betriebe, durch die Kartelle und ähnliches.
[…]
Hat sich die Wirtschaftsgesinnung, hat sich die Ordnung gewandelt, so hat sich nun ebenfalls gewandelt der Prozess des Wirtschaftslebens, der Hergang der Wirtschaft. Im Ganzen lässt sich hier sagen, dass, wo früher ein natürlicher Ablauf war, heute sich ein System regelnder Eingriffe einstellt. Das bewegliche System ist im Wesentlichen durch das starre System abgelöst. Im Einzelnen haben wir wiederum folgendes festzustellen:
Die alte Marktmechanik ist ausgeschaltet, die alte Marktmechanik, nach der Angebot und Nachfrage die Marktlage, die Marktlage die Warenpreise, die Warenpreise die Löhne, die Löhne die Profite bestimmten. Jetzt tritt an ihre Stelle Regelung der Preise durch Kartelle oder gar durch den Staat, Regelung der Löhne durch Gewerkschaften ohne Rücksicht auf die Marktlage, Regelung – auch diesen Punkt möchte ich hervorheben – der Standorte durch interventionalistische Staats- und Gemeindepolitik ohne Rücksicht auf natürlich gewachsene Rationalität […].

Quelle: Sombart (2018 [1929]: 335 ff).

Die späteren Schriften von Sombart standen unter dem Einfluss des hier angedeuteten Übergangs zum Spätkapitalismus. Im Geleitwort zum dritten Band des modernen Kapitalismus weist er auf die Anzeichen einer grundlegenden – bereits vor, spätestens aber nach dem Ende des Ersten Weltkriegs klar erkennbaren – Transformation hin:

> „Diese Anzeichen sind: die Durchsetzung der rein naturalistischen Daseinsweise des Kapitalismus mit normativen Ideen; die Entthronung des Gewinnstrebens als des allein bestimmenden Richtpunkts des wirtschaftlichen Verhaltens; das Nachlassen der wirtschaftlichen Spannkraft; das Aufhören der Sprunghaftigkeit in der Entwicklung; die Ersetzung der freien Konkurrenz durch das Prinzip der Verständigung; die konstitutionelle Verfassung der Betriebe." (Sombart 1987c [1927]: XII)

Das Erlahmen der ökonomischen Entwicklungsdynamik führt Sombart vor allem darauf zurück, dass im Zeichen der Monopolisierung, einer umfassenden

Verwaltung und der Verallgemeinerung des Versorgungsprinzips – der Produktion zur Deckung der Bedürfnisse der Bevölkerung – der kapitalistische Geist erlahmt. Hierbei spielt als soziale Kraft erneut der Unternehmer eine Schlüsselrolle

> „Wenn der unternehmerische Drang zu Innovation, Abenteuer und Eroberung nach und nach abnimmt, werden Angriffs- und Konkurrenzgeist zunehmend ersetzt durch die Vervollkommnung organisatorischer Vorkehrungen zur Ausschaltung von Risiken, zur Planung und Steuerung der Produktion und zur Glättung der Fluktuationen des Wirtschaftslebens." (Chaloupek 1996: 387)

Das Erlahmen des kapitalistischen Geistes führt Sombart nicht zuletzt darauf zurück, dass die „Seele" als lebens- und personengebundene Komponente des Geistes gegenüber den verselbständigten, nicht-lebendigen Daseinsformen die Oberhand gewinnt. Es kommt auch in den Betrieben zu Prozessen der Entseelung und Vergeistigung:

> „Daß und wie der Betrieb sich wandelt aus einer Gemeinschaft lebendiger, durch persönliche Beziehungen aneinander gebundener Menschen in ein System kunstvoll ineinandergreifender Arbeitsleistungen, deren Vollbringer auswechselbare Funktionäre in Menschengestalt sind, gilt es zu verstehen." (Sombart 1987c [1927]: 895)

Das ineinander Übergehen von Kapitalismus und Sozialismus ist keine vollkommen neue Perspektive des späten Sombart. Schon in den frühen Schriften hatte er das Vordringen sozialistischer Elemente – etwa durch genossenschaftliche Betriebe und öffentliche Unternehmen wie die Post, die Eisen- und Straßenbahn und den Ausbau der öffentlichen Infrastruktur – identifiziert und dabei positiv interpretiert. In den späten Schriften erhält die Rekonstruktion der Entwicklung des modernen Kapitalismus angesichts der dominanten Rolle von Entseelungs- und Vergeistigungsprozessen eine unverkennbar kulturpessimistische Stoßrichtung, obgleich sich Sombart in einigen Passagen explizit gegen eine solche Interpretation wehrt. Letztlich sind bei ihm die Konzepte des Kapitalismus und Sozialismus zunehmend negativ konnotiert, während die nationale Gemeinschaft in den Vordergrund drängt.

Jenseits des aufkommenden Kulturpessimismus und der Hinwendung zu nationalistischen Perspektiven, bleiben auch die späten Schriften Sombarts politökonomisch aufschlussreich. Dies liegt vor allem daran, dass in ihnen die Vielschichtigkeit und der Facettenreichtum des kapitalistischen Wirtschaftssystems systematisch und anschaulich dargestellt werden. Es wird sehr gut erkennbar, dass der moderne Kapitalismus in seinen unterschiedlichen Epochen schon immer gemischtwirtschaftlich organisiert war. Während ihn in der Frühphase die Elemente des Handwerks und der bäuerlichen Eigenwirtschaft mitgeprägt haben, spielen in der Spätphase andere Elemente der *Mixed Economy* eine zunehmend wichtige Rolle: neben genossenschaftlichen Produktionsunternehmen sind dies nicht zuletzt Infrastrukturdienstleistungen – Kindergärten, Schulen, Universitäten, der öffentliche Personenverkehr, die Stadtwerke, Kulturbetriebe etc. –, die den Kapitalismus durch eine nicht-kapitalistische Komponente stabilisieren, aber für Sombart nicht notgedrungen lebenswert machen.

2.5.4 Max Weber

Viele Überlegungen Sombarts entwickelten sich in einem engen Austausch mit Max Weber [1864–1920]. Dies ist insofern wenig verwunderlich, als beide in etwa gleich alt waren, eine ähnliche wissenschaftliche Perspektive und einen vergleichbaren akademischen Entwicklungsweg hatten und auch in einigen Verbänden und Projekten wie dem VfS, dem Archiv für Sozialwissenschaften und Sozialpolitik oder im Gründungsprozess der DGS – ungeachtet einiger Disharmonien (Lenger 2009b: 131 ff) – inhaltlich miteinander kooperierten. Weber stammt wie Sombart aus einem nationalliberal orientierten Elternhaus. Er wurde 1864 in Erfurt geboren. Von 1882 bis 1886 studierte er Jura, Nationalökonomie, Philosophie und Geschichte in Heidelberg, Göttingen und Berlin. 1889 promovierte er in Heidelberg mit einer Arbeit über die Handelsgesellschaften in den italienischen Städten. Bereits 1892 folgte die Habilitation mit einer Studie zur Bedeutung der römischen Agrargeschichte für das Staats- und Privatrecht. Wenig später wurde Weber zum außerordentlichen Professor für Handelsrecht in Berlin ernannt. 1894 folgte der Ruf auf eine Professur für Nationalökonomie in Freiburg, bevor er 1896 den Lehrstuhl von Karl Knies [1821–1898], Vertreter der älteren Historischen Schule, in Heidelberg übernahm. Diesen Lehrstuhl gab Weber aufgrund eines Nervenleidens 1903 auf, kehrte 1917 jedoch wieder zurück an die Universität – zunächst in Wien, ein Jahr später erneut in Heidelberg. 1919 übernahm er in München den Lehrstuhl von Lujo Brentano [1844–1931], wurde 1920 dann aber ein Opfer der Spanischen Grippe.

Wie Sombart war auch Weber ein durch und durch politischer Mensch (Deppe 1999: 143 ff). Auch Weber präferierte eine – durch Sozialreformen flankierte – Integration der Arbeiterklasse in den damaligen deutschen Machtblock

(Rehmann 1997). Anders als Sombart hegte Weber selbst jedoch nie politische Sympathien für die reformistische Sozialdemokratie, sondern verstand sich stets als ein selbstbewusstes Mitglied des nationalliberal orientierten, aufgeklärten Großbürgertums. Aus dieser Perspektive – und gefiltert durch seinen akademischen Werdegang – blickte er auch auf die Studien Sombarts. Webers analytischer Zugriff war insofern ähnlich, als er gestützt auf die historische Methode und die Bildung von Idealtypen die Nationalökonomie ebenfalls als eine sinnverstehende Sozial- und Kulturwissenschaft verstand; und auch der von Weber verwandte Kapitalismusbegriff verweist auf das Erwerbsprinzip auf der Grundlage des Einsatzes von Kapital, d.h. in Verbindung mit dem Ziel der Erwirtschaftung eines Gewinns. Weber nahm einige Begriffe und Konzeptionen Sombarts auf, entwickelte sie weiter und stellte sie in einen leicht modifizierten Gesamtzusammenhang.

Der modifizierte Gesamtzusammenhang zeichnet sich dadurch aus, dass – so die Einschätzung von Talcott Parsons – Sombarts theoretische Anstrengungen einen klaren Fluchtpunkt hatten: die theoretische Entschlüsselung der Genese des modernen Kapitalismus, Webers Forschungsprogramm aber sehr viel breiter, universalgeschichtlicher angelegt war:

> „Anders als Sombart entwickelte Weber nie eine geschlossene Theorie des Kapitalismus. Trotz der Tatsache, dass ein großer Teil seines soziologischen Werkes diesem Problem gewidmet war, hinterließ er nur eine Reihe von Fragmenten, die aus unserer Perspektive als Spezialuntersuchungen zu betrachten sind." (Parsons 2015 [1928/29]: 452)

Innerhalb dieses modifizierten Gesamtzusammenhangs schloss Weber an einige Konzepte Sombarts an. Dies gilt vor allem für den Geist des modernen Kapitalismus. Wie dargestellt sah Sombart in diesem eine Kombination von Unternehmer- und Bürgergeist, durch die die Entwicklung des Kapitalismus systematisch vorangetrieben wird. Weber fasst diese Beziehung einerseits lockerer, andererseits aber auch deutlich enger. Er fasst sie insofern lockerer, als er zwischen dem „Geist" und den „Formen" des Kapitalismus und, damit verbunden, den unterschiedlichen Sphären und Prozessen der Rationalisierung strenger unterscheidet. Es gibt „zwischen gewissen Formen des religiösen Glaubens und der Berufsethik" keine direkte und kausale Determination, sondern nur an einigen Punkten bestimmte, historisch kontingente „Wahlverwandtschaften" (Weber 2002 [1904/05]: 197). In einer Welt von Gegensätzen erscheinen Weber (2002 [1904/05]: 184ff) die Richtung und der Verlauf der Rationalisierung offener und unbestimmter. So kommt den Sphären der Kultur und Religion eine größere Autonomie zu, das Verhältnis von Religion und kapitalistischem Wirtschaftssystem ist weniger unmittelbar als bei Sombart.

In anderer Hinsicht fasst Weber die Beziehung zwischen dem Geist und den Formen des Kapitalismus aber auch enger. Er setzt sich zwar mit mehr oder minder allen Weltreligionen auseinander (zum Überblick vgl. Bachinger/Mathis 2009: 475 ff), sieht – im Unterschied zu Sombart, der auch auf die jüdische Religion und den Katholizismus rekurriert – letztlich aber nur in der calvinistischen Variante des Protestantismus und dem aus ihr hervorgewachsenen englischen Puritanismus wichtige Quellen des kapitalistischen Geistes. Die Prädestinationslehre propagierte die Berufsidee auf der Grundlage der innerweltlichen Askese. Sie begünstigte eine auf Arbeit, Beruf und wirtschaftlichen Profit hin orientierte Lebensführung[19], die sich gegen unnötige Ablenkungen und sämtliche Lebensfreuden wandte:

> „Die innerweltliche protestantische Askese […] wirkte also mit voller Wucht gegen den unbefangenen *Genuß* des Besitzes, sie schnürte die *Konsumtion*, speziell die Luxuskonsumtion, ein. Dagegen *entlastete* sie im psychologischen Effekt den *Gütererwerb* von den Hemmungen der traditionalistischen Ethik, sie sprengt die Fesseln des Gewinnstrebens, indem sie es nicht nur legalisierte, sondern (in dem dargestellten Sinn) direkt als gottgewollt ansah. Der Kampf gegen die Fleischeslust und das Hängen an äußeren Gütern war, wie neben den Puritanern auch der große Apologet des Quäkertums, Barclay, ausdrücklich bezeugt, kein Kampf gegen rationalen *Erwerb*, sondern gegen irrationale Verwendung des Besitzes." (Weber 2002 [1904/05]: 215)

Die Pointe der historischen Entwicklung liegt für Weber nun darin, dass die protestantische Ethik durch die diversen Elemente der innerweltlichen Askese – Enthaltsamkeit, Berufsethos, Sparzwang, Kapitalbildung etc. – zwar die Genese und Entfaltung des kapitalistischen Geistes begünstigte, dieser sich letztlich aber von seinen religiösen Quellen ablöste und verselbständigte. Die Formen der Rationalisierung in den Betrieben, im Rechtssystem und in der staatlichen Verwaltung, in der Wissenschaft und Technikentwicklung folgten zunehmend eigenständigen Logiken, unabhängig von den Impulsen der Religion. Dies zeigte sich

19 Das Konzept der Lebensführung und die in ihm zum Ausdruck kommende Internalisierung einer religiös-sozialen Disziplinierung markiert sehr gut den Unterschied zu Sombart, der sehr viel stärker auf die Figur des Unternehmers blickte (Prisching 2017).

für Weber in den Formen der Herrschaft, also in der Verschiebung von der traditionalen hin zur legalen Herrschaft, ebenso aber auch in vielen neuartigen Zwängen im Bereich der alltäglichen Lebensführung. Letztere bilden den Referenzpunkt seiner kulturpessimistischen Zeitdiagnose. Erst klang diese nur vorsichtig an: „Der Puritaner wollte Berufsmensch sein, – wir müssen es sein." (Weber 2002 [1904/05]: 223) Dann wurde sie mit Verweis auf das „stahlharte Gehäuse" der Hörigkeit jedoch eindeutiger:

> „Indem die Askese die Welt umzubauen und in der Welt sich auszuwirken unternahm, gewannen die äußeren Güter dieser Welt zunehmende und schließlich unentrinnbare Macht über den Menschen, wie niemals zuvor in der Geschichte." (Weber 2002 [1904/05]: 224)

Die Perspektive der „Berufspflicht" und der kulturellen Eindimensionalität nährte bei Weber (2002 [1904/05]: 224) die Befürchtung, dass die bürgerliche Autonomie und Individualität dahinschwinden und die Zukunft „Fachmenschen ohne Geist, Genußmenschen ohne Herz" gehört.

2.5.5 Rezeption, Einfluss und Kritik

Zwischen den pessimistischen Zeitdiagnosen von Weber und Sombart gibt es eine nicht unerhebliche Differenz. Weber ging es in erster Linie darum, die Genese des modernen Arbeits- und Berufsmenschen, einschließlich dessen rationalisierte Lebensführung zu erklären. Er gelangte auf diese Weise zu einer Kritik der Kulturformen des Kapitalismus, nicht aber zu einer grundlegenden Infragestellung des Kapitalismus. Eine solche Infragestellung kennzeichnet die Überlegungen des späteren Sombart. Indem dieser den Blick vor allem auf die Prozesse der Entgrenzung des Erwerbsstrebens lenkte und auf die dadurch bedingte Beeinträchtigung der gemeinschaftlichen Organisationsformen, begründete er eine anti-kapitalistische und zugleich anti-sozialistische Position, die ihren positiven Referenzpunkt in der nationalen, sich auf das Handwerk und die Agrarwirtschaft stützenden Gemeinschaft sah.

Die recht selektive und zögerliche Rezeption von Sombart in der wirtschafts- und sozialwissenschaftlichen Diskussion nach dem Zweiten Weltkrieg ist vermutlich wesentlich auf diese rückwärtsgewandte, romantizistische Perspektive, noch stärker aber wohl auf die Hinwendung zur Konservativen Revolution und die punktuelle Unterstützung des Nationalsozialismus zurückzuführen. Die Karrierepfade von Weber und Sombart waren in gewisser Weise gegenläufig. Zu seinen Lebzeiten war Sombart, wenn man auf die breite Rezeption seiner Schriften, die überfüllten Vorlesungen und zahlreichen Vorträge schaut, eine Art „Popstar" der Nationalökonomie, während Weber zwar auch als eine zentrale Figur wahrgenommen wurde, oft jedoch etwas im Schatten von Sombart stand. Nach dem Zweiten Weltkrieg drehte sich dieses Verhältnis dann um. Viele Wissenschaftler*innen hielten nun Distanz zu Sombart (Appel 1992: 255). Die von ihm entwickelten Ideen und Konzepte flossen gleichwohl in die wirtschaftssoziologische Diskussion ein – allerdings in erster Linie in der von Weber entwickelten Fassung. Die nunmehr prominente Rolle Max Webers – er gilt bis heute als zentrale Gründungsfigur der deutschen Soziologie – erklärt sich unter anderem daraus, dass dessen Schriften von Parsons rezipiert, übersetzt und über das internationale Renommee auf die deutsche Diskussion zurückwirkten.

Ein ähnlicher Prozess lässt sich in der wirtschaftswissenschaftlichen Rezeption beobachten (Appel 1992: 243). Viele sahen in Sombarts Arbeiten eine Art Schlusspunkt der Historischen Schule. Methodisch und theoretisch orientierte sich der Mainstream nach dem Zweiten Weltkrieg eher an neoklassischen oder keynesianischen Konzeptionen. Doch schaut man etwas genauer hin, so wirkten einige Überlegungen Sombarts selektiv nach. Dies gilt etwa für Joseph Alois Schumpeter [1883–1950], der die Analyseperspektive von Sombart zurückwies, sich diesem in zwei Punkten jedoch anschloss (Chaloupek 1995): zum einen in der Zeitdiagnose, d.h. des allmählichen Übergleitens in den bürokratisierten Sozialismus; und zum anderen in der Bestimmung der zentralen Rolle des Unternehmers, die er innovationstheoretisch akzentuierte. Doch nicht nur bei Schumpeter, auch im Ordoliberalismus lassen sich Elemente der von Sombart entwickelten Perspektive wiedererkennen (Zweynert 2007). Diese betreffen partiell, etwa bei Wilhelm Röpke [1899–1966] und Alexander Rüstow [1885–1963], die Kritik der Vermassung, darüber hinaus aber grundlegender die Frage einer institutionell eingefassten, moralischen Ordnung der Marktbeziehungen.

Jenseits solcher Einsprengsel und selektiven Bezugspunkte war die Sombart-Rezeption bis Anfang der 1990er Jahre insgesamt sehr bescheiden. Ab dann gab es jedoch eine kleine Sombart-Renaissance. Im Kontext von Konferenzen, Veröffentlichungen und biographischen Studien setzten sich einige Wissenschaftler*innen erneut mit den Arbeiten Sombarts auseinander (Appel 1992; Lenger 1994; Backhaus 2000; Ebner/Peukert 2002). Es wäre übertrieben zu behaupten, dass diese Auseinandersetzung besonders nachhaltig gewesen ist. Sie fällt jedoch zusammen mit einer Renaissance in der Verwendung des Kapitalismusbegriffs. Diese Renaissance hat eine wirtschaftssoziologische Komponente, sichtbar in den verschiedenen Konzeptionen einer kulturellen, ethischen und institutionellen Einbettung der kapitalistischen Marktgesellschaft oder auch in den Diagnosen eines „neuen Geistes des Kapitalismus", gemäß dem das Management die „Künstlerkritik" der 68er-Bewegung für die Erschließung neuer produktiver Potenziale nutzbar macht (Boltanski/Chiapello 2003). Ebenso hat die Renaissance aber auch eine politökonomische Komponente. Diese zeigt sich in der erhöhten Sensibilität dafür, dass sich die Kapitalismusmodelle – unter Aspekten ihres institutionellen, rechtlichen und kulturellen Gefüges – mitunter sehr deutlich unterscheiden und sich durch eine vergleichende Betrachtung interessante Aufschlüsse über ihre jeweils besondere Operationsweise gewinnen lassen (Albert 1992; Hall/Soskice 2001a; Amable 2003).

Lässt sich die akademische Rezeptionsgeschichte Sombarts als selektiv, indirekt und diffus, letztlich aber keineswegs unerheblich charakterisieren, so gilt dies in gewisser Weise auch für die politische Wirkung der impliziten Leitbilder. Die Historischen Schule sprach sich allgemein dafür aus, die zugespitzte soziale Frage durch eine paternalistische staatliche Arbeits- und Sozialpolitik abzumildern. Sie unterstütze in diesem Sinne – zumindest indirekt – die sozialpolitische Agenda in der Bismarck-Ära. Die Argumente des frühen Sombart knüpften daran an, plädierten anstelle einer Repression der Arbeiter*innenbewegung aber für deren aktive Integration in Staat und Gesellschaft; eine Perspektive, die von Weber, allerdings unter Führung der bürgerlichen Klassen und Parteien, geteilt wurde. Im gemeinsam mit Edgar Jaffé und Max Weber verfassten Geleitwort bei der Übernahme der Redaktion des Archivs für Sozialwissenschaft und Sozialpolitik wird nicht nur auf den spezifischen kulturtheoretischen Zugriff auf die „Arbeiterfrage", sondern auch auf die praktische sozialpolitische Relevanz der eigenen Forschung explizit hingewiesen (Sombart et al. 2002 [1904]). Einzelne Elemente dieser Orientierung blieben auch nach dem Ausbruch des Ersten Weltkriegs, der nationalistischen Reorientierung und dem aufkommenden Kulturpessimismus Sombarts und Webers bestehen. Doch während Weber bereits 1920 starb, fühlte sich Sombart mehr und mehr den Strömungen der „Konservativen Revolution" zugehörig und diente sich dem Strasser-Flügel der Nationalsozialisten an – letztlich jedoch ohne nachhaltigen politischen Erfolg.

Es ist nicht ganz leicht, die wissenschaftliche und politische Entwicklung Sombarts auf einen Nenner zu bringen. Sie ist gekennzeichnet von einer stetigen Abwendung von Marx, dem neben der Historischen Schule maßgeblichen Impulsgeber seiner Forschung. Hatte Sombart anfangs noch den „sozialen Realismus" von Marx bewundert, so wurden seine Ausführungen nach der kulturpessimistischen Wende zunehmend schwermütiger und metaphysischer. Der damit korrespondierende Hang, die historische Empirie sehr selektiv, mitunter überaus konstruiert, auf die Entwicklung, Verselbständigung und Entseelung des kapitalistischen Geistes hin zu entfalten, hat ihm vielfältige und scharfe Kritik eingebracht, vor allem von Seiten der Historiker*innen. Aber auch aus sozialwissenschaftlicher Perspektive ist die Neigung zu einem auf Stereotypen basierenden Darstellungsstil kritisiert worden. Die politökonomische Kritik verdichtet sich vor allem in dem Punkt, dass die institutionalistische Konzeptualisierung der kapitalistischen Entwicklung durch Sombart zwar grundsätzlich instruktiv ist, er durch die recht einseitige Fokussierung auf ihre kulturellen und ideellen Momente – und die Figuren des Unternehmers und Bourgeois – aber nur bedingt in der Lage ist, die inneren Widersprüche und Verlaufsformen der sozialen Konflikte aus der Perspektive der Arbeiter*innen zu erfassen.

3. Innovation, Instabilität und Steuerung

Die zuvor dargestellten und diskutierten Perspektiven der Politischen Ökonomie beziehen sich vor allem auf die Genese und Entfaltung des industriellen Kapitalismus und die britische Hegemonie. Schon für die zuletzt präsentierte institutionalistische Politische Ökonomie, d.h. die Anschlüsse an die Historische Schule, gilt dies jedoch nur noch eingeschränkt. Die Dynamiken der kapitalistischen Entwicklung, mithin die historischen Kontextbedingungen der politökonomischen Forschung und Diskussion, hatten sich gegen Ende des 19. Jahrhunderts in mancher Hinsicht deutlich verändert. Dieser Prozess setzte sich dann weiter fort. In der ersten Hälfte des 20. Jahrhunderts lassen sich tiefgreifende Veränderungen und Umbrüche in der Operationsweise der nationalen und globalen politischen Ökonomie identifizieren, die die politische und akademische Sozialisation vieler Wissenschaftler*innen geprägt haben und die in den nachfolgend dargestellten Theorieperspektiven jeweils spezifisch thematisiert worden sind. In einer ersten, sehr allgemeinen Annäherung lässt sich der veränderte zeithistorische Kontext mit dem britischen Historiker Eric Hobsbawm (1995) angesichts der zwei Weltkriege zunächst als „Katastrophenzeitalter“ und einige Zeit später als „goldenes Zeitalter“ charakterisieren. Genauer betrachtet verbergen sich hinter diesen Charakterisierungen zugleich jedoch vielfältige, sich überlagernde, also recht komplexe Transformationsprozesse, die hier nur grob skizziert werden können.

Nach der britischen Hegemonie

Die britische Hegemonie war bereits im ausgehenden 19. Jahrhundert brüchig geworden. So hatte sich die kapitalistische Entwicklungsdynamik in anderen Ländern – allen voran in den USA und in Deutschland – beschleunigt, so dass die exzeptionelle Position Großbritanniens in Frage gestellt wurde. Die tragenden Säulen der britischen Hegemonie erodierten: die überlegene industrielle Produktionsorganisation, das System des internationalen Freihandels und die militärische Kontrolle der Handelswege, der Goldstandard als internationales Währungsregime, eine marktliberale Organisation der Arbeits- und Sozialbeziehungen und das strategische Ausbalancieren der Machtbeziehungen auf dem europäischen Kontinent. Ausdruck und Konsequenz der Erosion war nicht zuletzt der Übergang in das Zeitalter des Imperialismus. Den vorläufigen Höhepunkt bildete dabei der Erste Weltkrieg, der zugleich das unwiderrufliche Ende der britischen Hegemonie mit sich brachte.

Nach dem Ersten Weltkrieg waren die USA die zentrale, wirtschaftlich und auch militärisch überlegene Macht. Sie formulierten zuweilen einen Führungsanspruch – so etwa Woodrow Wilson mit seinem 14-Punkte Programm zur Gründung des Völkerbundes –, waren letztlich aber nicht bereit (Kindleberger 1973) oder strategisch reif genug (Ziebura 1984), diesen Anspruch hegemonial umzusetzen. So blieben die USA nicht nur dem Völkerbund fern. Sie beharrten in den Verhandlungen über die wirtschaftlichen Bestimmungen des Friedensvertrags von Versailles auch darauf, dass Großbritannien und Frankreich die Kriegskredite bedienten, was diese beiden Länder wiederum dazu veranlasste, sich sehr hartnäckig bei den deutschen Reparationszahlungen zu präsentieren. Strukturell befand sich die globale Ökonomie in der Zwischenkriegszeit daher in einem instabilen politökonomischen Zustand. In dem Maße, wie die USA eine dominante internationale Gläubigerrolle einnahmen und die eigenen Leistungsbilanzüberschüsse durch eine merkantilistische Handelspolitik verteidigten, machten sie es den anderen Handelspartnern – insbesondere in Europa – schwer, sich mit Hilfe eigener Exportüberschüsse perspektivisch zu entschulden. Dies gilt umso mehr, als ab Mitte der 1920er Jahre versucht wurde, den Goldstandard zu re-etablieren (Eichengreen 2000), was Anpassungen des Wechselkurses als Instrument zur Abfederung der international ungleichen Entwicklung unmöglich machte.

Es war daher nur folgerichtig, dass sich gegen Ende des Jahrzehnts eine Blase in den USA entwickelte, deren Platzen die gesamte Weltökonomie tief erschütterte. Schritt für Schritt gingen viele Regierungen zu einer protektionistischen Wirtschaftspolitik über. Anfangs versuchten sie noch, die Folgen der Krise angebotsseitig, d.h. durch eine die Deflation fördernde Reduktion der Arbeitskosten und Absenkung der Staatsausgaben, also eine Austeritätspolitik, zu bewältigen. Dann stiegen sie in mehreren Wellen aus dem Goldstandard aus, mit dem Ziel durch eine Währungsabwertung die Wettbewerbsfähigkeit der eigenen Ökonomie zu verbessern. Und schließlich gingen sie zu einer Hochzoll-Politik über, um die eigenen Unternehmen vor möglicherweise billigeren Importen aus dem Ausland zu schützen.

Die Verallgemeinerung protektionistischer Praktiken brachte nicht nur eine Absenkung des vor dem Ersten Weltkrieg recht hohen Niveaus der Globalisierung mit sich. Sie führte auch dazu, dass sich die Weltwirtschaft in voneinander abgeschottete Handelsblöcke separierte (Bieling 2011a: 80ff). Innerhalb dieser Handelsblöcke wandten sich auf der nationalen Ebene die Regierungen im Laufe der Zeit vereinzelt Konzeptionen zu, die später als keynesianisch klassifiziert wurden – in den USA z.B. in Form des „New Deals" unter Roosevelt –, ohne diese Aktivitäten jedoch international zu koordinieren. Ganz im Gegenteil, in vielen Ländern steuerten nationalistische, nicht selten faschistische Kräfte die politische und politökonomische Entwicklung. So hatte sich die Katastrophe des Zweiten Weltkriegs in Deutschland lange angekündigt.

Kapitalismus und Demokratie in der Zwischenkriegszeit

Doch nicht nur die globalen Wirtschaftsbeziehungen, auch die gesellschaftlichen Organisationsformen haben sich zu Beginn des 20. Jahrhunderts deutlich gewandelt. Hatte die Arbeiter*innenbewegung bereits im 19. Jahrhundert in vielen Ländern an Bedeutung gewonnen und darauf gedrängt, demokratische Verhältnisse zu etablieren, so konnte dieses Bestreben – in Kooperation mit dem aufgeklärten Bürgertum und der Frauenbewegung – nach dem Ersten Weltkrieg zumindest partiell realisiert werden. Zunächst schien es, als könnten nicht nur in der Sowjetunion, sondern auch in vielen anderen europäischen Ländern rätedemokratische Strukturen mit einer weitreichenden Kontrolle von Wirtschaft und Unternehmen etabliert werden. Doch schon bald scheiterten diese sozialistischen Initiativen am Widerstand des Bürgertums. In der Konsequenz entstanden Formen der repräsentativen Demokratie, um deren wohlfahrtsstaatliche oder sozialistische Flankierung weiterhin gerungen wurde.

Um die wohlfahrtsstaatlichen und wirtschaftsdemokratischen Aspekte zu stärken, entwickelten progressive Staats- und Rechtstheoretiker die Konzeption der „sozialen Demokratie" (Blau 1980). Sie machten darauf aufmerksam, dass in einer durch antagonistische Interessen geprägten Gesellschaft demokratische Verkehrsformen notgedrungen fragil bleiben: einerseits, weil scharfe gesellschaftliche Spaltungs- und Konfliktlinien die politische Stabilität beeinträchtigen und eine tendenzielle Stärkung der Exekutivgewalt begünstigen; und andererseits, weil unter den Bedingungen einer ausprägten sozialen Ungleichheit die Verfahren der demokratischen Repräsentation nicht gleichermaßen von allen genutzt werden, materiell betrachtet also leerlaufen. Um der politischen Destabilisierung und dem Ausschluss einzelner sozialer Klassen und Gruppen aus dem politischen Willensbildungsprozess entgegenzuwirken und eine durch die aktive Teilhabe und Teilnahme aller Klassen gekennzeichnete, also „soziale" Demokratie zu realisieren, drängten die Organisationen der Arbeiter*innenbewegung darauf, die formalen Strukturen der repräsentativen Demokratie – und des liberalen Rechtsstaates – durch arbeitsrechtliche, wirtschaftsdemokratische und sozialstaatliche Institutionen zu ergänzen.

In diesem Prozess konnten in vielen Ländern durchaus beachtliche Erfolge erzielt werden. Dessen ungeachtet gelang es nur in wenigen Ländern, in der

Zwischenkriegszeit stabile demokratische Verhältnisse zu etablieren (Therborn 1977: 11 ff). Dies hatte zum einen damit zu tun, dass es dem Staat unter Krisenbedingungen nicht oder nur unzureichend gelang – es fehlten vielfach die Ressourcen und auch Konzeptionen einer makroökonomischen Steuerung –, die materiellen Bedürfnisse und sozialen Ansprüche großer sozialer Gruppen zu erfüllen. Zum anderen blieben die Gesellschaften in der Zwischenkriegszeit nicht nur sozialstrukturell, sondern auch soziokulturell und politisch-ideologisch oft stark polarisiert. So wurden die Befürworter eines liberal verfassten Kapitalismus und der repräsentativen Demokratie nicht allein durch die Allianz progressiver sozialer und demokratischer Kräfte unter Druck gesetzt. Es formierten sich – oft anknüpfend an die Herrschaftsbeziehungen vor dem Ersten Weltkrieg – ebenso Kräfte einer autoritären Restauration, die über beachtliche ökonomische und militärische Ressourcen, d.h. ein enormes Repressions- und Gewaltpotenzial, und in Gestalt der faschistischen Bewegungen nicht selten über eine ansehnliche Massenbasis verfügten.

Krise des bürgerlichen Denkens

Das Eindringen der „Massen" in die Politik hatte sich bereits vor dem Ersten Weltkrieg angedeutet. Schon zum Ausgang der sog. „Belle Époque", die durch eine im Bürgertum weitverbreitete Sorglosigkeit und den Glauben an materiellen Fortschritt gekennzeichnet war, war bei zahlreichen Intellektuellen – prominente Vertreter waren Friedrich Nietzsche [1844–1900], Gustav Le Bon [1841–1931] oder etwas später José Ortega y Gasset [1883–1955] – ein kulturpessimistischer Diskurs über die „Vermassung" der Gesellschaft zu erkennen (Deppe 2003: 75 ff). Die sich abzeichnende Massengesellschaft erschien vielen als nivellierend, das Besondere nicht mehr würdigend, als verweichlichend und die individuelle, bürgerliche Selbstverwirklichung restringierend. Vor dem Hintergrund der unsicheren politischen, wirtschaftlichen und sozialen Entwicklungen in der Zwischenkriegszeit gewannen derartige Wahrnehmungen und Interpretationen weiter an Bedeutung. Es vollzog sich bei einem beachtlichen Teil des liberalen Bürgertums eine

> „Abkehr von allen Illusionen über die historischen Fortschritts- und Emanzipationspotenziale der bürgerlichen Welt und ihrer Kultur. Der Rationalismus, die subjektive Vernunft selbst wird zusammen mit der Aufklärung, dem liberalen Fortschrittsglauben und den Gleichheitspostulaten der bürgerlichen Revolutionen auf die Anklagebank gesetzt. Die Katastrophen der Epoche werden so als Konsequenz der Modernisierung durch den wissenschaft-

lich-technischen Fortschritt, die Ökonomisierung bzw. Durchkapitalisierung der Gesellschaft und ihrer Kultur (sowie die damit verbundene Zerstörung von Lebenswelten) und schließlich durch die fortschreitende Demokratisierung (in der Folge der Durchsetzung des allgemeinen Wahlrechtes) wahrgenommen." (Deppe 2003: 77)

Diese Abkehr von den alten bürgerlichen Idealen war nicht durchgreifend, erfasste also keineswegs alle. Sie sorgte jedoch dafür, dass die ohnehin eher schmale soziale Basis des liberalen Denkens erodierte; und sie äußerte sich in der Form, dass ungeachtet der doppelten Kritik am Sozialismus oder Kommunismus auf der einen und dem Faschismus auf der anderen Seite sich ein beachtlicher Teil der bürgerlichen Kräfte schließlich doch weiter nach rechts wendete, so dass in zahlreichen Gesellschaften der Faschismus obsiegte, die ihn tragenden Kräfte zumindest gestärkt wurden (Hobsbawm 1995: 143 ff).

Es wäre nun freilich verfehlt, den Niedergang des Liberalismus als linearen Prozess zu begreifen. Dieser vollzog sich vielmehr in kriseninduzierten Schüben in Gestalt eines mehrschichtigen Erosions- und Ablösungsprozesses. Die erste Form der Ablösung – dies galt etwa für einige Vertreter der Neoklassik wie z.B. Vilfredo Pareto [1848–1923] – bestand bereits darin, dass sich ein Teil des Bürgertums nur als wirtschaftlich, nicht hingegen als politisch liberal verstand, also autoritär-repressiven Strategien keineswegs abgeneigt war. Die zweite Ablösung zeigte sich darin, dass auch ein Teil des Bürgertums und seiner Intellektuellen die „soziale Frage" als ein ernsthaftes gesellschaftspolitisches Problem betrachtete und sich offen für soziale und wirtschaftspolitische Reformen zeigte. Wie die Ausführungen zur Historischen Schule gezeigt haben, handelt es sich hierbei keineswegs um ein vollkommen neues Phänomen. Im Anschluss an die zwischenzeitliche Dominanz des ökonomischen „Laissez-faire" in den 1920er Jahren und die nachfolgenden politischen Katastrophen stellte sich die politökonomische Diskussion jedoch stark verändert dar. Mehr und mehr wurde im Staat eine wichtige, unverzichtbare Institution zur Einhegung, Kontrolle und Steuerung der Ökonomie gesehen; und selbst überzeugte Marktliberale erkannten, dass eine Neubegründung des liberalen Denkens notwendig geworden war.

Fordismus, US-Hegemonie und Systemkonkurrenz

Die politökonomischen Denkbewegungen des „Katastrophenzeitalters", zumindest jene, die in der Analyse der Instabilität und Krise zu dem Ergebnis gelangt sind, die internationalen und nationalen Institutionen zu stärken, haben sicherlich mit dazu beigetragen, dass nach dem Zweiten Weltkrieg das Zusammenspiel von kapitalistischer Akkumulation und politischer Regulation neu definiert worden ist. Die zentrale Grundlage dieser Neudefinition und der darauf bezogenen politischen Aushandlungsprozesse bildete ein neuartiges Entwicklungsmodell, das gemeinhin als „Fordismus“ bezeichnet wird. Dieser Begriff nimmt darauf Bezug, dass bereits in den 1920er Jahren in den Ford'schen Fabrikhallen ein hochproduktives System der Produktions- und Arbeitsorganisation entwickelt und umgesetzt worden war. Gestützt auf die Methode des Taylorismus, d.h. der fließbandvermittelten, starken Zergliederung der Arbeitsabläufe, konnten enorme Produktivitätssteigerungen erzielt werden. Der Produktivitätsschub war anfangs auf Ford und die US-amerikanische Automobilindustrie beschränkt. Er erstreckte sich nach dem Zweiten Weltkrieg dann aber zunehmend auch auf andere Länder und Industriezweige.

Erst dieser Diffusionsprozess rechtfertigt es, das neue kapitalistische Entwicklungsmodell insgesamt als Fordismus zu bezeichnen. Von Land zu Land gab es beträchtliche Unterschiede. Übergreifend war jedoch erkennbar, dass die tayloristisch organisierte Massenproduktion – vor allem von langlebigen Konsumgütern – auf einen entsprechenden Massenkonsum stieß und das Ineinandergreifen beider Komponenten eine dynamische Wirtschaftsentwicklung ermöglichte. Die Rede vom „Wirtschaftswunder“, von den „Les Trente Glorieuses“ oder vom „Golden Age of Capitalism“ verweist auf eine außergewöhnliche Prosperitätskonstellation (Hobbesbawm 1995: 324ff). In den meisten OECD-Staaten wurde der Massenkonsum durch starke Industriegewerkschaften, umfassende Tarifsysteme, Institutionen der wohlfahrtsstaatlichen Absicherung und einen relativ großen öffentlichen Sektor gestützt. Darüber hinaus wurde der fordistische Kapitalismus auch international politisch eingehegt. In Gestalt des Bretton Woods-Systems war zum Ausgang des Zweiten Weltkriegs unter Führung der USA ein internationales Währungsregime entstanden, das den US-Dollar an das Gold und alle anderen Währungen an den US-Dollar koppelte, internationale Finanzinstitutionen für die Liquiditätsversorgung (Internationaler Währungsfonds, IWF) und Entwicklungshilfe (Weltbank) etablierte und ansonsten eine Kontrolle der internationalen Finanzströme vorsah, um eine Destabilisierung des Handels, der nationalen Wohlfahrtsstaaten und demokratischen Institutionen zu unterbinden.

Der Fordismus und die internationalen Organisationen und Regime bildeten wichtige Komponenten der US-Hegemonie (Cox 1987: 211ff). Sie bezogen sich vor allem auf den transatlantischen Wirtschaftsraum. Viele Länder des globalen Südens hatten in dieser Konstellation nur eine untergeordnete Position inne und konnten zumeist nur eine abhängige Entwicklung realisieren. Die wirtschaftlichen Beziehungen zu den realsozialistischen Gesellschaften – deren Zahl und Bedeutung war nach dem Zweiten Weltkrieg erheblich gewachsen – waren eher schwach entwickelt. Diese Länder bildeten einen eigenen, als RGW (Rat für gegenseitige Wirtschaftshilfe) bezeichneten Wirtschaftsraum, in dem ökonomische Transaktionen oft nach politischen Kriterien auf der Grundlage administrativ festgelegter Preise mit dem sog. Transfer-Rubel erfolgten. In den Nachkriegsjahrzenten stimulierte die dynamische ökonomische Entwicklung in den realsozialistischen Gesellschaften unter den Bedingungen der Systemkonkurrenz indirekt auch die Reform- und Konzessionsbereitschaft im Westen. Sie trug auf diesem Wege mit dazu bei, die fordistischen Modelle nachfrageseitig zu stabilisieren.

3.1 Innovation als „schöpferische Zerstörung": Joseph Alois Schumpeter

Joseph Alois Schumpeter [1883–1950] war eine bunt schillernde Persönlichkeit. Er bewegte sich in unterschiedlichen Welten: Über längere Zeiträume hinweg lebte er in Österreich, Deutschland und den USA und war in unterschiedlichen Berufsfeldern aktiv. Seine Ausflüge in die juristische, politische und unternehmerische Praxis waren allerdings nur von kurzer Dauer und wenig erfolgreich, im Unterschied zu seinen wirtschaftstheoretischen Überlegungen und Untersuchungen. Doch auch diese entziehen sich einer eindeutigen Klassifizierung. Dies resultiert nicht nur daraus, dass die von Schumpeter aufgegriffenen und genutzten wirtschaftswissenschaftlichen, soziologischen und geschichtswissenschaftlichen Theorien – jenseits des verbindenden Referenzpunkts eines methodologischen Individualismus – in einem gewissen Spannungsverhältnis zueinander stehen. Auch die Zuordnung zu den damals konkurrierenden Schulen fällt in der Literatur widersprüchlich aus: Einige betonen die Bezüge zur Historischen Schule, vor allem zu den Überlegungen von Werner Sombart [1863–1941] und Max Weber [1864–1920] (Michaelides/Milios 2009). Andere verorten ihn aufgrund seiner individualistischen Analyseperspektive sehr viel stärker in der Tradition der Wiener Schule, von deren neoklassischen Grundannahmen er sich entwicklungstheoretisch allerdings entfernt hat (Streissler 1994; Söllner 2012: 232ff).

Positiv gewendet lassen sich diese Unklarheiten zugleich als Ausdruck eines Brückenschlags zwischen den im deutschen Sprachraum konkurrierenden Perspektiven interpretieren. Schumpeter war damit bereits zu seinen Lebzeiten insofern erfolgreich, als seine Schriften vielfach Beachtung fanden. Was jedoch die wirtschaftswissenschaftliche Diskussion im engeren Sinne betrifft, so standen sie in den 1930er Jahren – und auch in den Jahrzehnten nach dem Zweiten Weltkrieg – im Schatten der kreislauftheoretischen Konzeptionen von John Maynard Keynes [1883–1946]. Erst seit den 1980er Jahren ist im Kontext der Diskussionen über neue Basistechnologien, die Rolle kreativer Unternehmer*innen und die wirtschaftliche Dynamik in Asien eine Schumpeter-Renaissance erkennbar. Die mit seinem Namen verbundenen Konzepte und Begriffe – „Innovation" und „schöpferische Zerstörung" –, die für das Verständnis der kapitalistischen Entwicklung aufschlussreich sind, werden seitdem wieder verstärkt aufgegriffen und diskutiert.

3.1.1 Joseph Alois Schumpeter: Aspekte eines ungewöhnlichen akademischen Werdegangs

Der zeithistorische Kontext, in dem Schumpeter politisch und akademisch sozialisiert wurde, ist dem von Sombart und Weber nicht ganz unähnlich. Die Arbeiter*innenbewegung befand sich im Aufschwung, ebenso die nationalistischen Kräfte, während das liberale Bürgertum politökonomisch und intellektuell in die Krise geraten war – mit der Folge, dass vermehrt elitäre Ideen und Konzepte Resonanz fanden. Neben diesen Gemeinsamkeiten mit den zuvor diskutierten Theoretikern gab es zugleich aber auch bedeutende Unterschiede (zur Biographie vgl. Swedberg 1991; Kurz 2005; Widmaier 2005; Böhm 2009a; März 2012).

Schumpeter wurde 1883 und damit etwa 20 Jahre nach Sombart und Weber in Triesch im damals österreichischen Mähren geboren, gehörte also einer anderen wissenschaftlichen Generation an. Nach dem frühen Tod seines Vaters, eines Tuchfabrikanten, zog er mit seiner Mutter, die einer mährischen Arztfamilie entstammte, 1888 zunächst nach Graz und, nachdem die Mutter einen Leutnantfeldmarshall geheiratet hatte, 1893 nach Wien. Hier absolvierte er 1901 die Reifeprüfung am Theresianum, einem humanistisch orientierten Gymnasium, und begann danach an der juristischen Fakultät mit dem Studium, zunächst der Rechtswissenschaften und dann – mit wachsender Begeisterung – der Nationalökonomie. Er kam dort unmittelbar in Kontakt mit wichtigen Vertretern der Wiener Schule: mit Friedrich von Wieser [1851–1926], Eugen von Philippovich [1858–1917] und Eugen von Böhm-Bawerk [1851–1914]. In einem Seminar von Böhm-Bawerk begegnete er 1905 anderen, später prominenten Kommilitonen – unter anderem Ludwig von Mises [1881–1973], Felix Somary [1881–1956], Otto Bauer [1881–1938], Rudolf Hilferding [1877–1941] und Emil Lederer [1882–1939] – und setzte sich erstmals intensiver mit Karl Marx [1818–1883] und dessen Kapitalismusanalyse auseinander.

Im Jahr 1906 schloss er das Studium, eine größere schriftliche Arbeit war nicht erforderlich, mit der Promotion ab und begab sich auf Reisen: Er besuchte Berlin und verbrachte ein Jahr in London; und kontaktierte jeweils dort oder im Umfeld lehrende Repräsentanten der Nationalökonomie. Danach heiratete Schumpeter seine erste Frau, Glady Ricarde Seavers, mit der er aber praktisch eine Nicht-Ehe führte, und arbeitete ab Ende 1907 einige Zeit in Kairo als Anwalt, um Geld zu verdienen. Zugleich verfasste er in der Reisezeit seine Habilitationsschrift *Das Wesen und der Hauptinhalt der theoretischen Nationalökonomie* (Schumpeter 1991 [1908]), in der er sich im Methodenstreit zwischen der Neoklassik und der Historischen Schule verortete und mit der er zugleich das Eintrittsticket in den akademischen Betrieb erhielt. Nach einer kurzen Phase als Privatdozent wurde er bereits 1909 zum außerordentlichen Professor für Politische Ökonomie an der Universität Czernowitz ernannt. Im östlichsten Zipfel des Habsburger Reiches verfasste er die Studie *Theorie der wirtschaftlichen Entwicklung* (Schumpeter 1997 [1911]), in der er mit Verweis auf die innovative Rolle des Unternehmers zu begründen versucht, wie und warum der Kapitalismus aus sich heraus, also bedingt durch endogene Faktoren, entgegen der neoklassischen Gleichgewichtskonzeption ein höchst dynamisches System darstellt. Im gleichen Jahr wurde Schumpeter, gerade 28 Jahre alt, zum ordentlichen Professor für Politische Ökonomie an der Karl-Franzens-Universität Graz ernannt.

Nach dieser frühen akademischen Schaffensphase wandte er sich während und nach dem Ersten Weltkrieg vermehrt außeruniversitären Aufgaben zu. Schumpeter war Mitglied der Kommission für Kriegs- und Übergangswirtschaft im Handelsministerium, Mitglied der deutschen Sozialisierungskommission und für kurze Zeit, etwa sieben Monate, Finanzminister der sozialdemokratischen, von den Austromarxisten Otto Bauer [1881–1938] und Karl Renner [1870–1950] geführten Nachkriegsregierung in Österreich.[20] 1921 legte er seine Professur nieder und versuchte sich als Praktiker in der Wirtschaft. Doch als Präsident der privaten Biedermann-Bank war er wenig erfolgreich. Im Zeichen der Inflation und einer geplatzten Finanzblase ging die Bank 1924 in Konkurs, und Schumpeter – er hatte sich privat verspekuliert – ging selbst hochverschuldet aus diesem Prozess hervor. Im Jahr darauf kehrte er daher ins universitäre Leben zurück und nahm einen Ruf für wirtschaftliche Staatswissenschaft an der

20 Schon bald stellte sich heraus, dass sich Schumpeter in wichtigen Fragen – er wandte sich gegen den von Bauer befürworteten Zusammenschluss mit Deutschland und gegen die Sozialisierung der Schlüsselindustrien – nicht in die strategische Linie der Regierung einfügte (März 2012: 260ff).

Universität Bonn an. Doch auch die Bonner Jahre waren für ihn betrüblich. 1926 starb erst seine Mutter und dann, bei einer Frühgeburt, seine zweite Frau, Anna Reisinger. Schumpeter stürzte sich daraufhin in die Arbeit, reiste nach Japan und wiederholt in die USA, wo er 1932 einen Ruf nach Harvard annahm.

Die amerikanische Schaffensperiode – Schumpeter starb 1950 an einer Gehirnblutung – stellt sich wiederum sehr positiv dar. Er stand im engen Austausch mit vielen, später prominenten Studierenden und jungen Kollegen – z.B. Gottfried Haberler [1900–1995], Wassily Leontief [1905–1999], Paul Samuelson [1915–2009], Paul Sweezy [1910–2004] oder James Tobin [1918–2002] –, heiratete 1937 erneut, Elizabeth Boody Firuski, bekleidete wichtige fachwissenschaftliche Ämter, z.B. das des Präsidenten der „Economic Society" (1940–41), und knüpfte mit größeren Schriften an frühere Studien an. In der Untersuchung zu den *Konjunkturzyklen* – engl. *Business Cycles* – arbeitete er empirisch materialreich die in der Theorie der wirtschaftlichen Entwicklung angelegten Überlegungen zu den Entwicklungsschüben im Kapitalismus aus (Schumpeter 1961 [1939]). Die Studie zu *Kapitalismus, Sozialismus und Demokratie* (Schumpeter 2020 [1942]) war stärker zeitdiagnostisch angelegt. In ihr begründete Schumpeter nicht nur, warum der Kapitalismus und die diesem eingeschriebenen Prozesse der „schöpferischen Zerstörung" durch ihre erfolgreiche Realisierung zum Sozialismus führen, sondern entwickelte auch ein realistisches, elitentheoretisches Model der Demokratie. Mit der posthum erschienen *Geschichte der ökonomischen Analyse* (Schumpeter 2007 [1954]) griff er die frühen Überlegungen zu den *Epochen der Dogmen und Methodengeschichte* auf (Schumpeter 1914).

Jenseits der unterschiedlichen Schwerpunktsetzungen und biographischen Brüche ist das Schaffen Schumpeters – Stefan Böhm spricht in der Einleitung zu den *Beiträgen zur Sozialökonomik* (Schumpeter 1987: 14) von einem „kaleidoskopischen Werk" – zugleich durch Kontinuitäten und Verbindungslinien gekennzeichnet. Diese bestanden auf der persönlichen Ebene in einem mondänen, oft prätentiösen bürgerlichen Lebensstil; und einer freundlich-arroganten, zuweilen überheblichen Haltung gegenüber anderen Wirtschaftstheoretiker*innen. Gesellschaftspolitisch korrespondierte hiermit eine liberal-konservative Grundeinstellung, die in unterschiedlichen Sphären die Notwendigkeit sozialer, wirtschaftlicher und politischer Führung hervorhob. Und politökonomisch verdichtete sich diese Orientierung in einem spezifischen Verständnis von wirtschaftlicher Entwicklung, das in mancher Hinsicht an die Schriften Werner Sombarts erinnert, im Unterschied zu diesem aber mit einem positiv besetzten Begriff von Kapitalismus operierte (Kocka 2018).

3.1.2 Kapitalismusanalyse: Entwicklung, Innovation und Zerstörung

Wie die meisten der zuvor diskutierten Theoretiker, so orientierte sich auch Schumpeter am Ideal einer „sozialen Universalwissenschaft" (Kurz 2005: 33 ff; Bachinger/Mathis 2009: 546 ff). Ein erweiterter, interdisziplinärer Ansatz war für ihn erforderlich, um die Triebkräfte und vor allem die Mechanismen der wirtschaftlichen Entwicklung zu analysieren. Er nimmt in diesem Sinne eine politökonomische oder sozioökonomische Perspektive ein, die ökonomietheoretisch fundiert ist, zugleich aber den gesamten Prozess der gesellschaftlichen Entwicklung – unter Einschluss rechtlicher, politisch-institutioneller, historischer, kultureller und religiöser Aspekte – im Auge behält. Sein Erkenntnisinteresse gilt anfangs allerdings nicht so sehr dem historischen Verlauf der wirtschaftlichen Entwicklung, sondern vor allem den Veränderungsmechanismen, die Entwicklung systematisch herbeiführen:

> „Es sollen keine historischen Entwicklungsfaktoren – seien es individuelle Ereignisse, wie das Auftreten der amerikanischen Goldproduktion im Deutschland des 16. Jahrhunderts, oder ‚allgemeinere' Umstände, wie Veränderungen der Mentalität des Wirtschaftsmenschen, des Umfangs der entdeckten Welt, der sozialen Organisation, der politischen Konstellationen, der Produktionstechnik usw. – nachgewiesen, noch soll deren Wirkungsweise beschrieben werden, weder für individuelle, noch einheitlich für tunlichst viele Fälle; vielmehr soll lediglich die ökonomische Theorie, […] für ihre eigenen Zwecke verbessert, durch einen Zubau brauchbarer gemacht werden […]." (Schumpeter 1997 [1911]: 92 f)

Auch wenn Schumpeter einige Erkenntnisse und Konzepte der Historischen Schule, vor allem den Schriften Sombarts, entlehnt, sind seine Ausführungen im strikteren Sinne theoretisch ausgerichtet. Er schließt grundsätzlich an die Analyseperspektive der neoklassisch orientierten Wiener Schule und die allgemeine Gleichgewichtstheorie von Léon Walras [1834–1910] an, geht über diese zugleich aber hinaus, um die Dynamik des Kapitalismus einzufangen. Hierzu hat sich Schumpeter nicht nur von der Historischen Schule und den elitentheoretischen Diskussionen der damaligen Zeit inspirieren lassen. Auch die Schriften von Karl Marx haben bei ihm – was die kapitalistische Dynamik und die Ansprüche an die eigene Theoriebildung betrifft – eine nachhaltige Wirkung hinterlassen (Schumpeter 1987: 89 ff; 2020 [1942]: 9 ff).

3.1.2.1 Wirtschaftliche Entwicklung: Aspekte einer dynamischen Ökonomie

Wirtschaftliche Entwicklung ist für Schumpeter vor allem kapitalistische Entwicklung. Er greift den Begriff des Kapitalismus auf, ohne jedoch die zu seiner Zeit üblichen sozialkritischen Konnotationen zu übernehmen. Die im Grundtenor positive Marx-Rezeption wird konservativ gewendet. Im Vordergrund stehen die Dynamik und die produktiven Leistungen der kapitalistischen Produktionsweise. Schumpeter gibt sich normativ zurückhaltend. Er richtet den Blick in erster Linie auf die funktionalen Abläufe und Mechanismen der kapitalistischen Ökonomie. Diese zeichnet sich dadurch aus, dass

> „[…] die für neue Produktionen nötigen Güter ihren Bestimmungen im Kreislauf durch die Intervention der Kaufkraft entzogen werden, d.h. durch Kauf auf dem Markte […], während jene Wirtschaftsformen, in denen das durch irgendeine Befehlsgewalt oder durch Vereinbarung aller Beteiligten geschieht, die kapitallose Produktion darstellen. Das Kapital ist nichts andres als der Hebel, der den Unternehmer in den Stand setzen soll, die konkreten Güter, die er braucht, seiner Herrschaft zu unterwerfen, nichts andres als ein Mittel, über Güter zu neuen Zwecken zu verfügen oder als ein Mittel, der Produktion ihre neue Richtung zu diktieren." (Schumpeter 1997 [1911]: 165)

Die kapitalistische Entwicklung entfaltet sich, wie bei anderen Theoretikern auch, innerhalb einer spezifischen institutionellen Ordnung, die durch das Privateigentum an Produktionsmitteln, die Herstellung und Verteilung von Produkten für den Markt, Konkurrenzbeziehungen und ein funktionsfähiges Kreditsystem geprägt ist. Dem langfristigen Kredit seitens der Banken kommt für Innovationen, d.h. der „Durchsetzung neuer Kombinationen" in der Produktion (Schumpeter 1997 [1911]: 100), eine grundlegende Bedeutung zu. Auch in den *Konjunkturzyklen* hebt Schumpeter die konstitutive Rolle des Kredits für den Kapitalismus hervor. Er schreibt dort:

> „Kapitalismus ist jene Form privater Eigentumswirtschaft, in der Innovationen mittels geliehenen Geldes durchgeführt werden, was im allgemeinen, wenn auch nicht mit logischer Notwendigkeit, Kreditschöpfung voraussetzt. Eine Gesellschaft, deren wirtschaftliches Leben durch Privateigentum charakterisiert und durch die Privatinitiative kontrolliert wird, ist nach dieser Definition nicht notwendig kapitalistisch, selbst wenn es in ihr z.B. Fabriken im Privatbesitz, Lohnarbeiter und einen freien Austausch von Gütern und Leistungen, sei es in natura, sei es mittels Geld, gibt." (Schumpeter 1961 [1939]: 234)

Ohne Kreditschöpfung sind für Schumpeter Innovationen nicht ausgeschlossen, aber keineswegs umfassend und durchgreifend realisierbar. Ein dynamisches Wirtschaftssystem, das die Rede vom Kapitalismus rechtfertigt, ist ohne den Kredit schwer vorstellbar. Die Verknüpfung von Privateigentum und Kreditschöpfung führt ihn zugleich zu einem sehr weit gefassten Verständnis von Kapitalismus, das historisch in das Südeuropa des 12. und 13. Jahrhunderts zurückweist.

Die historische Verortung des Kapitalismus ist für Schumpeter allerdings nur von illustrativer Bedeutung. Ihn interessiert in erster Linie, wie sich wirtschaftliche Entwicklung theoretisch-konzeptionell fassen lässt; und zwar als ein Prozess, in dem jenseits aller Anpassungen an zufällig veränderte äußere Zustände – in der Sprache der Neoklassik: „externe Schocks": Kriege, Erdbeben, Pandemien oder politische Interventionen – immer wieder systematisch neue Wellen der Innovation entstehen. Entwicklung wird von Schumpeter (1997 [1911]: 95 f) in diesem Sinne als ein der kapitalistischen Ökonomie endogener Mechanismus konzeptualisiert:

> „Unter ‚Entwicklung' sollen also nur solche Veränderungen des Kreislaufs des Wirtschaftslebens verstanden werden, die die Wirtschaft aus sich selbst heraus zeugt, nur eventuelle Veränderungen der ‚sich selbst überlassenen', nicht von äußerem Anstoße getriebenen Volkswirtschaft. Würde sich ergeben, daß es solche auf dem wirtschaftlichen Gebiete selbst entstehende Veränderungsursachen nicht gibt und das Phänomen, was wir in praxi wirtschaftliche Entwicklung nennen, lediglich darauf beruht, daß sich die Daten ändern und daß sich die Wirtschaft ihnen fortschreitend anpaßt, so würden wir sagen, daß es keine wirtschaftliche Entwicklung gäbe. Damit würden wir meinen, daß die Entwicklung der Volkswirtschaft kein bis in sein innerstes Wesen wirtschaftlich zu erklärendes Phänomen sei, sondern daß die Wirtschaft, an sich entwicklungslos, von den Veränderungen ihrer Umwelt gleichsam mitgezogen werde, daß die Gründe und daher die Erklärung der Entwicklung außerhalb der Tatsachengruppe gesucht werden müssen, die durch die Wirtschaftstheorie prinzipiell beschrieben wird."

Nicht jede Veränderung ist also für Schumpeter Entwicklung, sondern nur jene, die die Ökonomie aus sich selbst heraus generiert und die zu qualitativ neuen Formen der Produktion führen. Die Fokussierung des qualitativen Wandels macht es ihm zugleich möglich, zwischen Wachstum und Entwicklung zu unterscheiden. Das einfache Mehr des immer Gleichen bedingt nicht notgedrungen Entwicklung. Schumpeter (1987: 356) verweist in diesem Zusammenhang auf die Postkutsche, durch deren vermehrte Produktion keine Eisenbahn entsteht; ein jüngeres Beispiel wäre die Produktionsausweitung von Schreibmaschinen, die keine Computer hervorbringt. Die Beispiele illustrieren, dass Entwicklung erst dann erreicht wird, wenn die verfügbaren Produktionsmittel anders eingesetzt werden, so dass auch Eisenbahnen oder Computer entstehen.

Ökonomietheoretisch besteht für Schumpeter das Problem nun darin, dass weder die Klassiker der Politischen Ökonomie – Marx ist explizit ausgenommen – noch die Vertreter der neoklassischen Gleichgewichtslehre in der Lage sind, einen solchen qualitativen Sprung zu erklären. In der Theorie wirtschaftlicher Entwicklung, ebenso auch in anderen Schriften, legt er dar, dass die Modelle der Klassik und Neoklassik eine statische Kreislaufwirtschaft vor Augen haben (Schumpeter 1997 [1911]: 58 ff). Unter den Bedingungen eines gewinnlosen Gleichgewichts gibt es keine freien Produktionsmittel; und damit sind auch keine qualitativen Veränderungen möglich, die die Reproduktion des Immergleichen – das einfache Wachstum mit eingeschlossen – überwinden. Damit ist für Schumpeter nicht gesagt, dass die neoklassischen Modelle, so auch die allgemeine Gleichgewichtstheorie von Léon Walras, die er absolut wertschätzt, bedeutungslos geworden sind. Sie können für ihn jedoch nur die Mechanismen in den Blick nehmen, die nach einer Störung des Gleichgewichts neue Anpassungsprozesse generieren, nicht aber erklären, warum und auf welche Weise sich die kapitalistische Ökonomie aus sich selbst heraus immer wieder revolutioniert.

3.1.2.2 Innovation, Unternehmer und Bankier

Diesen Prozess der technologischen und organisatorischen Revolutionierung der Produktion begreift Schumpeter als Innovation. Er sieht hierin den zentralen Mechanismus, der die ungeheure Entwicklungsdynamik des Kapitalismus begründet. Warum dies der Fall ist, wird bereits ansatzweise erkennbar, wenn man sich die unterschiedlichen Inhalte und Formen vergegenwärtigt, die für ihn unter den Begriff der Innovation fallen. Was Entwicklung oder Innovation – als „Durchsetzung neuer Kombinationen" – konkret bedeutet, erläutert Schumpeter (1997 [1911]: 100 f) anhand unterschiedlicher Beispiele:

> „1. Herstellung eines neuen, d.h. dem Konsumentenkreise noch nicht vertrauten Gutes oder einer neuen Qualität eines Gutes.
> 2. Einführung einer neuen, d.h. dem betreffenden Industriezweig noch nicht praktisch bekannten Produktionsmethode, die keineswegs auf einer wissenschaftlich neuen Entdeckung zu beruhen braucht und auch in einer neuartigen Weise bestehen kann mit einer Ware kommerziell zu verfahren.

> 3. Erschließung eines neuen Absatzmarktes, d.h. eines Marktes, auf dem der betreffende Industriezweig des betreffenden Landes bisher noch nicht eingeführt war, mag dieser Markt schon vorher existiert haben oder nicht.
> 4. Eroberung einer neuen Bezugsquelle von Rohstoffen oder Halbfabrikaten, wiederum: gleichgültig, ob diese Bezugsquelle schon vorher existierte – und bloß sei es nicht beachtet wurde, sei es für unzugänglich galt – oder ob sie erst geschaffen werden muß.
> 5. Durchführung einer Neuorganisation, wie Schaffung einer Monopolstellung (z.B. durch Vertrustung) oder Durchbrechen eines Monopols."

Die Durchsetzung des „Neuen" kann für Schumpeter also in unterschiedlichen Formen und Kontexten stattfinden, wobei der Entwicklung neuer Güter und der Einführung neuer Produktionsmethoden sicherlich eine besondere Bedeutung zukommt. Zugleich weist er darauf hin, dass mit der Generierung neuer Produkte, Produktionsmethoden, Absatzmärkte, Bezugsquellen und Marktstrukturen in der kapitalistischen Ökonomie die etablierten Unternehmen – für diese sinken die Erträge, während sich die Kosten nicht selten erhöhen – und tradierten Beziehungen oftmals abgelöst werden und untergehen. Den gleichzeitig stattfindenden Prozess der Zerstörung des „Alten" hat Schumpeter bereits in der Theorie der wirtschaftlichen Entwicklung dargelegt. In seinem Spätwerk prägte er hierfür den Begriff der „schöpferischen Zerstörung" (Schumpeter 2020 [1942]: 103 ff). Dieser Begriff mag zuvor bereits – in anderen Kontexten – von Friedrich Nietzsche [1844–1900] und auch von Werner Sombart verwandt worden sein (Reinert/Reinert 2006). Aber erst durch Schumpeter erlangte er den Status einer zentralen politökonomischen Konzeption. Die „schöpferische Zerstörung" stellt für ihn „das für den Kapitalismus wesentliche Faktum" und einen „ewigen Sturm" dar, einen Prozess der „industriellen Mutation [...] der unaufhörlich die Wirtschaftsstruktur von innen heraus revolutioniert, unaufhörlich die alte Struktur zerstört und unaufhörlich eine neue schafft" (Schumpeter 2020 [1942]: 106), wobei die Wirkungen jeweils im Zeitablauf und für die betroffenen Branchen und Unternehmen differenziert zu betrachten sind.

Generiert werden die Innovationen und die mit diesen verbundenen Zerstörungen für Schumpeter durch die politökonomische Figur des Unternehmers (Hofmann 1979: 104 ff). Diesem wurde nicht nur von Schumpeter, sondern auch von anderen Wissenschaftlern – z.B. Werner Sombart und Friedrich von Wieser [1851–1926] (Campagnolo/Vivel 2012) – eine nicht unerhebliche Aufmerksamkeit geschenkt. In der Erstausgabe der Theorie der wirtschaftlichen Entwicklung hatte Schumpeter den Unternehmer – ähnlich wie zuvor Werner

Sombart – noch recht heroisch dargestellt. Er sprach vom „Stahl des Unternehmertypus“, sah in ihm die Verkörperung „ganzer Kerle“ und „keiner Jammergestalten“. „Ihr Tun“ erschien ihm als „das großartigste, glänzendste Moment, das das wirtschaftliche Leben dem Beobachter bietet“ (zit. nach Bachinger/Mathis 2009: 648). In der revidierten Neuauflage ab 1926 schwächte er die Verherrlichung des Unternehmers dann deutlich ab. Dieser wurde nun mit Blick auf seine funktionale Rolle als Kraft der Innovation präsentiert. Diese Rolle kann er allerdings nur dann ausfüllen, wenn er in der Lage ist, Führung zu übernehmen, um Innovationen durchzusetzen. Dies erfordert insbesondere, so Schumpeter 1997 [1911]: 124 ff), die Bereitschaft, Neuland zu betreten und die neuen, eigenen Vorstellungen mit großer Überzeugung konsequent umzusetzen; die Fähigkeit, sich von altem Denken, den gewohnten Sichtweisen, Praktiken und Routinen zu befreien und die neuen Möglichkeiten als realistische und praktikable Handlungsoptionen zu erkennen; und eine beachtliche Kraft, sich auch gegen soziale und politische Widerstände zu behaupten und andere Akteure, vor allem Kooperationspartner, mitzureißen und für die eigenen Vorstellungen zu begeistern.

Für den Unternehmer als Träger von Innovationen ist in diesem Sinne eine Führungsfunktion von grundlegender Bedeutung. Der Unternehmer stellt für Schumpeter einen speziellen Fall des allgemeinen Phänomens gesellschaftlicher Führung dar. Er ordnet dieses Phänomen spezifisch ein (Quellentext 5).

Quellentext 5: Die Führungsfunktion des Unternehmers

Soweit die Unternehmerfunktion ununterscheidbar verwoben ist mit den übrigen Elementen einer allgemeineren Führerstellung, wie beim Häuptling einer primitiven Horde oder beim Zentralorgan einer kommunistischen Gemeinschaft – mögen sich von dessen Mitgliedern auch manche für die Wirtschaft spezialisieren –, und auf der Ausübung einer allgemeinen Befehlsgewalt beruht, ist nach dem Gesagten nur noch auf zwei Dinge hinzuweisen: Wir sehen nun, warum wir soviel Gewicht auf das Durchsetzen der neuen Kombinationen legten und nicht auf ihr „Finden“ oder „Erfinden“. Die Funktion des Erfinders oder überhaupt Technikers und die des Unternehmers fallen nicht zusammen. Der Unternehmer kann auch Erfinder sein und umgekehrt, aber grundsätzlich nur zufälligerweise. Der Unternehmer als solcher ist nicht geistiger Schöpfer der neuen Kombinationen, der Erfinder als solcher weder Unternehmer noch Führer anderer Art. Sowohl was sie tun, ist verschieden, als auch die Eignung zu dem, was sie tun – „Verhalten" und „Typus". Ferner bedarf es wohl keiner Rechtfertigung mehr, warum wir Unternehmertätigkeit nicht als „Arbeit" bezeichnen. Wir könnten es ja; aber dann wäre es eine Arbeit, die von jeder andern, auch von „leitender", schon gar bloßer „geistiger", auch von jener, die der Unternehmer außerhalb seiner Unternehmertaten etwa leistet, der Natur wie der Funktion nach grundverschieden wäre. [...]

Die speziell „unternehmerliche" Art von privater Führerschaft im Wirtschaftsleben ist gefärbt und geformt – sowohl dem Verhalten als auch dem Typus nach – von ihren besonderen Bedingungen. Die Bedeutung der „Autorität" fehlt nicht, gilt es doch oft, soziale Widerstände zu überwinden und „Beziehungen" zu erobern und Belastungsproben auszusetzen. Aber sie ist geringer insofern, als es einer „Befehlsgewalt" über die Produktionsmittel nicht bedarf und das Mitziehen der andern Berufsgenossen zwar immer eine sehr wichtige Folge des Beispiels und Erklärungsgrund wesentlicher Erscheinungen, aber oft nicht zum individuellen Erfolg nötig – im Gegenteil ihm abträglich und vom Unternehmer nicht gewünscht – ist und ohne darauf gerichtetes Tun eintritt. Hingegen ist die Bedeutung jener besondern Vereinigung von Schärfe und Enge des Gesichtskreises und der Fähigkeit zum Alleingehen um so größer. Und das entscheidet auch über den Typus. Ihm fehlt aller äußere Glanz, wie er bei andern Arten von Führerschaft dadurch gegeben ist, daß gehobene Organstellung die Voraussetzung ihrer Ausübung ist. Ihm fehlt aller persönliche Glanz, wie er bei vielen andern Arten von Führerschaft gegeben sein muß, bei jenen, wo durch „Persönlichkeit" oder Geltung in einem kritischen sozialen Kreis geführt wird. Seine Aufgabe ist sehr speziell: wer sie lösen kann, braucht in jeder andern Beziehung weder intelligent noch sonst interessant, kultiviert oder in irgendeinem Sinn „hochstehend" zu sein, kann selbst lächerlich wirken in den sozialen Positionen, in die ihn sein Erfolg ex post stellt. Er ist typisch – dem Wesen nach, aber außerdem (was nicht zusammenzufallen brauchte) historisch –, Emporkömmling und traditionslos, daher oft unsicher, anpassend, ängstlich – alles andre als ein Führer – außerhalb seines Bureaus. Er ist der Revolutionär der Wirtschaft – und der unfreiwillige Pionier sozialer und politischer Revolution –, und seine eignen Genossen verleugnen ihn, wenn sie um einen Schritt weiter sind, so daß er mitunter im Kreis etablierter Industrieller nicht rezipiert ist. In allen diesen Punkten gibt es Analogien mit Führertypen andrer Art. Aber keine dieser erregt so viel Aufsehen und, aus den verschiedensten Gründen, abfällige Kritik. Und die individuellen Qualitätsunterschiede gewinnen hier deshalb eine für das Schicksal des Typus wie für das Schicksal der Wirtschaftsform, der er seinen Stempel aufdrückt, ernste Bedeutung.

Quelle: Schumpeter (1997 [1911]: 129f).

Die im Quellentext 5 angesprochene negative Wahrnehmung von Unternehmern war vermutlich ein Merkmal der damaligen Zeit. Eine solche Einschätzung lässt sich nur schwer verallgemeinern – man denke an die Popstar-Rolle eines Bill Gates, Elon Musk oder Steve Jobs – und stellt sich in verschiedenen Zeiten und Gesellschaften unterschiedlich dar. Doch sieht man von gewissen Schwankungen in der öffentlichen Wertschätzung einmal ab, so sind die Aktivitäten von Unternehmern für Schumpeter vor allem durch außergewöhnliche Motive angeleitet, die im neoklassischen Ideal der Konsumbefriedigung nicht einfach aufgehen: so etwa durch den Geltungsdrang, d.h. das Streben danach, ein „privates Reich" zu gründen; durch den Siegerwillen, d.h. den Erfolg im – sportlich betrachteten – Wettkampf; und durch die Gestaltungsfreude, d.h. dem Bedürfnis, überschüssige Energien schöpferisch zu nutzen (Schumpeter 1997 [1911]: 138).

Für Schumpeter ist nur im ersten Fall des Geltungsdrangs die unternehmerische Initiative mit privatem Eigentum verknüpft. Ansonsten spielt dieses für die Bestimmung der Unternehmerfunktion nur eine nachgeordnete Rolle. Entsprechend grenzt er die Figur des Unternehmers deutlich von all jenen Akteuren ab, die im Wirtschaftsprozess selbständig sind und über Kapital verfügen.

> „Unter unseren Begriff fallen nicht alle selbständigen, für eigne Rechnung handelnden Wirtschaftssubjekte, wie das üblich ist. Eigentum am Betrieb oder überhaupt irgendwelches ‚Vermögen' – ist für uns kein wesentliches Merkmal; aber auch abgesehen davon schließt Selbständigkeit in diesem Sinne nicht schon von selbst die Erfüllung der für unseren Begriff konstitutiven Funktion ein. Nicht nur Bauern, Handwerker, Angehörige freier Berufe – die man mitunter einschließt –, sondern auch ‚Fabrikherren' oder ‚Industrielle' oder ‚Kaufleute' – die man immer einschließt – brauchen nicht notwendig ‚Unternehmer' zu sein." (Schumpeter 1997 [1911]: 111f)

Die genannten Wirtschaftssubjekte können, müssen aber nicht Unternehmer sein. Gleiches gilt für den „Erfinder":

> „Die Funktion des Erfinders oder überhaupt Technikers und die des Unternehmers fallen nicht zusammen. Der Unternehmer kann auch Erfinder sein und umgekehrt, aber grundsätzlich nur zufälligerweise. Der Unternehmer als solcher ist nicht geistiger Schöpfer der neuen Kombinationen, der Erfinder als solcher weder Unternehmer noch Führer anderer Art." (Schumpeter 1997 [1911]: 111f)

Nicht die Erfindung, sondern die Funktion der „Durchsetzung" neuer Kombinationen ist für den Unternehmer charakteristisch. Damit er diese Rolle ausüben kann, ist er, sofern er nicht selbst über genügend Kapital, verstanden als ein „Fonds von Kaufkraft" (Schumpeter 1997 [1911]: 170), also über Vermögen verfügt, auf andere Wirtschaftssubjekte, d.h. den Kapitalisten oder Bankier angewiesen. Der Bankier schafft gleichsam neue Kaufkraft „aus Nichts" (Schumpeter 1997 [1911]: 109) und ermöglicht es damit dem Unternehmer, innovativ tätig zu werden. Der Prozess der Kreditschöpfung und die damit verbundene Bereitstellung von Kapital sind für die wirtschaftliche Entwicklung mithin funktional; und wie der Unternehmer als Träger von Innovationen fungiert, so begreift Schumpeter (1961 [1939]: 117ff) den Bankier als Organisator der Kreditschöpfung:

> „Der Bankier ist also nicht so sehr und nicht in erster Linie Zwischenhändler mit der Ware ‚Kaufkraft', sondern vor allem Produzent dieser Ware. Da aber heute normalerweise auch alle Rücklagen und Sparfonds bei ihm zusammenströmen und sich das Gesamtangebot an sei es vorhandener, sei es zu schaffender freier Kaufkraft bei ihm konzentriert, so hat er gleichsam den privaten Kapitalisten ersetzt oder entmündigt, ist er selbst der Kapitalist geworden. Er steht zwischen jenen, die neue Kombinationen durchsetzen wollen, und den Besitzern von Produktionsmitteln. Er ist im Kerne eine Erscheinung der Entwicklung, allerdings nur dort, wo keine Befehlsgewalt den sozialen Wirtschaftsprozeß leitet. Er ermöglicht die Durchsetzung der neuen Kombinationen, stellt gleichsam im Namen der Volkswirtschaft die Vollmacht aus, sie durchzuführen." (Schumpeter 1997 [1911]: 110)

3.1.2.3 Wellen der Innovation

In gewisser Weise stellt der Bankier ein „Bindeglied zwischen dem innovativen Unternehmer und den Produktionsfaktoren im statischen Sektor" dar (Bachinger/Mathis 2009: 575). Aufgrund des ihm eigenen Habitus lässt er sich – als Träger von Investitionsrisiken mit elitären Wesenszügen – zugleich aber auch dem dynamischen Sektor der Ökonomie zurechnen. Wenn Schumpeter den ungleichmäßigen, schubweise oder wellenförmig sich entfaltenden Verlauf der wirtschaftlichen Entwicklung in den Blick nimmt, könnte er diesen grundsätzlich auch aus den Dynamiken des Kreditsystems heraus erklären. Schumpeter wählt jedoch einen anderen Weg und bleibt bei der Zentralität des Unternehmers (Tichy 1985), dem die Aktivitäten des Bankiers nur nachgelagert sind. Noch in der Theorie der wirtschaftlichen Entwicklung führt er aus:

> „Warum treten die Unternehmer nicht kontinuierlich, in jedem Augenblick also vereinzelt, sondern scharenweise auf? Ausschließlich deshalb, weil das Auftreten eines oder einiger Unternehmer das Auftreten anderer und dieses das Auftreten weiterer und immer zahlreicherer erleichtert und eben dadurch bewirkt. [...] In der Tat zeigt uns die Wirklichkeit auch, daß eine jede normale Konjunktur in einem Zweige oder einigen Zweigen (Eisenbahnbau, elektrische, chemische Industrie usw.) einsetzt und durch die Neuerungen in diesem oder diesen vor allem gekennzeichnet wird. Aber die ‚Ersten' räumen die Hindernisse für die ‚Andern' nicht bloß für den Produktionszweig weg, in welchem sie auftreten, sondern, entsprechend der Natur dieser Hindernisse, ipso facto zum großen Teil für die übrigen Produktionszweige: Viele Dinge können auch von diesen kopiert werden; das Beispiel als solches wirkt auch da; und manche Errungenschaften dienen, ganz abgesehen von bald auftretenden sekundär wichtigen Umständen – Preissteigerungen usw. – unmittelbar auch andern Zweigen, wie z.B. die Erschließung eines fremden Marktes. So wirken die ersten Führer über ihren unmittelbaren Aktionskreis hinaus und so vermehrt sich die Schar der Unternehmer noch weiter als es sonst der Fall wäre, wird die Volkswirtschaft schneller und vollständiger als es sonst der Fall wäre in den Reorganisationsprozeß gezogen, der den Sinn der Aufschwungsperiode ausmacht." (Schumpeter 1997 [1911]: 339 ff)

Nach einer gewissen Zeit lässt die Verallgemeinerung von Innovationen – und zwar in dem Maße, wie Führung zur Durchsetzung des Neuen nicht mehr erforderlich ist – allmählich nach. Der Unternehmer repräsentiert für Schumpeter daher ein temporales, vorübergehendes Phänomen. Wie sich die Temporalität des Unternehmers und damit der wellenförmige Verlauf der wirtschaftlichen Entwicklung empirisch – historisch und statistisch – darstellt, ist Untersuchungsgegenstand der Studie zu den *Konjunkturzyklen* (Schumpeter 1961 [1939]). Anknüpfend an die zuvor dargelegten entwicklungstheoretischen Überlegungen nähert sich Schumpeter (1961 [1939]: 139 ff) der Zyklizität des Kapitalismus zunächst mit einem Zwei-Phasen-Modell: Das Gleichgewicht wird durch einen innovationsinduzierten Aufschwung – mit einer Ausweitung der Produktion, sinkender Arbeitslosigkeit, steigenden Preisen, Zinsen, Löhnen und Unternehmensgewinnen und einer vermehrten Kreditvergabe – aufgebrochen, führt dann aber über einen Abschwung – mit nachlassenden Unternehmensgründungen, Investitionen und Krediten, einer abnehmenden Produktion und steigenden Arbeitslosigkeit sowie sinkenden Unternehmensgewinnen, Löhnen und Preisen –, also konjunkturellen Anpassungsprozessen, zu einem neuen Gleichgewicht.

In einem nächsten Schritt geht Schumpeter durch die Berücksichtigung der Phänomene einer „sekundären Welle" – vor allem schwankender Stimmungslagen und atmosphärischer Effekte wie eines übermäßigen Optimismus oder Pessimismus oder der Häufung von Irrtümern – über das Zwei-Phasen-Modell hinaus. Er gelangt auf diese Weise zu einem Vier-Phasen-Zyklus von Prosperität, Rezession, Depression und Erholung (Schumpeter 1961 [1939]: 146 ff), der die Komplexität der konjunkturellen Entwicklung schon eher zu erfassen vermag. Doch letztlich wird für Schumpeter auch dieser Zugriff der komplexen wirtschaftlichen Dynamik noch immer nicht gerecht. Er geht nämlich davon aus, dass sich der Charakter von Innovationen und mit diesem auch der zeitliche Horizont ihrer Verallgemeinerung und Wirkungsweise beträchtlich unterscheidet.

> „[…] Wenn Innovationen die eigentliche Quelle zyklischer Schwankungen sind, dann kann man nicht damit rechnen, daß diese eine einzige wellenförmige Bewegung darstellen, weil die Perioden des Anlaufs und der Absorption der Wirkungen durch das Wirtschaftssystem im allgemeinen nicht bei allen Innovationen, die zu irgendeiner Zeit vorgenommen werden, die gleichen sein werden. Es gibt Innovationen von relativ langer Spanne, und zusammen mit diesen werden andere Innovationen durchgeführt, die auf dem Rücken der durch die ersteren hervorgebrachten Wellen in kürzeren Perioden ablaufen." (Schumpeter 1961 [1939]: 176)

Um diese unterschiedlichen Zeithorizonte und deren Überlagerung zu erfassen, verknüpft Schumpeter – wohlwissend, dass es noch weitere Konzepte der Zyklizität und auch viele Sonderfaktoren (Kriege, Missernten, Epidemien) gibt, die die konjunkturelle Entwicklung beeinflussen – vor allem drei spezifische Zyklen-Theorien. Er bezieht sich erstens positiv auf die sog. Kitchin-Zyklen, benannt nach dem britischen Geschäftsmann und Statistiker Joseph Kitchin

[1861–1932], der Schwankungen von ca. 40 Monaten identifiziert; zweitens greift er den von Clémont Juglar [1819–1905], einem französischen Mediziner, statistisch erfassten „klassischen Konjunkturzyklus" von 9–11 Jahren auf; und drittens schließt er sich der von Nikolai Dmitrijewitsch Kondratieff [1892–1938], einem russischen Ökonomen, entwickelten Konzeption der „langen Wellen" mit einer Dauer von etwa 45–60 Jahren, den sog. Kondratieff-Zyklen, an. Vor allem letztere erscheinen Schumpeter besonders interessant und aufschlussreich, ist mit ihnen doch der Prozess der langfristigen Durchsetzung und Implementierung von Basisinnovationen und grundlegend neuen Formen der Produktion verbunden.

> „Historisch gesehen bedeutet der erste durch unser Material erfaßte Kondratieffzyklus die industrielle Revolution einschließlich des langwierigen Prozesses ihrer Absorption. Wir datieren ihn von den achtziger Jahren des achtzehnten Jahrhunderts bis 1842. Der zweite Kondratieffzyklus umfaßt die Zeit, die man das Zeitalter des Dampfes und Stahls genannt hat. Er verläuft zwischen 1842 und 1897. Und den dritten, den Kondratieffzyklus der Elektrizität, der Chemie und des Motors rechnen wir ab 1898." (Schumpeter 1961 [1939]: 180)

In der weiteren Darstellung wird der Verlauf dieser Wellen in den hochindustrialisierten Ländern – Großbritannien, USA und Deutschland – eingehender erläutert und charakterisiert. Die erste Welle (1787–1842) ist für Schumpeter vor allem mit dem Prozess der „industriellen Revolution" verbunden, insbesondere mit den technologischen und produktionsorganisatorischen Fortschritten in der Baumwoll- und Eisenindustrie und dem Bedeutungsgewinn der Schifffahrt. Die zweite Welle (1843–1897), wird von ihm angesichts der gesellschaftlich und kulturell prägenden Rolle der industriellen und kommerziellen Klassen als „bürgerlich" bezeichnet (Schumpeter 1961 [1939]: 315 f) und stützt sich vornehmlich auf den Eisenbahnbau, die Dampfmaschine und die Kohle- und Stahlerzeugung. Schließlich charakterisiert er die dritte Welle (seit 1898) aufgrund des aufkommenden Protektionismus als „neumerkantilistisch". Die diese Welle tragenden Innovationen bestehen in der Durchsetzung der Elektrizität und neuen chemischen und pharmazeutischen Produkten und erst ansatzweise des Autos.[21]

---

21 Dem Auto kommt als Fortbewegungsmittel zu dieser Zeit – vor allem in den USA – eine wachsende Bedeutung zu. Doch letztlich ist die Verallgemeinerung fordistischer Produktionsmethoden – nicht nur in der Automobilindustrie, sondern in allen Branchen, in de-

In der Rekonstruktion und Diskussion der Überlagerung der drei Typen von Konjunkturzyklen – ergänzt durch Sondereinflüsse – gelangt Schumpeter zu drei unterschiedlichen Erkenntnissen: erstens dazu, dass sich die industrielle Innovationsdynamik geographisch von Großbritannien nach Deutschland, vor allem aber in die USA verschiebt; zweitens interpretiert er die Weltwirtschaftskrise Ende der 1920er Jahre – anders als John Maynard Keynes nicht kreislauftheoretisch als Konsequenz einer unzureichenden effektiven Nachfrage –, sondern als das Zusammentreffen und die wechselseitige Verstärkung der Depressionsphasen aller drei Zyklen, also eines Kitchin-, Juglar- und Kondratieff-Zyklus (Schumpeter 1961 [1939]: 935 ff); und drittens diskutiert er zwischendurch immer wieder die zentrale Rolle großer Konzerne und die mit diesen verbundene Herausbildung oligopolistischer und monopolistischer Strukturen und Praktiken.

3.1.3 Kapitalismus, Sozialismus und Demokratie

Der zuletzt genannte Aspekt, d.h. die Herausbildung oligopolistischer und monopolistischer Strukturen durch große Konzerne, spielt in seiner Studie zu den Perspektiven von *Kapitalismus, Sozialismus und Demokratie* eine wichtige Rolle. Hierbei ist zunächst hervorzuheben, dass Schumpeter auch in seinem Spätwerk bestrebt ist, keine normative, sondern eine analytisch nüchterne und realistische Perspektive einzunehmen. Dies zeigt sich auch darin, wie er die politökonomische Entwicklung seit den 1920er Jahren interpretiert: nämlich als einen Prozess, der durch die erfolgreiche Realisierung von Innovationen eine „kreative Zerstörung" generiert, also massive Verdrängungseffekte und die Herausbildung großer Konzerne und Trusts begünstigt; und der zugleich eine veränderte gesellschaftspolitische Grundhaltung – zunehmende Kapitalismuskritik und Unterstützung des Sozialismus – in unterschiedlichen sozialen Milieus mit sich bringt. Ähnlich wie zuvor Sombart (1987c [1927]) gelangt er daher zu der Voraussage, dass der Kapitalismus allmählich in den Sozialismus übergeht. Die Ursachen für diese Entwicklung wie auch die Operationsweise des Sozialismus werden von Schumpeter jedoch etwas anders bestimmt (Chaloupek 1995).

---

nen Massenkonsumgüter (Radios, Fernsehgeräte, Kühlschränke) hergestellt werden – die zentrale innovative Grundlage eines vierten Kondratieffs, der in den 1930er Jahren einsetzt. Ein fünfter Kondratieff seit den 1970er Jahren stützt sich hingegen auf die mit der Mikroelektronik verbundene kommunikations- und informationstechnologische Revolutionierung von Produktion und Alltag.

3.1.3.1 Perspektiven des Kapitalismus und Sozialismus

Wie dargestellt, wird die Entwicklung des Kapitalismus gemäß Schumpeter vor allem durch die Generierung von Innovationen, also Prozesse der „schöpferischen Zerstörung", vorangetrieben. Die Herausbildung von Monopolen ist für ihn hiermit unmittelbar verknüpft.

> „Es kann vernünftigerweise kein Zweifel darüber bestehen, daß unter den Bedingungen unserer Epoche eine solche Überlegenheit tatsächlich der hervorstechende Zug der typischen, großdimensionierten Unternehmungseinheit ist, obschon bloße Größe dabei weder notwendig noch hinreichend ist. Nicht nur entstehen diese Einheiten im Prozeß der schöpferischen Zerstörung und arbeiten in einer vom statischen Schema völlig verschiedenen Weise, sondern in vielen, entscheidenden Fällen liefern sie die notwendige Form für die Ausführung. Sie schaffen weitgehend das, was sie nutzen." (Schumpeter 2020 [1942]: 130)

Nur selten ist das Monopol jedoch umfassend und von Dauer. Zumeist ist die Kontrolle der Märkte unvollkommen und vorübergehend, sodass sich eher Konstellationen der „monopolistischen Konkurrenz" ergeben. Der strukturelle Wettbewerb bleibt also bestehen, und zugleich ist die im neoklassischen (Gleichgewichts-)Modell beschriebene „vollkommene Konkurrenz" aufgehoben. Es ergibt sich hierdurch ein Zustand, der innovationsfördernd ist, weil Überschusskapazitäten entstehen. Es kann dann hinreichend Kapital mobilisiert werden, um durch dessen veränderte Kombination neue Produkte oder Produktionsverfahren einzuführen. Aufgrund dieser Möglichkeiten ist für Schumpeter „die Großunternehmung zum kräftigsten Motor" der wirtschaftlichen Entwicklung, „insbesondere der langfristigen Ausdehnung der Gesamtproduktion" geworden (Schumpeter 2020 [1942]: 137).

Ob und inwiefern diese Dynamik anhalten kann, ist jedoch eine andere Frage. Schumpeter lobpreist zwar die historischen Erfolge des Kapitalismus, sieht letztlich jedoch in diesen Erfolgen – der beschleunigten wirtschaftlichen Entwicklung – zugleich die Ursachen für sein wahrscheinliches Ende. Das Verständnis des Kapitalismus wird in diesem Begründungszusammenhang deutlich erweitert. Es beschränkt sich nun nicht mehr nur auf die ökonomischen Prozesse im engeren Sinne, sondern umschließt – unter Vermittlung von Innovationen – „die wechselseitigen Beziehungen zwischen der ökonomischen Sphäre und der ‚kulturellen Komponente'" (Böhm 2009a: 153). Vor allem drei Faktoren begünstigen für Schumpeter den Übergang zum Sozialismus. Er verweist erstens auf die Tendenzen der Bürokratisierung, Automatisierung und Entpersönlichung:

> „Die vollkommen bürokratisierte industrielle Rieseneinheit verdrängt nicht nur die kleine oder mittelgroße Firma und ‚expropriiert' ihre Eigentümer, sondern verdrängt zuletzt auch den Unternehmer und expropriiert die Bourgeoisie als Klasse, die in diesem Prozeß Gefahr lauft, nicht nur ihr Einkommen, sondern, was unendlich viel wichtiger ist, auch ihre Funktion zu verlieren. Die wahren Schrittmacher des Sozialismus waren nicht die Intellektuellen oder Agitatoren, die ihn predigten, sondern die Vanderbilts, Carnegies und Rockefellers." (Schumpeter 2020 [1942]: 175)

Zweitens setzt mit der Entfaltung des Kapitalismus ein Rationalisierungsprozess ein, der auch die feudalen Strukturen – etwa die Elemente der aristokratisch geprägten Führung – und andere präkapitalistische Einrichtungen und Netzwerke unterminiert, die den Kapitalismus symbiotisch abstützen und schützten. Darüber hinaus werden die Aspekte der institutionellen Ordnung – vor allem die Institutionen des Privateigentums, des freien Vertragsrechts oder der bürgerlichen Familie –, die die privaten wirtschaftlichen Aktivitäten bislang ermöglicht und gefördert haben, im Laufe der Zeit durch Prozesse der sozialen Regulierung und der staatlichen Kontrolle geschwächt.

Drittens beobachtet Schumpeter eine feindselige gesellschaftliche Atmosphäre, in der die bürgerlichen Werte attackiert und herabgesetzt werden. Die Ursachen hierfür sieht er weniger in sozialen Problemen und Missständen, als vielmehr in der Thematisierung gegebener Unzufriedenheiten und eines diffusen gesellschaftlichen Grolls durch die Gruppe der Intellektuellen. Deren kritische Haltung gegenüber dem Kapitalismus resultiert für Schumpeter (2020 [1942]: 192) nicht zuletzt daraus, dass sie selbst nicht direkt betroffen sind, keinerlei Verantwortung übernehmen müssen und sich in der Rolle des beobachteten Zuschauers nur dann Geltung und Gehör verschaffen können, wenn sie die gesellschaftlichen Abläufe öffentlichkeitswirksam stören. Nicht selten finden sie eine Gefolgschaft bei den arbeitenden Massen, die sie umgarnen und antreiben und denen sie, um Misstrauen abzubauen, immer wieder schmeicheln müssen (Schumpeter 2020 [1942]: 201).

Vor dem Hintergrund dieser Prozesse erscheint es für Schumpeter wahrscheinlich, dass sich der Übergang in die sozialistische Gesellschaft vollziehen wird. Von einer genauen Bestimmung des Sozialismus nimmt er – angesichts der sich wandelnden kulturellen Präferenzen in den nationalen Gesellschaften – allerdings Abstand. Er versteht darunter allgemein

> „[...] ein institutionelles System [...], in dem die Kontrolle über die Produktionsmittel und über die Produktion selbst einer Zentralbehörde zusteht, – oder wie wir auch sagen können, in dem grundsätzlich die wirtschaftlichen Belange der Gesellschaft in die öffentliche und nicht in die private Sphäre gehören." (Schumpeter 2020 [1942]: 220)

Im Kontrast zu den Diskussionen in der Arbeiter*innenbewegung versteht Schumpeter unter Sozialismus nicht in erster Linie die Demokratisierung, sondern die zentrale Planung, Steuerung und Verwaltung der Wirtschaft. Diese Komponenten machen für Schumpeter den Sozialismus in wichtigen Punkten dem Kapitalismus, dem nach wie vor seine Bewunderung und Wertschätzung gilt, überlegen. Die Nachteile der privatwirtschaftlichen Fortschrittsplanung – konjunkturelle Schwankungen, Vergeudung von Ressourcen – werden auf diese Weise hinfällig:

> „[...] die Sozialisierung bedeutet einen Schritt über die Großunternehmung hinaus auf dem Weg, der durch diese vorgezeichnet worden ist; oder, was auf das gleiche herauskommt: die sozialistische Leitung wird sich vermutlich dem Kapitalismus der Großunternehmung ebenso überlegen erweisen, wie der Kapitalismus der Großunternehmung sich jener Art von Konkurrenzkapitalismus überlegen gezeigt hat, dessen Prototyp die englische Industrie vor gut hundert Jahren war." (Schumpeter 2020 [1942]: 258)

Mit der Hervorhebung einer – staats- oder gemeinwirtschaftlich basierten – zentralen Planung und Steuerung der Ökonomie geht Schumpeter über Sombart, der das Modell einer gemischtwirtschaftlichen Ordnung vor Augen hatte, deutlich hinaus (Chaloupek 1995). Gleichzeitig stimmt er mit dessen Perspektive eines evolutionären, nicht durch Gewalt und Revolte, sondern freie Wahlen herbeigeführten Übergangs in den Sozialismus überein; noch stärker mit der von Hilferding entwickelten Konzeption des „organisierten Kapitalismus"[22], dessen Kapazitäten für eine gesamtgesellschaftliche Planung und Steuerung bereits beachtlich sind und nur noch für eine sozialistische Perspektive nutzbar gemacht werden müssen.

---

22 Die Konzeption des „organisierten Kapitalismus" ist noch nicht in der Schrift „Das Finanzkapital" (Hilferding 1910) entwickelt worden, schließt aber an die darin entfaltete Argumentation an. Danach nehmen mit der Verflechtung von Finanz- und Industrieunternehmen und den Tendenzen der Monopolisierung die Planungselemente im Kapitalismus zu.

3.1.3.2 Führerprinzip und Demokratieverständnis

Wenn dies geschieht, ist es für Schumpeter ebenso möglich, demokratische Formen der Herrschaftsausübung fortzuführen. Die politisch-institutionellen Verfahren und die Modi der politökonomischen und gesellschaftlichen Entwicklung sind für Schumpeter hierbei aber entkoppelt. Er verabschiedet sich vom klassischen Ideal, gemäß dem die Demokratie dem Volk die Gelegenheit bietet, im politischen Prozess das Gemeinwohl zu realisieren. Tatsächlich ist für ihn das Gemeinwohl aufgrund heterogener Interessenlagen nicht erkennbar. Anders als es die Perspektive der „Volkssouveränität" unterstellt, bildet das Volk kein Subjekt, das in der Lage wäre, sich selbst zu regieren. Hierzu ist es, so Schumpeter, intellektuell überfordert, weshalb nicht nur in der Sphäre der Wirtschaft, sondern auch in der Sphäre der Politik eine Führung durch besonders befähigte Köpfe erfolgt. Auf der Grundlage dieser Annahmen gelangt Schumpeter zu einem zumeist als „minimalistisch" oder „realistisch" (Schmidt 2019: 169 ff) bezeichneten Verständnis von Demokratie:

> „Wir nehmen nun den Standpunkt ein, daß die Rolle des Volkes darin besteht, eine Regierung hervorzubringen oder sonst eine dazwischengeschobene Körperschaft, die ihrerseits eine nationale Exekutive oder Regierung hervorbringt. Und wir definieren: die demokratische Methode ist diejenige Ordnung der Institutionen zur Erreichung politischer Entscheidungen, bei welcher einzelne die Entscheidungsbefugnis vermittels eines Konkurrenzkampfs um die Stimmen des Volkes erwerben." (Schumpeter 2020 [1942]: 355)

Dieses Verständnis von Demokratie als eines Verfahrens zur Auswahl des politischen Führungspersonals erscheint ihm als gesellschaftspolitisch neutral oder unschuldig. Es orientiert sich sehr stark an den Spielregeln der Ökonomie, d.h. der Operationsweise des wirtschaftlichen Wettbewerbs und der besonderen Rolle der Unternehmer als Wirtschaftsführer. Schumpeter konstruiert das Modell eines politischen Marktes, auf dem die Politiker*innen um Stimmen konkurrieren, um Entscheidungsbefugnisse zu erlangen und ihre eigene Macht abzusichern. Er geht davon aus, dass über den Auswahlprozess die besten Führungspersönlichkeiten zum Zuge kommen, obgleich ihm die Wähler*innen über die politischen Entwicklungen als wenig aufgeklärt, rational und informiert erscheinen. Im Gegenteil, Schumpeter sieht in den Massen eher unmündige, affektgesteuerte und durch Manipulation und Werbung gesteuerte Bürger*innen. Hierdurch entsteht ein Widerspruch zwischen unaufgeklärten Wähler*innen und befähigtem politischen Führungspersonal, der bei ihm nur durch die Rationalität des Auswahlverfahrens aufgehoben werden kann. Mit seiner Skepsis gegenüber den Massen schließt er recht gut an die von Gaetano Mosca [1858–1941], Vilfredo Pareto [1848–1923] und Robert Michels [1876–1938] entwickelten elitentheoretischen Konzepte der damaligen Zeit an (Deppe 1999: 179ff). Zugleich wirkten seine Überlegungen, im Vergleich zu den genannten Theoretikern, nachhaltiger. Dies lag nicht zuletzt daran, dass sie von Anthony Downs [*1930] aufgegriffen und weiter formalisiert wurden. Downs (1968 [1957]) ging in seiner „Ökonomischen Theorie der Demokratie" allerdings von gut informierten, selbstinteressierten und rational handelnden Wähler*innen aus.

2.1.4 Rezeption, Wirkung und Kritik

Die Wirkungsgeschichte der von Schumpeter entwickelten Ideen und Konzepte ist nicht ganz leicht nachzuzeichnen. Dies liegt vor allem daran, dass seine Schriften – in den einzelnen Fachdisziplinen wie auch im Zeitverlauf – unterschiedlich und ungleichmäßig rezipiert worden sind. Selbst heute noch werden sie in der Rekonstruktion der ökonomischen Ideengeschichte nicht oder oft nur am Rande dargestellt (so etwa in Komphardt 2004; Screpanti/Zamagni 2005; Söllner 2012). Die Gründe für diese Geringschätzung sind unterschiedlich. Zunächst spielte sicherlich eine Rolle, dass Schumpeter zu seinen Lebzeiten und auch noch danach im Schatten von John Maynard Keynes stand, dessen makroökonomische Perspektive in der damaligen Zeit wissenschaftlich und öffentlich sehr viel stärker rezipiert wurde. Es ist auch nicht auszuschließen, dass die mit seinem Namen verbundenen Begriffe und Zeitdiagnosen – „kreative Zerstörung", innovativer Unternehmer oder der Übergang in den Sozialismus – vielen Fachkolleg*innen als wenig anschlussfähig erschienen, nur begrenzt als originell galten oder zum Teil anderen Theoretikern zugeschrieben wurden. Außerdem hatte das Buch, das am weitesten wahrgenommen und diskutiert wurde – *Kapitalismus, Sozialismus und Demokratie* – den Nimbus einer soziologischen oder politikwissenschaftlichen Schrift. Diese wurde auch von Vertretern der neokonservativen „Unregierbarkeits-These" in den 1960er und 1970er Jahren rezipiert (Scheuermann 2009: 426ff), nur selten aber in der wirtschaftswissenschaftlichen Diskussion wahrgenommen. Um nicht missverstanden zu werden: Es wäre gänzlich falsch, Schumpeter als wissenschaftlichen Nobody einzuordnen.[23] Aber sein

---

23 Die Zahl der Zitationen in den Nachkriegsjahrzehnten war durchaus sehr beachtlich (Kurz 2019: 392ff). Aber sie reflektiert sehr stark die breite sozialwissenschaftliche Rezeption und nur partiell die Aneignung oder Auseinandersetzung mit seinem Verständnis von kapitalistischer Entwicklung.

Beitrag zu Fortentwicklung des politökonomischen Denkens wurde lange nur selten gewürdigt.

Dies veränderte sich dann sehr deutlich seit den 1980er Jahren. Es kam zu einer Schumpeter-Renaissance. Seine Überlegungen und Konzepte wurden neu entdeckt und breit diskutiert (Freeman 1994). Der vordergründige Anlass dieser Neuentdeckung waren zwei Jubiläen: 1982 lag die Erstveröffentlichung von *Kapitalismus, Sozialismus und Demokratie* vierzig Jahre zurück; und 1983 besannen sich einige des hundertsten Geburtstags von Schumpeter. Noch wichtiger als diese Jubiläen war aber, dass sich die wissenschaftlichen und gesellschaftlichen Themen und Fragestellungen verschoben hatten und nicht wenige mutmaßten, dass zur Bearbeitung drängender aktueller Fragen die von Schumpeter entwickelten Konzepte aufschlussreich, zumindest anregend sind: In der entwicklungstheoretischen Diskussion versuchten einige, sie für die Erklärung des ökonomischen Aufbruchs asiatischer Schwellenländer nutzbar zu machen (Ebner 2009). Andere richteten den Blick stärker auf die Potenziale einer neuen langen Welle, die in den 1970er Jahre einsetzte und sich auf die Basisinnovation der Mikroelektronik und die neuen Informations- und Kommunikationstechnologien stützte (Göransson/Söderberg 2005). Und wieder andere thematisieren im Übergang zu einer wirtschaftspolitischen Angebots-Agenda, die durch die neoliberale Deregulierung der Arbeitsmärkte, Sozialsysteme und nicht zuletzt der Finanzmärkte – etwa durch eine verbesserte Bereitstellung von Risikokapital – gefördert worden war, die besondere Rolle innovativer Unternehmer (King/Levine 1993).

In den gesellschaftspolitischen Diskursen der vergangenen Jahrzehnte ist die Rückkehr des Unternehmerischen – Entrepreneurship in Verbindung mit Innovationsfragen – kaum zu übersehen. Nicht nur in wirtschafts- und industriepolitischen Konzepten sind die Bezüge zu Schumpeter vielfach gut erkennbar. Auch die strategischen Diskurse über die Reorganisation des Staates – Bob Jessop (1993) spricht vom Leitbild eines „Schumpeterian workfare state" – und eine unternehmensfreundliche Kultur und größere Bereitschaft zur Innovation verdeutlichen, dass die von Schumpeter entworfene Perspektive – zumindest indirekt – hochaktuell ist. Als Kehrseite der breiten und intensiven Rezeption sind seine Überlegungen aber auch vermehrt kritisiert worden. Ohne Anspruch auf Vollständigkeit sollen hier nur einige problematische Aspekte angesprochen werden:

Erstens wird das neoklassische Modell der „statischen Wirtschaft" inkonsistent verwendet (Hofmann 1979: 102). In der „Theorie der wirtschaftlichen Entwicklung" bildet es den Ausgangspunkt, in dem es – aufgrund der Abwesenheit des innovativen Unternehmers – keinen Zins und keinen Gewinn geben kann.

In der Schrift *Kapitalismus, Sozialismus und Demokratie* nimmt Schumpeter dann aber die Option eines gleichmäßigen, störungsfreien Wachstums, das allerdings ohne Zins und Gewinn schwer vorstellbar ist, in das Modell der statischen Wirtschaft mit auf. Zugleich ist der Referenzpunkt eines Gleichgewichtszustandes insofern fragwürdig, als die unterschiedliche Dauer der sich überlappenden Zyklen – Kitchin, Juglar und Kondratieff – auf eine permanente wirtschaftliche Dynamik verweisen (Hofmann 1979: 115).

Zweitens erscheint es als überzogen, die konjunkturelle Entwicklung und die unterschiedlichen Zyklen auf die unternehmerischen Innovationen zurückzuführen. Dieser Nexus wird postuliert, aber nicht im strengen Sinne nachgewiesen. Es stellt sich zumindest die Frage, ob der Konjunkturzyklus nicht maßgeblich auch durch die makroökonomische Konstellation und die durch diese begünstigten oder gebremsten Erweiterungsinvestitionen bestimmt wird (Hofmann 1979: 104).

Drittens setzt sich Schumpeter sehr intensiv mit dem Unternehmer auseinander. Allerdings wird dieser anfangs heroisch, dann vor allem funktional und temporal betrachtet. Das unternehmerische Handeln diffundiert zugleich und wird deutlich unschärfer (Bachinger/Mathis 2009: 649 f). Ob jemand als Unternehmer agiert, also neue Kombinationen durchsetzt, kann von Schumpeter eigentlich erst im Nachhinein festgestellt werden.

Viertens befasst sich Schumpeter nur sporadisch mit Fragen der Arbeit, der sozialen Ungleichheit und der Kultur (Kocka 2018: 52). Letztere kommt erst in seinen zeitdiagnostischen Beobachtungen zu den bröckelnden Fundamenten des Kapitalismus zur Sprache (Böhm 2009a: 153). Als Krisenfaktor wird sie hierbei „von außen“ in das Kapitalismus-Konzept integriert, ohne dass dieses Spannungsverhältnis zur engeren Konzeptualisierung in früheren Schriften von Schumpeter reflektiert wird.

Fünftens schließlich ist in den Schriften eine sozialdarwinistische Grundorientierung nicht zu übersehen.

> „Gesellschaft ist bei Schumpeter kein Ort eines solidarischen Miteinanders, sondern eine Arena, in der der ‚Kampf ums Dasein‘ ausgetragen, über Sieg und Niederlage entschieden wird.“ (Bachinger/Mathis 2009: 655)

Die gegebenen politökonomischen Verhältnisse – die Konkurrenz der Marktakteure, politische Kämpfe, die Organisation von Führung und Prozesse der Auslese – werden dabei nicht auf ihre sozialen Ursachen hin befragt, sondern tendenziell naturalisiert.

3.2 Die Große Transformation: Karl Polanyi

In den meisten Übersichtsbänden zur ökonomischen Theoriebildung taucht Karl Polanyi [1886–1964] nicht oder allenfalls am Rande auf. Wenn letzteres geschieht, so wird Polanyi zumeist als unkonventioneller oder häretischer Ökonom gewürdigt (so etwa in Screpanti/Zamagni 2005: 466 ff). Diese Einordnung ist in einem doppelten Sinne zutreffend, aber auch erläuterungsbedürftig. Sie ist zum einen zutreffend, weil Polanyi kein vollausgebildeter Ökonom war, sondern sich selbst immer auch als Historiker, Anthropologe oder Sozialphilosoph verstand; und sie traf auch insofern zu, als er im Kontrast zum inzwischen vorherrschenden formalen Verständnis von Ökonomie – der marktvermittelten Allokation knapper Güter – eine substantivistische Perspektive entwickelte, die – im Kontrast zur formalen Analyse marktvermittelter Allokationsprozesse – die materiellen Aspekte der Bedürfnisbefriedigung und die gesellschaftlichen Voraussetzungen des Wirtschaftslebens in den Mittelpunkt stellte (Humphreys 1979: 39 ff; Stanfield 1989). Dieser gesellschaftstheoretisch inspirierte Zugriff auf die Ökonomie brachte eine fachdisziplinäre Randständigkeit in den Wirtschaftswissenschaften mit sich, machte Polanyi letztlich jedoch zu einem Klassiker des politökonomischen und sozioökonomischen Denkens.

Genauer betrachtet ist diese zentrale Position innerhalb der Politischen Ökonomie allerdings erst das Ergebnis der Debatten der letzten Jahrzehnte. Ähnlich wie es seit den 1980er Jahren eine Schumpeter-Renaissance gab, so lässt sich seit dieser Zeit auch eine Renaissance, vielfach überhaupt erst Entdeckung der von Polanyi entwickelten Konzepte beobachten. Die Rezeption erfolgte vornehmlich in den Sozialwissenschaften, maßgeblich in der Soziologie. Vor allem in der wirtschaftssoziologischen Diskussion spielten die von Polanyi entwickelten Konzepte der „Einbettung" und „Entbettung" wie auch die Konzepte der „Doppelbewegung" – des Aufeinandereinwirkens konkurrierender Ordnungsvorstellungen – und der „fiktiven Waren", also der Güter, die aufgrund ihrer sozialen Substanz eigentlich keine typischen Waren darstellen, eine wichtige Rolle. Die Konzepte unterstreichen nicht nur den gesellschaftstheoretischen, in besonderem Maße soziologisch und historisch geprägten Zugriff auf Fragen der Politischen Ökonomie. Sie lassen auch erkennen, dass dieser Zugriff zugleich normativ imprägniert war. Im Hintergrund der Überlegungen standen die Ideale eines freiheitlichen Sozialismus (Thomasberger 2005), der in der Kritik von Marktgesellschaft und zentralstaatlicher Kontrolle die freiheitlichen Potenziale einer solidarischen Organisation der Gesellschaft zu fördern versuchte.

3.2.1 Karl Polanyi: Stationen eines freiheitlichen Sozialisten

Dieses Selbstverständnis als freiheitlicher Sozialist, das später durch Elemente des Gildensozialismus, der stark auf das Genossenschaftswesen setzte, und des christlichen Sozialismus angereichert wurde (Rogan 2017: 51 ff), war für die damalige Zeit schon ein wenig ungewöhnlich. In ihm reflektieren sich die Einflüsse eines bürgerlich-sozialistischen Milieus, in dem Polanyi bereits in seiner Jugendzeit in Budapest sozialisiert wurde und das auch danach für die unterschiedlichen sozialen Kontakte in Wien bestimmend blieb. Im Unterschied zu Joseph Alois Schumpeter [1883–1950] und Friedrich August von Hayek [1899–1992], die in den gleichen intellektuellen Kreisen verkehrten, blieb Polanyi jedoch aus einer freiheitlich-sozialistischen Perspektive heraus der Arbeiter*innenklasse und -bewegung zugeneigt, was sich auch in den Fragestellungen und analytischen Konzeptionen seines politökonomischen Denkens niederschlug (zur Biographie vgl. Polanyi-Lewitt 1996; Dale 2016; Aulenbacher et al. 2019: 45 ff).

Die wissenschaftliche und intellektuelle Entwicklung Karl Polanyis lässt sich am besten anhand der vier Stationen rekonstruieren, die den spezifischen sozial-räumlichen Kontext unterschiedlicher Lebensphasen markierten (Mesch 2019). Obgleich in Wien geboren, war die erste Station Budapest – eine kulturell sehr fortschrittliche Metropole in einem ansonsten eher rückständigen Umfeld. Polanyis Mutter stammte aus Vilnius, damals Teil des Russischen Kaiserreichs, sein Vater war ungarisch-jüdischer Herkunft und arbeitete als Ingenieur und Bahnunternehmer. Er wuchs also in einem bürgerlichen Elternhaus in Budapest auf, besuchte das Gymnasium und studierte anschließend ebenfalls in Budapest Philosophie und Jura. Das Jura-Studium schloss er mit der Promotion 1912 ab. Er hatte noch einen jüngeren Bruder, Michael Polanyi [1891–1976], der später als Chemiker und Philosoph im neoliberalen Netzwerk der Mont Pèlerin Society aktiv werden sollte und dessen Konzept des „Impliziten Wissens" einigen Einfluss auf die Wissenschaftstheorie hatte (Polanyi 1985). Karl war hingegen schon früh offen für sozialistische Ideen. Bereits während des Studiums war er Mitbegründer des Galilei-Kreises, eines linken Intellektuellen-Netzwerkes. Außerdem engagierte er sich in der Arbeiter*innenbildung und war 1914 an der Gründung der Radikalen Partei Ungarns beteiligt, einer linksbürgerlichen, für ein Bündnis mit der Sozialdemokratischen Partei offenen politischen Kraft. Es folgte Polanyis Einsatz als Kavallerieoffizier in der österreichisch-ungarischen Armee im Ersten Weltkrieg. Nach dem Krieg und der Revolution von 1918 wurde Ungarn zunächst Republik und dann Räterepublik, bevor bereits 1919 durch die Konterrevolution das autoritäre Regime unter Miklós Horthy etabliert wurde.

Für Polanyi war dies der Anlass, Budapest zu verlassen. Er emigrierte nach Österreich ins „Rote Wien“ und konnte dort eine arbeits-, sozial- und demokratiepolitische Aufbruchsstimmung erfahren. Unter den Bedingungen sozialdemokratischer Hegemonie wurde ein umfassender Infrastruktur- und Wohlfahrtsstaat geschaffen. Die zahlreichen Reformen betrafen die Wohnungs-, Bildungs-, Kultur- und Verkehrspolitik, den Ausbau der Sozialversicherungssysteme, die Einrichtung von Betriebsräten und Arbeiterkammern, neue Formen von Kollektivverträgen und diverse arbeitspolitische Schutzbestimmungen. Getragen und gefördert wurde diese Politik in der Zivilgesellschaft von vielfältigen sozialdemokratischen Vorfeldorganisationen und kritischen Intellektuellen-Netzwerken, in denen sich auch Polanyi bewegte. Er hatte Kontakte zu den Austro-Marxisten um Otto Bauer [1881–1938] und Max Adler [1873–1937], verfolgte in Fortsetzung der Diskussionen des Galilei-Zirkels die Debatten im – durch die analytische Philosophie und den logischen Empirismus geprägten – Wiener Kreis und arbeitete sich kritisch an den Konzepten der Wiener Schule der Nationalökonomie ab, in erster Linie an den Schriften Ludwig von Mises' [1981–1973] und Friedrich August von Hayeks. Polanyi publizierte unter anderem zu Fragen der sozialistischen Rechnungslegung (Polanyi 1922), war von 1924 bis 1933 Herausgeber und Redakteur der Zeitschrift „Der Österreichische Volkswirt“ und engagierte sich ab 1928 erneut in der Arbeiter*innenbildung. 1922 heiratete er die polnisch-ungarische Kommunistin und Revolutionärin Ilona Duczynska, mit der er neben der politischen Einstellung auch das Interesse an wissenschaftlichen Fragen teilte (Rogan 2017: 62f). Kurze Zeit später kam im Jahr 1925 seine Tochter Kari zur Welt.

Angesichts des Erstarkens des Klerikal-Faschismus in Österreich begab sich Polanyi Ende des Jahres 1933 auf seine dritte Station nach London. Seine Tochter und seine Frau, die zunächst noch im Widerstand aktiv war, folgten ein bzw. drei Jahre später. In London erfuhr die Familie Unterstützung durch Freunde aus dem christlichen-sozialistischen Milieu: unter anderem durch Irene Grant und Donald Grant, zu denen bereits zuvor Kontakte bestanden hatten, und durch Richard Henry Tawney [1880–1962], der ihn als „moralischer Ökonom“ inspirierte (Rogan 2017; Polanyi-Levitt 2019: 28). Polanyi (1979 [1935]) forschte und publizierte zum Faschismus und auch zu christlichen Werten. Er setzte sich intensiver mit den humanistisch inspirierten Frühschriften von Marx auseinander. Zugleich arbeitete er als Journalist, schrieb weiterhin Artikel für den Österreichischen Volkswirt und unterrichtete an diversen Instituten der Universitäten in Oxford und London. 1937 erhielt er eine Anstellung bei der Workers Education Association in der Erwachsenenbildung. Als Lehrer musste er sich dabei in das für ihn neue Themengebiet der englischen Sozial- und Wirtschaftsgeschichte einarbeiten.

Das Selbststudium führte ihn zur vierten Station nach Nordamerika. So lehrte er ab 1940 am Bennington College in Vermont und erhielt von 1941–43 ein Stipendium der Rockefeller-Stiftung, um sein Hauptwerk *The Great Transformation* (Polanyi 1977 [1944]) zu verfassen. Nach Fertigstellung der Schrift folgte eine Phase der Unsicherheit, da seiner Frau in der McCarthy-Ära die Einreise in die USA untersagt wurde. Nachdem er 1947 jedoch eine Professur für Wirtschaftsgeschichte an der Columbia University in New York erhielt, ging er mit seiner Frau nach Toronto in Kanada, von wo aus er bis zu seiner Pensionierung im Jahr 1953 nach New York pendelte. In den 1950er Jahren erhielt er nochmals ein Stipendium, dieses Mal von der Ford-Stiftung, um die Wirtschaftssysteme früherer Imperien zu erforschen. Er wandte sich dabei verstärkt anthropologischen Fragen zu, veröffentlichte noch einige Schriften und Aufsätze, bevor er 1964 in Pickering in Ontario verstarb.[24]

Die Übergänge der hier skizzierten Stationen markieren biographische Brüche. In den verschiedenen Lebensphasen standen für Polanyi jeweils spezifische politische und wissenschaftliche Fragestellungen im Vordergrund. Auffälliger als die Brüche sind jedoch die Kontinuitätselemente in seinem Denken: Wissenschaftlich ging es Polanyi immer darum, die ökonomischen Voraussetzungen für die Entfaltung intersubjektiver Freiheiten zu ergründen. Zu diesem Zweck setzte er sich stets sehr kritisch mit allen formalistischen Konzepten wirtschaftlichen Handelns auseinander, die keinen Zugang zu den sozial-moralischen Grundlagen der menschlichen Reproduktion erlaubten. Und politisch orientierten sich seine Aktivitäten immer am Leitbild eines Bündnisses zwischen dem aufgeklärten liberalen Bürgertum und der sozialistischen Arbeiter*innenbewegung; ein Ziel, auf das Polanyi durch sein bildungspolitisches Engagement für die breiten Massen der Arbeiter*innenklasse an vielen Orten hinwirkte.

3.2.2 Kapitalismusanalyse: Die Einbettung und Entbettung der Ökonomie

Die von Karl Polanyi entwickelte Analyseperspektive lässt sich durch mehrere Merkmale charakterisieren: durch einen sozialhistorisch informierten Blick auf die kapitalistische Entwicklung, insbesondere auf die veränderten Organisationsformen und Beziehungen von Ökonomie und Gesellschaft; durch eine phi-

---

24 Insgesamt sind die Publikationen von Karl Polanyi einigermaßen überschaubar. Nach seinem Hauptwerk hat er noch einige anthropologisch geprägte Studien verfasst und herausgegeben. Die meisten sonstigen Aufsätze sind in mehreren Sammelbänden (Polanyi 1979; 2002; 2003; 2005) abgedruckt worden und gebündelt verfügbar.

losophisch-ethische Unterfütterung dieser Perspektive, die die Kritik an der Atomisierung und Entfremdung von Sozialbeziehungen im Kapitalismus aufnimmt, zugleich aber an der Idee einer in soziale Zusammenhänge eingebundenen individuellen Persönlichkeit festhält; durch die anthropologische Grundannahme, dass der Mensch kein primär ökonomisches, sondern ein gesellschaftliches Wesen ist; durch eine scharfe Kritik an den zu seiner Zeit sehr einflussreichen wirtschaftspolitischen Konzeptionen des Laissez-faire; und durch die permanente Suche nach alternativen, emanzipatorischen Formen des Wirtschaftens und der Lebensführung.

In der Vermittlung und Verdichtung dieser verschiedenen Merkmale lässt sich Polanyi durchaus als Vertreter der Konzeption einer „moralischen Ökonomie" interpretieren (Rogan 2017).[25] Diese Konzeption zeichnet sich dadurch aus, dass sie – im Unterschied zu den formalistischen, auf die Marktprozesse im engeren Sinne begrenzten Modellen der Neoklassik – die sozial-moralischen Alltagsbeziehungen, in die die Ökonomie eingebettet ist, ernst nimmt. Mehr noch, die unterschiedlichsten Erfahrungen der Bestätigung, Selbstverwirklichung oder Zufriedenheit, aber auch der Missachtung, Entfremdung, Unterdrückung oder Ungerechtigkeit werden für die Operationsweise der Ökonomie als konstitutiv betrachtet. In diesem Sinne interessiert sich Polanyi in besonderem Maße für all jene Dinge, die ansonsten von vielen Ökonom*innen ausgeklammert werden. Dieses Erkenntnisinteresse durchzieht die meisten seiner Publikationen. In seinem Hauptwerk *The Great Transformation* (Polanyi 1977 [1944]) verknüpft er dieses Erkenntnisinteresse zugleich mit einer sehr spezifischen Fragestellung und überraschenden These. Er fragt nach den Gründen für den Zusammenbruch der liberalen Ordnung und Zivilisation und für die Erfolge des Faschismus auf dem europäischen Kontinent und gelangt zu folgender Auffassung:

> „Die Marktgesellschaft entstand in England – aber es war das europäische Festland, auf dem ihre Schwächen die verhängnisvollen Komplikationen auslösten. Wenn wir den deutschen Faschismus verstehen wollen, müssen wir uns dem England Ricardos zuwenden." (Polanyi 1977 [1944]: 50)

25 Der Begriff der „moralischen Ökonomie" wird von Polanyi selbst nicht verwendet. Er ist erst später vom englischen Sozialhistoriker Edward P. Thompson (1980) in die wissenschaftliche Diskussion eingebracht worden, um die gesellschaftspolitische Sprengkraft sozialer Entwicklungen einzufangen.

3.2.2.1 Von der vorkapitalistischen zur kapitalistischen Ökonomie

Dieses Zitat macht deutlich: Polanyi wendet sich, geographisch betrachtet, in seiner Analyse Westeuropa zu. Die Ursachen für die Verwerfungen in den westeuropäischen Gesellschaften sieht er in der Entwicklung des industriellen Kapitalismus, vor allem in der Herausbildung und Operationsweise der Marktgesellschaft. Er richtet den Blick darauf, wie sich mit der kapitalistischen Entwicklung zugleich die nicht-ökonomischen Dimensionen der gesellschaftlichen Beziehungen, also die diversen Komponenten der moralischen Ökonomie, verändern und vielfach beschädigt werden. Deutlich wird dies vor allem im Kontrast zu vorkapitalistischen Gesellschaftsformen, in denen die Ökonomie in die bestehenden Sozialbeziehungen umfassend eingebettet war:

> „Die neuere historische und anthropologische Forschung brachte die große Erkenntnis, daß die wirtschaftliche Tätigkeit des Menschen in der Regel in seine Sozialbeziehungen eingebettet ist. Sein Tun gilt nicht der Sicherung seines individuellen Interesses an materiellem Besitz, sondern der Sicherung seines gesellschaftlichen Rangs, seiner gesellschaftlichen Ansprüche und seiner gesellschaftlichen Wertvorstellungen. Er schätzt materielle Güter nur insoweit, als sie diesem Zweck dienen." (Polanyi 1977 [1944]: 68)

Auch in vorkapitalistischen Gesellschaften gab es für Polanyi durchaus Märkte. Diese waren jedoch lokal begrenzt, relativ isoliert voneinander und in ihrer Operationsweise der Reproduktion von Gemeinschaften, d.h. soziokulturell definierten Beziehungsnetzwerken, nachgeordnet. Zumindest indirekt greift Polanyi die von Ferdinand Tönnies [1855–1936] markierte Differenzierung von Gemeinschaft und Gesellschaft auf. Er legt dar, dass sich das sozioökonomische Gefüge der vor- bzw. nichtkapitalistischen Gesellschaften – im Sinne von sozialer Anerkennung, wechselseitiger Verpflichtung und Sozialprestige – auf drei Prinzipien der Gemeinschaftsbildung stützte, die später in den Hintergrund traten. Polanyi (1977 [1944]: 70ff) nennt: a) das Prinzip der „Reziprozität", das vor allem in den Familien- und Verwandtschaftsbeziehungen zum Tragen kam und einen langfristigen, mehr oder minder symmetrischen Ausgleich innerhalb wie zwischen sozialen Gruppen förderte; b) das Prinzip der „Redistribution", das die Gewährleistung allgemeiner Aufgaben und eine arbeitsteilige Organisation des Wirtschaftens innerhalb größerer territorialer Gemeinwesen ermöglichte; und c) das Prinzip der „Haushaltung", das auf die Produktion für den Eigenbedarf hin zugeschnitten war. In Ergänzung zu diesen Prinzipien gab es zwar auch Märkte, doch orientierten sich diese kaum am Gewinnstreben. Sie blieben im

Gesamtgefüge der institutionalisierten Prinzipien und der sich dahinter verbergenden feudalen Strukturen, Verwandtschaftsbeziehungen oder religiösen und dörflichen Gemeinschaften von nachgeordneter Bedeutung.[26]

Genau dies änderte sich dann im Übergang zum industriellen Kapitalismus. Die Relationen drehten sich seither um. Das Prinzip des Marktes drängte in den Vordergrund. Die kapitalistische Ökonomie war in ihrer Genese durch eine institutionalisierte Separierung von gesellschaftlichen und wirtschaftlichen Beziehungen gekennzeichnet. Hiermit verbunden war – auf der Grundlage vielfältiger Prozesse der Rationalisierung und Entpersonalisierung – eine voranschreitende Ersetzung von gemeinschaftlichen durch gesellschaftliche Verhältnisse. Die Separierung von Gesellschaft und Ökonomie war aber nur der erste Schritt. Es folgte ein weiterer Schritt, da sich das Marktsystem, indem es sich aus den Formen der sozialen Einbettung löste, zur „Marktgesellschaft" transformierte, d.h. zu einer sozialen Organisationsform, in der die Gesellschaft zum „Anhängsel" des Marktes wird (Polanyi (1977 [1944]: 81). Hierbei handelte es sich um eine komplexe Entwicklung. Zunächst entstand mit der Institutionalisierung des „Marktsystems" das Leitbild des „selbstregulierenden Marktes", das durch die formale ökonomische Theorie maßgeblich gefördert worden war. Die Herausbildung der „Marktgesellschaft" signalisiert darüber hinaus, dass mit dem Leitbild des „selbstregulierenden Marktes" eine andere Kultur, eine andere Zivilisation entstand, die die Profitorientierung legitimatorisch absicherte (Stanfield 1989: 268). Die Herauslösung des Marktes aus der Gesellschaft vollzog sich somit als ein kultureller, letztlich aber auch als ein in hohem Maße politischer Prozess: Es waren vor allem staatliche – zum Teil merkantilistisch, zum Teil freihändlerisch motivierte – Aktivitäten, die die nationalen Binnenmärkte und den Außenhandel förderten (Polanyi 1977 [1944]: 88 ff). Insofern handelte es sich beim Leitbild oder Prinzip des „selbstregulierenden Marktes" um einen Mythos, der in der politischen Praxis allerdings sehr wirkungsmächtig war.

3.2.2.2 „Fiktive Waren" in der „Teufelsmühle" des Marktes

Die Wirkungsmacht dieses Mythos wird von Polanyi ebenso eindrücklich dargestellt, wie seine sozialen Effekte scharf kritisiert werden. Polanyi spricht vom Markt als einer „Teufelsmühle", die die tradierten Sozialbeziehungen kommerzialisiert und nicht selten ihre tragende Substanz zerstört. Die Wortwahl Pola-

---

26 Dies galt auch für den Handelskapitalismus, der maßgeblich auf dem Fernhandel basierte, die lokalen Märkte jedoch kaum penetrierte und keinen umfassenden Wettbewerbsdruck erzeugte (Polanyi 1977 1944: 82 f).

nyis ist alarmierend. Er spricht jenseits von Ausbeutung und Armut von einer „Katastrophe der sozialen Entwurzelung" (Polanyi 1977 [1944]: 61 f), die ungeachtet der stark wachsenden Menge materieller Güter das soziale Gefüge der Gesellschaft beschädigt. Das Grundproblem liegt für ihn in den institutionellen Verhältnissen, die die Ausweitung des Marktsystems und die Warenförmigkeit der Gesellschaft systematisch befördern:

> „Die von solchen Einrichtungen verursachten Verschiebungen müssen zwangsläufig die zwischenmenschlichen Beziehungen zerreißen und den natürlichen Lebensraum der Menschen mit Vernichtung bedrohen." (Polanyi 1977 [1944]: 64).

Die Beeinträchtigung der natürlichen und menschlichen Substanz der Gesellschaft durch den zunehmend warenförmigen Charakter des sozialen Lebens wird von Polanyi historisch erläutert, ebenso aber auch theoretisch begründet. Im Zentrum steht dabei die Konzeption der „fiktiven Waren". Diese Konzeption ist begrifflich sicherlich durch Marx (1976 [1867]: 86 f) inspiriert, der vom „Warenfetisch" und in Bezug auf Wertpapiere vom „fiktiven Kapital" sprach (Marx 1988 [1894]: 413 ff). Allerdings hat Polanyi etwas anderes im Blick: den eigentlichen Nicht-Waren-Charakter spezifischer Güter (Block 2003: 281). Er bezeichnet entsprechend einige Güter – Arbeit, Boden (Natur) und Geld – als „fiktive Waren", die selbst für die Produktion und das Marktsystem von grundlegender Bedeutung sind, die selbst aber nicht für den Verkauf hergestellt werden:

> „Indessen sind Arbeit, Boden und Geld ganz offensichtlich keine Waren; die Behauptung, daß alles, was gekauft und verkauft wird, zum Zwecke des Verkaufs produziert werden mußte, ist in bezug auf diese Faktoren eindeutig falsch. Mit anderen Worten, nach der empirischen Definition der Ware handelt es sich nicht um Waren. Arbeit ist bloß eine andere Bezeichnung für eine menschliche Tätigkeit, die zum Leben an sich gehört, das seinerseits nicht zum Zwecke des Verkaufs, sondern zu gänzlich anderen Zwecken hervorgebracht wird; auch kann diese Tätigkeit nicht vom restlichen Leben abgetrennt werden. Boden wiederum ist nur eine andere Bezeichnung für Natur, die nicht vom Menschen produziert wird; und das eigentliche Geld, schließlich, ist nur ein Symbol für Kaufkraft, das in der Regel überhaupt nicht produziert, sondern durch den Mechanismus des Bankwesens oder der Staatsfinanzen in die Welt gesetzt wird. Keiner dieser Faktoren wird produ-

ziert, um verkauft zu werden. Die Bezeichnung von Arbeit, Boden und Geld als Waren ist somit völlig fiktiv." (Polanyi 1977 [1944]: 99)

Letztlich wird die Warenfiktion im Zuge der Entbettung des Marktsystems jedoch in hohem Maße realitätsmächtig. Die zuvor nicht für den Verkauf hergestellten Güter werden nun umfassend kommerzialisiert. Sie erhalten einen Preis, werden auf dem Markt gehandelt, nehmen also die Form von Waren an, was ihren substanziellen Eigenschaften widerspricht. Es droht eine umfassende und durchgreifende ökonomische Vereinnahmung der Arbeit, des Bodens (der Natur) und des Geldes, die keine Rücksicht zu nehmen scheint auf die markt- und wettbewerbsfremden Komponenten der genannten drei Faktoren und die daher die Keime der Zerstörung der Gesellschaft in sich trägt.

3.2.2.3 Die Doppelbewegung

Im 19. Jahrhundert schritt dieser Prozess, den Polanyi als „große Transformation" bezeichnet, schubweise voran. Nicht nur das Kapital und der Boden, auch die Arbeit wurde sukzessive liberalisiert und über den Markt allseits verfügbar, d.h. käuflich gemacht. Polanyi rekonstruiert, wie dieser Prozess zunächst durch die Schaffung und dann durch die Aufhebung des Speenhamland-Systems in England, das auf einem gegen den Pauperismus gerichteten lohnpolitischen Zuschuss- und Absicherungsmechanismus basierte, und die damit verbundene Reform des Armenrechts durchgesetzt wurde.[27] Diese Entwicklung korrespondiert zugleich mit der Etablierung vier zentraler Einrichtungen der damaligen – nationalen wie internationalen – wirtschaftsliberalen Grundordnung (Polanyi 1977 [1944]: 17f): dem internationalen System des Kräftegleichgewichts unter Führung Großbritanniens; dem internationalen Goldstandard, der die Wirtschafts-, Arbeits- und Sozialpolitik strukturell disziplinierte; der „krassen Utopie" des selbstregulierenden Marktes, die die Zivilisation der Marktgesellschaft hervorbrachte; und dem liberalen Staat, der – ideologisch unterstützt durch marktliberale Ökonom*innen – die Operationsweise der Marktgesellschaft sukzessive erweiterte.

Durch die politische Genese eines freien, wettbewerbsbestimmten Arbeitsmarktes entstand ein riesiges, von Ausbeutung und Verelendung bedrohtes Industrieproletariat. Hierbei handelte es sich um eine neue soziale Kraft mit einem

27 Die Schaffung des Speenhamland-Systems förderte, indem es an die Stelle der lokal verankerten Armenunterstützung trat, zunächst die Herausbildung eines nationalen Arbeitsmarktes. Seine Abschaffung sorgte dann dafür, dass die ohnehin sehr bescheidene soziale Mindestabsicherung entfiel.

wachsenden gesellschaftspolitischen Gestaltungsanspruch. Um diesem entgegenzuwirken und die Dringlichkeit der „sozialen Frage“ abzumildern, zeigten sich das Bürgertum und die staatlichen Akteure durchaus zu begrenzten Sozialreformen, einer Fabrikgesetzgebung und anderen Schutzmaßnahmen bereit. Doch nicht nur die Arbeit, auch die anderen fiktiven Waren wurden partiell geschützt und eingehegt: Die Kommerzialisierung des Bodens wurde durch Initiativen zum Schutz natürlicher Ressourcen oder der ländlichen Kultur abgebremst; und die Bereitstellung des Geldes wurde durch dessen politische Lenkung und Stabilisierung seitens der Zentralbanken staatlich eingefasst. Gemäß Polanyi verweisen diese Reaktionen auf eine – gegen die markt- und wettbewerbsinduzierten Verwerfungen gerichtete – Bewegung zum Schutz der Gesellschaft. Es gibt mithin ein Ringen um die Entwicklung und Gestaltung der politischen Ökonomie. Die Aktivitäten der widerstreitenden gesellschaftlichen Gruppen und politischen Akteure orientieren sich dabei an zwei Organisationsprinzipien: am Prinzip des „Wirtschaftsliberalismus“ oder des „selbstregulierenden Marktes“ auf der einen Seite und am Prinzip des „Schutzes der Gesellschaft“ auf der anderen Seite (Quellentext 6).

Quellentext 6: Die Doppelbewegung

Wir wollen uns wiederum dem zuwenden, was wir die Doppelbewegung genannt haben. Sie kann dargestellt werden als das Wirken zweier Organisationsprinzipien innerhalb der Gesellschaft, von denen jedes sich selbst bestimmte institutionelle Ziele setzt, von bestimmten gesellschaftlichen Kräften unterstützt wird und seine eigenen, besonderen Methoden anwendet. Das eine war das Prinzip des Wirtschaftsliberalismus, das auf die Schaffung eines selbstregulierenden Marktes abzielte, auf die Unterstützung durch die gewerbetreibenden Schichten zählte, und als Methode weitgehend Laissez-faire und den Freihandel benützte; das andere war das Prinzip des Schutzes der Gesellschaft, das auf die Erhaltung des Menschen und der Natur sowie der Produktivkräfte abzielte, auf die wechselnde Unterstützung jener zählte, die von der verderblichen Wirkung des Marktes als erste betroffen wurden – vor allem, aber nicht nur, der arbeitenden und der bodenbesitzenden Klassen –, und Schutzgesetze, Schutzvereinigungen und andere Interventionsmittel als Methoden benützte.

Die Betonung der Klasse ist wichtig. Die Rolle, die die Klassen der Landbesitzer, des Bürgertums und der Arbeiterschaft in der Gesellschaft spielten, prägten die gesamte Sozialgeschichte des 19. Jahrhunderts. Ihre jeweilige Rolle fiel ihnen dadurch zu, daß sie für die Erfüllung verschiedener Funktionen verfügbar waren, die durch die Gesamtsituation der Gesellschaft entstanden. Das Bürgertum war Träger der entstehenden Marktwirtschaft; seine Geschäftsinteressen deckten sich, was Produktion und Beschäftigung anbelangte, im großen und ganzen mit den Interessen der Allgemeinheit; wenn das Geschäftsleben prosperierte, gab es bessere Beschäftigungschancen für alle und Pachtzinse für die Grundeigner; wenn Märkte expandierten, konnte reichlich und bereitwillig investiert werden; wenn der Handel erfolgreich mit dem Ausland konkurrierte, war die Währung gesichert. Andererseits hatten die in Handel und Gewerbe engagierten Schichten kein Gefühl für die Gefahren, die aus der Ausbeutung der physischen Kraft des Arbeiters ebenso entstanden wie aus der Zerstörung des Familienlebens, der Verwüstung der nachbarschaftlichen Beziehungen, der Abholzung der Wälder, der Verschmutzung der Flüsse, dem Niedergang der handwerklichen Fähigkeiten, dem Verfall der Volksbräuche und dem allgemeinen Niedergang des Lebens, einschließlich der Wohnverhältnisse und der Künste, sowie zahllosen Formen des privaten und öffentlichen Lebens, die mit dem Profit nichts zu tun haben. Das Bürgertum erfüllte seine Aufgabe durch die Herausbildung eines geradezu sakramentalen Glaubens an die allgemeinen Segnungen des Profits, doch wurde es dadurch als Hüter anderer Interessen, die für ein gutes Leben ebenso wichtig waren wie die Förderung der Produktion, disqualifiziert. Hier lag die Chance für jene Klassen, die nicht mit dem Einsatz teurer, komplizierter oder spezialisierter Maschinen in der Produktion befasst waren. Im allgemeinen fiel es dem Landadel und der Bauernschaft zu, die kriegerischen Fähigkeiten der Nation zu bewahren, die weiterhin größtenteils von den Menschen und dem Boden abhingen, während die Arbeiterschaft in größerem oder kleinerem Maße zum Repräsentanten der heimatlos gewordenen allgemein menschlichen Interessen geworden war. Aber zu verschiedenen Zeiten war jede dieser Klassen, und sei es auch unbewußt, für Interessen eingetreten, die die eigenen überschritten.

Quelle: Polanyi (1977 [1944]: 172).

Die Entwicklung des Kapitalismus wird für Polanyi maßgeblich durch die im Quellentext skizzierte Doppelbewegung vorangetrieben. Dieser Prozess spitzte sich in den 1920er Jahren nochmals zu, da der Wirtschaftsliberalismus im Zeichen des wiedererrichteten Goldstandards und des Laissez-faire die Deregulierung der Arbeitsmärkte und die Austeritätspolitik forcierte und hierdurch die soziale Situation für die arbeitenden Klassen verschärfte (Polayni 1977 [1944]: 184). Die Doppelbewegung vollzieht sich für Polanyi in einem Dreischritt: Die Entbettung des Marktsystems (1) erzeugt soziale und kulturelle Verwerfungen (2), die ihrerseits eine Gegenreaktion der Gesellschaft provozieren (3). Der Dreischritt erscheint auf den ersten Blick als eine Art „Pendeltheorie" (Silver 2003: 16 ff) zwischen Wirtschaftsliberalismus und sozialer Protektion. Doch genauer betrachtet befindet sich unter kapitalistischen Bedingungen die wirtschaftsliberale Konzeption des selbstregulierenden Marktes in der Vorhand. Strukturell prägender als die Gegenreaktion sind mithin die Prozesse der Kommodifizierung und Durchkapitalisierung, d.h. die umfassende Ökonomisierung von Arbeit und Lebenswelt.

Die asymmetrischen Ausschläge in der Doppelbewegung werden zuweilen angedeutet, von Polanyi aber nicht eingehender reflektiert. Anders verhält es sich hingegen mit dem sozialen und politischen Charakter der Doppelbewegung. Die gegenläufigen Prinzipien des Wirtschaftsliberalismus und der sozialen Protektion korrespondieren für Polanyi durchaus mit den Interessen sozialer Klassen. Es wäre jedoch verfehlt – und an dieser Stelle argumentiert er vor allem gegen liberale und vulgärmarxistische Positionen – die Entfaltung der Doppelbewegung in erster Linie klassentheoretisch konzeptualisieren zu wollen. Er dreht den Zusammenhang vielmehr um und sieht das Klassenhandeln durch die gesellschaftliche Gesamtsituation, genauer: durch die „Erfordernisse der Gesellschaft" bestimmt (Polanyi 1977 [1944]: 195); und letztere verweisen auf die substanziellen Komponenten der „fiktiven Waren", die durch die institutionelle Einhegung des Marktsystems zuweilen berücksichtigt, zumeist aber beeinträchtigt werden:

> „Die Gefahrenpunkte waren durch die Hauptangriffsrichtungen gegeben. Der wettbewerbsbestimmte Arbeitsmarkt traf den Träger der Arbeitskraft, nämlich den Menschen. Der internationale Freihandel war ursprünglich eine Bedrohung des größten, von der Natur abhängigen Produktionszweigs, nämlich der Landwirtschaft. Der Goldstandard gefährdete die Produktionszweige, deren Funktionieren von den relativen Preisbewegungen abhängig waren. In jedem einzelnen dieser Bereiche wurden Märkte aufgebaut, was eine latente Bedrohung der Gesellschaft in irgendeinem entscheidenden Aspekt ihres Seins bedeutete." (Polanyi 1977 [1944]: 207 f)

Protektionistische Initiativen sind für Polanyi in erster Linie als Reaktion auf die spezifische Bedrohung der jeweils in den fiktiven Waren – Arbeit, Boden, Geld – enthaltenen gesellschaftlichen Substanz zu interpretieren. Die Doppelbewegung entfaltet sich nicht gemäß einer abstrakten Logik. Ihre konkrete Verlaufsform – ihre Moderation oder konfliktive Zuspitzung – wird immer durch die historische Konstellation und die dieser eingeschriebenen Machtverhältnisse und (klassen-)politischen Konflikte geprägt. Diese Konflikte und die Verlaufsformen der Doppelbewegung lassen sich nicht unmittelbar aus den sozialen Problemen ableiten, sondern unterliegen komplexen Prozessen der kulturellen Interpretation und diskursiven Vermittlung. Die „soziale Frage" wird von Polanyi nicht nur als materielles Verteilungs-, sondern ebenso als kulturelles Deutungsphänomen interpretiert. Entsprechend richtet sich sein Blick über die Probleme der Verarmung und sozialen Ungleichheit hinaus auch auf die spezifischen Lebensformen, sozialen Bindungen, Ansprüche und Wertvorstellungen unterschiedlicher sozialer Gruppen. Gemäß Polanyi sind die soziokulturellen Verwerfungen, nicht zuletzt die Erfahrungen der Ungerechtigkeit und Missachtung, für die politische Artikulation der „sozialen Frage" von grundlegender Bedeutung. Mehr noch, er geht letztlich sogar so weit, die soziale Frage als kulturelle Frage zu reformulieren:

> „In Wirklichkeit ist natürlich soziales Elend primär ein kulturelles Phänomen und nicht ein ökonomisches, das mit Einkommenszahlen und Bevölkerungsstatistiken gemessen werden kann. Kulturkatastrophen, die breite Schichten der Bevölkerung erfassen, kommen natürlich nicht oft vor, aber genauso selten sind verheerende Umwälzungen von der Art der Industriellen Revolution – ein ökonomisches Erdbeben, das in weniger als fünfzig Jahren riesige Massen der englischen Landbevölkerung aus seßhaften Leuten in unstete Nomaden verwandelte." (Polanyi 1977 [1944]: 201)

Um die politische Dynamik oder Sprengkraft sozialer Entwicklungen zu ermessen, ist es Polanyi zufolge notwendig, sich der später von Edward P. Thompson (1980) als „moralische Ökonomie" bezeichneten Gesellschaftssphäre zuzuwenden. Diese Sphäre umfasst die – unter kapitalistischen Verhältnissen – modernisierten Normen und Verpflichtungen, also nicht nur die sozioökonomischen Beziehungen, sondern auch die soziokulturellen Prozesse der Sinnstiftung und Bedeutungsproduktion. Entsprechend fährt er wenig später fort:

> „Nicht die wirtschaftliche Ausbeutung ist in diesem Fall die Ursache des Niedergangs, wie dies oft angenommen wird, sondern der Zerfall des kultu-

rellen Ambiente der Opfer. Die ökonomische Entwicklung kann natürlich das Vehikel der Zerstörung sein, und die wirtschaftliche Unterlegenheit wird fast immer den schwächeren Teil zum Nachgeben zwingen, aber die eigentliche Ursache seines Niedergangs ist deshalb nicht ökonomischer Natur, sondern vielmehr die tödliche Schädigung der Institutionen, in die sein gesellschaftliches Sein eingebettet ist. Das Ergebnis ist der Verlust der Selbstachtung und der Maßstäbe, ob es sich nun um ein Volk oder eine Klasse handelt, ob sich die Entwicklung aus einem sogenannten ‚Kulturkonflikt' oder aus der Veränderung der Positionen einer Klasse innerhalb der Gesellschaft ergibt." (Polanyi 1977 [1944]: 202)

3.2.3 Politische Optionen – Auswege aus der Krise

Die Ausführungen zur „sozialen Frage" verdeutlichen, dass Polanyi bereits sehr früh und vorausschauend die sozialtheoretisch vielfach beleuchtete Frage nach dem Verhältnis von sozialen Verteilungs- und kulturellen Gerechtigkeits- oder Anerkennungskonflikten (Honneth 1992; Fraser 1995) thematisiert hat. Die analytische Separierung von sozioökonomischen und soziokulturellen Prozessen erscheint ihm wenig ertragreich. Stattdessen richtet er den Fokus auf die Frage, wie sich soziale Ungleichheiten – vermittelt durch konkrete Alltagserfahrungen – in den Arenen der kulturellen Bedeutungsproduktion und auch der Politik artikulieren. Neben der intersubjektiven Zuspitzung der persönlichen Krisenerfahrungen berücksichtigt er auch die strukturellen Komponenten der jeweiligen historisch spezifischen Krisenkonstellation.

Diese strukturellen Komponenten haben sich im Vergleich zwischen dem 19. Jahrhundert und den 1920er Jahren deutlich gewandelt. Im 19. Jahrhundert sind die gesellschaftlichen Erfordernisse durch arbeits- und sozialpolitische Konzessionen, also die Verankerung und Implementierung gewisser sozialer Schutzrechte und Maßnahmen der Dekommodifizierung noch berücksichtigt worden. Die Doppelbewegung vollzog sich zwar asymmetrisch – der Wirtschaftsliberalismus war die treibende Kraft –, entwickelte in den Gesellschaften Westeuropas aber keine politische Sprengkraft. Für die Zwischenkriegszeit kann dies, so Polanyi, nicht mehr behauptet werden. Der krisenhafte Verlauf der Doppelbewegung spitzte sich unverkennbar zu. Auf der einen Seite drängten das Bürgertum und die Finanzwelt darauf, die Institutionen der alten Marktordnung – den Goldstandard, die unregulierten Arbeitsmärkte, den ausgeglichenen Staatshaushalt – gemäß dem Leitbild des Laissez-faire wieder zu errichten. Auf der anderen Seite schien die Arbeiterklasse mit ihren Organisationen grundsätzlich bereit zu sein, im Zeichen des Protektionismus die Operationsweise des Marktsystems außer Kraft zu setzen:

> „Als […] es zwischen den Klassen zu Spannungen kam, wurde die Gesellschaft selbst durch die Tatsache gefährdet, daß die widerstreitenden Gruppen jeweils Regierung und Geschäftswelt beziehungsweise Staat und Industrie zu ihren Bastionen machten. Zwei entscheidende Funktionen der Gesellschaft, nämlich die politische und die wirtschaftliche, wurden als Waffen im Kampf um Teilinteressen benützt und mißbraucht. Aus einer solchen gefährlichen Sackgasse entstand im 20. Jahrhundert die faschistische Krise." (Polanyi 1977 [1944]: 172)

Ob und in welchem Maße, die revolutionäre Kraft der Arbeiter*innenklasse richtig oder falsch eingeschätzt wurde, ist für Polanyi nachrangig. Wichtig war für ihn, dass sie für das Bürgertum „eine Quelle der latenten Angst" (Polanyi 1977 [1944]: 242) darstellte, bildete sie doch eine potenziell revolutionäre Kraft, die in der Lage war, die Regeln des Marktes, das Privateigentum, die Vertragsfreiheit und das Vertrauen von Kreditgebern und Investoren in Frage zu stellen. Die Bezugnahme auf derartige Erwägungen und Befürchtungen verdeutlicht, dass die Zuspitzung der Doppelbewegung für Polanyi durchaus eine Komponente der Klassenpolitik hatte. Mehr noch, sie spielte in dem Maße eine zunehmend zentrale Rolle, wie erkennbar wurde, dass sich die liberale Weltwirtschaft und die sie tragende Marktzivilisation im Auflösungsprozess befanden (Polanyi 1977 [1944]: 274).

In der konkreten Krisenkonstellation der späten 1920er und frühen 1930er Jahre trat der Konflikt der Klassenkräfte mithin stärker hervor. Grundsätzlich artikulierte sich das Prinzip des Schutzes der Gesellschaft damals in drei unterschiedlichen protektionistischen Strategien: einer sozialistischen, einer sozialdemokratischen – hierzu zählt er auch die US-amerikanische Politik des New Deal – und einer faschistischen, die alle drei mit Bezug auf die von Polanyi identifizierten fiktiven Waren, also die Arbeit, den Boden und das Geld, jeweils spezifische Aspekte und Konzepte der Protektion in den Mittelpunkt stellten:

> „Die Reaktionen sowohl der Arbeiterklasse als auch der Bauernschaft auf die Marktwirtschaft führten zum Protektionismus, bei der ersteren hauptsächlich in der Form der Sozial- und Fabrikgesetze, bei der letzteren in Form der Agrarzölle und Bodengesetze. Dennoch gab es diesen bedeutsamen Unterschied: im Krisenfall verteidigten die Bauern Europas das Marktsystem, das

durch die Politik der Arbeiterklasse gefährdet wurde. Während die Krise des an sich instabilen Systems von beiden Flügeln der protektionistischen Bewegung heraufbeschworen wurde, neigten die mit dem Boden verbundenen Gesellschaftsschichten zu einem Kompromiß mit dem Marktsystem, während die breite Klasse der Arbeiter nicht davor zurückschreckte, seine Regeln zu brechen und es direkt herauszufordern." (Polanyi 1977 [1944]: 242)

Polanyi beobachtete nun, dass sich in den 1930er Jahren die faschistische Strategie in vielen Ländern durchsetzen konnte. Dies war für ihn sicherlich auch darauf zurückzuführen, dass sich zwischen der Arbeiter*innenklasse und der Bauernschaft zumeist keine Bündnisoptionen abzeichneten. Vor allem aber waren die sozial und demokratisch orientierten Kräfte durch die zerstörerische Wirkung des Wirtschaftsliberalismus und die autoritären Interventionen, mit denen dieser unter Krisenbedingungen fortgesetzt wurde, stark geschwächt worden.

> „Mit einem Schlag schmolzen die riesigen industriellen und politischen Organisationen der Arbeiterschaft und anderer eifriger Verfechter der verfassungsmäßigen Freiheit dahin, und winzige faschistische Kräfte fegten einfach beiseite, was bis dahin als die überwältigende Kraft der demokratischen Regierungen, Parteien und Gewerkschaften geschienen hatte." (Polanyi 1977 [1944]: 295)

Jenseits der Schwäche der sozial und demokratisch orientierten Kräfte, ist für Polanyi aber auch eine gewisse Attraktivität des faschistischen Kursschwenks erkennbar. Diese Attraktivität führt er unter anderem darauf zurück, dass sich der Faschismus auf anti-individualistische – sowohl gegen den bürgerlichen als auch gegen den sozialistischen Individualismus gerichtete – Diskurse stützen kann, ohne die gesellschaftlichen Herrschaftsverhältnisse grundlegend umwälzen zu müssen:

> „Die gleichzeitige Brandmarkung von Sozialismus und Kapitalismus als Abkömmlinge des Individualismus ermöglicht es dem Faschismus, sich vor den Massen als geschworener Feind beider aufzuspielen. Die in der Bevölkerung verbreiteten Ressentiments gegen den liberalen Kapitalismus werden damit auf höchst wirksame Weise gegen den Sozialismus gelenkt, ohne daß man auf den Kapitalismus in seinen nichtliberalen, das heißt korporativen Formen eingeht. Das ist ein zwar unbewußt angewandter, aber äußerst schlauer Trick. Erst wird der Liberalismus mit dem Kapitalismus gleichgesetzt,

dann wird er über Bord geworfen; aber unbeschadet dessen lebt der Kapitalismus unter einem neuen Namen ungeschoren weiter." (Polanyi 1979: 98 f)

Genau dieser doppelte Effekt – die Fortführung des Kapitalismus, allerdings nicht im Sinne des Laissez-faire, sondern planwirtschaftlich organisiert, und die Abschaffung der Demokratie – ist für Polanyi der Wesensgehalt der Katastrophe der 1930er Jahre (Brie 2015: 46 f). Die Gesellschaften entfernen sich damit von dem von ihm selbst präferierten Ausweg eines humanen, d.h. durch freiheitliche Werte und christliche Traditionen geprägten, Sozialismus. Die Organisation gesellschaftlicher Solidarbeziehungen zur Ermöglichung individueller Freiheiten setzt für ihn nicht notgedrungen voraus, das Marktsystem aufzulösen, so aber doch, den Markt bewusst den Erfordernissen einer demokratischen Gesellschaft[28] unterzuordnen und hierbei die substanziellen Komponenten der „fiktiven Waren" politisch zu schützen.

3.2.4 Rezeption, Wirkung und Kritik

Das implizite Leitbild eines humanen, durch freiheitliche Werte und christliche Traditionen geprägten Sozialismus ist in den Schriften Polanyis gut erkennbar. Es spielte in der Rezeption seiner Überlegungen – im Vergleich zu den kapitalismustheoretischen Konzeptionen – zumeist aber nur eine nebensächliche oder nachgeordnete Rolle. Vielleicht liegt dies daran, dass die Rezeption insgesamt sehr spät, mit einer erheblichen zeitlichen Verzögerung einsetzte. Erst in den 1980er Jahren lässt sich eine intensivere Beschäftigung mit Polanyis Studien beobachten, wobei sich die politischen Kontextbedingungen im Vergleich zur Zwischenkriegsperiode deutlich verändert hatten. Auch die ökonomischen Beziehungen unterschieden sich erheblich. Nicht wenige Wissenschaftler*innen konnten jedoch insofern eine gewisse Parallelität in der kapitalistischen Entwicklungsdynamik erkennen (Altvater/Mahnkopf 1996: 90 ff), als sich auch die beschleunigte Globalisierung seit den 1980er Jahren im Zeichen des Wirtschaftsliberalismus entfaltete und durch Prozesse der Entbettung der Ökonomie aus der Gesellschaft gekennzeichnet war; und erneut generierte diese Entbettung entsprechende Gegenbewegungen, die sich globalisierungskritisch positionierten und die negativen Folgen der Globalisierung für die gesellschaftliche Or-

28 Den Ausführungen von Polanyi liegt ein weites Verständnis von Demokratie zugrunde, gemäß dem sich demokratische Organisationsformen – ähnlich wie bei anderen, sozialistisch oder sozialdemokratisch orientierten Theoretiker*innen der Zwischenkriegsperiode – nicht nur auf den politischen Raum im engeren Sinne beziehen, sondern grundsätzlich auf alle Sphären der Gesellschaft erstrecken.

ganisation von Arbeit, Wohlfahrtsstaat, Demokratie und der Mensch-Natur-Beziehungen problematisierten (Helleiner 1995, Munck 2006).

In den letzten 20 Jahren nahmen zahlreiche Wissenschaftler*innen den Impuls auf, die Konzeption der Polanyi'schen Doppelbewegung auf aktuelle Transformationsprozesse zu beziehen. Die Perspektive wurde hierbei in dreifacher Hinsicht erweitert: So richtete sich der Blick erstens auf neuartige Mechanismen und Sphären der Entbettung, unter anderem auf die kapitalistische Inwertsetzung der vormals realsozialistischen Ökonomien im Rahmen der „Schocktherapie" (Bohle/Greskovits 2019), auf die Prozesse des Land-Grabbings in vielen Ländern des Globalen Südens (Cotula 2013), auf die vielfältigen Formen der Finanzialisierung, d.h. der Durchdringung und Reorganisation von Ökonomie und Gesellschaft gemäß den finanzkapitalistischen Kalkülen der Kapitalmarktakteur*innen (Polanyi-Levitt 2013; Jessop 2019), oder auf die kurzsichtige und unreflektierte kapitalistische Vernutzung der Natur (Brand et al. 2019). Zweitens wurden neben den von Polanyi diskutierten „fiktiven Waren" – Arbeit, Land, Geld – weitere Güter identifiziert, die als gesellschaftlich substanziell und damit als besonders wertvoll und schützenswert zu betrachten sind, so z.B. Bildung und Wissen, das Wohnen, diverse Formen der Fürsorge und andere Bereiche der sozialen Infrastruktur (Foundational Economy Collective 2020). Und drittens thematisierten einige, dass sich die sozialen Kräfte der Gegenbewegung erheblich ausdifferenziert haben und sich die Reaktionen inhaltlich erneut deutlich unterscheiden. Während sich die meisten Reaktionen im Geist des Weltsozialforums von „Porto Alegre" als sozial, ökologisch und demokratisch, kurzum progressiv verstehen, haben zuletzt auch reaktionäre, fundamentalistische und nationalistisch-rechtspopulistische Bewegungen an Bedeutung gewonnen (Bieling 2017; Becker/Dörre 2019).

Sind mit der Konzeption der „Doppelbewegung" bis heute zahlreiche Impulse für Analysen auf dem Gebiet der politischen Soziologie verbunden, so hat die von Polanyi verwendete Konzeption der „Einbettung" ökonomischer Verhältnisse vor allem die Wirtschaftssoziologie und die institutionalistische Politische Ökonomie geprägt. In der Wirtschaftssoziologie war es vor allem Mark Granovetter [*1943] (1985) der das Konzept der Einbettung prominent gemacht hat. Allerdings dünnte er es im Kontrast zu Polanyi, der die Märkte selbst als eine umfassend, in politische, kulturelle und ideologische Beziehungen eingebettete soziale Institutionen betrachtete, handlungstheoretisch aus, indem er den Fokus auf die interaktive Einbettung der Märkte in Netzwerke lenkte (Beckert 2007). In der institutionalistischen Politischen Ökonomie nutzte zunächst vor allem John Gerard Ruggie (1982) die Einbettungs-Konzeption, um die westliche Wirtschaftsordnung nach dem Zweiten Weltkrieg als Ausdruck eines „embedded liberalism“ zu charakterisieren. Auch in der Vergleichenden Politischen Ökonomie wurde zuweilen auf Polanyi zurückgegriffen, um jenseits der räumlichen Vergleiche auch die – durch Phasen des Disembedding wie des Re-Embedding – gekennzeichnete zeitliche Dynamik der kapitalistischen Entwicklung einzufangen (Nölke/May 2013).

Die große Bandbreite der Beiträge, die sich in wirtschaftssoziologischer oder politökonomischer Perspektive explizit auf Polanyi beziehen, kann hier nur angedeutet werden. Es sollte aber auch so erkennbar geworden sein, dass die von Polanyi entwickelten Konzeptionen und Überlegungen vielen Wissenschaftler*innen als hochaktuell erscheinen. Dieser Eindruck wird dadurch verstärkt, dass neben den zahlreichen Aufsätzen in Fachzeitschriften auch Anthologien der ansonsten verstreuten Texte (Polanyi 2002; 2003; 2005) und einige Einführungs- und Sammelbände erschienen sind (Aulenbacher et al. 2019; Atzmüller et al. 2019). Begleitet wird dieser Prozess durch internationale Konferenzen, die sich indirekt oder direkt auf das Werk von Polanyi beziehen. Nachdem es bereits seit 1988 ein Karl Polanyi Institute of Political Economy an der Concordia University in Montreal gibt, wurde 2018 in Wien eine Internationale Karl Polanyi Gesellschaft gegründet, die mit dazu beiträgt, die von Polanyi inspirierten Diskussionen weiter zu verstetigen.

Die breite und lebhafte Rezeption der von Polanyi entwickelten Perspektive hat neben viel Lob und Zustimmung aber auch Kritik hervorgebracht. Die Kritik bezog sich dabei auch auf die Konzeptualisierung der kapitalistischen Entwicklung, obgleich Polanyi selbst nicht den Anspruch erhoben hatte, eine allgemeine Theorie der kapitalistischen Entwicklung zu entwerfen. Für ihn standen zeitdiagnostische Fragen im Vordergrund. So ging es ihm vor allem darum, die Triebkräfte zu identifizieren, infolge derer sich die Zivilisationskrise der 1930er Jahre zugespitzt hatte. Diese Selbstbegrenzung wird zumeist weitgehend akzeptiert, schützt letztlich jedoch nicht davor, dass die Darstellung der konzeptionellen Erklärungselemente, mit Hilfe derer Polanyi die Zuspitzung der Krisenkonstellation zu fassen versuchte, von einigen recht kritisch gesehen wird. Drei Einwände sind in diesem Zusammenhang wiederholt vorgebracht worden:

Der erste Einwand bezieht sich darauf, dass die von Polanyi entwickelte Konzeption der Doppelbewegung als eine Art Pendel zwischen zwei Prinzipien angelegt ist – dem des Wirtschaftsliberalismus und dem der gesellschaftlichen Protektion –, aber die qualitativen Veränderungen in der Organisation und Dynamik der kapitalistischen Akkumulation tendenziell außen vor bleiben (Silver 2003: 16 ff). Gegen diesen Einwand gerichtet haben einige Wissenschaftler*innen bestritten, dass Polanyi als Pendeltheoretiker zutreffend charakterisiert ist (Brie 2015: 20ff), geht es ihm doch immer auch darum, die wechselseitige Bezugnahme und dialektische Verschränkung der Ent- und Wiedereinbettungsprozesse zu betrachten. Dieser Hinweis auf die Komplexität der von Polanyi entworfenen konzeptionellen Heuristik ist durchaus berechtigt und zutreffend. Ob er jedoch ausreicht, um die Kritik an der unzureichenden theoretischen Konzeptualisierung der qualitativen Sprünge in der Dynamik der kapitalistischen Entwicklung zu entkräften, scheint zweifelhaft.

Der zweite Kritikpunkt verweist darauf, dass sich der Blick Polanyis primär auf die zweite Sequenz der Doppelbewegung richtet. Ihm geht es vornehmlich darum, historisch darzulegen, dass das Leitbild des selbstregulierenden Marktes zerstörerisch wirkt und notgedrungen eine gesellschaftliche Gegenreaktion provoziert. Im Kontrast dazu wird die erste Sequenz der Doppelbewegung nicht eingehender theoretisch konzeptualisiert (Deutschmann 2019: 67). Dies ist insofern überraschend, als die wirtschaftsliberale Konzeption des selbstregulierenden Marktes zwar eine Fiktion oder einen Mythos darstellt, aber politisch sehr wirkungsmächtig ist. Mehr noch, unter kapitalistischen Bedingungen ist sie prägend und setzt, gestützt auf die voranschreitende Ökonomisierung und Kommodifizierung, die gesellschaftlichen Organisationsmuster einem beträchtlichen Anpassungsdruck aus. Polanyi erläutert diese Prozesse durchaus, aber vornehmlich historisch und empirisch. Die Frage, warum der Wirtschaftsliberalismus so stark ist und welche politökonomischen Faktoren ihn zur Entfaltung bringen, bleibt theoretisch hingegen unterbestimmt.

Der dritte Kritikpunkt bezieht sich schließlich auf die Ambiguität der Konzepte der Einbettung und Entbettung. Diese Ambiguität ergibt sich vor allem daraus, dass Märkte für Polanyi eigentlich immer eingebettet sind – daher die Rede von der Fiktion oder dem Mythos –, er in der prozedural angelegten historischen Rekonstruktion zugleich jedoch suggeriert, dass die Utopie des selbstregulierenden Marktes praktisch Realität wird. Dieses Spannungsverhältnis ist evident und wird von unterschiedlichen Autor*innen nach verschiedenen Seiten hin aufzulösen versucht. Während Fred Block (2003: 294ff) argumentiert, von der Annahme einer „always embedded economy" ausgehen zu müssen, plädieren Christoph Deutschmann (2019: 65ff) und Kari Polanyi-Levitt (2013: 102) dafür, an der Konzeption der Entbettung festzuhalten, um den Widerspruch zwischen dem kapitalistischen Markt und einer sozial intakten Gesellschaft hervorheben zu können. Eine weitere Option könnte darin bestehen, die Reichweite und die Modi der Entbettung – auf der Grundlage der grundsätzlichen Einbettung – der Ökonomie genauer zu spezifizieren. In den Schriften von Polanyi sind einige Hinweise darauf, aber keine klaren Antworten zu finden, wie eine solche Spezifizierung aussehen könnte.

3.3 Makroökonomische Steuerung: John Maynard Keynes

John Maynard Keynes [1883–1946] gilt als einflussreichster Ökonom des 20. Jahrhunderts. Er verkörpert den Typus eines Intellektuellen, dessen Aktivitäten stets darauf gerichtet waren, Antworten auf drängende, öffentlich kontrovers diskutierte politökonomische Fragen zu finden. So kritisierte er die Übereinkünfte im Versailler Vertrag, vor allem die Bestimmungen zu den deutschen Reparationszahlungen (Keynes 1920 [1919]), die Wiedereinführung des Goldstandards in den 1920er Jahren (Keynes 1985 [1925]) oder die wirtschaftspolitische Grundhaltung des Laissez-faire (Keynes 2011 [1926]). Außerdem fungierte er als britischer Chefunterhändler in den Verhandlungen in Bretton Woods über die internationale Wirtschaftsordnung nach dem Zweiten Weltkrieg. In diesen Kontexten und auch in seinen wöchentlichen Kolumnen in der britischen Tagespresse profilierte er sich als eine einflussreiche Figur des öffentlichen Lebens. Seine wissenschaftlichen Argumente hoben sich von den Positionen des damaligen Mainstreams deutlich ab. Besorgt über die sozioökonomische Instabilität des Kapitalismus, vor allem die hohe Massenerwerbslosigkeit, plädierte Keynes für eine aktive staatliche Konjunkturpolitik, d.h. eine beschäftigungsfördernde Geldpolitik und öffentliche Investitionen; ein Konzept, das zum Teil bereits in den 1930er Jahren, dann vor allem in den Jahrzehnten nach dem Zweiten Weltkrieg und zuletzt in Reaktion auf die transatlantische Finanzkrise oder die Corona-Pandemie in vielen Ländern angewendet wurde.

Wenn es darum geht, die Bedeutung von Keynes zu würdigen, stehen die praktischen Konsequenzen seines Denkens oft im Vordergrund. Letztlich erschließt sich die Qualität seiner Vorschläge aber nur dann, wenn auch berücksichtigt wird, dass Keynes – nicht nur der eigenen Einschätzung gemäß – die Wirtschaftswissenschaften „revolutioniert“ und ein neues Paradigma eingeführt hat. Bei diesem Paradigma handelt es sich, ganz allgemein gesprochen, um die kreislauftheoretische Betrachtung einer „monetären Produktionsökonomie“ (Keynes 1933). Die moderne Volkswirtschaft stellt für Keynes mehr dar als die Summe ihrer Elemente. Um die Dynamiken der wirtschaftlichen Entwicklung zu begreifen, kommt es für ihn darauf an, das Zusammenspiel der unterschiedlichen Teilmärkte in den Blick zu nehmen. Zugleich lenkt die Charakterisierung des Kapitalismus als monetäre Produktionsökonomie den Blick darauf, dass Keynes dem Geld und den Finanzbeziehungen eine konstitutive – dynamisierende, zugleich aber auch destabilisierende – Bedeutung für die anderen Sphären der Ökonomie zuweist.

3.3.1 John Maynard Keynes: vom Wunderkind zum wirkungsmächtigen Ökonomen

Keynes' öffentliche Interventionen und theoretische Reflexionen waren in hohem Maße durch die politökonomischen Bedingungen und Krisenprozesse der 1920er und 1930er Jahre geprägt: die Reparationszahlungen nach dem Ersten Weltkrieg, die Rückkehr zum Goldstandard, die Austeritätspolitik in Reaktion auf die Weltwirtschaftskrise, und nicht zuletzt die hohe Massenarbeitslosigkeit. Er begegnete diesen Problemen aus einer sozialliberalen Perspektive, deren Herausbildung sich biographisch wie folgt darstellt (zur Biographie vgl. Skidelsky 1983, 1992, 2000; Ötsch 2014; Herrmann 2016: 153 ff; Kromphardt 2020; 13 ff).

Keynes wurde im gleichen Jahr wie Schumpeter [1883–1950], also 1883 geboren. Er wuchs in Cambridge auf und war ein

> „Repräsentant jener Bildungselite, die mit den Universitäten von Oxford und Cambridge verbunden war und die – als ‚organische Intellektuelle' – in den Ausbildungsinstitutionen und im Staatsapparat selbst die Maßstäbe für die Qualifikation und das Selbstverständnis der herrschenden Klasse im Empire setzten." (Deppe 2003: 383)

Sein Vater John William Keynes [1852–1949] war Lehrbeauftragter für Ökonomie und später leitender Administrator, seine Mutter Florence Ada Keynes [1861–1958] hatte einen akademischen Abschluss, arbeitete für karitative Organisationen und wurde später Bürgermeisterin der Stadt. Beide Eltern waren sehr um ihren Sohn besorgt. Schon in jungen Jahren „trainierten sie ihn wie ein Rennpferd" (Herrmann 2016: 154). Von 1897 bis 1902 besuchte Keynes das Elite-Internat in Eton, wo er die Prüfung zur Hochschulreife als Klassenbester in Geschichte, Mathematik und Literatur absolvierte. Danach studierte er Mathematik und klassische Philologie am King's College in Cambridge. Schon damals besuchte er parallel Vorlesungen zu ökonomischen Themen und setzte sich mit den Werken des prominenten Ökonomen Alfred Marshall [1842–1924] auseinander. Marshall und auch dessen Mitarbeiter, Arthur Cecil Pigou [1877–1959], drängten ihn dazu, Ökonom zu werden. Doch Keynes zog es nach dem Studium vor, einen dreijährigen Staatsdienst im India Office, dem britischen Ministerium für die Verwaltung des kolonisierten Indiens, zu absolvieren.

Im India Office erhielt er einen Einblick in die täglichen Abläufe einer politischen Behörde, hatte jedoch selbst kaum etwas zu tun. Entsprechend nutzte er die Zeit zur Arbeit an einer mathematisch-philosophischen Promotion – *A Treatise in Probability* –, in der er sich mit einer logischen Interpretation von

Wahrscheinlichkeit unter den Bedingungen von Unsicherheit auseinandersetzte. Nach der Promotion im Jahr 1908 arbeitete er noch eine Zeit im India Office, bevor er 1909, gefördert von Marshall und Pigou, als Dozent für allgemeine Ökonomie an die Universität Cambridge zurückkehrte (Skidelsky 1983), wo er bis zu seinem Lebensende forschte und lehrte. Schon zu Beginn befasste er sich mit den Themen Geld, Finanzen und Preise, verfasste eine Studie zu *Indian Currency and Finance*. Im Ersten Weltkrieg wurde er Berater des Finanzministeriums. In Fortsetzung dieser Funktion nahm er auch an den Friedensverhandlungen in Versailles teil. Deren Verlauf und Ergebnis, vor allem die hohen deutschen Reparationszahlungen, stellten sich aus seiner Perspektive jedoch als höchst problematisch dar.[29] So verfasste er nach seinem Abschied aus der Delegation die Streitschrift *The Economic Consequences of Peace* (Keynes 1920 [1919]), die eine hohe Auflage hatte und ihn rasch weltweit berühmt machte.

In den 1920er Jahren wandelte Keynes erfolgreich in mehreren Welten. Als Vorsitzender einer Lebensversicherungsgesellschaft und Spekulant an der Börse gelangte er zu einem beachtlichen Wohlstand. Er pendelte zwischen Cambridge und London, wo er bereits seit seiner Zeit im India Office einen großen Freundeskreis hatte, der sich aus vielen Künstler*innen – Maler*innen, Schriftsteller*innen – zusammensetzte und, benannt nach dem Londoner Stadtteil, als „Bloomsbury Group" bezeichnet wurde. Ungeachtet seiner Homosexualität heiratete er 1925 die russische Tänzerin Lydia Lopokova, mit der er sehr glücklich war, die aber nicht so recht in das intellektuell geprägte „Bloomsbury"-Umfeld passte. Politisch engagierte sich Keynes in der Liberalen Partei, deren Erneuerung er im Sinne einer sozial orientierten Ausrichtung durch theoretische und programmatische Beiträge (Keynes 1985 [1925], 2011 [1926]) und praktische Vorschläge zu unterstützen versuchte (Deppe 2003: 388 ff; Kromphardt 2020: 29 ff).

Keynes' öffentliche Interventionen und wissenschaftliche Publikationen zeugen von einem gewissen Misstrauen in die Operationsweise der Märkte. Im Gegenzug wird die Rolle der staatlichen Politik, vor allem der Geld- und Finanzpolitik, umfassender und positiver interpretiert als damals üblich. Die Argumente, die in diese Richtung weisen, entwickelte Keynes in den 1920er Jahren zumeist ad hoc. Angesichts der hohen Massenerwerbslosigkeit und anderer

---

29 Der Kern der Kritik bestand darin, dass die hohen Reparationszahlungen nur durch einen immensen deutschen Exportüberschuss zu decken gewesen wären. Ein solcher wäre jedoch vor allem zu Lasten der englischen und französischen Industrie und Beschäftigung gegangen.

Formen des „Marktversagens“, des Festhaltens am Goldstandard oder der Annahme einer neutralen Rolle des Geldes war er unzufrieden mit den klassisch-neoklassischen Interpretationsangeboten[30], konnte sich aber nur allmählich von dieser Denkschule absetzen (Herrmann 2016: 173 ff). Theoretisch-konzeptionell vollzog sich dieser Ablösungsprozess und die Ausarbeitung des neuen Paradigmas einer „monetären Produktionsökonomie“ in zwei Schritten. Im Jahr 1930 veröffentlichte er die Studie *Vom Gelde* (Keynes 1983 [1930]), in der er die theoretischen Überlegungen mehrerer Jahre zusammenfasste, und die positiven Investitions- und Beschäftigungseffekte einer expansiven Geldpolitik zu begründen versuchte. Tatsächlich war er mit dieser Studie jedoch bereits zum Zeitpunkt ihres Erscheinens unzufrieden. Er erkannte nicht nur Probleme einer gewissen theoretischen Inkonsistenz, sondern auch die offenkundigen Grenzen der geldpolitischen Steuerung. Inspiriert und angetrieben durch die Debatten im sog. „Cambridge-Circus“ – zu diesem zählten unter anderem Piero Sraffa [1898–1983], Richard Kahn [1905–1989] und Joan Robinson [1903–1983] – verfasste er die *Allgemeine Theorie der Beschäftigung, des Zinses und des Geldes* (Keynes 2017 [1936]), mit der er die zuvor erkannten Defizite korrigierte und die Analyse fiskalpolitischer Interventionen ergänzte.

Unmittelbar politisch relevant wurden die von Keynes ab Mitte der 1920er Jahre entwickelten Ideen und Konzeptionen durch seine Mitarbeit im Macmillan-Ausschuss für Finanzen und Industrie der britischen Regierung in den Jahren 1929 bis 1931 sowie im Wirtschaftsbeirat des Premierministers von 1930–1939 (Skidelsky 1992). In der Zeit des Zweiten Weltkriegs intensivierte Keynes sein politisches Engagement nochmals: erstens, indem er sich als Berater des Schatzministeriums in die Prozesse der Kriegsbewirtschaftung einschaltete; zweitens, indem er im Austausch mit William Henry Beveridge [1879–1963] die Neuausrichtung des britischen Wohlfahrtsstaats beeinflusste; und drittens, indem er als Chefunterhändler Großbritanniens – zusammen mit seinem US-amerikanischen Pendant Harry Dexter White [1892–1948] – in Bretton Woods die wesentlichen Elemente der internationalen Wirtschaftsordnung für die Nachkriegszeit aushandelte (Kromphardt 2020: 121 ff). Die prak-

30 Keynes zieht keine klare Trennlinie zwischen der Klassischen Politischen Ökonomie und der Neoklassik. Er subsumiert beides – aus Gewohnheit oder der Einfachheit halber – unter dem Begriff der Klassik (Keynes 2017 [1936]: 19, Fn 1). Vielleicht kommt hierin zum Ausdruck, dass er sich mit der Geschichte des politökonomischen Denkens selbst nicht eingehender befasst hat. Vielleicht wollte er aber auch nur den umwälzenden Charakter seiner eigenen Konzepte hervorheben.

tische Operationsweise dieses Systems konnte er jedoch kaum noch zur Kenntnis nehmen. Nachdem ihn bereits 1937 eine Herzattacke stark geschwächt hatte, starb er 1946 durch Herzversagen (Skidelsky 2000).

3.3.2 Der Kapitalismus als inhärent instabiles System

Den zentralen Referenzpunkt der von Keynes entwickelten Theorie- und Analyseperspektive bildet die strukturelle Instabilität des Kapitalismus, die durch die Enthaltsamkeit des Staates oder falsche wirtschaftspolitische Entscheidungen noch verstärkt wird. Die Kritik an diesen Entscheidungen und am Verzicht darauf, der Erwerbslosigkeit und der Gefährdung der Gesellschaftsordnung aktiv entgegenzuwirken, führten ihn letztlich zum neuen politökonomischen Paradigma einer kreislauftheoretischen Analyse der „monetären Produktionsökonomie".[31] Dieses Paradigma hat sich im Laufe der Zeit durch die Abgrenzung gegenüber (neo-)klassischen Annahmen herauskristallisiert. Keynes kritisierte nicht nur das Say'sche Theorem, gemäß dem sich jedes Angebot seine eigene Nachfrage schafft. Für ihn entsprach die praktische Operationsweise der Märkte auch nicht den neoklassischen Modellvorstellungen der vollkommenen Information, der rationalen Entscheidung (homo oeconomicus), der dominanten Tendenz zum Gleichgewicht und der Neutralität des Geldes. Keynes argumentierte vielmehr, dass dem Geld und dem Kreditsystem eine für die Operationsweise der Ökonomie konstitutive, einerseits dynamisierende, andererseits zugleich aber auch potenziell destabilisierende Bedeutung zukommt. Dies drückt sich auch darin aus, dass die ökonomischen Akteure ihre Entscheidungen unter Bedingungen von Unsicherheit treffen, daher massenpsychologisch beeinflusste Erwartungen maßgeblich sind. Im Kreislaufprozess sind für Keynes die unterschiedlichen Teilmärkte nicht nur spezifisch miteinander verknüpft. Es kommt auch immer wieder zu Störungen und Krisen, wenn diese Verknüpfung nicht politisch gesteuert wird und die Ökonomie sich selbst überlassen bleibt.

---

31 Die beiden Elemente des von Keynes entwickelten Paradigmas sind nicht vollkommen neu. Schon das *Tableau économique* von François Quesnay [1694–1774] war kreislauftheoretisch angelegt. Gleiches gilt für die Reproduktionsschemata von Karl Marx [1818–1883], der zudem das Geld ähnlich wie Keynes als konstitutiv und alles andere als „neutral" für die Operationsweise der Produktion ansah. Die besondere Qualität der Keynes'schen Perspektive besteht vor allem darin, dass in dieser der Zugriff auf die monetäre Produktionsökonomie anders als bei Marx nicht wert-, sondern preistheoretisch entwickelt wird. Das Geld und der Kredit sind bei beiden wichtige Steuerungsgrößen für die wirtschaftliche Entwicklung. Bei Marx muss der Geldzins letztlich durch die Überschüsse oder Profite des Produktionssystems finanziert werden.

3.3.2.1 Erwartungen und Entscheidungen unter Unsicherheitsbedingungen

Die wirtschafts- und gesellschaftspolitischen Bezugspunkte der von Keynes entwickelten Theorie haben zur Folge, dass sich viele Darstellungen darauf konzentrieren, die politischen Instrumente und deren Einsatz in den Vordergrund zu stellen. Hier wird nun der umgekehrte Weg beschritten. Um den „revolutionären" Charakter der Keynes'schen Ideen hinreichend zu würdigen, richtet sich der Blick zunächst auf seine erkenntnistheoretischen und sozialphilosophischen Überlegungen, die den Bruch mit dem neoklassischen Denken begünstigt und verstetigt haben.

Von grundlegender Bedeutung war bereits seine Dissertation *A Treatise on Probability*, die er lange nach dem Abschluss des Promotionsverfahrens Anfang der 1920er Jahre für die Publikation nochmals überarbeitet hatte (Keynes 1926 [1921]). In dieser Schrift diskutiert er, beeinflusst durch die Überlegungen Bertrand Russells [1872–1970] und Ludwig Wittgensteins [1889–1951], die Schwierigkeit, zu objektiven oder wahren Aussagen zu gelangen, wenn doch das vorhandene Wissen selten vollkommen, sondern in der Regel nur partiell, also „unvollkommen, unsicher oder begrenzt ist" (Herrmann 2016: 160). Keynes ging es dabei nicht darum, die aufgefundene fundamentale Unsicherheit in mathematisch erfassbares Risiko zu transformieren. Eine derartige Herangehensweise, wie sie die etwa Neoklassik verfolgte, schien ihm grundsätzlich möglich, im Kern jedoch konzeptionell problematisch. Im gesellschaftlichen Alltag bedarf jede wohlüberlegte Kalkulation zur Umsetzung zudem individueller Entscheidungen. In den Entscheidungen reflektieren sich nun aber stets vielfältige, auch emotionale Einflüsse. Unter Berücksichtigung der Gewohnheiten des alltäglichen Lebens gelangt Keynes somit zu der Erkenntnis, dass der vage, fundamental unsichere und unvollkommene Charakter des verfügbaren Wissens einen – durch psychologische Faktoren oft noch verstärkten – Wesenszug der gesellschaftlichen Verhältnisse darstellt (Muchlinski 2012).

Vor dem Hintergrund dieser Perspektive entwickelt Keynes auch einen von der Neoklassik abweichenden Blick auf ökonomische Prozesse. Auch diesen ist eine Zeitdimension eingeschrieben. Eigentlich ist es trivial, dass sich der Erfolg oder Misserfolg gegenwärtiger Entscheidungen üblicherweise erst in der Zukunft erweist; und dass es die Erwartungen der Wirtschaftssubjekte sind, die die „Gegenwart mit der Zukunft" verbinden (Heine 2006: 11). Der Neoklassik fiel es damals schwer, sich des Phänomens der historischen Zeit anzunehmen. Durch die Fokussierung auf Unsicherheit als bloß stochastisches Problem war es ihr nicht möglich, die fundamentale Unsicherheit in der politischen Ökonomie angemessen zu konzeptionalisieren (Heine 2006: 12f). Hierdurch geht der historische, mitunter eruptive Charakter von Erwartungsumschwüngen verloren. Keynes führt hierzu im Gegenzug aus:

> „By ‚uncertain' knowledge, let me explain, I do not mean merely to distinguish what is known for certain from what is only probable. The game of roulette is not subject, in this sense, to uncertainty; nor is the prospect of a Victory bond being drawn. Or, again, the expectation of life is only slightly uncertain. Even the weather is only moderately uncertain. The sense in which I am using the term is that in which the prospect of a European war is uncertain, or the price of copper and the rate of interest twenty years hence, or the obsolescence of a new invention, or the position of private wealth-owners in the social system in 1970. About these matters there is no scientific basis on which to form any calculable probability whatever. We simply do not know." (Keynes 1937: 213 f)

Keynes betont also die historische Zeit und die dieser eingeschriebenen strukturellen Unsicherheiten, die nur subjektiv bestimmbare, aber keine berechenbaren Wahrscheinlichkeiten für die Zukunft zulassen. Eine solche Perspektive war in der damaligen wirtschaftswissenschaftlichen Debatte zumindest ungewöhnlich:

> „Keynes's analysis of vagueness, probability, and uncertainty created a new perspective on economic theory and interactions. He provided new concepts for his economic theory, for instance ‚vagueness', ‚expectations', ‚state of confidence', ‚animal spirits', ‚individual judgement', and ‚conventional judgement'." (Muchlinski 2021: 63)

Keynes betrachtet die Wirtschaftswissenschaft nicht als eine „exakte" Disziplin im Sinne der Naturwissenschaften, sondern eher als eine sozialwissenschaftliche Disziplin, die komplexe, mathematisch nicht berechenbare Verhältnisse – kulturelle Besonderheiten, unbekannte Bedürfnisse, Gefühle, nicht-rationale Verhaltensweisen – in die Analyse mit einzubeziehen versucht. Diese Grundorientierung ist auch in Passagen der *General Theory* erkennbar:

> „Auch wenn man die Instabilität infolge von Spekulation einmal beiseitelässt, bleibt noch die Instabilität infolge der Eigenheiten der menschlichen Natur, aufgrund derer ein beträchtlicher Teil unserer Aktivitäten eher auf spontanem Optimismus beruht denn auf einer mathematischen Erwartung, sei sie eine moralische oder hedonistische oder ökonomische. Höchstwahrscheinlich lassen sich die meisten unserer Entscheidungen, deren vollstän-

> dige Auswirkungen erst über lange Zeit zum Tragen kommen, nur als Ergebnis des Wirkens von Lebensgeistern (animal spirits) begreifen – als eines spontanen Dranges, lieber etwas zu tun als untätig zu bleiben – und nicht als das Ergebnis eines gewichteten Durchschnitts quantitativer Vorteile multipliziert mit quantitativen Wahrscheinlichkeiten." (Keynes 2017 [1936]: 141)

Die fundamentale Bedeutung von Unsicherheit und der Verweis auf die „Lebensgeister" oder „Animal Spirits" verdeutlichen, dass sich die Erwartungen der wirtschaftlichen Subjekte immer wieder verändern. Sie sind durch menschliche Emotionen, individuelle Neigungen, sozialstrukturelle Positionen, historische Umbrüche und auch durch konjunkturelle Ausschläge beeinflusst. Die Entscheidungen der Wirtschaftssubjekte bewegen sich mithin auf einem schwankenden Fundament. Für Keynes gibt es nun spezifische Mechanismen und Verfahren, die eine gewisse Stabilisierung ermöglichen. Er nennt in diesem Zusammenhang unter anderem die etablierten Konventionen, die mit dazu beitragen, dass sich die Wahrnehmung und Bewertung der ökonomischen Prozesse an gleichen Maßstäben orientiert und sich in eine ähnliche Richtung bewegt. Sofern auf diese Weise die Zuversicht zunimmt, dass Erwartungen erfüllt werden und Prognosen eintreffen, steigt das Vertrauen. Erscheinen die Umstände ungeachtet aller Konventionen jedoch als sehr unsicher, so nimmt das Vertrauen ab.

> „Der so genannte *Stand des Vertrauens* ist ein Faktor, dem Geschäftsleute stets höchste und eifrigste Beachtung schenken. Wirtschaftswissenschaftler indes haben ihn nicht sorgfältig analysiert und begnügten sich in der Regel damit, ihn kursorisch abzuhandeln. Insbesondere hat man sich nicht vor Augen geführt, dass er aufgrund seines starken Einflusses auf die Grenzleistungsfähigkeit des Kapitals[32] höchst relevant für ökonomische Fragen ist. Es sind nicht zwei verschiedene Faktoren, die das Investitionsvolumen beeinflussen, nämlich die Kurve der Grenzleistungsfähigkeit des Kapitals und der Stand des Vertrauens. Letzterer ist entscheidend, weil er einer der Hauptfaktoren ist, die die Grenzleistungsfähigkeit des Kapitals determinieren – und diese ist wiederum gleich der Investitionsnachfragekurve." (Keynes 2017 [1936]: 131)

---

32 Der Begriff der „Grenzleistungsfähigkeit des Kapitals" ist etwas kompliziert und ungenau. Er ist insofern ungenau, als es Keynes vor allem um die erwarteten Effekte von Investitionen geht; und er ist insofern kompliziert, als es bei dem „Verhältnis zwischen dem [...] Ertragswert und dem Preis des Investivgutes" eigentlich nur um die „zu erwartende Rendite aus dem Einsatz eines Investivgutes" geht (Kromphardt 2020: 77).

3.3.2.2 Die Konzeption einer monetären Produktionsökonomie

Dass die Bedeutung einer grundsätzlich unsicheren Zukunft in der neoklassischen Theorie nicht erkannt oder unterschätzt wird, ist für Keynes auch einem problematischen, viel zu schlichten Verständnis des Geldes geschuldet (Scherf 2012: 284f). So sehen die Neoklassiker*innen die Funktion des Geldes nur darin, in einer Tauschwirtschaft Transaktionen zu erleichtern. Durch den Fokus auf diese Funktion erscheint ihnen das Geld als ökonomisch und gesellschaftlich „neutral". Der Wert oder Preis des Geldes ist allein durch die verfügbare Quantität bestimmt; und sollte diese schwanken, würde es allein zu inflationären oder deflationären Prozessen kommen, die aber keine grundlegenden Effekte auf die sonstige realwirtschaftliche Entwicklung hätten (Herr 2001: 208). Aufgrund dieser Trennung zwischen der realen und monetären Sphäre schenkt die Neoklassik dem Geld- und Kreditsystem keine besondere Beachtung. Sie geht davon aus, dass in der Geldsphäre nur das Preisniveau bestimmt wird und ansonsten die Ersparnisse gleichermaßen hohe Investitionen generieren und beide Faktoren – vermittelt über die Zinsen – zum Ausgleich gebracht werden.

Keynes positioniert sich in deutlichem Kontrast zu dieser Perspektive. Schon im *Traktat über Währungsreform* reflektiert er, dass sich inflationäre und deflationäre Prozesse für die sozialen Klassen sehr spezifisch darstellen. Während die Deflation (fallende Preise) die Schuldner belastet und die Produktion und Beschäftigung hemmt, also die Arbeiter*innen und die Unternehmer*innen benachteiligt, leiden unter der Inflation (steigende Preise) vor allem die Gläubiger*innen, Rentner*innen und Sparer*innen (Keynes 1997 [1923]: 39f). Später problematisiert Keynes ganz explizit die Trennung zwischen der realen und monetären Ökonomie. Dagegen entwickelt er die Konzeption einer „monetären Produktionsökonomie" (Keynes 1933). Er betonte damit die Verschränkung von Real- und Geldökonomie, und lenkt die Aufmerksamkeit auf die konstitutive, nicht-neutrale Rolle des Geld- und Kreditsystems. Die Prozesse der Kreditvergabe verdeutlichen für ihn, dass das Geld nicht nur als Zahlungsmittel, sondern auch als Wertaufbewahrungsmittel und letztlich als liquide Form des Kapitals für die Produktion bedeutsam ist (Keynes 1937: 215ff). Durch die Konditionen und Dynamiken der Kreditvergabe wird die Investitionstätigkeit der Unternehmen und auf diese Weise auch die Beschäftigung maßgeblich strukturiert und beeinflusst. Keynes geht hierbei von einer Hierarchie der Märkte aus, in der der Vermögensmarkt den Güter- und den Arbeitsmarkt dominiert. Im Vermögensmarkt, insbesondere im Geld- oder Interbankenmarkt des Finanzsystems, findet dabei Geldschöpfung statt. Geld spielt bei Keynes somit eine endogene Rolle, da andere wirtschaftliche Aktivitäten an die Geldmenge, die dem Zinssatz entspricht, angepasst werden und die Geldschöpfung fundamental mit anderen Bereichen der Volkswirtschaft interagiert. Die Marktwirtschaft wird dadurch eine „Kredit- bzw. Verpflichtungsökonomie" (Herr 2001: 211). Den allgemeinsten Ausdruck dieser monetären Produktionswirtschaft sieht

> „Keynes in der Formel ‚Geld-Ware-Geld' bzw. ausführlicher ‚Geldvorschuss – Produktion – Einkommensbildung – Geldrückfluss' [...]. Aus der Formel ‚Geld-Ware-Geld' erschließt sich unmittelbar, dass die aggregierte Nachfrage auf den Gütermärkten zur bestimmenden Größe des Produktionsvolumens und damit auch der Beschäftigung wird. Die aggregierte Nachfrage wird über Geldvorschüsse gesteuert." (Herr 2001: 211)

Die Perspektive der „monetären Produktionsökonomie" hat für die Analyse der Entwicklungsdynamik des Kapitalismus unterschiedliche Implikationen: Auf der einen Seite lenkt sie die Aufmerksamkeit darauf, dass eine beschleunigte kapitalistische Entwicklung maßgeblich dem Finanzsystem geschuldet ist. Dabei muss nicht erst gespart und dann investiert werden. Für Keynes (2017 [1936]: 81) stellt sich der Zusammenhang eher andersherum dar. Es werden Kredite vergeben und diese investiert, und im Gegenzug werden diese Kredite durch die Ersparnisse der Haushalte und anderer Unternehmen gedeckt. Grundsätzlich eröffnet die Kreditschöpfung im Geldsystem somit die Möglichkeit, Kapital gleichsam aus dem Nichts zu generieren. Die Finanzinstitute vergeben Kredite, damit große Investitionen, z.B. im Bereich der hochtechnologischen Forschung und Entwicklung, getätigt werden. Erst mit einiger Verzögerung werden Profite erwirtschaftet, an denen die Kreditgeber*innen über den Schuldendienst partizipieren.

Auf der anderen Seite fördert das Kreditsystem jedoch nicht nur die Dynamik, sondern auch die Unsicherheit und Instabilität des kapitalistischen Systems. So ist für Keynes die Geldschöpfung nur schwer kontrollierbar. Sie erfolgt im Interbanken- oder Geldmarkt und wird maßgeblich durch die Gewinnerwartungen unternehmerischer Investitionen angetrieben. Diese Erwartungen werden jedoch dann problematisch, wenn sie sich verselbständigen und von den sog. „Fundamentaldaten" entfernen, sich die Operationsweise der kapitalistischen Ökonomie also der eines Spielkasinos annähert. Keynes (2017 [1936]: 139) schreibt hierzu:

> „Man sagt, anders als viele Engländer investiere ein Amerikaner selten, um ein laufendes Einkommen zu erzielen. Er werde ohne die Erwartung eines Wertzuwachses kaum eine Investition tätigen. Das bedeutet nichts anderes,

> als dass die Amerikaner ihre Hoffnung weniger auf den künftigen Ertrag richten als vielmehr auf eine günstige Entwicklung der klassischen Bewertungsgrundlage – d.h. sie sind im oben genannten Sinne Spekulanten. Als Luftblasen in einem stetigen Strom des Unternehmertums richten Spekulanten kaum einen Schaden an. Die Lage wird jedoch ernst, wenn das Unternehmertum nur noch ein Bläschen im Strudel der Spekulation ist. Wenn die Kapitalbildung in einem Land ein Nebenprodukt der Aktivitäten eines Spielkasinos wird, dann wird diese Aufgabe alles andere als gut erledigt."

Die Instabilität des kapitalistischen Systems hat jedoch nicht nur eine Struktur-, sondern auch eine Handlungskomponente. Keynes nimmt insbesondere die Entscheidungen der Geldvermögensbesitzer*innen in den Blick. Diese haben jeweils sehr unterschiedliche Optionen, ihr Geld zu verwenden. Sie können es in Form von Spareinlagen anlegen, in Aktien oder andere Wertpapiere investieren, Investitionsgüter kaufen oder Liquidität vorhalten. Welche Entscheidung sie treffen, ist vom Zinssatz – bei Keynes (2017 [1936]: 145) definiert als „Belohnung für den Verzicht auf Liquidität in einer bestimmten Zeitspanne" – abhängig, letztlich aber vor allem durch die unsicheren Erwartungen über die realisierbaren Renditen bestimmt. Nimmt die Unsicherheit im Konjunkturzyklus zu, so gewinnt für gewöhnlich auch die Kassenhaltung oder Liquiditätspräferenz[33] der Wirtschaftsakteure an Bedeutung. Dem wirtschaftlichen Kreislauf wird das Schmiermittel des Geldes damit entzogen. Der Zinssatz steigt, die Investitionen brechen ein, gleiches gilt für die Beschäftigung und die effektive Nachfrage. Die Konzeption einer monetären Produktionsökonomie beinhaltet in diesem Sinne die Gefahr, dass sich im Kreislauf die negativen Einflüsse wechselseitig verstärken und die Volkswirtschaft in eine Negativspirale abgleitet.

3.3.2.3 Märkte, Ungleichgewichte und Beschäftigung

Die instabilitätstheoretischen Überlegungen sind für Keynes nicht das Resultat modelltheoretischer Konzepte, sondern entsprechen seinen Beobachtungen der damaligen Zeit. Schon in den 1920er Jahren zeigte er sich besorgt über das hohe Niveau der Erwerbslosigkeit, für das er in Großbritannien maßgeblich den

33 Die Liquiditätspräferenz speist sich bei Keynes (2017 [1936]: 148) aus drei Motiven: dem Transaktions-, Vorsichts- und Spekulationsmotiv. Das Transaktionsmotiv ergibt sich aus den Erfordernissen des täglichen Zahlungsverkehrs. Das Vorsichtsmotiv entspricht dem Bedürfnis, über einen Teil des eigenen Vermögens flexibel verfügen zu können. Und das Spekulationsmotiv resultiert aus der Mutmaßung, dass sich die Marktsituation anders als allgemein angenommen entwickeln könnte.

Goldstandard und eine überbewertete Währung verantwortlich machte. Beide Faktoren begünstigten deflationäre Tendenzen, die durch eine restriktive Haushaltspolitik und den Ausbruch der Weltwirtschaftskrise im Jahr 1929 noch verstärkt wurden (Deppe 2003: 374 ff; Screpanti/Zamagni 2005: 245 ff). Für Keynes war die damalige ökonomische Entwicklung nicht nur moralisch, sondern auch politisch höchst bedenklich, förderte sie doch den Klassenkonflikt, schwächte also die gesellschaftlichen Voraussetzungen eines funktionsfähigen, d. h. sozial und demokratisch eingehegten Kapitalismus.

Jenseits dieser gesellschaftspolitischen Implikationen war für Keynes die Erwerbslosigkeit aber auch ökonomietheoretisch höchst bedeutsam. Sie verdeutlicht, dass die kapitalistische Ökonomie den gleichgewichtstheoretischen Vorstellungen der Neoklassik nicht entspricht. Anders als diese unterstellt, tendieren die Märkte in der mittleren und langen Frist nicht notwendigerweise zum allgemeinen Gleichgewicht. Vielmehr können einzelne Märkte oder die Ökonomie insgesamt, so Keynes, im Ungleichgewicht verharren. Mehr noch, für Keynes handelt es sich beim makroökonomischen Gleichgewicht nicht um die Regel, sondern um eine Ausnahme. Um diesen Sachverhalt zu unterstreichen, wählt er für sein Hauptwerk den Titel *General Theory*. Gleich zu Beginn der Studie führt er aus:

> „Ich vertrete im Folgenden die These, dass die Postulate der klassischen Theorie lediglich in einem Spezialfall Gültigkeit besitzen und nicht im Regelfall, denn die von dieser Theorie unterstellte Situation ist nur ein Grenzfall aller möglichen Gleichgewichtslagen. Überdies entsprechen die Eigenschaften des Sonderfalls, von dem die klassische Theorie ausgeht, ganz und gar nicht denen der Volkswirtschaft, in der wir in Wirklichkeit leben. Infolgedessen sind ihre Lehren irreführend und, wenn wir sie auf die realen Erfahrungen anzuwenden versuchen, von verheerender Wirkung." (Keynes 2017 [1936]: 19)

Die verheerende Wirkung einer anhaltend hohen Massenerwerbslosigkeit hat für Keynes ihre Ursachen also in einer problematischen Wirtschaftspolitik, die sich an den Lehrsätzen der (neo-)klassischen Ökonomie orientiert. Diese vermag allein die Formen einer „friktionellen" und „freiwilligen", nicht aber das Phänomen der „unfreiwilligen" Erwerbslosigkeit in den Blick zu nehmen. In den neoklassisch-klassischen Modellen ist letztlich auch die unfreiwillige Erwerbslosigkeit Ausdruck einer Weigerung der Lohnarbeiter*innen, den Lohn auf ein den Markt räumendes Niveau abzusenken – eine Perspektive, die voraussetzt, dass die Arbeiter*innen eine Kontrolle über den Reallohn hätten und diesen nur in Übereinstimmung bringen müssten mit dem „Grenzprodukt“ (dem zusätzlichen Output) und dem „Grenzleid“ (den Belastungen pro zusätzlicher Arbeitsstunde) der erbrachten Arbeit. Genau diese Annahme erscheint Keynes aber aus zwei Gründen als fragwürdig. Zum einen handeln die Arbeiter*innen und ihre Organisationen stets den Nominal-, nicht aber den Reallohn aus (Keynes 2017 [1936]: 24ff). Letzterer kann in Abhängigkeit von der Inflation oder auch Deflation, also von den Prozessen der Geld- und Kreditschöpfung im Interbankenmarkt, sowie der Produktivitätsentwicklung vom Nominallohn mitunter deutlich abweichen. Zum anderen bestreitet Keynes (2017 [1936]: 31ff), dass sich die Nachfrage nach Gütern in unmittelbarer Abhängigkeit, also parallel zu ihrem Angebot bewegt. Der Konsum bleibt vielmehr tendenziell hinter der Einkommensentwicklung zurück, und auch die Dynamiken der Finanzmärkte, vor allem des Geld- und Kreditsystems, tragen mit dazu bei, dass das aggregierte Angebot und die aggregierte Nachfrage auseinandertreten.

Hinter dem zweiten Einwand verbirgt sich die berühmte Kritik am Say’schen Theorem (Davidson 2015: 52ff). Dieses Theorem, benannt nach dem französischen Ökonomen Jean-Baptiste Say [1767–1832], war davon ausgegangen, dass sich jedes Angebot die erforderliche Nachfrage selbst schafft, eine Sorge um letztere mithin überflüssig sei; und zwar nicht nur innerhalb einer reinen Tauschwirtschaft, sondern auch unter Berücksichtigung des Geld- und Kreditsystems (Kromphardt 2020: 40ff). Denn sollten die Haushalte einen Teil der Einkünfte nicht für den Konsum nutzen, so würden sie in Form von Ersparnissen – vermittelt über das Kreditsystem – ihrerseits für Investitionen zur Verfügung stehen. Über den Zinssatz, dessen Anstieg die Ersparnisse stimuliert, die Investitionen aber dämpft, und andersherum, würden die Ersparnisse und Investitionen, so das Theorem weiter, ausgeglichen, so dass Stockungen in der Produktion und Beschäftigung und Marktungleichgewichte vermieden würden.

Wie bereits erläutert, teilt Keynes durchaus die Annahme, dass sich Ersparnisse und Investitionen letztlich ausgleichen. Er sieht jedoch das Problem, dass die Abstimmung der Investitions- und Spartätigkeit über den Zinsmechanismus scheitert und ökonomische Störungen verursacht. Außerdem bilden für ihn nicht die Ersparnisse, sondern die Investitionen die treibende Kraft der wirtschaftlichen Entwicklung. Die Investitionen sind ihrerseits durch die Erwartungen der Unternehmen bestimmt, die sich zum einen auf die Konditionen ihrer Finanzierung, so vor allem auf den Zinssatz, und zum anderen zugleich auf die Entwicklung der „effektiven Nachfrage“ beziehen.

Neben den geldtheoretischen Überlegungen bildet die Konzeption der effektiven Nachfrage eine weitere theoretische Innovation, mit Hilfe derer Keynes die inhärente Instabilität des Kapitalismus – seine Neigung, Erwerbslosigkeit, soziale Ungleichheit und Armut zu generieren – zu fassen vermag (Davidson 2015: 72ff). Auch die „effektive Nachfrage" ist eine Erwartungsgröße. Sie erstreckt sich auf all jene Güter und Dienstleistungen, die auf dem Markt bei durchschnittlichem Preis und Profit Absatz finden. Für Keynes (2017: [1936]: 38) umschließt sie sowohl den Konsum der Haushalte als auch – im Sinne eines produktiven Konsums – die Neuinvestitionen der Unternehmen. Die Entwicklung beider Komponenten, also die „effektive Nachfrage" insgesamt, kann die Investitionen, die Beschäftigung und die Realeinkommen der Erwerbstätigen stimulieren, oder aber, sofern sie gebremst wird, einen gegenläufigen Prozess einleiten. Durch die Hervorhebung der effektiven Nachfrage gelangt Keynes letztlich zu einer makroökonomischen, kreislauftheoretischen Perspektive, die die zentralen beschäftigungspolitischen Zusammenhänge in deutlichem Kontrast zur Neoklassik bestimmt (Quellentext 7).

Quellentext 7: Theorie der Beschäftigung

Unsere Theorie lässt sich folgendermaßen umreißen: Bei zunehmender Beschäftigung nehmen die aggregierten Realeinkommen zu. Es ist psychologisch erklärbar, dass bei steigenden Realeinkommen auch der Gesamtkonsum steigt, wenngleich nicht im gleichen Maße wie das Einkommen. Für die Arbeitgeber würde es einen Verlust bedeuten, wenn der gesamte Beschäftigungszuwachs allein für die unmittelbare Befriedigung der zusätzlichen Nachfrage nach Konsumgütern aufgewandt würde. Zur Rechtfertigung eines bestimmten Beschäftigungsvolumens müssen die laufenden Investitionen deshalb so hoch sein, dass sie den Betrag binden, um den die Gesamtproduktion über dem Konsum der Bevölkerung bei diesem Beschäftigungsniveau liegt. Bei einem niedrigeren Investitionsvolumen wären die Einkünfte der Unternehmer zu gering, um einen Anreiz zur Schaffung der jeweiligen Menge an Beschäftigung darzustellen. Bei einer bestimmten Konsumneigung der Bevölkerung, wie wir das künftig nennen wollen, hängt folglich das Gleichgewichtsniveau der Beschäftigung – also das Niveau, auf dem die Arbeitgeber weder einen Anreiz zur Verminderung noch zur Erhöhung der Beschäftigung haben – von der Höhe der laufenden Investitionen ab. Diese ist ihrerseits vom Investitionsanreiz, wie wir es nennen wollen, abhängig, welcher wiederum, wie wir noch sehen werden, vom Verhältnis zwischen der Grenzleistungsfähigkeit des Kapitals auf der einen und den Zinssät-

zen für Darlehen verschiedener Laufzeiten und Risiken auf der anderen Seite abhängt.
Bei einer bestimmten Konsumneigung und Investitionshöhe kann es nur ein Beschäftigungsniveau geben, das mit dem Gleichgewichtszustand vereinbar ist. Alles andere würde dazu führen, dass der aggregierte Angebots- und Nachfragfragepreis der gesamten Produktmenge nicht mehr übereinstimmt. Dieses Niveau kann nicht über Vollbeschäftigung liegen, d.h. der Reallohn kann nicht geringer sein als das Grenzleid der Arbeit. Aber es gibt auch keinen Grund für die Annahme, dass es auf der gleichen Höhe wie Vollbeschäftigung liegt. Die mit Vollbeschäftigung verbundene effektive Nachfrage ist ein Spezialfall, der nur eintritt, wenn Konsumneigung und Investitionsanreiz in einem ganz bestimmten Verhältnis zu einander stehen. Diese spezielle Beziehung, die mit den Annahmen der klassischen Theorie übereinstimmt, könnte man als optimales Verhältnis bezeichnen. Dieses kann jedoch nur bestehen, wenn die laufenden Investitionen – zufällig oder absichtlich – eine Nachfragemenge schaffen, die genau der Differenz entspricht zwischen dem aggregierten Angebotspreis des bei Vollbeschäftigung produzierten Ausstoßes und dem, was die Bevölkerung bei Vollbeschäftigung für ihren Konsum auszugeben bereit ist.

Quelle: Keynes (2017 [1936]: 37 f).

Die makroökonomischen Überlegungen verdeutlichen, dass das Niveau der Beschäftigung nur begrenzt auf dem Arbeitsmarkt selbst ausgehandelt wird. Für Keynes sind nicht die Löhne, sondern die Konsumneigung und die Investitionsquote die zentralen Bestimmungsfaktoren des Beschäftigungsvolumens,

> „welches in direktem Zusammenhang mit dem gegebenen Reallohnniveau steht – und nicht umgekehrt. Wenn Konsumneigung und Investitionsquote nur zu einer unzureichenden effektiven Nachfrage führen, bleibt das tatsächliche Beschäftigungsniveau hinter dem beim gegebenen Reallohn potenziell verfügbaren Angebot an Arbeitskraft zurück." (Keynes 2017 [1936]: 39)

Doch was sind genau die Faktoren und Entwicklungen, die den Konsum und die Investitionen als Komponenten der „effektiven Nachfrage" beeinträchtigen? Keynes diskutiert und erläutert in der *General Theory* unterschiedliche Wirkungsketten (Caspari 2009: 174 ff; Scherf 2012: 283 ff). Eine erste Wirkungskette ist konsum- bzw. spartheoretischer Natur. Für Keynes (2017 [1936]: 66) stellen die Ersparnisse als „Überschuss des Einkommens über den Konsum" nur eine „Restgröße" dar. Diese Restgröße ist nur partiell vom Zins, sehr viel stärker hingegen vom Einkommen abhängig. Sie kann also durch einen Anstieg des Einkommens oder aber eine Einschränkung des Konsums erhöht werden. In den neoklassischen Modellen werden derartige Prozesse begrüßt, da durch sie die Investitionen zunehmen – nicht so hingegen bei Keynes. Dieser sieht vielmehr das Problem, dass mit steigendem Einkommen die marginale Konsumquote, also der Anteil des konsumierten Einkommens am Gesamteinkommen, zurückgeht:

> „Das grundlegende psychologische Gesetz, auf das wir uns sowohl a priori aufgrund unserer Kenntnis der menschlichen Natur als auch aufgrund ausgiebiger Erfahrungen vertrauensvoll stützen können, lautet, dass Menschen im Allgemeinen und im Durchschnitt mit steigendem Einkommen ihren Konsum steigern, jedoch nicht in dem Maße, in dem ihr Einkommen steigt." (Keynes 2017 [1936]: 92)[34]

In der Konsequenz dieses Mechanismus, der auch als absolute Einkommenshypothese bezeichnet wird, reißt eine Nachfragelücke auf. Diese mündet nur so lange nicht in eine konjunkturelle Krise, wie die Neuinvestitionen – als zweite Komponente der effektiven Nachfrage – die Lücke schließen.

Tatsächlich ist eine ausreichende Investitionstätigkeit aber keineswegs garantiert. Für Keynes verweist die Unsicherheit der Investitionen entsprechend auf eine zweite, potenziell destabilisierende Wirkungskette. Diese ergibt sich vor allem daraus, dass sich die Grenzleistungsfähigkeit des Kapitals, also die mit den Investitionen verbunden Renditeerwartungen, ungünstig entwickeln können. Im Konjunkturzyklus ist dies üblicherweise der Fall:

34 Der Konsum wird bei Keynes maßgeblich durch die Entwicklung des Realeinkommens bestimmt. Darüber hinaus gibt es für ihn weitere objektive und subjektive Einflüsse. Zu den objektiven Einflüssen zählen etwa die Steuerpolitik, die Differenzen zwischen den Brutto- und Nettolöhnen, Tendenzen der Lohnentwicklung oder veränderte Vermögenswerte. Die subjektiven Einflüsse beziehen sich hingegen vor allem auf eine veränderte Sparneigung, gespeist etwa durch die Vorsorge, die Vorbeugung vor Risiken oder das Bedürfnis, einen allmählichen, langfristigen Anstieg des Lebensstandards sicherzustellen (vgl. auch Kromphardt 2020: 74 f).

> „Werden in einem beliebigen Zeitraum die Investitionen in eine beliebige Art von Kapital erhöht, nimmt dessen Grenzleistungsfähigkeit in dem Maße ab, in dem die Investitionen zunehmen. Dies liegt teils am Rückgang des voraussichtlichen Ertrags bei zunehmendem Angebot an dieser Kapitalart und teils am höheren Angebotspreis, da dieser in der Regel bei höherer Auslastung der Anlagen zur Produktion dieser Ausrüstungsgüter steigt." (Keynes 2017 [1936]: 122)

Zeichnet sich eine solche Entwicklung ab, kommt es zu einer Investitionslücke. Durch investitionspolitische Anpassungen, etwa geringere Lohnkosten oder einen niedrigen Zinssatz, kann derartigen Tendenzen mitunter entgegengewirkt werden. Nicht selten ergibt sich aber auch die Konstellation einer Investitionsfalle. Diese ist dann gegeben, wenn die Unternehmen derart negative Nachfrageerwartungen haben, dass sie trotz sinkender Lohnkosten und Zinsen nicht investieren und stattdessen die Beschäftigung reduzieren.

Diese konsum- und investitionstheoretische Wirkungskette ist für Keynes zweifelsohne von grundlegender Bedeutung. In Ergänzung hierzu diskutiert er noch einen dritten Wirkungszusammenhang, der eine Krisenkonstellation herbeiführen und verfestigen kann. Dies ist dann der Fall, wenn die Liquiditätspräferenz – also die Geldhaltung aufgrund von Vorsorge, Spekulation oder Transaktionsfreiheiten – stark ausgeprägt ist und dazu beiträgt, den Kreislauf aus Investitionen, Beschäftigung, Einkommen und Konsum nachhaltig zu unterbrechen. Das Abgleiten in die Konstellation einer „Liquiditätsfalle" hat dabei zur Voraussetzung, dass die Unsicherheit über die Zukunft des Zinssatzes sehr groß ist (Keynes 2017 [1936]: 147). So neigen die Geldvermögensbesitzer*innen nicht selten dazu, unter den Bedingungen eines niedrigen Zinssatzes auf dessen Anstieg zu spekulieren, d.h. vorerst ihre Kassenhaltung zu mehren. Wenn dieser Anstieg aufgrund einer unzureichenden Investitionstätigkeit aber ausbleibt, besteht trotz niedriger Zinsen die Gefahr, dass die Wirtschaft stagniert oder in eine Depression abgleitet.

3.3.2.4 Instrumente der makroökonomischen Steuerung

Die hier nur knapp dargestellten Dynamiken der kapitalistischen Instabilität hat Keynes in der *General Theory* systematisch dargelegt. Seine Analyse läuft darauf hinaus, dass die Märkte in einer monetären Produktionsökonomie nicht zum Gleichgewicht tendieren, sondern das Ungleichgewicht der Normalfall ist – nicht zuletzt auf dem Arbeitsmarkt. Sollen also die sozialen Folgen der ökonomischen Instabilität, vor allem die Massenerwerbslosigkeit, verhindert oder zumindest abgemildert werden, sind wirtschaftspolitische Interventionen erforderlich. Diese Grundorientierung kennzeichnet bereits die Keynes'schen Schriften der 1920er Jahre. Schon in diesen hat er wiederholt darauf hingewiesen, dass die politische Enthaltsamkeit, die von der Neoklassik nahegelegt und von den Verfechtern des Laissez-faire propagiert wird, immense wirtschaftliche und soziale Schäden generiert, die auch in der mittleren oder langen Frist nicht mehr behoben werden können. Berühmt ist das gegen den Glauben in die Selbstheilungskräfte des Marktes gerichtete Zitat aus dem *Traktat über Währungsreform*:

> „Nun ist das ‚auf lange Sicht' wahrscheinlich richtig. [...] Aber die lange Sicht ist ein schlechter Führer in bezug auf die laufenden Dinge. *Auf lange Sicht* sind wir alle tot. Die Volkswirtschaft macht es sich zu leicht und macht ihre Aufgabe zu wertlos, wenn sie in stürmischen Zeiten uns nur sagen kann, daß, nachdem der Sturm lang vorüber ist, der Ozean wieder ruhig sein wird." (Keynes 1997 [1923]: 83)

Um diesen stürmischen Zeiten entgegenzutreten, sprach er sich in weiteren Schriften für staatliche Interventions- und Steuerungskonzepte aus – so etwa in seinen Beiträgen zur Entwicklung eines „neuen Liberalismus", der sich an Vorstellungen einer sozial eingebetteten und politisch regulierten Marktökonomie zu orientieren habe (Deppe 2003: 388 ff; Davidson 2015: 24 ff). Der Staat soll eine aktive Rolle beim Ausbau der öffentlichen Infrastruktur, also beim Wohnungsbau, der Verkehrsinfrastruktur oder der Strom- und Wasserversorgung übernehmen; und er soll Störungen in der Ökonomie durch öffentliche Investitionsprogramme aktiv entgegentreten.

Diese und andere Vorschläge werden im Rahmen der *General Theory* einige Zeit später nochmals überdacht und systematisiert. Bevor dies geschieht, schlägt Keynes mit der Studie *Vom Gelde* zwischenzeitlich jedoch einen etwas anderen Weg ein. Wie der Titel bereits suggeriert hat diese Studie einen geldtheoretischen Fokus und bildet einen wichtigen Zwischenschritt auf dem Weg zur *General Theory* (Screpanti/Zamagni 2005: 250 f; Caspari 2009: 167 ff). In ihr nimmt Keynes bereits eine ungleichgewichtstheoretische Perspektive ein, desaggregiert die Produktion in zwei Bereiche – Konsum- und Investitionsgüter – und beleuchtet die konjunkturpolitischen Impulse einer expansiven Geldpolitik. Die Perspektive einer expansiven Geldpolitik wird in der *General Theory* keineswegs aufgegeben, so aber doch relativiert und erweitert: zum einen dadurch, dass Keynes – wie zuvor anhand der drei Wirkungsketten der Instabilität, vor allem der Liquiditätsfalle erläutert – die Grenzen eines aktiven geldpolitischen Managements reflektiert und den Fokus auf die Steuerung der effektiven Nachfrage verlagert; und zum anderen dadurch, dass er die wirtschafts- und beschäftigungspolitischen Interventionen des Staates kreislauftheoretisch einbettet und begründet. Er wendet sich damit gegen die sog. „Treasury View", der zufolge öffentliche Ausgaben einen „Crowding-Out"-Effekt erzeugen würden, da der Staat vermittelt über Steuern oder die öffentliche Verschuldung auf private Ressourcen zugreift. Stattdessen betont Keynes die besondere Funktionsweise der öffentlichen Haushalte und deren stimulierende Wirkung auf Investitionen und Beschäftigung.

Letztlich haben sowohl die geld- als auch die fiskalpolitischen Aktivitäten des Staates das Ziel, die effektive Nachfrage zu steigern. Die expansive Geldpolitik leistet insofern einen Beitrag, als sie darauf hinwirkt, durch „billiges" Geld – also Kredite zu niedrigen Zinsen – die privaten Investitionen zu erhöhen und in der Folge die Beschäftigung und die Gesamtnachfrage anzukurbeln. Allerdings bleibt hier abzuwarten, ob die Wirtschaftssubjekte diese Impulse aufnehmen. Im Vergleich hierzu haben die fiskalischen Aktivitäten in Form von Konjunkturprogrammen, öffentlichen Investitionen oder Steuersenkungen eine unmittelbare Wirkung. Auch sie fördern die Gesamtnachfrage und damit die Beschäftigung, allerdings mit dem Nachteil, dass die Staatsschulden ansteigen (Deficit Spending). Für Keynes (2017 [1936]: 105 ff) wird dieser Nachteil dadurch (über)kompensiert, dass die zusätzliche, staatlich generierte Beschäftigung mit einem Multiplikatoreffekt verbunden ist.[35] Dieser bemisst sich an der Steigerung der effektiven Nachfrage, die durch die Erst- und Zweitrundeneffekte der staatlichen Ausgaben generiert wird. Unter Absehung des Außenhandels ist der Multiplikator vor allem von der marginalen Konsumquote abhängig. Es empfiehlt sich daher, die fiskalischen Programme auf arbeitsintensive Branchen und Haushalte mit geringem Einkommen zuzuschneiden, da letztere für gewöhnlich eine deutlich höhere Konsumquote aufweisen.

Jenseits der positiven Beschäftigungseffekte spricht sich Keynes grundsätzlich dafür aus, die geld- und fiskalpolitische Initiierung von Investitionen für den Ausbau einer gesellschaftlich wünschenswerten Infrastruktur zu nutzen. Um die landläufigen Vorbehalte gegen seine Perspektive zu entkräften und die makroökonomischen Mechanismen zu verdeutlichen, wählt er in der Illustration allerdings ein eher absurdes Beispiel:

35 Eine Überkompensation setzt dann ein, wenn der Multiplikatoreffekt sehr groß ist und durch die zusätzlichen Investitionen staatliche Belastungen an anderer Stelle entfallen und durch die konjunkturelle Belebung zugleich Steuermehreinnahmen entstehen.

> „Würde das Finanzministerium alte Flaschen mit Banknoten füllen und sie tief genug in stillgelegten Kohlebergwerken vergraben, diese dann bis zum Rand mit Müll auffüllen und anschließend gemäß den bewährten Grundsätzen des Laissez-faire das Ausgraben der Banknoten privaten Firmen überlassen (die natürlich das Recht dazu durch die Teilnahme an Ausschreibungen über Pachtverträge für die banknotenbestückten Grundstücke erwerben müssten), müsste es keine Arbeitslosigkeit mehr geben. Und dank der Folgeentwicklung wäre das Realeinkommen der Bevölkerung ebenso wie ihr Kapitalvermögen vermutlich deutlich größer als sonst. Es wäre selbstredend vernünftiger, Häuser und dergleichen zu bauen, aber wenn politische und praktische Hindernisse dem im Weg stehen, wäre das Vorstehende besser als nichts." (Keynes 2017 [1936]: 117)

Es sollte nicht vergessen werden zu erwähnen, dass bei Keynes die makroökonomische Steuerung wie im Falle des „Deficit Spendings" oder der „Politik des billigen Geldes" stets antizyklisch konzipiert ist. In Zeiten des Booms kommt es entsprechend darauf an, einer Überhitzung der Konjunktur durch eine restriktive Geldpolitik entgegenzutreten und noch bestehende Haushaltsdefizite abzubauen.

Keynes hat sich vornehmlich mit Fragen der antizyklischen Wirtschaftspolitik befasst. Am Ende der *General Theory* und in einigen späten Aufsätzen äußert er sich aber auch zur langfristigen Entwicklung des Kapitalismus (Reuter 2004; Zinn 2008: 16 ff). Hier erwartet Keynes Tendenzen der Sättigung und der Stagnation. In dem Maße, in dem die Konsumquote fällt und dieser Prozess nicht durch eine zusätzliche Investitionstätigkeit kompensiert wird, verringert sich die Knappheit des Kapitals. Dies hat zur Folge, dass der Zinssatz fällt und die Dynamiken auf den Kredit- und Kapitalmärkten an Bedeutung verlieren:

> „Mir erscheint daher die Existenz von Rentiers im Kapitalismus als eine vorübergehende Phase, die vorbei sein wird, sobald sie ihre Arbeit getan hat. Und mit dem Verschwinden des Rentiers werden auch in anderen Bereichen grundlegende Veränderungen stattfinden. Ein großer Vorteil der von mir befürworteten zeitlichen Abfolge ist darüber hinaus, dass das Dahinscheiden des Rentiers, des Investors ohne Funktion, nichts Plötzliches ist, sondern lediglich eine anhaltende Fortsetzung dessen, was wir seit kurzem in Großbritannien sehen. Eine Revolution ist dafür gar nicht nötig." (Keynes 2017 [1936]: 311)

Mit den schrumpfenden Kapital- und Rentiereinkünften – zuweilen ist auch vom „Tod“ des Rentiers die Rede – geht eine nachlassende Investitionsdynamik einher. Um die Beschäftigung dennoch hoch zu halten, möglichst auf dem Niveau der Vollbeschäftigung, spricht sich Keynes dafür aus, die vorhandenen Geldvermögensbestände steuerlich abzuschöpfen, die staatlichen Infrastrukturaufgaben zu erweitern und die vorhandene Arbeit durch Maßnahmen der Arbeitszeitverkürzung umzuverteilen. In letzter Konsequenz plädiert er damit für eine staatliche Rahmenplanung und Investitionslenkung, die die privatkapitalistische Verfügungsgewalt zwar nicht aufhebt, sie aber doch einer weitreichenden politischen Kontrolle unterwirft (Zinn 2008: 30f).

3.3.3 Rezeption der General Theory und die Strömungen des Keynesianismus

Mit seiner Mutmaßung, dass die *General Theory* das wirtschaftswissenschaftliche Denken revolutionieren würde, lag Keynes offensichtlich richtig. Die Schrift wurde schon bald nach ihrem Erscheinen sehr breit und kontrovers rezipiert. Dies lag sicherlich auch an den politischen Implikationen der Analyse, die den Nerv der damaligen Zeit trafen, aber nur bei einem Teil der wissenschaftlichen Fachwelt auf Zustimmung stießen. Besonders vehement und missgelaunt war die ablehnende Reaktion Schumpeters (1987: 79ff). Obgleich Schumpeter in wichtigen Punkten mit Keynes durchaus übereinstimmte – etwa der Zentralität unternehmerischer Investitionsentscheidungen oder der nachgeordneten Rolle der Ersparnisse –, missbilligte er die politischen Schlussfolgerungen wie auch den akademischen Erfolg des neuen, makroökonomischen Denkens (Kromphardt 2020: 105ff). Andere Theoretiker*innen versuchten, sich mit der Keynes'schen Perspektive produktiver auseinanderzusetzen, taten sich hierbei oft aber schwer. Anlässlich des Todes von Keynes bringt Paul Samuelson dies gut zum Ausdruck, wenn er rückblickend über die *General Theory* schreibt:

> „It is a badly written book, poorly organized; any layman who, beguiled by the author's previous reputation, bought the book was cheated of his 5 shillings. It is not well suited for classroom use. It is arrogant, bad-tempered, polemical, and not overly-generous in its acknowledgments. It abounds in mares' nests and confusions: involuntary unemployment, wage units, the equality of savings and investment, the timing of the multiplier, interactions of marginal efficiency upon the rate of interest, forced savings, own rates of interest, and many others. In it the Keynesian system stands out indistinctly, as if the author were hardly aware of its existence or cognizant of its properties; and certainly he is at his worst when expounding its relations to its pre-

> decessors. Flashes of insight and intuition intersperse tedious algebra. An awkward definition suddenly gives way to an unforgettable cadenza. When it finally is mastered, we find its analysis to be obvious and at the same time new. In short, it is a work of genius." (Samuelson 1946: 190)

Letztlich kam niemand umhin, sich zur *General Theory* und zur Keynes'schen Perspektive zu verhalten. Neben den zahlreichen – zumeist älteren – Kritiker*innen, die die Perspektive durchweg ablehnten, kristallisierten sich zwei Lager mit unterschiedlichen Strömungen heraus, die sich jeweils für eine spezifische Interpretation aussprachen (Herr 2001; Caspari 2009: 178 ff; Walterskirchen 2016).

Das eine Lager war bestrebt, eine Erweiterung und Modifikation der klassisch-neoklassischen Theorie auf Grundlage der Keynes'schen Kritik zu vollziehen. Es stellte sich insofern gegen Keynes selbst, als es dessen revolutionären Impuls entschärfte. Die keynesianische Konzeption wird dabei als Sonderfall in der kurzen Frist behandelt, dessen Charakteristika in der langen Frist wieder verschwinden und sich gleichgewichtstheoretisch modellieren lassen. Der erste und bekannteste Versuch ist die Neoklassische Synthese, die auf dem sogenannten IS-LM-Modell von John Hicks (1937) aufbaut. Dieses Modell befasst sich vor allem mit der Frage, über welche Mechanismen sich die Prozesse auf dem Gütermarkt (im Verhältnis von Investitions- und Sparverhalten) und auf dem Geldmarkt (im Verhältnis von Liquiditätspräferenz und Geldangebot) in ein gesamtwirtschaftliches Gleichgewicht bringen lassen.[36] Der Neo-Keynesianismus und der Neu-Keynesianismus sind jüngere Varianten, die ebenfalls versuchen, die von Keynes entwickelten Konzepte in neoklassische Modelle zu integrieren. Tatsächlich bleibt von Keynes, sieht man von der Annahme rigider Löhne und Preise einmal ab, nicht mehr allzu viel übrig. Der Neo-Keynesianismus lässt sich als „Versuch einer neoklassischen Mikrofundierung nicht von Keynes, jedoch der Neoklassischen Synthese" (Herr 2001: 219) interpretieren, während der Neu-Keynesianismus noch einen Schritt weitergeht und diesem Modell die Annahme rationaler Erwartungen hinzufügt und rigide Löhne und Preise durch die Optimierungskalküle der Wirtschaftssubjekte – z.B. Lohnzahlungen über dem Gleichgewicht aufgrund von Leistungsentzug – begründet (Sandelin et al. 2008: 98 ff).

---

36 Weitere prominente Konzepte der Neoklassischen Synthese sind die Phillips-Kurve und das Mundell-Fleming-Model. Die Phillips-Kurve beschreibt die negative Korrelation von Inflationsrate oder Nominallohnsteigerung und Arbeitslosenquote; und das Mundell-Fleming Modell erweitert das IS-LM Modell um die Außenwirtschaftsbeziehungen (Handel und Kapitalströme).

Das andere, postkeynesianische Lager grenzt sich von der Neoklassischen Synthese scharf ab – Joan Robinson [1903 – 1983] bezeichnet diese als „Bastard-Keynesianismus“ (Lodewijks 2012) – und nimmt eine entgegengesetzte Position ein. Gemäß ihrem Selbstverständnis als heterodoxe Theorieschule wird nicht eine Versöhnung mit der Neoklassik angestrebt, sondern deren Überwindung durch die Weiterentwicklung und Radikalisierung der Keynes'schen Impulse. Dies betrifft etwa die Rolle der Unsicherheit in der Ökonomie, die Tendenz zu Ungleichgewichten, insbesondere auf dem Arbeitsmarkt, oder auch die Prozesse der Geldschöpfung, die kreislauftheoretisch radikal endogenisiert, d.h. ausschließlich als Effekte des Interbankenmarktes gefasst werden. Außerdem wendet sich die postkeynesianische Perspektive auch Macht- und Verteilungsfragen zu, die von der neoklassischen Theorie meist komplett ausgeblendet werden.

Vor dem Hintergrund der Finanzkrise von 2007 bis 2009 und deren Folgen sind innerhalb des Postkeynesianismus zuletzt zwei Strömungen intensiver diskutiert worden: die des Finanzkeynesianismus und die Modern Monetary Theory (MMT). Der vor allem mit dem Namen Hyman Minsky (2011) verbundene Finanzkeynesianismus richtet den Blick darauf, dass die Finanzmärkte durch spezifische, partiell irrationale Eigendynamiken und vielfältige Erwartungsunsicherheiten – prägend sind Erwartungen über Erwartungen –, d.h. eine ausgeprägte Instabilität gekennzeichnet sind. Getrieben durch finanzielle Innovationen wächst in bestimmten Konstellationen immer wieder die Bereitschaft, spekulative und sehr riskante Kredite aufzunehmen und zu vergeben, obwohl deren spätere Bedienung ungewiss ist (Emunds 2001: 246 ff). Etwas anders gelagert ist das Erkenntnisinteresse der Modern Monetary Theory. Dieser geht es vor allem darum, die im öffentlichen und wirtschaftswissenschaftlichen Diskurs immer wieder thematisierten geld- und wirtschaftspolitischen Restriktionen der Zentralbanken und Regierungen zu hinterfragen (Ehnts 2017). Die MMT betont in einer chartalistischen, auf die Geldtheorie von Georg Friedrich Knapp [1842 – 1926] verweisenden Perspektive die zentrale Rolle des Staates im Prozess der Geldschöpfung. Sie integriert dabei den Staatshaushalt in den ökonomischen Kreislaufprozess und begreift öffentliche Defizite in erster Linie als ein makroökonomisches Steuerungsinstrument. Zentral ist für sie, dass sich Staaten über Prozesse der Geld- und Kreditschöpfung zur Förderung der öffentlichen Infrastruktur oder der Beschäftigung prinzipiell unbegrenzt verschulden können; vorausgesetzt, sie tun dies in der eigenen Währung und achten darauf, einer konjunkturellen Überhitzung, also der Inflation, durch erhöhte Steuereinnahmen entgegenzuwirken.

3.3.4 Relevanz und Kritik: keynesianische Konzepte in der Praxis

Der wirtschaftspolitische Einfluss von Keynes resultierte zunächst vor allem daraus, dass seine wissenschaftliche Forschung und Publikationstätigkeit in hohem Maße problem- und aktualitätsbezogen war. Im Schnittfeld akademischer und politischer Debatten trug Keynes seine Kritik – etwa am Versailler Vertrag, am Goldstandard oder an der wirtschaftspolitischen Enthaltsamkeit – immer wieder in den öffentlichen Raum. Wiederholt fungierte Keynes darüber hinaus als Berater der britischen Regierung, mitunter sogar als deren Repräsentant. Als britischer Chefunterhändler in den Gesprächen über die Operationsweise der internationalen Wirtschaftsordnung nach dem Zweiten Weltkrieg stand er seinem US-amerikanischen Pendant, Harry Dexter White, gegenüber. In vielen Darstellungen wird der Verlauf der Verhandlungen so interpretiert, dass sich in den meisten Punkten White gegenüber Keynes durchgesetzt hat. So lagen die vereinbarten Arrangements des Bretton Woods-Systems – die Abwehr einer konvertiblen internationalen Leitwährung (des Bancor) und eigenständigen internationalen Kreditschöpfung sowie die konkrete Funktionsweise des Internationalen Währungsfonds und der Weltbank – deutlich näher am White- als am Keynes-Plan (Musil 2003: 259). Gleichzeitig sollte aber nicht übersehen werden, dass White und Keynes in zentralen Punkten übereinstimmten: so vor allem in der Errichtung eines stabilen, aber anpassungsfähigen Währungssystems, im multilateralen Charakter der Weltwirtschaftsordnung, in der politischen Kontrolle internationaler Kapitalströme, also der Abwehr einer liberalen Finanzordnung, und im dadurch begünstigten Aufbau (wohlfahrts-)staatlicher Interventionsinstrumente (Bieling 2011a: 85 ff).

Doch nicht erst die Verhandlungen über das Bretton Woods-System signalisieren, dass die von Keynes entwickelte Perspektive gesellschaftspolitisch und international diffundierte. So lässt sich bereits die New Deal-Politik des amerikanischen Präsidenten Franklin D. Roosevelt in den 1930er Jahren als erste „keynesianische" Reaktion auf die große wirtschaftliche Krise interpretieren. Im Anschluss an den Zweiten Weltkrieg folgten in Westeuropa der Marshall-Plan und der Ausbau des Wohlfahrtsstaats und der Mixed Economy. Die Strategien zur Modernisierung der nationalen Ökonomien hatten zumeist einen interventionistischen, mithin keynesianischen Charakter. Dies gilt z.B. für dic „Planification" in Frankreich, aber auch für die „Globalsteuerung", durch die der sozialdemokratische Wirtschafts- und Finanzminister Karl Schiller in den 1960er Jahren die Konzeption der sozialen Marktwirtschaft keynesianisch programmierte. Kurzum, in vielen Ländern prägten bis in die 1970er Jahre hinein Konzepte der Strukturpolitik und Nachfrageorientierung die wirtschaftspolitische Agenda.

Dies änderte sich dann allerdings im Kontext der Weltwirtschaftskrise von 1974–75. In der Krise zeichnete sich ein neues Phänomen ab: die sog. „Stagflation", d.h. eine Kombination aus konjunktureller Stagnation bei gleichzeitiger Inflation. Eine solche Konstellation war in der keynesianischen Theorie nicht vorgesehen, durch die expansive Lohn- und Wirtschaftspolitik aber begünstigt worden. Im Zeichen einer hohen Inflation und sprunghaft gestiegenen Erwerbslosigkeit nahm die Kritik am Keynesianismus zu (Kromphardt 2020: 136 ff). Die Phillips-Kurve schien ebenso widerlegt wie der Glaube an die produktive Wirkung öffentlicher Konjunktur- und Investitionsprogramme. Letztere würden nur dazu beitragen, ineffiziente Strukturen zu konservieren, private Investitionen – unmittelbar oder mittelbar über verteuerte Kredite – zu verdrängen und die Staatsverschuldung in die Höhe zu treiben. Außerdem schien vielen die Konzeption einer antizyklischen Wirtschaftspolitik allein aus machtpolitischen Erwägungen nicht konsequent umsetzbar zu sein. So wurde bezweifelt, dass die Regierungen gewillt und in der Lage sind, im Boom auf einen restriktiven Kurs umzuschwenken, da dies in demokratischen Wahlen bestraft würde.

Die meisten der in diesem Duktus vorgebrachten Einwände waren weniger akademisch als politisch motiviert. Sie richteten sich vornehmlich gegen den hydraulischen Keynesianismus der Neoklassischen Synthese, weniger aber gegen die postkeynesianische Theorie. Deren Langfrist- und Strukturperspektive (Reuter 2004) wird in der wissenschaftlichen Debatte allenfalls am Rande wahrgenommen, insgesamt also – ohne systematische inhaltliche Auseinandersetzung – tendenziell marginalisiert. Gleiches gilt für die meisten Versuche – so etwa die der Memorandum-Gruppe –, keynesianische Ideen für alternative wirtschaftspolitische Konzepte zu nutzen und in die öffentliche Diskussion einzubringen. Die schwache Ausstrahlungskraft der keynesianischen Konzeptionen ist allerdings nicht nur der effektiven machtpolitischen Vernetzung einer markt- bis neoliberalen Wirtschaftswissenschaft geschuldet. Nicht minder bedeutsam sind die in den 1970er Jahre erfolgten Umbrüche der Produktionsweise und der Sozialbeziehungen, der gesellschaftlichen Hegemonialstrukturen und nicht zuletzt des globalen Ordnungsgefüges: so etwa der Zusammenbruch des Bretton Woods-Systems und die – insbesondere im Bereich der Geld- und Finanzbeziehungen – beschleunigte Globalisierung der vergangenen Jahrzehnte (Bieling 2011a: 141 ff). In den meisten Gesellschaften sind damit auch in struktureller Hinsicht die Möglichkeiten geschwunden, keynesianische Steuerungskonzepte auf der nationalstaatlichen Ebene effektiv umsetzen zu können (Altvater 1994: 522 ff).

Durch die transatlantische Finanzkrise ab 2008 und das nachfolgende Krisenmanagement wie auch durch die Corona-Pandemie und den wirtschaftlichen

Aufstieg Chinas, eines entwicklungsstaatlich gesteuerten autoritären Kapitalismusmodells, könnte sich dies nun erneut ändern. Seit einiger Zeit wird öffentlich jedenfalls wieder ungezwungener über eine unkonventionelle, auf die Wertpapiermärkte fokussierte expansive Geldpolitik, öffentliche Investitions- und Konjunkturprogramme, eine dringende, staatlich gelenkte Modernisierung der Infrastruktur und Formen einer neuen Industrie- und Innovationspolitik diskutiert. Die Nachfrage nach einer keynesianisch informierten Politikberatung nimmt damit wieder zu. An der einen oder anderen Stelle zeigt sich dies bereits in den öffentlichen Diskussionen. Noch ist aber unklar, ob und in welcher Form keynesianisch orientierte Wissenschaftler*innen diese Chance werden nutzen können.

3.4 Die neoliberale „Konter-Revolution": Walter Eucken, Friedrich August von Hayek und Milton Friedman

Mit der *General Theory* hatte John Maynard Keynes [1883–1946] das ökonomische Denken in den 1930er Jahren revolutioniert. Die durch ihn inspirierten wirtschaftspolitischen Konzepte waren in den nachfolgenden Jahrzehnten hegemonial. Gleichzeitig sollte aber nicht übersehen werden, dass sich bereits seit Ende der 1930er Jahre eine intellektuelle Gegenbewegung formierte, eine „ökonomische Konter-Revolution", die sich gegen den keynesianischen Staatsinterventionismus und alle anderen Formen eines voranschreitenden Kollektivismus wandte (Cockett 1995). Die Konter-Revolution war in erster Linie wirtschafts- und gesellschaftspolitisch motiviert. Ihren Vertretern ging es darum, den Niedergang des ökonomischen Liberalismus aufzuarbeiten und diesen zugleich neu zu begründen. Den zentralen Fokus bildete die Freiheit des Individuums, allerdings vornehmlich im Sinne einer „negativen Freiheit" (Berlin 2006 [1969]), d.h. des Schutzes vor einer Beeinträchtigung durch externe Kräfte, etwa durch staatlichen Zwang oder Bevormundung. Der Staat sollte sich ganz darauf konzentrieren, die Voraussetzungen der ökonomischen Freiheit zu garantieren: etwa den Schutz des Privateigentums, die Etablierung eines effektiven Wettbewerbs und die Verhinderung einer zu starken Machtkonzentration.

Die Neubegründung des ökonomischen Liberalismus sollte, so die damalige Wahrnehmung, nicht einfach darin bestehen, nur die früheren Konzepte zu reaktivieren. Um sich von einer einfachen Neuauflage des Laissez-faire-Denkens mit einem schwachen Staat abzugrenzen, wurde von Alexander Rüstow [1885–1963] explizit der Begriff des Neoliberalismus in die Debatte eingebracht (Renner 2000: 49ff). Die spezifischen gesellschafts- und ökonomietheoretischen Konzepte, die sich hinter diesem Begriff verbergen, lassen sich in unterschiedliche Strömungen unterteilen, die nachfolgend anhand von drei zentralen Theoretikern knapp rekonstruiert werden: Friedrich August von Hayek [1899–1992] steht dabei für eine „evolutorische", Milton Friedman [1912–2006] für eine „liberal-marktradikale" und Walter Eucken [1891–1950] für eine „ordoliberale" Perspektive. Die genannten Theorieperspektiven haben einige Ähnlichkeiten – vor allem die Frontstellung gegenüber dem staatsinterventionistischen Keynesianismus –, die es gerechtfertigt erscheinen lassen, sie gemeinsam dem Lager des Neoliberalismus zu zuordnen. Ebenso soll in der nachfolgenden Rekonstruktion aber auch das besondere argumentative Profil der unterschiedlichen Strömungen nicht zu kurz kommen.

3.4.1 Die Genese des neoliberalen Projekts

Die Verwendung des Begriffs „Neoliberalismus" erzeugt in vielen Diskussionen größere Irritationen. Offenkundig haben nicht alle das gleiche im Sinn oder vor Augen, wenn sie den Begriff hören oder selbst benutzen. Einigen gilt er in erster Linie oder sogar ausschließlich als politischer Kampfbegriff, andere sehen in ihm auch eine analytische Konzeption; und diejenigen, die den Neoliberalismus vor allem als analytische Konzeption verwenden, beziehen ihn zuweilen auf unterschiedliche Sachverhalte: auf die ökonomische Theorie im engeren Sinne, mit der eher problematischen Neigung, Neoliberalismus und Neoklassik gleichzusetzen[37]; oder auf spezifische wirtschaftspolitische Strategien der Privatisierung, Deregulierung und Flexibilisierung, die der Markt- und Wettbewerbslogik einen erweiterten Einfluss verschaffen wollen – und dabei unterschiedliche Akzente setzen.

Ungeachtet der politischen Aufladung der Neoliberalismus-Diskussion und ungeachtet ihrer variierenden Referenzen und strategischen Bezugspunkte, lässt sich der Begriff des Neoliberalismus durchaus als analytische Konzeption verwenden; und zwar auf zweierlei Art und Weise: zum einen auf dem Weg der historischen Herleitung, d.h. der Rekonstruktion des Netzwerks von Akteuren, die sich zu einer neoliberalen Theorieperspektive und Weltsicht hingezogen fühlen; und zum anderen durch die qualitativ-inhaltliche Bestimmung der Theorieperspektive, d.h. den spezifischen Blick, aus dem heraus neoliberale Theoretiker*innen das Verhältnis von Ökonomie, Staat und Gesellschaft erfassen.

Was die historische Rekonstruktion betrifft, so lässt sich der Beginn der neoliberalen Konter-Revolution nicht ganz eindeutig datieren. Zwei Impulse

37 Diese Gleichsetzung ist in doppelter Hinsicht problematisch: Sie unterstellt erstens eine unmittelbare Korrespondenz von ökonomietheoretischen und gesellschaftspolitischen Positionen, blendet die Eigenlogik beider Diskursfelder also aus. Nicht alle Neoklassiker*innen sind neoliberal orientiert. Zweitens verkennt die Gleichsetzung, dass sich einige Neoliberale – die Ausführungen zu Hayek werden dies verdeutlichen – von der neoklassischen Gleichgewichtskonzeption sehr wohl gelöst haben.

oder Ereignisse waren jedoch von zentraler Bedeutung. Das erste Ereignis war das Kolloquium Walter Lippmann, zu dem der französische Philosoph Louis Rougier [1889–1982] anlässlich einer Europareise des einflussreichen US-amerikanischen Journalisten Walter Lippmann [1889–1974] im Jahr 1938 nach Paris geladen hatte. Lippmann, in jungen Jahren noch moderater Sozialist, hatte sich mit seiner im Jahr zuvor erschienen Kampfschrift *The Good Society* kritisch bis polemisch mit der New Deal-Politik und dem Staatsinterventionismus der Roosevelt-Ära auseinandergesetzt (Deppe 2003: 430ff). Der Einladung nach Paris folgten zahlreiche Ökonom*innen, die eine ähnliche Problemwahrnehmung teilten: das Abgleiten der Ökonomie und Gesellschaft in eine kollektivistische, die individuelle Freiheit unterdrückende Ordnungsstruktur. Die Sorge galt keineswegs nur dem erstarkten Kommunismus und Faschismus. Der Liberalismus schien auch von innen bedroht, aus sich heraus selbstzerstörerische Tendenzen zu entwickeln. Der große Anklang, den die von Keynes befürworteten Konzepte der Staatsintervention in der Politik – auch bei vielen Regierungen – fanden, war für die Teilnehmer*innen des Kolloquiums jedenfalls beängstigend. Zugleich motivierte sie diese Angst und Sorge dazu, nach anderen Wegen einer Neubegründung des Liberalismus zu suchen, d.h. nach Wegen, die – für die meisten im Kontrast zum Laissez-faire – auf eine durchsetzungskräftige staatliche Politik zur verfassungsrechtlichen und institutionellen Absicherung der individuellen Freiheiten und des ökonomischen Wettbewerbs setzten.

Dieser Impuls wurde schon kurz nach dem Zweiten Weltkrieg durch ein zweites Ereignis aufgenommen und weitergetragen. Im April des Jahres 1947 versammelten sich erneut viele der Teilnehmer des Kolloquiums Walter Lippmann – ergänzt um andere marktliberal orientierte Ökonomen, Philosophen und Sozialwissenschaftler – in der Schweiz am Genfer See, genauer: im Hotel du Parc im Dorf Mont Pèlerin, um auf einer weiteren Konferenz die Debatte fortzuspinnen (Walpen 2004: 101ff). Es ging darum, die anti-interventionistischen und anti-kollektivistischen Perspektiven ins Gespräch zu bringen, sich also auszutauschen und zu vernetzen. Die Konferenz fungierte letztlich als Gründungstreffen der Mont Pèlerin Society (MPS), eines internationalen Netzwerks marktliberaler, vielfach marktradikaler Wissenschaftler*innen.

In der Vorbereitung der Konferenz und auch danach hatte Friedrich August von Hayek – er war von 1947–1961 der erste Präsident der MPS – eine prägende Rolle inne. Ihm war schon früh klar, dass die kritische Auseinandersetzung mit dem Keynesianismus und die Etablierung einer neuen liberalen, sozialphilosophisch und ökonomietheoretisch begründeten Weltanschauung einen langen Atem erforderlich machte. Die Operationsweise der MPS war in diesem Sinne nicht unmittelbar auf die tagespolitischen Debatten, sondern grundsätzlicher ausgerichtet (Cockett 1995: 104 ff; Walpen 2004: 111 ff). Damals ging es angesichts der Hegemonie von Staatsintervention und Keynesianismus darum, so der Titel des Buches von Cockett (1995), das „Undenkbare denkbar zu machen". Bis die Zeit reif ist, sollten „dicke Bretter" gebohrt und eine unermüdliche Netzwerkarbeit betrieben werden. Entsprechend zielten die meisten Aktivitäten darauf, die rechtsintellektuelle Kaderbildung und Vernetzung voranzutreiben und – vermittelt über Forschungsinstitute, Think Tanks, Journalist*innen und andere Wissensarbeiter*innen – die Diffusion marktliberal-marktradikaler Ideen in die politische Öffentlichkeit zu organisieren. Tatsächlich war die MPS hierbei äußerst erfolgreich (Plehwe/Walpen 1999; 2007): Sie hat inzwischen nicht nur zahlreiche Träger des „Nobel-Gedächtnispreises für Wirtschaftswissenschaften" in ihren Reihen. Sie ist auch quantitativ auf weit über tausend Mitglieder angewachsen. Die weltweite personelle und programmatische Vernetzung mit über hundert Forschungsinstituten und Think Tanks ist beeindruckend; und es steht außer Frage, dass sich die Vertreter*innen einer neoliberalen Perspektive auf diesem Wege in zahlreiche wirtschafts- und gesellschaftspolitisch relevante Themenfelder diskursiv eingebracht und viele Entscheidungen beeinflusst haben.

Die Genese und der Erfolg des neoliberalen Projekts, also die Prozesse der Vernetzung und Diffusion neoliberaler Ideen, verweisen zugleich auf eine erhebliche innere Heterogenität. Umstritten war nicht nur der langfristige, vornehmlich akademische Charakter der MPS – entgegen der von Hayek repräsentierten Linie befürworteten einige ein größeres tagespolitisches Engagement –, sondern auch das theoretische Profil der Organisation. Der zweite Weg einer analytischen Verwendung des Begriffs des Neoliberalismus, d.h. die qualitativ-inhaltliche Bestimmung der Theorieperspektive, ist daher alles andere als leicht und keineswegs immer eindeutig. Schon im Vorfeld und Kontext der Gründung der MPS existierten mehrere „Neoliberalismen" nebeneinander (Renner 2000); und auch danach wurden – ungeachtet aller Vernetzung – die nationalen Traditionen der Theoriebildung wie auch die spezifischen gesellschaftspolitischen Problemlagen, Auseinandersetzungen und Erfahrungen nicht einfach hinfällig (Mirowski/Plehwe 2010). Im Gegenteil, sie blieben prägend und haben den wissenschaftlichen Diskussionen oft ihren Stempel aufgedrückt, wobei sich die Gewichte im Laufe der Zeit zunehmend zugunsten der marktradikalen und zulasten der ordoliberalen Perspektive verschoben haben.[38]

---

38 Diese Verschiebung der Gewichte beschleunigte sich nochmals, als die neoliberalen Konzepte zur Reorganisation von Ökonomie, Staat und Gesellschaft in den 1980er Jahren in

Jenseits der nationalen Heterogenität und inneren Differenzierung gibt es jedoch Elemente eines Wesenskerns des neoliberalen Denkens (Plehwe/Walpen 1999: 212 ff; Deppe 2006: 240 ff; Ptak 2017: 25 ff): Ein erstes Element ist die Betrachtung von Märkten als Institutionen, die frei von politischer Einmischung, also ökonomie-fremden Einflüssen operieren, und die Koordination zwischen den wirtschaftlichen Einheiten – Individuen, Haushalte, Unternehmen – effektiv und bestmöglich koordinieren. Die Politik sollte sich in der Form eines starken Ordnungsstaates entsprechend darauf konzentrieren, die Marktprozesse durch ein kontrolliertes Geldangebot und unverzerrte Preise zu gewährleisten. Dies schließt zweitens mit ein, allen Formen des „Kollektivismus", vor allem dem Sozialismus und dem Keynesianismus, entschieden zu begegnen. Das neoliberale Denken kritisiert alle Formen politischer Macht, die dem freien Wirken der Markt- und Wettbewerbsdynamik entgegenstehen. Dies gilt für die Gewerkschaften, die ihre politische Macht dazu nutzen, ein Lohnkartell zu errichten, das unter Absehung der betrieblichen Erfordernisse und Möglichkeiten übermäßig hohe Löhne und Sozialleistungen erzwingt. Ebenso hemmt in der neoliberalen Perspektive der Wohlfahrtsstaat die wirtschaftliche Aktivität – belastet Unternehmen, minimiert Anreize zur Arbeitsaufnahme –, begünstigt also eine Verzerrung der Märkte und, damit verbunden, eine Fehlallokation ökonomischer Ressourcen. Drittens beschränkt sich das neoliberale Denken keineswegs darauf, den Markt und Wettbewerb gegenüber politischen Übergriffen zu schützen und zu verteidigen. Es ist nicht selten deutlich offensiver orientiert (Harvey 2005). Die Konzepte der Deregulierung, Flexibilisierung und Privatisierung weisen darauf hin, dass auch bisher nicht der Markt- und Wettbewerbslogik unterworfene Sphären – Bereiche der Infrastruktur, die Alterssicherung, medizinische Versorgung, Bildungs- und Ausbildungssysteme, öffentliche Verwaltung etc. – ökonomisiert und nach Wettbewerbsgesichtspunkten zu reorganisieren sind.

Die angeführten Merkmale werden zuweilen noch durch weitere Aspekte ergänzt oder spezifiziert. Ihnen kommt in den einzelnen Strömungen des Neoliberalismus eine unterschiedliche Bedeutung zu. Die nachfolgenden Abschnitte illustrieren dies. Sie befassen sich anhand von Walter Eucken mit dem „Ordoliberalismus" der Freiburger Schule, dann mit dem „evolutorischen Liberalismus" Friedrich August von Hayeks und schließlich der „liberal marktradikal"

die Praxis umgesetzt wurden. Diskursiv war damit ein paradoxer Effekt verbunden: Der Begriff des Neoliberalismus wurde nun vor allem den evolutionär und marktradikal orientierten Strömungen zugewiesen, die seiner Verwendung traditionell eher kritisch gegenüberstanden.

geprägten Perspektive Milton Friedmans als führendem Repräsentanten der „Chicago School of Economics".

3.4.2 Walter Eucken: Ordoliberalismus

In der Formierung der neoliberalen Netzwerke kam dem deutschen Ordoliberalismus zunächst eine prägende Rolle zu (Kolev et al. 2020: 435 ff). Alexander Rüstow hatte auf dem Kolloquium Walter Lippmann nicht nur den Begriff des Neoliberalismus eingeführt, sondern im gemeinsamen Referat mit Wilhelm Röpke [1899–1966] auch wichtige Eckpunkte der Diskussion definiert. Im Sinne einer ökonomischen Totalitarismustheorie, die sich sowohl gegen die zentrale Planung im Kommunismus als auch im Faschismus richtete, sprachen sich die beiden dafür aus, die liberale Perspektive mit Hilfe eines starken Ordnungsstaates und geistiger oder religiöser Kräfte, also Ideologien unterschiedlichster Art, in möglichst allen gesellschaftlichen Milieus zu verankern (Walpen 2004: 58 ff).

Diese Stoßrichtung speiste sich maßgeblich aus den Krisenerfahrungen in der Weimarer Republik, vor allem der Weltwirtschaftskrise von 1929–32 (Biebricher/Ptak 2020: 32 ff). Die später dem Ordoliberalismus zugerechneten Theoretiker*innen[39] waren damals zu der Erkenntnis gelangt, dass die Krise des Kapitalismus nur durch eine effektivere staatliche Organisation des Wirtschaftssystems zu verhindern gewesen wäre. Sie interessierten sich vor allem für die rechtlichen und institutionellen Komponenten der Organisation, darüber hinaus aber auch für die Frage, welche gesellschaftsstrukturellen und -kulturellen Bedingungen hierfür zu schaffen waren. Das gesellschaftspolitische Programm des frühen Ordoliberalismus lässt sich mit Blick auf die ökonomischen Aspekte, d.h. die Fokussierung auf Märkte, Wettbewerb und individuelle Wirtschaftsakteure, sicherlich als liberal bezeichnen. Es enthält darüber hinaus aber auch – dies betrifft insbesondere die Perspektiven von Alexander Rüstow und Wilhelm Röpke (Horn 2011) – konservative, autoritäre bis antimodernistische Elemente, die sich in der Abwehr der „Massen", in demokratiekritischen Äußerungen oder im Leitbild einer hierarchisch-ständisch geprägten Gesellschaft niederschlagen.

3.4.2.1 Gesellschaftliche und akademische Sozialisation

Darüber, wie diese nicht-liberalen Komponenten des Ordoliberalismus zu interpretieren sind, gibt es unterschiedliche Auffassungen. Einige betrachten die Kritik der Massengesellschaft und Demokratie als Ausdruck einer statusverunsicherten, aber elitären bürgerlichen Grundhaltung, die auf eine gewisse Nähe zu

---

39 Auch wenn der Begriff des Ordoliberalismus sich erst im Laufe der 1950er Jahre etablierte, reichen die Ursprünge dieser Perspektive bis Anfang der 1930er Jahre zurück.

den Repräsentanten der Konservativen Revolution hinweist, etwa auf die anti-demokratische und anti-pluralistische Begründung eines „starken Staates" bei Carl Schmitt [1888–1985] (Biebricher/Ptak 2020: 37 ff). Andere weisen diese Einordnung deutlich zurück und heben die widerständigen Initiativen in der Zeit des Nationalsozialismus – vor allem die Debatten und Entwürfe für eine marktwirtschaftliche Nachkriegsordnung im Umkreis von Dietrich Bonhoeffer [1906–1945] – hervor (Janssen 2009: 188). Und nochmals andere betonen, dass die ordoliberalen Entwürfe sehr stark durch eine protestantische Wirtschaftsethik geprägt waren. Die Ordoliberalen sahen demzufolge in der defizitären religiösen Wertefundierung eine zentrale Ursache der Krise des Liberalismus. Im Gegenzug setzten sie darauf, über den Staat als moralische Autorität die religiös-ethischen Prinzipien neu zu begründen; und zwar durch die Etablierung einer Wirtschafts- und Gesellschaftsordnung, die neue Formen einer marktbasierten Disziplinierung und Kontrolle der Individuen mit sich bringt (Manow 2001: 190 ff).

Für alle der hier angesprochenen Interpretationen lassen sich in der intellektuellen Entwicklung Walter Euckens mehr oder minder überzeugende Belege finden. Eucken wurde 1891 in Jena geboren und wuchs dort – seine Mutter war Malerin, sein Vater Philosoph und Literaturnobelpreisträger im Jahre 1908 – im Milieu eines künstlerisch geprägten Bildungsbürgertums auf (Janssen 2009: 187). Nach dem Abitur studierte er Nationalökonomie, Geschichte, Staatswissenschaft und Jura in Kiel, Bonn und Jena. 1913 promovierte er in Bonn mit einer Arbeit zur *Verbandbildung in der Seeschifffahrt*. Nach dem Ersten Weltkrieg ging er an die Friedrich-Wilhelms-Universität nach Berlin, heiratete Edith Erdsiek [1896–1985] – eine Kulturphilosophin, die von 1928–1934 die Zeitschrift „Die Tatwelt" herausgab – und habilitierte sich 1921 mit einer Schrift zur *Stickstoffversorgung der Welt*. Die Dissertation und Habilitation standen noch stark in der Tradition der Historischen Schule, von der er sich dann aber entfernte (Vanberg 2020: 3). Als Fachökonom wandte sich Eucken der Währungs- und Geldpolitik sowie der Konjunkturtheorie zu. Gemäß der Perspektive der monetären Quantitätstheorie stellte für ihn die Inflation das Produkt einer aufgeblähten Geldmenge dar. Konjunkturtheoretisch blieb er skeptisch und plädierte schon damals für den Vorrang der Ordnungs- gegenüber der Prozesspolitik (Janssen 2009: 192 ff). Darüber hinaus interessierte sich Eucken – inspiriert durch die philosophischen Arbeiten seines Vaters Rudolf Eucken [1846–1926] – auch für moralphilosophische und kulturtheoretische Fragen. Ihm ging es nun vermehrt darum, die geistige Krise des Kapitalismus zu entschlüsseln.

Diese veränderten Schwerpunkte kamen zunächst nur begrenzt zum Tragen. Eucken war nach der Habilitation zunächst Privatdozent, und arbeitete von

1920–1924 als stellvertretender Geschäftsführer der Fachgruppe Textilindustrie des Reichsverbands der Deutschen Industrie. Nachdem er 1925 einen Ruf an die Universität Tübingen und zwei Jahre später an die Universität Freiburg erhielt, konnte er sich den kapitalismus- und gesellschaftstheoretischen Fragen eingehender zuwenden. Wie andere Ordoliberale – vor allem Alexander Rüstow und Wilhelm Röpke – ging es ihm darum, die große Krise Ende der 1920er, Anfang der 1930er Jahre zu begreifen und zu verarbeiten. Im Jahr 1932 verfasste Eucken (1932) den Aufsatz „Strukturwandlungen und die Krisis des Kapitalismus", der rückblickend von vielen – neben dem im gleichen Jahr erschienen Artikel „Freie Wirtschaft – starker Staat" von Rüstow (1932) – als zentrales Gründungsdokument ordoliberalen Denkens eingestuft wird. Der Aufsatz enthielt zugleich ein Forschungsprogramm, das den Beitrag der Wirtschaftsordnung zur Überwindung gesellschaftlicher Strukturprobleme in den Mittelpunkt stellte und für Euckens Aktivitäten in Freiburg handlungsanleitend war. Er kooperierte dabei mit Franz Böhm [1895–1977], Leonhard Miksch [1901–1950] und Hans Großmann-Doerth [1894–1944], mit denen er die sog. Freiburger Schule der Nationalökonomie formte. Neben zahlreichen Aufsätzen verfasste Eucken zwei Monographien – die *Grundlagen der Nationalökonomie* (Eucken 1989 [1940]) und die posthum erschienenen *Grundsätze der Wirtschaftspolitik* (Eucken 2004 [1952]) – und war in den Aufbau internationaler Netzwerke und Kommunikationsstrukturen eingebunden. Er starb 1950 auf einer Vortragsreise in London an einem Herzinfarkt.

3.4.2.2 Krisen- und Zeitdiagnose: der „Wirtschaftsstaat"

Die akademischen Schwerpunkte Euckens haben sich mit der Zeit durchaus verändert. War er in den 1920er Jahren im Spagat von Fachökonomie und Weltanschauungsphilosophie noch innerlich zerrissen, so wendet er sich zu Beginn der 1930er Jahre der Krise des Kapitalismus zu (Eucken 1932). Er widerspricht der damals verbreiteten, unter anderem von Werner Sombart [1863–1941] vertretenen, kulturpessimistischen Zeitdiagnose, gemäß derer die kapitalistische Wirtschaftsgesinnung, vor allem der Unternehmergeist, erstarrt und zu keinen Innovationen mehr fähig sei, und der nunmehr nicht-dynamische Kapitalismus in den Sozialismus übergleite. Er verweist hierzu auf die zahlreichen Branchen, die sich den Tendenzen der Monopolisierung und Bürokratisierung entzogen haben. Zudem hinterfragt er – gegen Sombart und Marx gerichtet – die Annahme eines „notwendig dynamischen Wesens des Kapitalismus" (Eucken 1932: 301).

Seines Erachtens muss die Analyse der Krise des Kapitalismus anders ansetzen. Eucken nimmt hierzu die veränderte Qualität der staatlich-gesellschaftlichen Organisation in den Blick. Diese hatte im 19. Jahrhundert noch einen unzweifelhaft liberalen Charakter. Die Kontrolle des Staates durch machtvolle Gruppen spielte allenfalls vereinzelt eine Rolle, so dass eine klare Trennung von Staat und Wirtschaft erhalten blieb und individuelle private Freiheiten gefördert wurden. Dies änderte sich dann aber in dem Maße, in dem die Verflechtung von Staat und Wirtschaft voranschritt und sich ein „Wirtschaftsstaat" herausbildete. In Deutschland, so Eucken (1932: 303), wurde dieser Prozess zunächst durch einen – im Zeichen der Bismarck'schen Staatsräson noch gebremsten – staatlichen Interventionismus genährt. Dann waren es aber zunehmend wirtschaftliche Akteure, die Interventionen verlangten:

> „[...] der Staat soll also seine Macht einsetzen, nicht um die kapitalistische Wirtschaft zu beseitigen, sondern um im Gegenteil einzelnen Gruppen oder sogar einzelnen Unternehmen im kapitalistischen Wirtschaftskampf zur Seite zu stehen. Bei den Unternehmern sind es zum Teil Gruppen, die sich von der modernen wirtschaftlichen Entwicklung bedroht fühlen und deshalb Sonderschutz des Staates verlangen, wie Einzelhändler, die unter der Konkurrenz des Warenhauses, Handwerker, die unter dem Angebot von Fabrikware, Landwirte, die unter leistungsfähiger ausländischer Konkurrenz leiden. Zu ihnen stoßen solche Unternehmer, die selbst Träger der Entwicklung sind, die aber gerade zu deren Beschleunigung staatliches Eingreifen durchzusetzen verstehen, wie es in der Geschichte der deutschen Eisenindustrie häufig der Fall gewesen ist. Oder es handelt sich um kapitalistische Unternehmen, die im Konkurrenzkampf zu erliegen drohen und deshalb Staatshilfe fordern und oft auch erreichen." (Eucken 1932: 303 f)

Die Arbeiter*innen und Angestellten unterstützen diese Tendenzen, so Eucken, um ihre Einkünfte zu sichern. Sie sehen in der staatlichen Intervention häufig aber auch einen ersten Schritt dahin, die kapitalistische Wirtschaftsordnung zu überwinden.

Eucken (1932: 306 f) macht für diese veränderte Haltung zum Staat zwei Entwicklungen verantwortlich: Erstens problematisiert er die geschwächte Rolle der Religion. Deren schwindende Fähigkeit einer fundamentalen und alltäglichen Sinnstiftung hinterlässt ein Vakuum, in das dann der Staat – gleichsam als Religionsersatz – hineinstößt. Zweitens bietet sich im Zuge der Demokratisierung für die Massen die Möglichkeit, sich in Parteien und Interessengruppen zu organisieren und einen gesteigerten Einfluss auf die staatliche (Wirtschafts-)Politik auszuüben. Die Folge ist eine Expansion der Staatstätigkeit und – bedingt durch die Verflechtung und Vereinnahmung durch partikulare Interessen – gleichzeitige Schwächung, eventuell sogar Auflösung des Staates. Dessen Autorität schwindet (Eucken 2004 [1952]: 334; Lenel 2012: 297). Der Staat hat als Wirtschaftsstaat die Kontrolle über seine eigenen Kapazitäten verloren. Er ist nicht mehr in der Lage, autonom zu handeln. Er vermag letztlich auch nicht mehr, die Entwicklungskräfte des Kapitalismus zu stimulieren. Vor allem macht er – und dies ist für Eucken (1932: 308) ein ganz zentraler Punkt – „den bisherigen Regulator der Volkswirtschaft, das Preissystem, funktionsunfähig." Die von Eucken entwickelte Krisen- und Zeitdiagnose lautet gebündelt daher wie folgt:

> „Der Kapitalismus entfaltete sich in einem staatlich-gesellschaftlichen Raum, der durch einen späteren geschichtlichen Prozeß, nämlich durch die Entstehung des Wirtschaftsstaates, zerstört worden ist. Dadurch ist aus dem freien, durch das Preissystem sinnvoll geordneten, ein staatlich gebundener Kapitalismus geworden, der einer brauchbaren Steuerung entbehrt. Die bisher im ökonomischen Mechanismus wirksame Tendenz zur Vollbeschäftigung aller Anlagen und Arbeitskräfte, die in jeder Konkurrenzpreisverschiebung liegt, wurde weitgehend ausgeschaltet. Gerade durch die Politisierung der Preisbildung wurde der Produktions- und Verteilungsprozeß von den Zufälligkeiten politischer Machtgruppierungen abhängig, und insofern ist die Wirtschaftsordnung anarchisch geworden." (Eucken 1932: 309)

3.4.2.3 Ordnung, Macht und Wettbewerb

In der von Eucken entfalteten Zeitdiagnose, wie im ordoliberalen Denken der 1930er und 1940er Jahre insgesamt, werden vor allem drei Entwicklungen problematisiert (Biebricher/Ptak 2020: 60): eine geistig-moralische Krise, die auf die geschwächte Rolle der Religion verweist; der Bedeutungsgewinn der Massengesellschaft, insbesondere der Arbeiter*innenklasse und ihrer Organisationen; und die Zentralisierung der Unternehmen und der staatlichen Macht, d.h. die Herausbildung von Monopolen und des „Wirtschaftsstaates". Eucken selbst diskutiert die Zusammenhänge zwischen diesen verschiedenen Entwicklungen immer wieder als „Interdependenz der Ordnungen": der Wirtschafts-, Staats- und Gesellschaftsordnung (Eucken 2004 [1952]). Hierbei richtet sich der Blick auf jene Effekte, die das Potenzial haben, eine funktionsfähige Wirtschaftsordnung zu beeinträchtigen. Zugleich geht es ihm darum, im Sinne einer verbesserten „Lenkung des modernen Wirtschaftsprozesses durch ‚Wirtschaftsordnungspolitik" (Eucken 1948: 77; vgl. auch Vanberg 2020: 16 ff) operativ handhabbare Lösungen anzubieten. In den Fokus rückt für ihn erstens das Machtproblem, das

das Spannungsverhältnis von Macht und Freiheit thematisiert, und mit der Genese des „Wirtschaftsstaates" eine neue Qualität erlangt habe. Etwas anders gelagert ist das zweite Problem, das Motivationsproblem. Dieses bezieht sich auf die Vermittlung von Einzelinteresse und Gesamtinteresse und wirft die Frage auf, wie nicht nur über volkspädagogische Maßnahmen, sondern ordnungspolitische Verfahren das Einzelinteresse für die Förderung des Gesamtinteresses nutzbar gemacht werden kann. Das dritte Problem der Koordination ist eng mit dem Motivationsproblem verbunden. Es verweist auf die Operationsweise eines funktionsfähigen Markt- und Preissystems, das die Aktivitäten der unterschiedlichen Wirtschaftssubjekte zum Ausgleich bringt.

Die Frage nach einer angemessenen Lenkung einer arbeitsteilig organisierten Gesellschaft war auch für die Studie zu den *Grundlagen der Nationalökonomie* maßgeblich (Eucken 1989 [1949]: 2). In dieser positionierte sich Eucken zunächst methodologisch jenseits des Einzelfall-Empirismus der Historischen Schule und der deduktiv vorgehenden „Begriffsnationalökonomie". Im Kontrast zu diesen beiden Optionen spricht er sich für die Untersuchungsmethode der „pointiert-hervorhebenden Abstraktion" aus (Eucken 1989 [1949]: 79), die – ähnlich wie die von Max Weber [1864–1920] entwickelte Konzeption der Idealtypen – die prägenden Aspekte von Wirtschaftssystemen und Wirtschaftsordnungen zu erfassen vermag. Die spezifischen wirtschaftlichen Ordnungen – sofern sie bewusst geschaffen wurden, ist die Rede von „Wirtschaftsverfassung" angemessen – können die ökonomischen Prozesse, vor allem die Operationsweise der Märkte und des Preissystems, ermöglichen und fördern, oder aber auch behindern. Wie die institutionelle Einflussnahme auf den ökonomischen Datenkranz und die Preissignale erfolgt, verdeutlicht Eucken (1989 [1949]: 78ff) durch die Unterscheidung zwischen den Organisationsformen einer „zentralgeleiteten Wirtschaft", also der „Eigenwirtschaft" und „Zentralverwaltungswirtschaft", auf der einen, und der „Verkehrswirtschaft" mit ihren unterschiedlichen Marktformen auf der anderen Seite.[40] Die Analyse der Ordnungsdimension ist für ihn grundlegend, da durch sie das Zusammenspiel der Wirtschaftssubjekte in einer arbeitsteiligen Gesellschaft maßgeblich bestimmt wird (Lenel 2012: 300f.).

In den *Grundsätzen der Wirtschaftspolitik* greift Eucken (2004 [1952]) die in den vorherigen Schriften bearbeiteten Themen – die Kritik des Laissez-faire, des staatlichen Interventionismus und Kollektivismus, der Zusammenballung ökono-

40 Es ist übrigens auffällig, dass Eucken im Zuge dieser idealtypischen Differenzierung zugleich einen Begriffswechsel vollzieht und vom „Kapitalismus" nur noch in Anführungszeichen spricht.

mischer und staatlicher Macht – erneut auf. Zugleich wird die Frage der „Freiheit des Menschen“ deutlich stärker gewichtet und die Frage nach der ordnungspolitischen Lenkung weniger theoretisch-konzeptionell als vor allem positiv-gestaltend diskutiert. Besonders deutlich wird dies, wenn sich Eucken der Verwirklichung der Wettbewerbsordnung zuwendet. Er differenziert dabei zwischen den konstituierenden Prinzipien, mit Hilfe derer die Wettbewerbsordnung hergestellt werden soll (zum Grundprinzip siehe Quellentext 8), und den regulierenden Prinzipien, die die etablierte Wettbewerbsordnung funktionsfähig halten sollen.

Quellentext 8: Das Grundprinzip der Wettbewerbsordnung

1. Wir wissen, daß sowohl die Wirtschaftspolitik im Zeitalter des Laissez-faire als auch in der folgenden Epoche der Experimente die Bedeutung und die Schwierigkeit des Problems, dem Wirtschaftsprozeß eine zureichende Lenkung zu geben – ein Problem, das mit der Industrialisierung in ein ganz neues Stadium eintrat – unterschätzte oder nicht sah. Vor allem wurde und wird vernachlässigt, daß sämtliche ökonomischen Tatsachen zusammenhängen, daß also die Lenkungsmechanik unteilbar ist, wenn sie funktionieren soll. Infolge ihrer allgemeinen Interdependenz üben alle einzelnen wirtschaftspolitischen Eingriffe Wirkungen auf den gesamten Wirtschaftsprozeß aus. Wird etwa der Zins herunter manipuliert, so wird hierdurch – wie oft nachgewiesen wurde – das Gesamtsystem der Preise und damit die ganze Lenkung des Wirtschaftsprozesses verändert.

Die laute wirtschaftspolitische Diskussion über die Lenkung der Wirtschaft verschleiert die Tatsache, daß das eigentliche Lenkungsproblem im Laufe der Zeit immer weniger gesehen wurde. Zwar ließ man schon im Zeitalter des Laissez-faire Marktformen und Geldordnungen zu, in deren Rahmen sich Preise bildeten, welche die Lenkungsfunktion nur mangelhaft vollzogen. Aber später im Zeitalter wirtschaftspolitischer Experimente war die Sorglosigkeit noch grösser. Das Denken in Preisrelationen verfiel rasch. Ob nun die Vollbeschäftigungspolitik das Preissystem durch Preisfesthaltung, Politik des niedrigen Zinses, Devisenrationierung teilweise stilllegte, oder ob zentrale Planstellen den Wirtschaftsprozeß zu lenken versuchten, was nur aufgrund globaler Bewertungen geschehen konnte, stets wurden die ungemein schwierige Lenkung des großen industrialisierten Wirtschaftsprozesses und sein Gesamtzusammenhang unterschätzt.

2. Nun sollte hierin endlich ein Wandel eintreten. Die Kernfrage der modernen Wirtschaftspolitik sollte auch als Kernfrage behandelt werden. Es geschieht, indem die Herstellung eines funktionsfähigen Preissystems vollständiger Konkurrenz zum wesentlichen Kriterium jeder wirtschaftspolitischen Maßnahme gemacht wird. *Dies ist das wirtschaftsverfassungsrechtliche Grundprinzip.*
Es geht nicht an, eine Konjunkturpolitik zu treiben, welche unter dem Eindruck eines momentanen Notstandes die Funktionsfähigkeit des Preissystems behindert oder stilllegt: wie durch die Devisenbewirtschaftung, Kreditexpansion und dergleichen. Ebensowenig darf eine Steuerpolitik z.B. durch die Umsatzsteuer oder die Gestaltung der Körperschaftssteuer den Konzentrationsprozess fördern und damit das Vordringen der Monopole begünstigen. Hier und in allen Zweigen der Wirtschaftspolitik sollte das wirtschaftsverfassungsrechtliche Grundprinzip bei jeder Maßnahme gegenwärtig sein. Von diesem Satz gibt es keine Ausnahme.
3. Das Grundprinzip verlangt nicht nur, daß gewisse wirtschaftspolitische Akte vermieden werden: so etwa staatliche Subventionen, Herstellung staatlicher Zwangsmonopole, allgemeiner Preisstopp, Einfuhrverbote usw. Es genügt auch nicht etwa Kartelle zu verbieten. Das Prinzip ist nicht in erster Linie negativ. – Vielmehr ist eine positive Wirtschaftsverfassungspolitik notwendig, die darauf abzielt, die Marktform der vollständigen Konkurrenz zur Entwicklung zu bringen und so das Grundprinzip zu erfüllen. Auch hierin unterscheidet sich die Politik der Wettbewerbsordnung vollständig von der Politik des Laissez-faire, die nach ihrem Grundgedanken eine positive, wirtschaftliche Ordnungspolitik nicht kannte.

Quelle: Eucken (2004 [1952]: 254 f).

Aufbauend auf diesem Grundprinzip nennt Eucken (2004 [1952]: 255 ff) das „Primat der Währungspolitik“, was impliziert, dass eine gute Währungsverfassung automatisch funktionieren soll und alle anderen Ziele demjenigen eines stabilen Geldwerts nachgeordnet sind. Das Prinzip der „offenen Märkte“ erlaubt keine Abschottung gegenüber neuen Marktteilnehmer*innen. Weiterhin zählen zu den konstituierenden Prinzipien die Garantie des „Privateigentums“, die „Vertragsfreiheit“, die allenfalls mit Blick auf die Monopol- und Kartellbildung eingeschränkt werden darf, und auch das „Haftungsprinzip“, das die verantwortlichen

Akteure im Wirtschaftsprozess für ihre Entscheidungen und deren Folgen in die Pflicht nimmt. Schließlich führt Eucken noch die „Konstanz der Wirtschaftspolitik“ an, die für die Investitionsentscheidungen der Unternehmen förderlich ist, und erwähnt explizit die „Zusammengehörigkeit der konstituierenden Prinzipien“, da die Vernachlässigung eines Prinzips den Konkurrenzmechanismus, d.h. den Leistungswettbewerb und die Freiheit der Individuen gefährden kann.

Die regulierenden Prinzipien sind erforderlich, um tradierte systemfremde Ordnungsformen anzupassen und Fehlentwicklungen in der etablierten Wettbewerbsordnung zu korrigieren. Eucken (2004 [1952]: 291 ff) spricht sich für Verfahren der Monopolbeschränkung und die Institutionalisierung eines unabhängigen Aufsichtsamts aus. Er plädiert dafür, eine ausgeprägte Einkommensungleichheit durch eine progressive Steuerpolitik abzumildern und negative externe Effekte des Wirtschaftens – z.B. für die Umwelt oder die Beschäftigten – in die Wirtschaftsrechnung zu integrieren. Außerdem können im Fall eines anomalen Verhaltens der Anbieter, etwa eines unzureichenden Angebots auf dem Arbeitsmarkt, durch staatliche Vorgaben marktgemäße Anreize gesetzt werden.

Auf den ersten Blick macht es den Eindruck, als wenn der Ordoliberalismus über die regulierenden Prinzipien doch Formen der Staatsintervention zulässt. Dies gilt vor allem dann, wenn sich der Blick auf den „soziologischen Ordoliberalismus“ von Röpke und Rüstow richtet – hier ist zuweilen von einem „begrenzten“ oder „liberalen“ Interventionismus die Rede –, der im Kontrast zur Freiburger Schule etwas interventionsfreudiger ist (Renner 2000: 52; Biebricher/Ptak 2020: 44 ff). Allerdings sind die Empfehlungen zur Intervention inhaltlich so ausgerichtet, dass sie die Marktprozesse unterstützen. Es handelt sich also um Formen einer marktkonformen Intervention. Ein steuerungspolitischer Staatsinterventionismus wird hingegen nicht nur von Eucken, sondern auch von den anderen Ordoliberalen zurückgewiesen, da er die Machtkonzentration und das Abgleiten in den Kollektivismus begünstigt. Ungeachtet der grundlegenden Bedeutung rechtlicher, institutioneller und politischer Prozesse bleibt der Ordoliberalismus ökonomietheoretisch der neoklassischen Perspektive verhaftet. Marktprozesse tendieren dem Gleichgewicht zu, wenn sie nur wirtschaftsordnungspolitisch angemessen gerahmt und modifiziert werden.

3.4.3 Friedrich August von Hayek: der Markt als Entdeckungsverfahren

Eucken hat im Gründungsprozess und den ersten Jahren der Mont Pèlerin Society (MPS) eng mit Friedrich August von Hayek kooperiert. Beide teilten die Kritik am Kollektivismus und Staatsinterventionismus, unterschieden sich inhaltlich zugleich aber auch in einigen Punkten (Renner 2020; Kolev et al. 2020:

443 ff). Während Eucken und die Ordoliberalen bestrebt waren, eine normativ-ethisch fundierte Konzeption der Marktwirtschaft zu entwickeln, arbeitete Hayek an einer „evolutorischen" Perspektive, in der die Versuche der institutionellen Einhegung von Marktprozessen deutlich skeptischer betrachtet wurden. Diese evolutorische Perspektive setzte sich auch vom neoklassischen Gleichgewichtsdenken ab, das ökonomietheoretisch für das ordoliberale Denken bestimmend war. Außerdem interessierte sich der Ordoliberalismus für die politische Konstitution und Gestaltung der Ökonomie und Gesellschaft, Hayek hingegen thematisierte vor allem Fragen der individuellen Freiheit. Und während sich der Ordoliberalismus um das Problem der ökonomischen Machtkonzentration sorgte und eine aktive staatliche Wettbewerbspolitik einforderte, schien es für Hayek ausreichend zu sein, die Märkte offen zu halten.

Diese Differenzen sind zum Teil darauf zurückzuführen, dass Hayek in einem anderen Kontext sozialisiert wurde: dem der Wiener Schule der Nationalökonomie (Klausinger 2020: 11 ff). Inspiriert durch seinen Mentor Ludwig von Mises [1881–1973] nahm Hayek schon früh eine marktradikale Position ein. Dies galt bereits für die Arbeiten zur Geldtheorie und Konjunkturanalyse, mehr aber noch für die sozialphilosophischen und wissenstheoretischen Überlegungen. Seit Ende der 1930er Jahre griff Hayek vermehrt die von Ludwig von Mises eingenommene Perspektive auf, gemäß der eine jede Ökonomie – vermittelt über die Preissignale – immer auch ein System der Organisation, Teilung und Nutzung gesellschaftlichen Wissens darstellt. Die Herausbildung und der Wandel der Wissensordnung führte Hayek zu einem „evolutorischen" Verständnis der Ökonomie. Sofern es sich bei der Ökonomie um eine dezentral strukturierte Verkehrswirtschaft handelt, kann diese nicht einfach politisch bewusst geschaffen werden. Sie stellt für Hayek vielmehr eine polyzentrisch strukturierte „spontane" Ordnung dar, die sich historisch allmählich herausgebildet hat.

3.4.3.1 Stationen der intellektuellen Entwicklung und Aktivität

Der Weg Hayeks zum Sozialphilosophen, Gesellschaftstheoretiker und einflussreichen Intellektuellen verlief nicht gradlinig. Er wurde 1899 in Wien geboren und wuchs in einem großbürgerlichen, akademisch orientierten Umfeld auf. Dennoch war er ein mäßiger Schüler: faul und gelangweilt, inspiriert durch den Vater – dieser war Privatdozent für Biologie – allenfalls an Biologie interessiert. Einmal blieb er sitzen, zweimal musste er die Schule wechseln (Horn 2013: 31 f). Nach dem Abitur zog er in den Krieg und erwärmte sich vorübergehend für sozialistische Ideen. Dann studierte er Rechtswissenschaft, Psychologie und Volkswirtschaftslehre, kam mit den Schriften Carl Mengers [1840–1921] in Berührung und besuchte Veranstaltungen bei dessen Schüler Friedrich von Wieser [1851–1926] und bei Othmar Spann [1878–1950], von dessen romantisch-universalistischer Perspektive er sich aber rasch abwandte. Nach einer ersten Promotion in der Rechtswissenschaft bei Hans Kelsen [1881–1973] widmete sich Hayek intensiv dem Studium der Ökonomie, das er 1923 ebenfalls mit einer Promotion beendete.

Schon während dieser zweiten Promotion, bis zum Jahr 1926, war er im Abrechnungsamt für Österreichische Kriegsschulden angestellt. 1923–24 ging Hayek für einen Studienaufenthalt in die USA an die New York University und die Columbia University. 1926 heiratete er Hella Frisch, mit der er zwei Kinder hatte. Ansonsten waren die 1920er Jahre vor allem durch die enge Kooperation mit Ludwig von Mises gekennzeichnet. Begeistert von dessen Schrift *Die Gemeinwirtschaft* besuchte Hayek regelmäßig dessen „Privatseminar". Ab 1927 leitete er dann das Österreichische Institut für Konjunkturforschung, das er zusammen mit Mises gegründet hatte. In diese Zeit fallen auch seine Studien zur Geld- und Konjunkturtheorie, in denen er eine zinspolitisch induzierte Theorie der Überinvestitionen entwickelte und mit denen er sich 1929 habilitierte. Mit dieser Theorie, die vor den Gefahren der Inflation warnte und ein Aussitzen der Krise empfahl, konnte Hayek in der Zeit der „großen Depression" nur bedingt reüssieren (Böhm 2009b: 234 ff; Klausinger 2020: 62 ff). Sie brachte ihm auf Betreiben von Lionel Robbins [1898–1984] jedoch 1932 einen Ruf an die London School of Economics (LSE) ein, dem er folgte.

Hayek fühlte sich in England sehr wohl, sah sich als Ökonom angesichts der Verallgemeinerung keynesianisch geprägten Denkens – gerade auch an der LSE – aber zunehmend isoliert. Inhaltlich wandte er sich verstärkt sozialphilosophischen und wissenschaftstheoretischen Fragen zu, stand dabei in engem Kontakt mit Karl Popper [1902–1994] und Michael Polanyi [1891–1976] (Nordmann 2005), und engagierte sich gesellschafts- und wissenschaftspolitisch: vor allem durch die Streitschrift *Der Weg zur Knechtschaft* (Hayek 2014 [1944]), den Aufbau der MPS und die Förderung anti-keynesianischer Diskursnetzwerke. Aus persönlichen Gründen – er heiratete seine zweite Frau, die Amerikanerin Helene Bitterlich – wechselte Hayek 1950 an die University of Chicago. Hier arbeitete er an der Schrift *Die Verfassung der Freiheit* (Hayek 1971 [1960]) und kehrte 1962 nach Europa zurück, genauer: an die Universität Freiburg, wo er bis zu seiner Emeritierung und darüber hinaus in Forschung und Lehre aktiv war. Er schärfte sein Profil als evolutorischer Ökonom, d.h. er arbeitete weiter an wissens-, wettbewerbs- und innovationstheoretischen Fragen und entwickelte die Konzeption der „spontanen Ordnung". 1974 erhielt er zusammen mit dem

Keynesianer Gunnar Myrdal [1898–1987] den Nobel-Gedächtnispreis für Wirtschaftswissenschaften. Mit der Krise des Keynesianismus erlangte die von ihm befürwortete angebotsorientiert-marktradikale Wirtschaftspolitik zudem größeren Einfluss auf die Politik, vornehmlich in Großbritannien durch seine Schülerin Margaret Thatcher [1925–2013]. Hayek starb 1992 in Freiburg.

3.4.3.2 Die Sozialphilosophie des Marktradikalismus

Die praktischen wirtschaftspolitischen Implikationen des Hayek'schen Denkens stehen oft auch im Vordergrund der wissenschaftlichen Diskussionen. Tatsächlich sind die von ihm entwickelten markt- und wettbewerbstheoretischen Konzepte – in Verbindung mit seinen sozialphilosophischen und gesellschaftstheoretischen Überlegungen – aber sehr viel interessanter. Ähnlich wie Keynes entfernt sich auch Hayek schrittweise vom gleichgewichtstheoretischen Denken der Neoklassik. Im Unterschied zu Keynes, der – vermittelt über Unsicherheiten, nicht-rationale Erwartungen und die Rolle des Geldes – die Prozesse der makroökonomischen Instabilität betrachtet, vollzieht sich bei Hayek die Abkehr von der Neoklassik über eine radikale Subjektivierung ökonomischer Wissensbestände (Klausinger 2020: 40 ff). Diese mikroökonomische Wendung drängt sich für ihn auf, da Hayek das gesellschaftliche Wissen grundsätzlich als zersplittert, dezentral, unorganisiert und widersprüchlich konzipiert. Sofern sich dieses Wissen in ökonomischen Daten ausdrückt, können Wissenschaftler*innen diese modelltheoretisch zwar zueinander in Beziehung setzen, sie verbleiben dabei jedoch auf der Ebene eines Gedankenexperiments unter Absehung der spezifischen, letztlich immer begrenzten und fluiden Produktion und Aneignung des Wissens durch die individuellen Wirtschaftssubjekte.

Genau um diese Aspekte, um die Produktion, Aneignung und Veränderung des Wissens, geht es Hayek nun aber. Die herkömmliche Gleichgewichtsanalyse vermag ihm nicht zu helfen. Sie bewegt sich auf der Ebene des Gedankenexperiments und ist insofern tautologisch angelegt, als das zentrale Merkmal des Gleichgewichts – die Übereinstimmung der Pläne der individuellen Wirtschaftssubjekte in Kenntnis der „gegebenen" oder „objektiven" Daten – mit der Annahme des vollkommenen Marktes ohnehin gegeben ist. Dieser setzt voraus, dass die Wirtschaftssubjekte ihre Entscheidungen unter Kenntnis aller relevanten Informationen treffen:

> „Die Behauptung, daß die Menschen sich im Gleichgewicht befinden, wenn sie alles wissen, ist richtig, einfach weil wir so das Gleichgewicht definieren. Die Annahme eines vollkommenen Marktes in diesem Sinn ist nur eine an-

> dere Ausdrucksweise dafür, daß Gleichgewicht besteht, aber es bringt uns um nichts der Erklärung näher, wann und wie ein solcher Zustand zustande kommt.“ (Hayek 1976 [1937]: 65)

Will man sich dieses Zustandekommen erschließen, so kommt man nach Hayek nicht umhin, sich der subjektiven Interpretation, Aneignung und Produktion der Daten zuzuwenden. Angesichts der Zerstreutheit und Fluidität der gesellschaftlichen Wissensbestände, können sich die individuellen Akteure diese allenfalls partiell und vorübergehend aneignen. Häufig erkennen sie erst im ökonomischen Prozess, also im Wettbewerb, welche Entscheidungen für sie richtig sind. Mehr noch, der Wettbewerb ist nicht vorab entschieden. Sein Verlauf ist nicht vorhersehbar. Er zeichnet sich für Hayek vielmehr dadurch aus, dass sich die Marktteilnehmer*innen häufig erst im Wettbewerb ihrer Möglichkeiten, Präferenzen und Bedürfnisse bewusst werden. Sie generieren dabei auch aktiv neues Wissen und treiben die wirtschaftliche Entwicklung dynamisch – Schumpeter [1883–1950] würde sagen „unternehmerisch“ – voran. Hayek (1994 [1968]) selbst hat in diesem Sinne die Formel vom „Wettbewerb als Entdeckungsverfahren“ geprägt (Quellentext 9).

Quellentext 9: Wettbewerb als Entdeckungsverfahren

Wie wir gesehen haben, sind die Ergebnisse eines Entdeckungsverfahrens notwendig voraussagbar, und alles, was wir von der Benützung eines zweckmäßigen Entdeckungsverfahrens erwarten dürfen, ist, daß es die Chancen für unbekannte Personen vergrößern wird, aber nicht irgendwelche bestimmte Ergebnisse für bestimmte Personen. Das einzig gemeinsame Ziel, das wir an der Wahl dieser Technik der Ordnung sozialen Geschehens verfolgen können, ist die abstrakte Struktur oder Ordnung, die sich als Folge bilden wird. […]
Wir sind es gewohnt, die Ordnung, die der Wettbewerb herbeiführt, als ein Gleichgewicht zu bezeichnen – ein nicht sehr glücklicher Ausdruck, denn ein wirkliches Gleichgewicht setzt voraus, daß die relevanten Tatsachen schon entdeckt sind und der Prozeß des Wettbewerbs daher zum Stillstand gekommen ist. Der Begriff der Ordnung, den ich, zumindest in wirtschaftspolitischen Diskussionen, dem des Gleichgewichts vorziehe, hat den Vorteil, daß wir sinnvoll davon sprechen können, daß eine Ordnung in geringerem oder größerem Grade verwirklicht werden kann. Während ein Gleichgewicht nie wirklich besteht ist es doch berechtigt

> zu behaupten, daß die Art von Ordnung, von der das ‚Gleichgewicht' der Theorie eine Art Idealtyp darstellt, in hohem Maße verwirklicht wird. Diese Ordnung manifestiert sich in erster Linie darin, daß die Erwartungen von bestimmten Transaktionen mit anderen Menschen, auf die die Pläne aller Wirtschaftssubjekte aufgebaut sind, in hohem Maße erfüllt werden. Diese wechselseitige Anpassung der individuellen Pläne wird dabei durch einen Vorgang zustande gebracht, den wir, seitdem die Naturwissenschaften auch begonnen haben, sich mit spontanen Ordnungen oder „selbst-organisierenden Systemen" zu befassen, gelernt haben, als negative Rückkopplung zu bezeichnen.

Quelle: Hayek (1994 [1968]: 255 f).

Das Entdeckungsverfahren enthält für Hayek durchaus Elemente der „schöpferischen Zerstörung" (Schumpeter 2020 [1942]: 103 ff). So kommen im Wettbewerb nicht nur Neuerungen zum Tragen. Es können auch Erwartungen enttäuscht werden, Unternehmen vom Markt verschwinden. Mit anderen Worten, dem Wettbewerb ist die Logik von „Versuch und Irrtum" eingeschrieben. Er sorgt dafür, dass die Erfahrungen und Wissensbestände der Marktteilnehmer*innen über Preissignale in einem hoch-effizienten Koordinationsverfahren abgestimmt werden und sich zugleich innovativ-evolutionär fortentwickeln.

Für dieses evolutorische Verständnis des Marktes war die wissenschaftstheoretische Kommunikation, die Hayek direkt und im Kontext der MPS mit Karl Popper geführt hatte, sicherlich inspirierend (Nordmann 2005). Letztlich grenzt sich Hayek von Popper und der erkenntnistheoretischen Methode der Falsifikation aber insofern ab[41], als der marktbasierte Wettbewerb – obgleich sich seine Effekte nicht im strengen Sinne empirisch beweisen lassen (Hayek 1994 [1968]: 250) – für ihn zentral und besonders realitätsmächtig ist. Der Wettbewerb bildet gleichsam das Grundmodell für die Konzeption der „spontanen Ordnung", die für Hayek die Operationsweise der Ökonomie sehr viel besser erfasst als der Begriff des „Gleichgewichts". Die spontane Ordnung ist dabei nicht das Produkt eines „konstruktivistischen", großen Planungsentwurfs. Sie ist vielmehr das Resultat der Selbstorganisation, also kontingentes Ergebnis der Evolution des zerstreuten Wissens. Sie ist für Hayek überdies Ausdruck des gesellschaftlichen

41 Auch die von Popper befürworteten inkrementellen Reformen sieht Hayek kritisch. Sie entsprechen zwar nicht dem Geist des „Konstruktivismus", d.h. der großen politischen Gesellschaftsentwürfe, setzten sich von diesen aber auch nicht deutlich genug ab.

Fortschritts und steht im Kontrast zu allen Konzeptionen der politischen Steuerung oder zentralen Planung. Die Vorstellungen der politischen Steuerung oder sogar zentralen Planung der wirtschaftlichen Entwicklung schränken das individuelle Handeln ein und unterbinden die Entfaltung kreativer Potenziale. Im Sinne einer „Anmaßung von Wissen" (Hayek 1996) nehmen sie für sich eine Gestaltungsfähigkeit in Anspruch, die über das zerstreute Wissen und die Bedürfnisse der Individuen hinweggeht.

Das Wettbewerbskonzept von Hayek ist sehr weit angelegt. Es ist in der Sprache der Ermöglichung geschrieben, enthält in der Konsequenz aber auch Elemente der Disziplinierung. Diese treten dann hervor, wenn auch die konkreten, sozialstrukturell geprägten Inhalte des dezentralen Wissens betrachtet werden (Kaven 2015) und die Folgen seiner Überlegungen für kollektive, interventionistische Akteure – z.B. Regierungen, Gewerkschaften – in den Fokus rücken. Hayek geht jedoch vom sozial ungebundenen Individuum aus, arbeitet also mit einer starken Abstraktion und kann entsprechend das von ihm entwickelte Verständnis von Markt und Wettbewerb relativ problemlos auf andere gesellschaftliche Sphären übertragen. Der expansive Charakter des Wettbewerbs ist bei Hayek strukturell angelegt. Die Grenzen des Wettbewerbs interessieren ihn wenig, schließlich korrespondiert mit ihm stets eine spontane Ordnung, die aufbauend auf den freiheitlichen Institutionen – des Marktes, des Privateigentums und der Gleichheit vor dem Gesetz (Horn 2013: 89) – die kulturelle Evolution der Gesellschaft vorantreibt, also dem zivilisatorischen Fortschritt zuarbeitet.

3.4.3.3 Gesellschaftspolitische Empfehlungen

Die Konzeption des Wettbewerbs enthält zahlreiche gesellschaftspolitische Aspekte und Impulse. Was dies bedeutet, hat Hayek, der die Wirtschaftswissenschaft stets als Sozialwissenschaft betrachtete, in seinen sozial- und rechtsphilosophischen Schriften und öffentlichen Interventionen ausführlicher expliziert. Schon in *Der Weg zur Knechtschaft* wendet er sich in Übereinstimmung mit den deutschen Ordoliberalen gegen die Doktrin des Laissez-faire und befürwortet eine staatliche Unterstützung der Marktprozesse:

> „Es ist bedauerlich, wenn auch durchaus erklärlich, daß man in der Vergangenheit diesen positiven Erfordernissen für das erfolgreiche Funktionieren des Konkurrenzsystems viel weniger Aufmerksamkeit geschenkt hat als den negativen. Das Funktionieren des Wettbewerbs setzt nicht nur eine zweckmäßige Organisation bestimmter Institutionen wie z.B. des Geldes, der Märkte und der Informationsquellen voraus – wofür wir uns niemals in vol-

> lem Umfang auf die Privatinitiative verlassen können –, sondern es hängt vor allem von der Existenz eines entsprechenden Rechtssystems ab, das die doppelte Aufgabe hat, den Wettbewerb aufrechtzuerhalten und ihn mit einem Maximum an Nutzen arbeiten zu lassen. Es genügt keineswegs, daß das Recht das Prinzip des Privateigentums und der Vertragsfreiheit anerkennt. Denn es hängt viel davon ab, welche genaue rechtliche Definition dem Eigentumsrecht je nach den Gegenständen gegeben wird, auf die es sich bezieht." (Hayek 2014 [1944]: 52 f)

Hayek spricht sich also dafür aus, die individuellen Freiheiten der Staats- und Wirtschaftsbürger politisch zu garantieren, wendet sich zugleich aber strikt dagegen, diese Garantie auch als materielle Rechte – etwa in Gestalt wohlfahrtsstaatlicher Regulierungen – zu verankern. In den späteren Schriften wird diese Grundhaltung beibehalten. Darüber hinaus geht es ihm darum, so etwa in seinem Hauptwerk *Die Verfassung der Freiheit* (Hayek 1971 [1960]), die positiven Komponenten zu bestimmen, die die Freiheit ermöglichen, absichern und fördern, so etwa die spontane Ordnung, allgemeine und abstrakte Regeln und die Vermeidung von Willkür. Hayek entfaltet sein individualistisches Verständnis menschlicher Freiheit, legt dar, warum die Freiheit einen Grundwert darstellt, auf dem andere Werte aufbauen, und warum sie durchaus Elemente eines begrenzten staatlichen Zwangs mit einschließen kann.

Auffällig sind in der Argumentation nicht zuletzt zwei Aspekte: Zum einen pocht Hayek auf die Gleichheit vor dem Gesetz, sieht ansonsten soziale Ungleichheit aber als ein belebendes Element der gesellschaftlichen Dynamiken; und zum anderen spricht er sich dafür aus, Demokratie nicht als Selbstzweck zu betrachten, sondern sie durch die Operationsweise des Rechtsstaates einzuschränken (Hayek 1971 [1960]: 135 ff). Die beiden Aspekte verdeutlichen, dass die Freiheit bei Hayek sowohl der Demokratie als auch dem Wohlfahrtsstaat mit dem Ziel der sozialen Gerechtigkeit eindeutig vorgelagert ist. Darüber hinaus grenzt er sich – und dies betrifft indirekt auch das Verhältnis zum deutschen Ordoliberalismus – vom Konservatismus ab, der nicht selten in autoritären oder nationalistischen Konzepten Zuflucht sucht, und dem es schwerfällt, der spontanen, nicht-gelenkten Entwicklung der Gesellschaft zu vertrauen (Hayek 1971 [1960]: 517 ff).

3.4.4 Milton Friedman: Vorkämpfer des Monetarismus

Eine dritte, neben Eucken und Hayek den neoliberalen Diskurs ebenfalls prägende Figur war Milton Friedman. Auch Friedman war an der Gründung der MPS beteiligt. Er bildete eine Schlüsselfigur in der US-amerikanischen Diskussion über eine alternative, nicht-keynesianische Perspektive und kooperierte an vielen Punkten sehr eng mit Hayek. Gleichwohl gab es auch einige Unterschiede (Klausinger 2020: 79f). Diese bezogen sich erstens auf den Bereich der ökonomischen Forschung. So stützte sich Friedman auf die Konzeption des Monetarismus in Verbindung mit einem neoklassischen Wettbewerbsmodell – zwei Perspektiven, von denen sich Hayek im Verlauf seiner Karriere zunehmend entfernt hatte. Zweitens unterschieden sich beide in methodologischen Fragen. Während Hayek auf realitätsnahe Konzeptionen ökonomischer Prozesse bedacht war, deren ökonometrische Überprüfung aber skeptisch sah, war es bei Friedman genau umgekehrt. Er arbeitete nicht selten jenseits plausibler Realitätsbezüge mit eklektizistischen Modellen, deren Tragfähigkeit sich daran bemessen musste, ob die durch sie generierten Prognosen empirisch bestätigt werden konnten (Friedman 2008 [1953]). Drittens schließlich gab es – bei aller Nähe – auch gesellschafts- und wirtschaftspolitische Differenzen. In kritischer Reflexion des Laissez-faire nahm Hayek eher eine klassisch-neoliberale Position ein, während sich Friedman insgesamt sehr positiv auf die Konzeption des Laissez-faire bezog und in der Zurückweisung staatlicher Aktivitäten auch einige libertäre Elemente einstreute.[42]

3.4.4.1 Aufstieg eines marktradikalen öffentlichen Intellektuellen

Der Weg zu einem prominenten und politisch sehr einflussreichen Starökonomen war bei Friedman keineswegs vorgezeichnet (zur Biographie vgl. Ebenstein 2007; Spahn 2009; 282ff). Er wurde 1912 geboren und entstammte einer aus Ungarn kommenden jüdischen Auswandererfamilie. Der Vater brachte als kleiner Kaufmann die Familie gerade so über die Runden. Als 16-Jähriger nahm Friedman 1928 das Studium der Ökonomie und Mathematik auf. Er studierte zunächst an der Rutgers University (B.A.) und dann an der University of Chicago (M.A.), wo ihn Frank Knight [1885–1972] und Henry Simons [1899–1946] beeindruckten und er auch seine spätere Frau Rose [1910–2009] kennenlernte. Anschließend ging er zur Promotion zurück nach New York an die Columbia University, wo er eine Studie zu *Income from Independent Professional Practice* verfasste. Von 1941–43 arbeitete er im National Bureau of Economic Research (NBER) zu Fragen des automatischen Steuerabzugs – eine Beschäftigung, die er später als politischen Fehler betrachtete.

42 Friedman insgesamt als Theoretiker des Libertarianismus einzuordnen (hierzu tendiert Ebenstein 2007), würde allerdings zu weit führen. Er selbst hebt hervor, dass der „konsequente Liberale [...] kein Anarchist" ist (Friedman 2006 [1962]: 59), und spricht sich entsprechend – zum Ärger libertärer Theoretiker (Rothbard 2002) – für eine starke, den Kapitalismus stützende Rolle des Staates aus.

Nach dem Zweiten Weltkrieg war Friedman für 30 Jahre, von 1946 bis 1976, Professor an der University of Chicago. Er brachte sich dort in den Aufbau der Chicago School of Economics ein, arbeitete zur Konsumtheorie, zur Geldtheorie sowie zu Fragen der Geldpolitik und Beschäftigung. Seine Analysen waren, immer mit dem Hang zur Zuspitzung, teils theoretisch, teils empirisch angelegt. Er publizierte zahlreiche Aufsätze zur Begründung einer monetaristischen Wirtschaftstheorie. Über einen langen Zeitraum forschte er mit der Wirtschaftshistorikerin Anna Schwarz [1915–2012], mit der zusammen er auch eine vielbeachtete Studie zur monetären Geschichte der USA publizierte (Friedman/Schwartz 1963). Auch diese Studie befasste sich – in anti-keynesianischer Absicht – mit den Effekten der Geldmengenänderung auf die konjunkturelle Entwicklung. 1976, im Jahr seiner Pensionierung, erhielt Friedman den Nobel-Gedächtnispreis für Wirtschaftswissenschaften, blieb aber auch danach, nun an der Hoover Institution der Stanford University, akademisch aktiv.

Die wirtschaftswissenschaftlichen Publikationen haben Friedman zu einer prägenden Figur des marktradikalen Diskurses in den USA gemacht. Seine Rolle als öffentlicher Intellektueller umschließt darüber hinaus zahlreiche weitere Aktivitäten. Neben seinem Engagement in der MPS und der Beratung einiger, konservativer Regierungen – Richard Nixon, Ronald Reagan oder Margaret Thatcher – hat Friedman auch sehr öffentlichkeitswirksam agiert. Sein Buch *Kapitalismus und Freiheit* (Friedman 2006 [1962]) war ebenso ein Bestseller wie die populärwissenschaftliche Schrift *Free to Choose*, die er zusammen mit seiner Frau verfasst hatte (Friedman/Friedman 1980). Gemeinsam bestritt das Paar auch eine gleichnamige Fernsehserie zu den Vorzügen des Marktes. Außerdem war Friedman regelmäßiger Kolumnist der Newsweek. Er starb 2006 in San Francisco.

3.4.4.2 Elemente des Anti-Keynesianismus

Friedmans Forschungsstrategie und Argumentationsweise folgt einem interessanten Muster. Dieses besteht darin, dass er die von Keynes in die ökonomische Diskussion eingebrachten Konzepte aufgreift, sich mit ihnen kritisch auseinandersetzt, reformuliert und dabei die Keynes'sche *General Theory* auf eine Theorie des Sonderfalls zurückstuft, um gleichzeitig die Tragfähigkeit neoklassischer Konzepte neu zu begründen. Auf diesem Weg gelangt er zu einer mikroökonomischen Fundierung makroökonomischer Zusammenhänge (Spahn 2009: 287; Pies 2016: 267). Was dies genau bedeutet, soll mit Blick auf wichtige Bausteine der von Friedman entwickelten Theorie- und Analyseperspektive knapp illustriert werden.

Ein erster Baustein besteht darin, dass Friedman das (keynesianische) Konzept der Erwartungen explizit aufgreift. Er stellt jedoch in Frage, dass die Erwartungen auch irrationalen oder emotionalen Einflüssen unterliegen und unter Bedingungen einer strukturellen Unsicherheit entwickelt werden. Die von Keynes betrachteten Schwankungen und irrationalen Erwartungshaltungen mögen in spezifischen Krisensituationen gegeben sein, etwa Kriegen, Naturkatastrophen, dramatischen Finanzkrisen oder Epidemien. Für Friedman handelt es sich hierbei jedoch nicht um den Normalfall. Üblicherweise, vor allem in einer langfristigen Perspektive, handeln für ihn die ökonomischen Akteure durchaus rational. Die von Friedman entwickelten Überlegungen basieren in diesem Sinne auf einer Konzeption der „rationalen Erwartungen" (Hoover 1992), die – in der langen Frist und, wenn sich die Akteure hierüber klarwerden, letztlich auch kurzfristig – eine Rückkehr zu neoklassischen Modellen möglich macht.

Ein zweiter Baustein, der diese Orientierung an der langen Frist zum Ausdruck bringt, sind die Überlegungen zur Konsumtheorie. Im Unterschied zu Keynes, der den Konsum maßgeblich durch das effektive Einkommen – unter Berücksichtigung unerwarteter Entwicklungen und konjunktureller Schwankungen – bestimmt sah und gemäß der absoluten Einkommenshypothese davon ausging, dass der Anstieg des Konsums hinter dem des Einkommens zurückbleibt (Keynes 2017 [1936]: 92), nimmt Friedman (2008 [1957]) eine relative Konstanz der Konsumausgaben an. Er sieht diese Konstanz dadurch gegeben, dass rational planende Haushalte ihre Ausgaben intertemporal optimieren und an ihrem permanenten Einkommen ausrichten. Die mikroökonomische Begründung eines gesamtwirtschaftlich relativ konstanten Konsums setzt jedoch voraus, dass die Haushalte – z.B. durch eine makroökonomisch induzierte Arbeitslosigkeit – nicht zwangsweise vom Marktgeschehen ausgeschlossen werden.

Den dritten, wohl prominentesten Baustein bildet die von Friedman mit entwickelte und popularisierte Konzeption des Monetarismus.[43] Diese schließt an die Quantitätstheorie des Geldes an, gemäß der das Preisniveau einer Volkswirtschaft durch die Geldmenge und deren Umlaufgeschwindigkeit im Verhältnis zur gesamtwirtschaftlichen Wertschöpfung definiert ist. Friedman (1970: 202ff) betrachtet insbesondere die Geldnachfrage und sieht diese – wie die Nachfrage nach anderen Vermögensgütern, z.B. Wertpapieren oder Immobilien – maßgeblich durch die Entwicklung der Einkommen und der Kapitalmarktzinsen bestimmt. Wie für andere Monetarist*innen, so ist auch für ihn die Geldnachfrage sehr stabil, das Geldangebot – ungeachtet einer eher konstanten Um-

43 Der Begriff des Monetarismus wird vor allem mit Milton Friedman in Verbindung gebracht, stammt jedoch von Karl Brunner [1916–1998], der mit Allan H. Meltzer [1928–2017] an komplexeren monetaristischen Modellen gearbeitet hat (Bordo 2019).

laufgeschwindigkeit des Geldes – hingegen eher instabil (Screpanti/Zamagni 2005: 336 f). Die Geldpolitik der Zentralbanken ist für Friedman in zweierlei Hinsicht höchst relevant: Zum einen wirkt sie selbst unter der Bedingung einer keynesianischen Liquiditätsfalle, die den Kreislaufprozess unterbricht, unmittelbar stimulierend auf die Wirtschaftstätigkeit, da sie z.B. den Kauf langlebiger Konsumgüter, Immobilien oder Wertpapiere anregt. Zum anderen hat die Geldpolitik, so Friedman (1968: 12 ff), durchaus die Möglichkeit, die Instabilität des Geldangebots zu verhindern und dieses stabil zu halten, da die Umlaufgeschwindigkeit kaum variiert. Verzichtet die Zentralbank darauf, das Geldangebot stabil zu halten, droht eine ernsthafte ökonomische Krise; so geschehen – auch dies eine gegen Keynes gerichtete Interpretation der Weltwirtschaftskrise – Ende der 1920er Jahre, als die Federal Reserve in den USA auf die Geldvernichtung infolge zahlreicher Bankenzusammenbrüche nicht reagiert hatte (Friedman/Schwartz 1963: 299 ff; Friedman 1968: 3 f; Quellentext 10).

Quellentext 10: Geldpolitik in der Weltwirtschaftskrise

Von Juli 1929 bis März 1933 sank die Geldmenge in den Vereinigten Staaten um ein Drittel, über zwei Drittel dieser Abnahme erfolgte erst, nachdem England den Goldstandard verlassen hatte. Hätte man diese Verminderung der Geldmenge verhindert, wie es eindeutig möglich und richtig gewesen wäre, wäre die Rezession kürzer und leichter gewesen. Unter historischen Gesichtspunkten wäre sie vielleicht immer noch relativ schwer gewesen. Aber es ist buchstäblich undenkbar, dass innerhalb von vier Jahren die Geldeinkommen um über die Hälfte und die Preise um über ein Drittel gesunken wären, wenn nicht gleichzeitig die Geldmenge so abgenommen hätte. Ich kenne keine starke Depression in irgendeinem Land oder zu irgendeiner Zeit, die nicht von einer starken Abnahme der Geldmenge begleitet gewesen wäre, und ebenso kenne ich keine scharfe Abnahme der Geldmenge, die nicht von einer harten Depression begleitet gewesen wäre.

Weit davon entfernt, ein Zeichen für die dem System des freien Unternehmertums innewohnende Instabilität zu sein, ist die große Depression in den Vereinigten Staaten vielmehr ein Beweis dafür, wie viel Schaden durch die Fehler einiger weniger Männer angerichtet werden kann, wenn sie die ganze Macht über das Geldsystem eines Landes ausüben.

Quelle: Friedman (2006 [1962]: 73 f).

Die Empfehlung, dass sich – unabhängige und vor allem regelgebundene – Zentralbanken ganz darauf konzentrieren sollten, das Geldangebot stabil zu halten und mit der Entwicklung der Wertschöpfung stetig steigen zu lassen, wird noch durch einen vierten Baustein bestätigt. Dieser betrifft das Verhältnis von Inflation und Arbeitslosigkeit. Friedman wendet sich gegen die Konzeption der modifizierten Phillips-Kurve der neoklassischen Synthese, die einen Trade-off zwischen Inflation und Arbeitslosigkeit identifiziert hatte und in den 1960er und 1970er Jahren sehr einflussreich war. Er argumentiert, dass es so etwas wie eine „natürliche Rate" der Arbeitslosigkeit gibt (Friedman 1968: 9f; 1977: 458ff), die strukturellen Faktoren – etwa einem sektoralen Wandel, falsch ausgebildeten oder unzureichend mobilen Arbeitskräften – geschuldet ist und die durch eine expansive Geldpolitik nicht beseitigt werden kann. Diese wirkt – jenseits positiver kurzfristiger Beschäftigungseffekte – in erster Linie inflationstreibend, da die Tarifparteien die erwartete Inflation in ihre Lohnabschlüsse einpreisen. Sofern nicht gleichzeitig die Produktionskosten gesenkt werden, die Beschäftigten also eine Absenkung des Reallohns hinnehmen, steigt allein das Preisniveau. Die Arbeitslosigkeit bleibt hingegen bestehen.

All die skizzierten Bausteine laufen letztlich auf eine Rückkehr zur Neoklassik hinaus. Friedman re-etabliert die Trennung zwischen einer realwirtschaftlichen und monetären Sphäre und verteidigt die Annahme einer grundsätzlich neutralen Rolle des Geldes. Vor allem ist er davon überzeugt, dass das Marktsystem, wenn es politisch nicht gestört wird, langfristig zum Gleichgewicht tendiert und die Güterallokation höchst effizient koordiniert. Sollte es dennoch zu Krisen kommen, so sind diese in der Regel das Ergebnis externer Schocks und können zumeist der wirtschaftspolitischen Inkompetenz von Akteuren – z.B. Regierungen, Gewerkschaften oder Verbänden – zugeschrieben werden, die über Interventionen in das Marktgeschehen korrigierend eingreifen, die wirtschaftliche Entwicklung hierdurch aber stärker beeinträchtigen, als wenn sie sich zurückgehalten hätten.

3.4.4.3 Markt und Freiheit

Die ökonomietheoretischen Überlegungen Friedmans haben deutliche wirtschaftspolitische Konsequenzen: Diese verdichten sich einerseits in der Empfehlung einer stetigen, nicht durch politische Akteure instrumentalisierbaren Geldpolitik und andererseits in dem Verzicht auf eine aktive politische Intervention in die Ökonomie, mehr noch: einer umfassenden Entfesselung von Markt- und Wettbewerbsprozessen. Friedman hat als Ökonom an einer marktradikalen Begründung der Geld- und Wettbewerbspolitik gearbeitet. Als öffentlicher Intellektueller hat er sich überdies mit der Frage auseinandergesetzt, wie sich das Verhältnis von Individuum, Staat und Gesellschaft darstellen soll. Das Leitmotiv seiner Schrift *Kapitalismus und Freiheit* ist

> „die Rolle des wettbewerblich organisierten Kapitalismus – also die Organisation der ganzen Masse der wirtschaftlichen Aktivität durch private Unternehmen, die auf freien Märkten operieren – als eines Systems von wirtschaftlicher Freiheit und einer notwendigen Bedingung für politische Freiheit" (Friedman 2006 [1962]: 27).

Für Friedman ist klar:

> „Wirtschaftliche Freiheit als solche macht einen bedeutenden Teil der ganzen Freiheit aus. Betrachtet man sie als ein Mittel zum Zweck der politischen Freiheit, so sind die wirtschaftlichen Arrangements wichtig, weil sie einen Einfluss auf die Konzentration und die Verteilung der Macht ausüben. Die wirtschaftliche Organisationsform, die unmittelbar für wirtschaftliche Freiheit sorgt, nämlich der Wettbewerbs-Kapitalismus, sorgt auch für politische Freiheit, da sie die wirtschaftliche Macht von der politischen trennt und es dabei beiden Mächten ermöglicht, sich gegenseitig zu neutralisieren." (Friedman 2006 [1962]: 32)

Der Wettbewerbs-Kapitalismus bildet für Friedman also die ideale Wirtschaftsstruktur einer freien Gesellschaft. Er ist kein Garant der politischen Freiheit. Aber er stemmt sich der staatlichen Macht und Kontrolle entgegen und ermöglicht es den Individuen, die gegebenen ökonomischen und politischen Freiheiten zu nutzen. Damit dies so bleibt, sind zum einen alle Tendenzen der Monopolisierung, sowohl seitens der Unternehmen als auch der Gewerkschaften (Friedman 2006 [1962]: 149 f), zu unterbinden. Zum anderen soll sich der Staat, sofern er interventionistischen Praktiken der Monopolisierung Vorschub leistet, deutlich zurücknehmen. Friedman (2006 [1962]: 59 f) listet zahlreiche Felder einer aus seiner Sicht problematischen staatlichen Aktivität auf: die Preisstützung in der Landwirtschaft, Importsteuern und Exportrestriktionen, Zuteilungen von Ressourcen, Mietkontrollen, den gemeinnützigen Wohnungsbau, gesetzliche Mindestlöhne, die detaillierte Regulierung des Transport- oder Bankwesens, berufliche Lizenzen oder Zulassungen, die Kontrolle von Radio und Fernsehen, sozialpolitische Einzahlungsverpflichtungen, die Wehrpflicht, Gewinnerzielungsverbote im Bereich der öffentlichen Infrastruktur etc.[44]

---

44 Jenseits dieser Rückzugsagenda haben in der Öffentlichkeit weitere Vorschläge Friedmans Aufsehen erregt. Ein Vorschlag ist das Modell einer „negativen Einkommenssteuer", ge-

Die wirtschafts- und gesellschaftspolitischen Vorstellungen Friedmans erinnern nur auf den ersten Blick an die Überlegungen des Ordoliberalismus:

> „Eine Regierung, die für Ruhe und Ordnung sorgt, die die Eigentumsrechte definiert, die ein Instrument vorsieht, mit dem wir die Eigentumsrechte und andere Gesetze im Spiel der Wirtschaftskräfte ändern können, eine Regierung, die Kontroversen über die Auslegung der Gesetze entscheidet, die Einhaltung von Verträgen erzwingt, den Wettbewerb fördert, ein monetäres System schafft, sich für die Bekämpfung technischer Monopole und die Beseitigung ihrer Folgewirkungen einsetzt, wenn dies angebracht scheint, und die die private Wohlfahrt und die Familie bei der Fürsorge der Unzurechnungsfähigen [...] unterstützt – eine solche Regierung hat zweifellos eine Reihe wichtiger Funktionen zu erfüllen." (Friedman 2006 [1962]: 59)

Auf den zweiten Blick wird dann jedoch rasch klar, dass der materielle Unterbau staatlichen Handelns sehr eng gefasst und der Privatisierung überantwortet wird. So verbergen sich hinter den technischen Monopolen große Bereiche der öffentlichen Infrastruktur: Verkehrswege, Post und Telekommunikation, Wasser- und Energieversorgung etc., also Bereiche der Daseinsvorsorge, die von vielen Ordoliberalen – zumindest lange Zeit – als schützenswert betrachtet worden sind.

3.4.5 Neoliberale Hegemonie: Genese, Effekte und Kritik

Obwohl sich die skizzierten Perspektiven und Ideen des Neoliberalismus bereits seit den 1930er Jahren – auf unterschiedlichen Pfaden – herausgebildet haben, kann von einer neoliberalen Hegemonie allenfalls seit den späten 1970er, frühen 1980er Jahren die Rede sein. Dies steht im Kontrast zur weitverbreiteten These, dass die ordoliberale Perspektive bereits in den 1950er Jahren für das deutsche Modell der „Sozialen Marktwirtschaft" sehr prägend gewesen ist. Diese Einschätzung ist insofern zutreffend, als sich vermittelt über Alfred Müller-Armack [1901–1978] und Ludwig Erhard [1897–1977] einige ordoliberale Ideen – vor allem die Idee der Monopolkontrolle durch das Bundeskartellamt und die stabilitätsorientierte Geldpolitik einer autonomen Zentralbank – in der Wirtschaftspolitik der frühen Bundesrepublik niederschlugen. Zugleich gilt es aber zu berücksichtigen, dass sich wichtige Elemente des deutschen Kapitalismusmo-

---

mäß dem die Wohlhabenden progressiv besteuert, die Armen – bei Wegfall sonstiger Sozialleistungen – spiegelbildlich subventioniert werden. Ein anderer Vorschlag ist das Konzept von Bildungsgutscheinen, das es den Individuen erlaubt, im Laufe ihres Lebens nach ihrem jeweiligen Bedarf – private – Bildungsleistungen in Anspruch zu nehmen.

dells – die Überkreuzverflechtung der Unternehmen, die ausgeprägte Exportorientierung, das Hausbankenmodell, das duale Ausbildungssystem, die Arbeitnehmer-Mitbestimmung in den Betrieben und Aufsichtsräten, der Sozialversicherungsstaat, die Komponenten einer korporatistischen Interessenvermittlung oder auch die Elemente einer verdeckten Industrie- und Strukturpolitik (Simonis 1998) – jenseits ordoliberaler Konzepte ausgebildet hatten oder diesen zum Teil sogar zuwider liefen.

Dies ist nicht so zu interpretieren, dass der Ordoliberalismus in der deutschen wirtschaftspolitischen Praxis bedeutungslos war. Wie in den meisten anderen Gesellschaften der OECD-Welt stand er jedoch bis in die 1970er Jahre im Schatten keynesianischer Konzepte. Dies änderte sich allerdings, als sich die Bundesbank unter den Bedingungen der „Stagflation" ordoliberal-monetaristischen Ideen zuwandte. Ihre restriktive Geldpolitik führte eine Stabilisierungskrise herbei und zwang die sozialliberale Koalition, auf eine angebotsorientierte Strategie umzuschwenken; ein Kursschwenk, der in den 1980er Jahren intensiviert und im Kontext der europäischen Integration – gestützt auf das Europäische Währungssystem (EWS), das EG-Binnenmarkt-Projekt und die Wirtschafts- und Währungsunion (WWU) – verstetigt wurde. Heute sind im geld-, wirtschafts- und wettbewerbspolitischen Design der Europäischen Union einige ordoliberale Elemente erkennbar (Ryner 2015), wenngleich andere Politikfelder – z.B. die Industrie- und Strukturpolitik oder die Agrar- und Umweltpolitik – nach wie vor weniger marktliberal ausgerichtet sind.

Wenn die politische Relevanz der ordoliberalen Perspektive häufig unterschätzt wird, so liegt dies vermutlich auch mit daran, dass innerhalb des neoliberalen Diskurses die „evolutorische" und „liberal-marktradikale" Perspektive von Hayek und Friedman – mit den daran anschließenden Theoretiker*innen – in den 1980er und 1990er Jahre relativ an Bedeutung gewannen (Harvey 2005). Die Ideen Hayeks und Friedmans hatten unmittelbaren Einfluss auf Thatcher in Großbritannien und Reagan in den USA (Cockett 1995: 171 ff). Die Ideen trugen auch mit dazu bei, internationale wirtschaftspolitische Übereinkommen und die Geldpolitik einer unmittelbaren politischen Einflussnahme zu entziehen. Sie flossen ein in die Strukturanpassungspolitik, durch die der Internationale Währungsfonds und die Weltbank seit der Schuldenkrise Anfang der 1980er Jahre die Reorganisation vieler Länder des globalen Südens im Sinne des sog. „Washington Konsensus" vorantrieben (Bieling 2011a: 213 ff). Und sie schlugen sich auch nieder in den Schock-Therapien, mit Hilfe derer nach dem Zusammenbruch des „Realsozialismus" in den 1990er Jahren eine radikale Transformation der Ökonomien und Gesellschaften Mittel- und Osteuropas eingeleitet wurde. Überhaupt entsprachen die Privatisierungswellen,[45] die fast überall auf der Welt in dieser Zeit durchgeführt wurden, den von Hayek und Friedman entwickelten Konzeptionen. Dies hat auch zur Folge, dass mit dem Begriff des Neoliberalismus häufig gar nicht die ursprünglichen Initiatoren des Begriffs – die deutschen Ordoliberalen um Alexander Rüstow –, sondern die marktradikalen Theoretiker im anglo-amerikanischen Raum bezeichnet werden, die sich gegen den Neoliberalismus-Begriff eher gesperrt hatten.

Von einer Hegemonie neoliberaler Strategien kann für die 1980er und 1990er Jahre gesprochen werden. Danach mehrten sich jedoch die ökonomischen und gesellschaftlichen Krisenphänomene. Ökonomisch brachte die Weltfinanzkrise von 2007–08 die Instabilität von marktliberal oder sogar marktradikal organisierten Kapitalismusmodellen nachdrücklich in Erinnerung; und gesellschaftlich schwand im Zeichen vielfältiger Krisen – Klimakrise, Krise der Geschlechterverhältnisse, Migrationskrise, Demokratiekrise etc. – das Vertrauen, diese Krisen mit Hilfe marktradikaler Konzepte bewältigen zu können. Entsprechend lässt sich in der letzten Dekade eine partielle Zurückweisung und Korrektur neoliberaler Strategien beobachten – zumal in einigen erfolgreichen Schwellenländern, allen voran China, ein staatskapitalistischer Entwicklungspfad eingeschlagen wurde, der inzwischen auf viele andere Länder ausstrahlt. Trotz der Erschütterung der neoliberalen Hegemonie wäre es jedoch überzogen, von einem durchgreifenden Strategieschwenk zu sprechen (Crouch 2011). Dies liegt zum einen daran, dass sich die neoliberalen Konzepte durch die Reformpolitik der vergangenen Jahrzehnte in die bestehenden Kapitalismusmodelle eingeschrieben haben und – eingefordert von einflussreichen transnationalen Konzernen und ihren Think Tanks – modifiziert fortgesetzt werden; und zum anderen sind die verschiedenen Facetten des hier vorgestellten neoliberalen Denkens in der Öffentlichkeit – in einigen Parteien oder in den Wirtschaftsteilen vieler Zeitschriften – wie auch in der wirtschaftswissenschaftlichen Fachdiskussion, d.h. in akademischen Journals und universitären Curricula, nach wie vor stark verankert.

45 Zumeist ging es hierbei zunächst um die Privatisierung von Industrieunternehmen. Dann rückten vermehrt Dienstleistungsunternehmen im Bereich der netzgebundenen Infrastruktur oder des Banken- und Versicherungswesens in den Blick. Zuletzt geht es auch häufig um die Privatisierung sozial- und bildungspolitisch relevanter Sektoren, z.B. Wohnungen, Schulen, Krankenhäuser etc.

4. Globale Umbrüche und gesellschaftliche Produktions- und Reproduktionskonflikte

Die zuletzt diskutierten politökonomischen Theorien und Empfehlungen konzentrierten sich darauf, die Ursachen der Instabilität zu Beginn des 20. Jahrhunderts zu begreifen und daraus Schlussfolgerungen für die nachfolgende Entwicklungskonstellation zu ziehen. Diese wird – sofern sich der Blick auf die Welt der OECD-Staaten richtet – häufig als Fordismus bezeichnet. Der fordistische Kapitalismus war durch folgende Merkmale gekennzeichnet: die wissenschaftliche Effektivierung der betrieblichen Arbeitsteilung (Taylorismus), die Massenproduktion langlebiger Konsumgüter wie Autos, Radios, Fernseher, Kühlschränke oder Waschmaschinen; steigende Reallöhne und Sozialleistungen; die Ausweitung des Massenkonsums aller sozialen Klassen; und die politische Stützung des hiermit verbundenen Wirtschaftswachstums durch wohlfahrtsstaatliche Arrangements und Formen einer keynesianisch geprägten Staatsintervention. Die aufgeführten Merkmale führten keineswegs zu einer Gleichförmigkeit des Kapitalismus, sondern wurden in den nationalen Gesellschaftsmodellen – bei zahlreichen Abweichungen und Besonderheiten – jeweils spezifisch organisiert.

Fordismuskrise

In den 1970er Jahren gerieten die fordistischen Kapitalismusmodelle in eine strukturelle Krise. Über die Ursachen, Verlaufsformen und Konsequenzen dieser Krise ist in der politökonomischen Forschung lange und intensiv diskutiert worden. An dieser Stelle kann die weitverzweigte, zuweilen auch sehr spezielle Diskussion nicht detailliert rekapituliert werden. Hier sollen nur drei zentrale Dimensionen genannt werden, die ab Ende der 1960er, Anfang der 1970er die Fordismuskrise herbeigeführt und ihren Verlauf beeinflusst haben:

(1) Zunächst hatte die Krise eine starke ökonomische Komponente. Diese kam darin zum Ausdruck, dass die Produktivitätspotenziale der tayloristischen Arbeitsorganisation allmählich aufgezehrt waren. Der Produktionsprozess ließ sich an vielen Stellen nicht mehr weiter zergliedern, ohne zugleich kontraproduktive Effekte hervorzurufen. Der Einförmigkeit, Entfremdung und Dequalifizierung, die die fordistische Produktion für große Teile der Beschäftigten mit sich brachte, begegneten die Belegschaften vermehrt mit Sabotage, Absentismus, Protest oder Streiks. Sie drängten zugleich auf deutliche Lohnsteigerungen, so

dass die Inflation anstieg, sich zugleich aber auch die Macht- und Verteilungsverhältnisse zwischen Kapital und Arbeit – vorübergehend – zugunsten der abhängig Beschäftigten verschoben; eine Entwicklung, die in der politökonomischen Diskussion als „profit squeeze“, als eine lohnverursachte Profitklemme bezeichnet wurde (Marglin/Schor 1991). In Ergänzung zur nachlassenden Produktivitätssteigerung und zur Profitklemme richtet sich zuweilen der Blick auch auf die Überproduktion oder Überakkumulation des Kapitals. Diese These macht darauf aufmerksam, dass die Prozesse der „Durchkapitalisierung“ unter den damaligen Bedingungen an Grenzen stießen. Dem anlagesuchenden Kapital fiel es oft schwer, neue Produkte und Produktionsformen zu entwickeln und passende Absatzmärkte zu erschließen.

(2) Eine zweite Dimension der Fordismuskrise bestand in einem Wandel der internationalen Kooperationsformen. Diese waren in der Nachkriegszeit – in der westlichen Hemisphäre – sehr stark durch die US-Hegemonie und die Operationsweise des Bretton Woods-Systems bestimmt gewesen. Innerhalb dieses relativ stabilen Systems, das auf begrenzt anpassungsfähigen Wechselkursen beruhte – die teilnehmenden Währungen waren an den US-Dollar und dieser wiederum an das Gold gebunden –, konnte sich der grenzüberschreitende Handel gut entfalten. Gegen Ende der 1960er Jahre geriet das Bretton Woods-System jedoch unter Druck. In dem Maße, wie die kapitalistischen Modelle in Westeuropa und Asien gegenüber den USA aufholten und das Volumen international zirkulierender Dollar anwuchs, schienen die Goldbindung des Dollars und die festen Wechselkurse nicht mehr haltbar. Anfang der 1970er Jahre wurde das „Bretton-Woods-System“ aufgelöst. Es erfolgte der Übergang zu flexiblen Wechselkursen. Hiermit verbunden war eine internationale Währungskonkurrenz, da zugleich auch die Märkte für Dienstleistungen und Kapital schrittweise liberalisiert wurden. Die Regierungen und Finanzplätze traten in einen Wettlauf ein und versuchten, möglichst günstige Bedingungen für anlagesuchendes Finanzkapital zu schaffen (Helleiner 1994: 123 ff).

(3) Eine weitere Krisenkomponente bestand darin, dass sich in vielen Gesellschaften neue soziale Bewegungen formierten, die gegen politisch-kulturelle und ökologische Aspekte der fordistischen Produktions- und Lebensweise opponierten (Roth/Rucht 2002). Wichtige Bewegungen waren: die Friedensbewegung, die sich vor dem Hintergrund des Vietnam-Kriegs formierte; eine neue, stärker studentisch geprägte Welle der Frauenbewegung, die für mehr Gleichheit und die Emanzipation der Geschlechter eintrat; eine Demokratiebewegung, die eine aktive Partizipation und Mitbestimmung in allen gesellschaftlichen Bereichen – von den Betrieben über die Universitäten bis in die unterschiedlichs-

ten Bereiche der Zivilgesellschaft hinein – einforderte; und nicht zuletzt eine Ökologiebewegung, die stimuliert durch den Club of Rome-Bericht über die „Grenzen des Wachstums" (Meadows et al. 1972) die Zerstörung der Natur durch eine ressourcenintensive Lebensweise problematisierte. Diese und andere Bewegungen erzeugten in den 1970er Jahren in den meisten Gesellschaften der OECD-Welt eine Aufbruchsstimmung und rüttelten das soziale Gefüge ordentlich durcheinander. Vermittelt über zahlreiche öffentliche Auseinandersetzungen kristallisierte sich – politökonomisch betrachtet – gegen Ende der Dekade jedoch eine neue Entwicklungskonstellation heraus, deren hegemoniale Strukturen häufig als neoliberal charakterisiert werden.

Globalisierung und neoliberale Hegemonie

Die diversen Elemente der veränderten Entwicklungskonstellation lassen sich im Unterschied zur fordistischen Ära nicht so leicht auf den Begriff bringen. Seit den 1980er Jahren gab es zahlreiche Zeitdiagnosen – z.B. „Postfordismus", „reflexive Moderne", „High-Tech-Kapitalismus" oder „Finanzmarktkapitalismus" –, die wichtige Aspekte der neuen Konstellation thematisierten, sich in der wissenschaftlichen Diskussion aber nicht eindeutig oder dauerhaft durchsetzen konnten. Gleichwohl waren schon damals die zentralen Umbrüche und Tendenzen erkennbar, die bis heute anhalten oder nachwirken. Nach Stuart Hall (1989b: 413f) waren dies

> „ein wachsendes Gewicht der neuen ‚Informationstechnologien'; flexiblere, dezentrale Formen des Beschäftigungsprozesses und der Arbeitsorganisation; der Niedergang der alten industriellen Basis und das Wachstum der neuen, computergestützten ‚sunrise'-Industrien; das Auslagern von Funktionen und Dienstleistungen oder ihre Delegation an Vertragsfirmen; eine stärkere Betonung der Auswahl und der Produktvielfalt, von Marketing, Verpackung und Design, eine ‚Zielansprache' auf die Verbraucher, die sich eher an Lebensstil, Geschmack und Kultur als an den Klassenmerkmalen der amtlichen Statistik orientiert; ein Rückgang des Anteils der männlichen Facharbeiter an der Arbeiterklasse bei gleichzeitiger Zunahme der Dienstleistungs- und white-collar-Beschäftigten, eine ‚Feminisierung' des Arbeitskräftepotentials; eine Wirtschaft, die von den Multis mit ihrer internationalen Arbeitsteilung und ihrer größeren Autonomie gegenüber nationalstaatlicher Kontrolle dominiert wird; die ‚Globalisierung' der neuen Finanzmärkte, die durch die Revolutionierung der Kommunikationsmittel miteinander verbunden sind; schließlich neue Formen der räumlichen Organisation sozialer Prozesse."

Im Laufe der 1990er Jahre rückten in der wirtschafts- und sozialwissenschaftlichen Diskussion vor allem die Prozesse der Globalisierung und die mit der Globalisierung korrespondierenden, neoliberal geprägten Organisationsformen der Ökonomie, Politik und Gesellschaft in den Fokus. Allgemein handelt es sich bei der Globalisierung um einen Prozess der Verdichtung von Raum-Zeit-Beziehungen (Harvey 1990; Giddens 2001). Vormals separate oder nur lose miteinander verknüpfte Handlungsräume werden durch die Beschleunigung grenzüberschreitender Interaktionen miteinander verflochten. Diese Entwicklung ist keineswegs vollkommen neu. Sie hat seit den 1980er Jahren aber insofern eine neue Qualität erhalten, als sich die Globalisierung nicht mehr nur auf den Handel mit Waren stützte, sondern in wachsendem Maße auch Dienstleistungen, den internationalen Kapitalverkehr – Kredite, Direkt- und Portfolioinvestitionen – und auch die Arbeitsmärkte miteinschloss.

Die politischen Akteure haben diese Entwicklung, vor allem dann, wenn sie neoliberal orientiert waren, aktiv gefördert: durch die Verankerung einer erweiterten Liberalisierungsagenda in der Welthandelsorganisation, durch regionale Integrationsprojekte, durch zahlreiche bilaterale Handels- und Investitionsabkommen, durch die Reorganisation – Liberalisierung, Deregulierung und Privatisierung – des öffentlichen Sektors, durch eine veränderte, stärker auf den Markt und Wettbewerb zugeschnittene Operationsweise staatlicher Institutionen und durch die Förderung öffentlicher Diskurse, die in einer markt- bis neoliberal gestalteten Globalisierung nicht das Problem, sondern die Antwort auf drängende gesellschaftliche Probleme sahen.

In der Folge des Zusammenbruchs und der Transformation der vormals „realsozialistischen" Gesellschaften in Mittel- und Osteuropa erhielt die Globalisierung nochmals einen kräftigen Schub. In vielen Ländern erfolgte die Transformation gemäß den Empfehlungen der sog. „Schock-Therapie". Die Privatisierung der Unternehmen, die Deregulierung der Märkte und die Freigabe möglichst aller Preise wurden sehr rasch und gleichzeitig umgesetzt. Dieser Prozess erzeugte in den betroffenen Staaten tiefe ökonomische und gesellschaftliche Krisen, öffnete die Märkte zugleich aber für ausländische Anleger*innen und Investor*innen. Mit einer gewissen Zeitverzögerung kam es zu einer Durchkapitalisierung, die sich auf den ersten Blick als Bestätigung der von Francis Fukuyama (1989) bereits unmittelbar nach dem Zusammenbruch des Realsozialismus vertretenen These vom „Ende der Geschichte" interpretieren lässt. Mit dieser These war die Erwartung verbunden, dass sich das westliche Modell der liberalen Demokratie und Marktwirtschaft weltweit als alternativlos durchsetzen wird.

Diese Einschätzung war von Beginn an – wissenschaftlich und politisch – sehr umstritten. Die grundlegenden Weichen schienen jedoch gestellt. So kam es in vielen Weltregionen – in Afrika und Asien – zu einer neuen Welle der Demokratisierung; und auch die Etablierung kapitalistischer, vielfach markt- oder neoliberal ausgerichteter Wirtschafts- und Gesellschaftssysteme deutete darauf hin, dass sich Fukuyamas These in mittel- und langfristiger Perspektive bestätigen könnte. Seit einiger Zeit ist jedoch Ernüchterung eingekehrt. Nicht nur in den öffentlichen und wissenschaftlichen Debatten, auch seitens der politischen Entscheidungsträger*innen wird vermehrt darüber reflektiert, dass der von den USA und der Europäischen Union befürwortete Pfad der kapitalistischen Entwicklung und Globalisierung systematisch Widerstände und Krisen erzeugt, die mit Hilfe der bisher angewendeten Instrumente nur bedingt zu überwinden oder zu bewältigen sind.

Machtverhältnisse und Krisenprozesse

Grundsätzlich sind Widerstände, politische Konflikte und Krisen kein neues Phänomen. Sie sind, wie es die bisher diskutierten Konzeptionen deutlich gemacht haben, der kapitalistischen Entwicklung strukturell eingeschrieben. Unter den Bedingungen des globalisierten Kapitalismus scheinen sie jedoch ihren Charakter und ihre Qualität zu ändern. Dies ist auch darauf zurückzuführen, dass die Prozesse einer „neuen Landnahme“ (Dörre 2009), d.h. die Globalisierung und die durch die Finanzmärkte forcierte Erschließung nicht kapitalisierter Sphären, nicht mehr allein, vielleicht nicht einmal in erster Linie durch das alte, transatlantische Machtzentrum, also die USA und die Europäische Union organisiert werden. In den letzten Jahrzehnten hat sich die wirtschaftliche Entwicklungsdynamik zunehmend nach Asien verschoben.

Vor allem China operiert inzwischen als eine wichtige Kraft der Globalisierung. Die Grundlage hierfür bildet ein außergewöhnliches – sehr hohes, langanhaltendes und stetiges – Wachstum von Produktivität und Wirtschaftsleistung und eine gleichzeitig sehr intensive Einbindung in die globalen Wertschöpfungsketten. China steht dabei für ein entwicklungsstaatliches Kapitalismusmodell, was impliziert, dass die staatlichen Apparate die Formen der internationalen Einbindung gezielt steuern und kontrollieren. Mehr noch, der chinesische Staat ist – wie andere Staaten der BRICS-Gruppe, d.h. Brasilien, Russland, Indien, China und Südafrika – auch sehr stark in der Süd-Süd-Kooperation engagiert (Schmalz 2018). Was den Handel, die Finanzbeziehungen und die Direktinvestitionen betrifft, sind entsprechend neue Institutionen, Regime und Standards generiert worden, die einer markt- oder neoliberalen Logik der Globalisierung zuwiderlaufen. Die transatlantischen Mächte betrachten die chinesischen Aktivitäten daher mit einer erheblichen Skepsis, mitunter Feindseligkeit. Auf andere Länder des globalen Südens strahlt das chinesische Modell – wenn auch nicht ohne Vorbehalte – hingegen aus.

Die hier nur sehr knapp angedeuteten Entwicklungen sind vor allem Gegenstand der Vergleichenden und Internationalen Politischen Ökonomie. Die politökonomische Diskussion insgesamt befasst sich in der jüngeren Zeit mit den vielfältigen Krisen und Konflikten, die durch die beschleunigte Globalisierung, das wachsende Gewicht der Finanzmärkte, die neue Bedeutung der Informations- und Kommunikationstechnologien oder auch durch die ressourcenintensive Produktions- und Lebensweise erzeugt werden. Der Blick richtet sich hierbei nach wie vor auch auf die Produktion, d.h. auf die Konflikte, die durch die Reorganisation der Arbeitswelt und der Beschäftigungsverhältnisse – die zunehmende Prekarisierung, insbesondere in der Plattformökonomie – hervorgerufen werden. Darüber hinaus gilt das Forschungsinteresse nach der Weltfinanzkrise von 2007–09 (Tooze 2018) aber auch verstärkt den Finanzmärkten und deren Krisendynamiken.

Die Weltfinanzkrise hat eine ganze Kaskade von Krisen in Gang gesetzt und viele bereits bestehende Krisen verstärkt. Einige sprechen daher auch von der „multiplen Krise" oder „VielfachKrise" (Demirovic et al. 2011). So kam es infolge der gestiegenen Staatsverschuldung in vielen Ländern zu einer harten Austeritätspolitik – einer Strategie der Haushaltskonsolidierung durch Ausgabenkürzungen anstatt durch Wirtschaftswachstum und Steuermehreinnahmen –, die von einer Krise der sozialen Sicherungssysteme und letztlich auch der politischen Legitimation begleitet wurde (Bieling/Buhr 2015). Der von Colin Crouch (2008) bereits zuvor diagnostizierte Übergang in die „Postdemokratie", gekennzeichnet durch den Rückzug der Massen aus der Politik, wurde auf diese Weise zugespitzt, zugleich aber auch durch ein Aufleben der Anti-Globalisierungsproteste modifiziert. Die Kritik an der Globalisierung richtete sich in einigen hochverschuldeten Ländern vor allem gegen die Macht internationaler oder supranationaler Institutionen und die durch diese repräsentierten Gläubiger*innen. In anderen Ländern trug hingegen in erster Linie die Krise des europäischen Grenz- und Migrationsregimes dazu bei, rechtspopulistische Parteien und Bewegungen zu stärken und die öffentlichen Diskurse nationalistisch und wohlfahrtschauvinistisch aufzuladen (Ennser-Jedenastik 2018).

Die hier angesprochene Krisenverlagerung impliziert, dass einige der jüngeren Krisen und Konflikte nicht mehr unmittelbar die Produktions-, sondern die Reproduktionssphäre betreffen. Schon in den 1980er Jahren haben die neuen sozialen Bewegungen, allen voran die Umwelt- und die Frauenbewegung, diese Verlagerung zum Ausdruck gebracht. Ein zeitgemäßes Verständnis von Politischer Ökonomie kommt nicht umhin, die Reproduktionssphäre – den Haushalt, die Nachbarschaft, die öffentlichen Infrastrukturen wie auch die Mensch-Natur-Beziehungen – in die Analyse mit einzubeziehen. Die Relevanz funktionsfähiger öffentlicher Infrastrukturen ist in der Corona-Pandemie wiederholt diskutiert worden; und auch die Klimakrise hat nachdrücklich in Erinnerung gerufen, dass es heute darum geht, die negativen externen Effekte der bestehenden Produktions- und Lebensweise kritisch zu reflektieren und möglichst zu korrigieren (Brand/Wissen 2017; Lessenich 2016). Die meisten der nachfolgend vorgestellten und diskutierten Konzeptionen leisten hierzu insofern einen Beitrag, als sie einige der skizzierten Themen und Krisendynamiken aufgreifen und dabei auch die Prozesse der Reproduktion theoretisch konzeptualisieren.

4.1 Varianten des Kapitalismus: Die „Varieties of Capitalism"-Debatte und die französische Regulationsschule

Die vergleichende Kapitalismusanalyse befasst sich mit den Besonderheiten, d.h. den grundlegenden Strukturen, institutionellen Arrangements und kulturellen Orientierungen spezifischer ökonomischer Entwicklungsmodelle. Sie ist kein neuer Forschungszweig, sondern stellte schon in früheren Zeiten einen wichtigen Strang der Kapitalismusdiskussion dar. So hatten bereits Werner Sombart [1863–1941] und Max Weber [1864–1920] vergleichende Überlegungen in ihre Betrachtungen mit einbezogen. Später folgten weitere Studien: Andrew Shonfield [1917–1981] untersuchte die jeweils spezifischen nationalen Stile der wirtschaftspolitischen Intervention in Großbritannien, Deutschland, Frankreich und Schweden (Shonfield 1966); John Zysman [1946*] gelangte zu einer idealtypischen Unterscheidung zwischen einem „state-led capitalism", einem „market-led capitalism" und einem „negotiated" bzw. „managed capitalism"; Michael Porter [1947*] konzeptualisierte die bestehenden institutionellen Gestaltungs- und Innovationspotenziale als zentralen Faktor einer verbesserten internationalen Wettbewerbsfähigkeit von Unternehmen, Industrie-Clustern und ganzen Volkswirtschaften; und Gøsta Esping-Andersen [1947*] legte dar, dass der Kapitalismus in der OECD-Welt – unter dem Einfluss der Machtressourcen und Bündnisstrategien der Arbeiter*innenklasse, kulturellen und rechtlichen Traditionen sowie damit etablierter institutioneller Pfadabhängigkeiten – durch spezifische wohlfahrtsstaatliche Arrangements gekennzeichnet ist. In Ergänzung zu diesen Studien gab und gibt es zahlreiche Konzeptionen aus dem Bereich der Industriellen Beziehungen, nicht zuletzt der Neo-Korporatismus-Forschung, die

die Operationsweise des Kapitalismus ebenfalls durch die bestehenden institutionellen Arrangements geprägt sehen.

Viele der in diesen Untersuchungen entfalteten Überlegungen sind für die jüngere vergleichende Kapitalismus-Diskussion noch immer relevant. Zugleich sind allerdings die Impulse der vergleichenden Diskussion in einem veränderten politökonomischen Kontext zu verorten. So haben sich die Bedingungen und Formen der kapitalistischen Entwicklung durch die tiefen Umbrüche seit den 1970er Jahren – die Fordismuskrise, die Anwendung neuer Technologien und Produktionsmethoden, die beschleunigte Globalisierung und die wettbewerbsorientierte Reorganisation der Arbeitsmärkte und Sozialsysteme – deutlich verändert. In den nachfolgend diskutierten Beiträgen zur vergleichenden Kapitalismusanalyse ist dies gut erkennbar. Schon Michel Albert [1930–2015] hatte in seiner Schrift *Kapitalismus contra Kapitalismus* (Albert 1992) nachdrücklich darauf hingewiesen, dass trotz der forcierten Globalisierung unterschiedliche Kapitalismusmodelle fortbestehen und auf eine neue Weise miteinander konkurrieren. Der von Peter Hall [1950*] und David Soskice [1942*] entwickelte Varieties of Capitalism-Ansatz (VoC) greift diesen Impuls auf, setzt zugleich aber spezifische Akzente, die das Kapitalismusverständnis wie auch die Zeitdiagnose betreffen (Hall/Soskice 2001a). Im Schatten dieser institutionalistisch ausgerichteten Diskussion hatte sich zuvor mit der französischen Regulationsschule bereits ein ebenfalls komparativ angelegter Ansatz entwickelt, der aufgrund seiner makroökonomischen und gesellschaftstheoretischen Überlegungen deutlicher eine kritische politökonomische Perspektive einnimmt. So weisen die nachfolgend diskutierten konzeptionellen Entwürfe einige Besonderheiten auf, die sich aus den älteren Perspektiven nicht unmittelbar herleiten lassen.

4.1.1 Michel Albert und der „rheinische Kapitalismus"

Die vergleichende Kapitalismus-Diskussion profilierte sich zu Beginn der 1990er Jahre gegenüber einer sehr einfachen, genauer: eindimensionalen Lesart der Globalisierung. Sie positionierte sich gegen die von Fukuyama (1989) vorgebrachte These vom „Ende der Geschichte", also gegen das Vertrauen in den unaufhaltsamen Siegeszug von liberaler Marktwirtschaft und Demokratie. Sie problematisierte insbesondere die Annahme, dass sich die kapitalistischen Strukturen unter den Bedingungen der Globalisierung mehr und mehr angleichen würden (für eine spätere Zuspitzung dieser Auffassung vgl. Friedman 2006). Die Gegenposition lautete entsprechend, dass sich die nationalen Kapitalismusmodelle aufgrund ihrer institutionellen Strukturen und Pfadabhängigkeiten nach wie vor reproduzieren würden, nun allerdings unter den Bedingungen einer fortgeschrittenen Globalisierung.

Für genau diesen Sachverhalt interessierte sich zu Beginn der 1990er Jahre auch Michel Albert. Er positionierte sich allerdings nicht als Wissenschaftler, sondern als politischer Publizist und einflussreicher Repräsentant der französischen ökonomisch-administrativen Elite. Albert wurde 1930 in Fontenay-le-Comte geboren, studierte in den 1950er Jahren an der Elitehochschule Sciences Po in Paris und arbeitete ab 1956 im staatlichen Dienst als Finanzinspektor. Schon in den 1960er Jahre war er publizistisch aktiv. Von 1978–81 war er Leiter des Commissariat général du Plan, bevor er 1982 in die Versicherungswirtschaft wechselte. In seiner Zeit als Präsident der französischen Versicherungsgesellschaft Assurances Générales des France (1982–1994) verfasste Albert seine Überlegungen zu den unterschiedlichen Ausprägungen des zeitgenössischen Kapitalismus. Von 1994–2003 fungierte er als Mitglied des geldpolitischen Rates der französischen Nationalbank.

Mit der Schrift *Kapitalismus contra Kapitalismus*, d.h. der offensichtlichen Abgrenzung gegenüber einer harmonistischen Globalisierungsperspektive, trifft Albert (1992) einen Nerv der damaligen politökonomischen Kontroversen. Er unterscheidet zwei Idealtypen: Den einen Typus bildet für ihn der „rheinische Kapitalismus“. Dieser stützt sich auf ein konsensbasiertes Gefüge institutioneller Kooperation, langfristige Unternehmensstrategien und einen korporatistisch vermittelten Ausgleich der entgegengesetzten Interessen von Gewerkschaften und Arbeitgeberverbänden. Im Unterschied hierzu ist der „neo-amerikanische Kapitalismus“ stärker marktbasiert und individualistisch ausgerichtet und legt ein größeres Gewicht auf kurzfristige Unternehmensinteressen zur Profitmaximierung. Albert (1992: 13 ff) verdeutlicht die unterschiedliche Operationsweise der beiden Kapitalismusmodelle dadurch, dass er ihren jeweiligen Umgang mit großen Herausforderungen diskutiert: mit Fragen der Einwanderung, der Bewältigung von Armut, dem Verhältnis von sozialer Sicherheit und wirtschaftlicher Entwicklung, großen oder geringen Einkommenshierarchien, der steuerpolitischen Förderung von Sparen oder Verschuldung, der Bedeutung von Regulierungen und rechtlichen Streitigkeiten, dem Stellenwert von Kredit- und Aktienmärkten, der Macht von Manager*innen und Aktionär*innen, der Organisation von Erziehung und Ausbildung sowie der Operationsweise von Versicherungen. Ein wichtiges Differenzkriterium ist für ihn dabei, dass sich die Rolle des Marktes, des Staates und die Bereitstellung einer funktionsfähigen öffentlichen Infrastruktur, also von Wohnungen, öffentlichem Nahverkehr, Bildung und Gesundheit, in beiden Modellen sehr verschieden darstellt (Albert 1992: 105 ff).

Auf der Grundlage einer breiten empirischen Bestandsaufnahme gelangt Albert letztlich zu einer paradoxen Zeitdiagnose. So ist für ihn der „rheinische Kapitalismus" unter sozialen und wirtschaftlichen Gesichtspunkten – einem umfassenden Wohlfahrtsstaat, Formen des sozialen Ausgleichs und einer hohen wirtschaftlichen Leistungsfähigkeit, d.h. einer hohen Produktivität und positiven Leistungsbilanzen – dem „neo-amerikanischen" Modell zwar überlegen, wird sich in der Konkurrenz mit diesem letztlich aber dennoch nicht behaupten können. Er führt dies vor allem auf die dynamische Entwicklung der Finanzmärkte im „neo-amerikanischen" Modell zurück. Dieses stützt sich sehr stark auf die Aktienmärkte und eine entsprechende Aktienkultur, die – medial und werbetechnisch verstärkt – auch auf andere Länder ausstrahlt und die modernen, konsumorientierten Schichten und meinungsbildenden Klassen in ihren Bann zieht. Im Kampf der Kapitalismusmodelle kann sich die „rheinische" Variante aus finanzkapitalistischen und kulturellen Gründen daher nicht durchsetzen. Albert (1992: 197) bringt dies sehr plastisch zum Ausdruck, wenn er schreibt:

> „Der rheinische Kapitalismus ist, betrachtet man sein Äußeres, ein alter, abgetragener Hut. Es fehlt ihm an Erscheinung. Er beinhaltet weder einen Traum noch etwas Spielerisches oder Erregendes. Sagen wir es ganz deutlich: das rheinische Modell ist nicht sexy. Während das neo-amerikanische Modell mit seinen Reizen eher an die Venus erinnert, assoziiert man das rheinische Modell eher mit der gewöhnlichen Tugendhaftigkeit der Juno."

Mit einem zeitlichen Abstand von zehn Jahren, also deutlich vor der transatlantischen Finanzkrise, hat er diese zeitdiagnostische Zuspitzung nochmals bekräftigt (Albert 2001). Auch die Dualität der beiden Kapitalismusmodelle schreibt sich für ihn grundsätzlich fort. Zugleich sieht er aber auch Prozesse am Werk, die auf eine partielle Annäherung der unterschiedlichen Modelle hindeuten: den industriellen Wandel, das Konzept eines „aktiven Staates" oder die Verallgemeinerung einer Aktienkultur.

4.1.2 Der Varieties of Capitalism-Ansatz (VoC)

Die von Albert vorgebrachte Zeitdiagnose und auch die von ihm beobachteten Prozesse einer partiellen Konvergenz werden von den Initiatoren des VoC Ansatzes nicht übernommen. Peter Hall und David Soskice (2001b) schließen inhaltlich zwar unverkennbar an die Darstellung des „rheinischen" und des „neo-amerikanischen" Kapitalismus an – ihre empirischen Illustrationen beziehen sich ebenfalls auf Deutschland und die USA –, setzten in der analytischen Konzeptualisierung der von ihnen selbst markierten Modelle, d.h. der *Coordinated Market Economies* (CMEs) und der *Liberal Market Economies* (LMEs), aber einige andere Akzente. So heben sie hervor, dass die kapitalistischen Wirtschaftssysteme nicht nur auf Marktprozessen basieren, sondern grundsätzlich immer auch auf formelle und informelle institutionelle Koordinationsmechanismen – staatliche Regulierung, unternehmensspezifische Kooperationsformen, verbandliche oder korporatistische Verhandlungssysteme oder auch Formen einer pluralistischen oder zivilgesellschaftlichen Einflussnahme – angewiesen sind. Hall und Soskice betonen damit die institutionalistischen Elemente ihres Kapitalismus-Verständnisses. Anders als Albert interessieren sie sich weniger für eine allgemeine Über- oder Unterlegenheit, sondern vielmehr für die spezifische Leistungsfähigkeit der unterschiedlichen Kapitalismus-Modelle. Diese Leistungsfähigkeit ist ihres Erachtens nicht an einzelne institutionelle Elemente oder Ausprägungen gekoppelt. Für sie ist vielmehr das gesamte Ensemble der institutionellen Arrangements dafür verantwortlich, ob und wie sich die einzelnen Kapitalismus-Modelle in der internationalen Konkurrenz behaupten können.

Die Entwicklung des VoC-Ansatzes hat mit Peter A. Hall und David Soskice zwei Wissenschaftler zusammengeführt, die in unterschiedlichen, sich aber durchaus berührenden Forschungskontexten sozialisiert wurden. Hall studierte in den 1970er Jahren Ökonomie und Politikwissenschaft in Toronto und Oxford (Balliol College), promovierte 1982 in Harvard und arbeitete dort dann zunächst als Assistant Professor. Es schlossen sich zahlreiche internationale Gastprofessuren und Forschungsaufenthalte an. Von 2001 bis 2006 war er Direktor des Center for European Studies an der Harvard Universität. Halls Forschungsschwerpunkte liegen im Bereich einer wirtschaftspolitisch orientierten Institutionen- und Europaforschung. David Soskice ist einige Jahre älter als Hall. Er studierte in den 1960er Jahren ebenfalls in Oxford (Nuffield und Trinity College) Politikwissenschaft, Philosophie und Ökonomie. Von 1967 bis 1990 war er dann am University College als Lecturer für Wirtschaftswissenschaft beschäftigt, bevor er bis zum Jahr 2007 ans Wissenschaftszentrum Berlin für Sozialforschung (WZB) wechselte. Auch nach seinem Ruhestand blieb Soskice, nun erneut in Oxford (Nuffield College), wissenschaftlich aktiv. Thematisch konzentriert sich seine Forschung auf die vergleichende Analyse von Produktionsregimen, Arbeitsmärkten und Ausbildungssystemen.

4.1.2.1 Modellklassifizierung: koordinierte und liberale Marktwirtschaften

Der VoC-Ansatz markiert in gewisser Weise das Schnittfeld der Forschungsinteressen von Hall und Soskice. In ihm werden politisch-institutionelle und politökonomische Konzepte zusammengeführt. Der Ansatz bildet das Ergebnis zahlreicher Workshops und Diskussionen, die in den 1990er Jahren am WZB durchgeführt wurden und an denen sich auch viele andere prominente Vertreter*innen aus dem Gebiet der international vergleichenden Kapitalismusforschung beteiligten (Hall/Soskice 2001a: vii). Die Bandbreite der theoretisch-konzeptionellen Impulse und der empirischen Forschung, die auf den VoC-Ansatz eingewirkt hat, ist beachtlich. Trotz all dieser Einflüsse ist es Hall und Soskice gelungen, ein sehr schlankes Theoriedesign zu entwickeln. Dies kommt bereits darin zum Ausdruck, dass die unterschiedlichen Kapitalismusmodelle zur analytischen Vereinfachung auf zwei Idealtypen – die bereits angesprochenen liberalen (LMEs) und koordinierten Marktwirtschaften (CMEs) – reduziert wird (Quellentext 11).

Quellentext 11: Liberale und koordinierte Marktwirtschaften

Die zentrale Unterscheidung, die wir treffen, ist die zwischen zwei Typen politischer Ökonomien, den liberalen Marktwirtschaften und den koordinierten Marktwirtschaften, die Idealtypen an den Polen eines Spektrums darstellen, entlang dessen sich viele Nationen einordnen lassen.

In *liberalen Marktwirtschaften* koordinieren Unternehmen ihre Aktivitäten in erster Linie über Hierarchien und wettbewerbliche Marktvereinbarungen. Diese Formen der Koordination sind in der klassischen Literatur gut beschrieben [...]. Die Marktbeziehungen sind gekennzeichnet durch den Austausch von Gütern oder Dienstleistungen zu marktüblichen Bedingungen in einem Kontext von Wettbewerb und formalen Verträgen. In der Reaktion auf die Preissignale, die sich auf solchen Märkten ergeben, passen die Akteure ihre Bereitschaft zum Angebot und zur Nachfrage von Gütern oder Dienstleistungen an, oft auf Grundlage der von der neoklassischen Ökonomie betonten Grenzkalkulationen. In mehrfacher Hinsicht stellen Marktinstitutionen ein äußerst effektives Mittel dar, die Bestrebungen der Wirtschaftsakteure aufeinander abzustimmen.

In *koordinierten Marktwirtschaften* sind die Unternehmen stärker auf nicht durch den Markt bestimmte Beziehungen angewiesen, um ihre Bestrebungen mit anderen Akteuren zu koordinieren und eigene Kernkompetenzen aufzubauen. Diese nicht durch den Markt bestimmten Formen der Koordination beinhalten in der Regel umfangreichere relationale oder unvollständige Verträge, eine Netzwerküberwachung, die auf dem Austausch privater Informationen innerhalb von Netzwerken basiert, und eine stärkere Bezugnahme auf partnerschaftliche anstatt auf kompetitive Beziehungen, um die Kompetenzen des Unternehmens zu formen. Im Gegensatz zu liberalen Marktwirtschaften (LMEs), in denen die Gleichgewichtsergebnisse des Unternehmensverhaltens für gewöhnlich durch die Nachfrage- und Angebotsbedingungen auf kompetitiven Märkten entstehen, sind die Gleichgewichte, auf die sich Unternehmen in koordinierten Marktwirtschaften (CMEs) verständigen, häufiger das Ergebnis strategischer Interaktionen zwischen Unternehmen und anderen Akteuren.

Quelle: Hall/Soskice (2001b: 8); eigene Übersetzung.

Doch nicht nur die zwei Idealtypen der nationalen Kapitalismusmodelle, auch die bewusst gewählte firmenzentrierte Perspektive trägt dazu bei, die Komplexität der kapitalistischen Verhältnisse stark zu reduzieren. Hall und Soskice (2001b: 6) begründen die Firmenzentrierung damit, dass die Unternehmen die zentralen Akteure im Kapitalismus sind und die politökonomischen Potenziale oder Fähigkeiten eines Landes maßgeblich durch den Erfolg oder Misserfolg betrieblicher Investitions-, Innovations- und Modernisierungskonzepte bestimmt sind. Entsprechend kommt es für sie darauf an, die institutionalisierten relationalen sozialen Beziehungen, die die Operationsweise von Unternehmen strukturieren, genauer in den Blick zu nehmen.

Für die Klassifizierung eines nationalen Kapitalismusmodells sind für den VoC-Ansatz in diesem Sinne fünf Bereiche relevant (Hall/Soskice 2001b: 7): erstens die industriellen Beziehungen, d.h. die Modalitäten der tarifpolitischen Aushandlung von Löhnen und Arbeitsbedingungen, die letztlich wichtige gesamtwirtschaftliche Effekte – etwa die Entwicklung der Produktivität, Beschäftigung und Inflation – wesentlich bestimmen; zweitens die Systeme der beruflichen Aus- und Weiterbildung, die darauf zugeschnitten sind, die Unternehmen mit ausreichend qualifizierten Arbeitskräften zu versorgen, und auf diese Weise ebenfalls die Leistungsfähigkeit einer Volkswirtschaft beeinflussen; drittens die Formen der Unternehmensführung (Corporate Governance), die auch die unterschiedlichen Möglichkeiten der Kapitalbeschaffung – etwa über die traditionellen Kredit- oder aber die Wertpapiermärkte – mit einschließen, die für die Realisierung von Investitionen oder auch Innovationen nicht unerheblich sind; viertens die Beziehungen zwischen den Unternehmen, vor allem zu Zuliefer-

oder Vertriebsfirmen, die für eine stabile und kostengünstige Versorgung mit Maschinen oder Vorprodukten verantwortlich sind und eine kooperative Organisation von Forschung, Entwicklung oder Technologietransfer ermöglichen oder aber erschweren; und fünftens die Einbindung der eigenen Beschäftigten in die unternehmerischen Abläufe, um deren besondere Kompetenzen und Fähigkeiten für eine Optimierung der betrieblichen Prozess zu nutzen, was z.B. durch Formen der sozialen Beteiligung oder finanziellen Belohnung geschehen kann.

Hall und Soskice betonten, dass sich in den genannten Bereichen die spezifischen institutionellen Arrangements in den beiden zuvor skizzierten Idealtypen der liberalen und der koordinierten Marktwirtschaft deutlich unterscheiden. Sie illustrieren dies anhand von zwei Fällen, Deutschland und den USA, die sich ihres Erachtens den beiden Varianten zurechnen lassen (Tabelle 3).

Tabelle 3: Zentrale Unterschiede zwischen CMEs und LMEs

	CMEs	LMEs
Industrielle Beziehungen	Zentralisierte bzw. neo-korporatistische Verhandlungssysteme (Löhne, Arbeitszeiten und sonstige Arbeitsbedingungen)	Dezentrale, hauptsächlich betriebliche Aushandlung von Löhnen, Arbeitszeiten und Arbeitsbedingungen; deregulierte Arbeitsmärkte
Berufliche Aus- und Weiterbildung	Duales System mit überbetrieblichen und betriebsspezifischen Qualifikationen, staatlich definiert unter Beteiligung der Sozialpartner	Allgemeine, überbetriebliche Qualifikationsprofile, häufiger Arbeitsplatzwechsel
Corporate Governance	Langfristorientierung; Kooperative Managementstrategien; traditionelle Kreditfinanzierung (Geschäfts- und Hausbanken)	Kurzfristorientierung; Managementkonzepte orientieren sich oft am Aktienkurs; großer Einfluss von Shareholdern
Beziehungen zwischen den Unternehmen	Langfristig gewachsene, vertrauensvolle und durch gemeinsame Projekte gefestigte Beziehungen (in Clustern oder in einer Produktionskette)	Disziplinierung der Unternehmen durch einen marktvermittelten Konkurrenzdruck
Beziehungen zwischen Unternehmensleitung und Beschäftigten	Institutionalisierte Partizipation und kooperative Mitgestaltung als Mittel, um die Fähigkeiten und das Wissen der Mitarbeiter*innen zu nutzen; soziale Absicherung und berufliche Aufstiegsoptionen	Hauptsächlich finanzielle Belohnungsanreize für Mitarbeiter*innen

Quelle: Eigene Darstellung nach Hall/Soskice (2001b: 27 ff).

Die fünf Bereiche der institutionellen Einfassung und Ausprägung der Kapitalismusmodelle lassen erkennen, dass die firmenzentrierte Perspektive letztlich komplexer ist, als es zunächst erscheinen mag. Es gerät nicht nur eine Vielzahl sehr spezifischer institutioneller Arrangements in den Blick, auch die sozialen Beziehungen und Prozesse in und zwischen den Bereichen der kapitalistischen Organisation – wechselseitige Effekte (Angebote, Leistungen, Konsequenzen) – stellen sich als dynamisch und mehrdimensional dar. Diese Komplexitätszunahme ist in der grundlegenden Konzeptualisierung des Kapitalismus bereits angelegt: zum einen dadurch, dass Hall und Soskice mit einem sehr weiten Verständnis von Institutionen operieren und hierunter neben formal institutionalisierten Praktiken auch informelle Prozesse (Netzwerke, Beratungen, Routinen) und kulturell tradierte Formen der Aushandlung subsumieren; und zum anderen dadurch, dass sie mit dem Theorem der „institutionellen Komplementaritäten" (Hall/Soskice 2001b: 17 ff) die Aufmerksamkeit darauf lenken, wie sich die institutionellen Arrangements in den verschiedenen Bereichen zueinander verhalten, d.h. im Idealfall wechselseitig stabilisieren.

> „[…] Long-term employment is more feasible where the financial system provides capital on terms that are not sensitive to current profitability. Conversely, fluid labor markets may be more effective at sustaining employment in the presence of financial markets that transfer resources readily among endeavors thereby maintaining a demand for labor." (Hall/Soskice 2001b: 18)[46]

Die institutionelle Komplementarität ist für Hall und Soskice im historischen Prozess insofern angelegt, als Ökonomien mit nicht-komplementären Settings als weniger leistungsfähig gelten und die wirtschaftspolitischen Akteure demzufolge dahin tendieren, komplementäre Institutionen und Praktiken zu entwickeln.

Durch das Theorem der institutionellen Komplementarität setzt sich der VoC-Ansatz von gängigen modernisierungstheoretischen Konzeptionen ab. Er wendet sich gegen die Annahme, dass sich die wirtschaftspolitische Reformdynamik an einem überlegenen Entwicklungspfad oder einem „best practice" Modell orientieren sollte, da hierdurch das Zusammenspiel der unterschiedlichen Bereiche eher geschwächt wird. Sofern sich die wirtschaftlichen Akteure dieses

46 Weitere Beispiele einer wechselseitigen Stabilisierung der institutionellen Arrangements in den unterschiedlichen Bereichen werden in den einzelnen Fallstudien des Bandes identifiziert (Hall/Soskice 2001a).

Sachverhalts bewusst sind, ist zu erwarten, dass sich die institutionelle Diversität der nationalen Kapitalismusmodelle reproduziert. So gesehen handelt es sich bei dem Theorem der institutionellen Komplementarität um eine besondere, verschiedene Bereiche miteinander verknüpfende Version des Theorems institutioneller Pfadabhängigkeiten (Hall/Thelen 2009: 13 f). Gemäß diesem werden die etablierten institutionellen Arrangements dann über Feedback-Effekte stabilisiert, wenn die betroffenen Akteure die bereitgestellten Leistungen positiv wahrnehmen und durch ihre Praktiken darauf hinwirken, das institutionelle Arrangement zu stützen und zu reproduzieren.

4.1.2.2 Kritik und Fortentwicklung des VoC-Ansatzes

Durch den klar strukturierten Zugriff auf die Profile unterschiedlicher Kapitalismus-Varianten ist der VoC-Ansatz in der vergleichenden Politischen Ökonomie sehr positiv aufgenommen und breit rezipiert worden. Allgemein wurde anerkannt, dass der Ansatz sehr gut die Reproduktion eines durch kohärente Ordnungselemente gekennzeichneten kapitalistischen Entwicklungspfads und die – ungeachtet aller Globalisierungsdynamiken – fortbestehende Diversität der nationalen Kapitalismusmodelle erklären kann. Ebenso haben sich viele Wissenschaftler*innen aber auch sehr kritisch mit dem Ansatz auseinandergesetzt (zur Übersicht vgl. Bieling 2011b; Bruff et al. 2013) und unter anderem die folgenden Defizite und Probleme angesprochen: einen funktionalistischen Bias, da von den Ergebnissen auf die Strategien der handelnden Akteure geschlossen wird (Becker 2007: 268); ein vereinfachtes oder unterkomplexes Verständnis von gesellschaftlichem Wandel (Kang 2006: 15); eine unternehmenszentrierte und rationalistische Interpretation der Handlungen zentraler Akteure (Bruff 2011); eine stilisierte Unterscheidung zwischen zwei idealen Typen, liberalen Marktwirtschaften (LMEs) und koordinierten Marktwirtschaften (CMEs), die oft nicht hilfreich ist, um bestehende Unterschiede zwischen und auch innerhalb verschiedener Kapitalismusmodelle zu verstehen (Wagner/Lillie 2013); und eine auf den Nationalstaat fokussierte Vergleichsperspektive, die trans- oder supranationale institutionelle Arrangements als konstitutive Elemente kapitalistischer Modelle nur unzureichend in die Betrachtung mit einzubeziehen vermag.

Die vergleichende Kapitalismusforschung hat auf diese und andere Kritikpunkte dann wiederum reagiert. Es hat sich ein Post-VoC-Diskurs entfaltet (Hancké et al. 2007), der über den konzeptionellen Schlüsseltext von Hall und Soskice deutlich hinausweist. Die Beiträge zur Weiterentwicklung des VoC-Ansatzes befassten sich vor allem mit folgenden Themen und Aspekten: Erstens setzten sie sich mit dem Funktionalismus-Vorwurf auseinander. Hall und Thelen (2009: 14) legten dar, dass der VoC-Ansatz nur die Wirkungen institutioneller Arrangements und deren aktuelle gesellschaftliche Verankerung erforschen will, nicht aber ihre Entstehung. Zweitens gab es zahlreiche Beiträge, die die dichotome Idealtypologie durch die Analyse weiterer Kapitalismus-Modelle zu diversifizieren versuchten. So identifizierten einige den Typus einer *Mixed Market Economy* (MME), der durch ein größeres Gewicht des Staates gekennzeichnet ist, da dieser bestrebt ist, defizitäre institutionelle Komplementaritäten durch Staatsintervention zu kompensieren (Molina/Rhodes 2007). Andere nahmen hingegen die besonderen institutionellen Modalitäten und ökonomischen Strukturen in den Ländern Mittel- und Osteuropas in den Blick (Bohle/Greskovitz 2012), so dass sich die Anzahl der kapitalistischen Modelle insgesamt deutlich erweiterte.

Im Zuge der Identifikation weiterer spezifischer Kapitalismusmodelle veränderten sich zum Teil auch die Kriterien der Analyse und Zuordnung. Stimuliert durch die Diskussion über spezifische „Wachstumsmodelle" (Baccaro/Pontusson 2016) wurden auch die makroökonomischen Aspekte, vor allem die politökonomischen Machtverhältnisse und Konflikte und jeweiligen Formen der Einbindung in die internationale Arbeitsteilung expliziter in die Analyse mit einbezogen. In diesem Zusammenhang wurden die übergreifenden, typisch kapitalistischen Elemente der nationalen Ökonomien stärker gewichtet (Streeck 2010) und über die räumliche Vergleichsebene hinaus der intertemporale Vergleich kapitalistischer Formationen gestärkt (Nölke/May 2013: 65). So haben Nölke und May Pendelschwünge zwischen liberalen und organisierten Kapitalismusphasen identifiziert. Sie gehen davon aus, dass sich infolge der Reaktionen auf die globale Finanzkrise von 2008/09 eine neue Phase des Staatskapitalismus abzeichnet. Durch die intertemporale Vergleichsperspektive werden die Krisenmomente und die Prozesse der politökonomischen Transformation besser greifbar.

4.1.3 Die französische Regulationsschule

Mit den Diskussionen über „Wachstumsmodelle" und die Bedeutung der intertemporalen Vergleichsperspektive näherte sich die institutionell vergleichende Kapitalismusforschung den Fragestellungen, die schon länger von einem anderen, stärker ökonomie- und gesellschaftskritisch orientierten Strang der Kapitalismusforschung aufgeworfen waren: der französischen Regulationsschule. Vertreter*innen dieser Schule hatten bereits seit den 1970er Jahren zu ergründen versucht, wie und warum sich kapitalistische Gesellschaftsformationen trotz ihrer inhärenten Widersprüche und Krisenmomente bislang als vergleichsweise stabilisierungs- und wandlungsfähig erwiesen haben. In ihren Untersuchungen konzentrierten sie sich entsprechend darauf, die Ursachen und den Verlauf (sozio-)ökonomischer Umbrüche und Krisenprozesse, die Artikulation gesellschaftlicher Konflikte und Widersprüche sowie die institutionell-regulative Bearbeitung dieser Aspekte theoretisch zu konzeptualisieren und empirisch zu analysieren.

Obgleich oft, so auch hier, der Begriff einer „Schule" verwendet wird, sollte nicht übersehen werden, dass die Französische Regulationsschule unterschiedliche Strömungen umschließt (Hübner 1989). Die Studien der Grenobler Strömung, die sich vor allem mit Fragen der ungleichen räumlichen Entwicklung befassten, fanden international nur begrenzt Beachtung. Weitaus einflussreicher war die Pariser Strömung – einige Wissenschaftler*innen arbeiteten am staatlichen Wirtschaftsinstitut *Centre pour la recherche économique et ses applications* (CEPREMAP) in Paris –, die sich selbst wiederum in zwei Stränge untergliedert: zum einen in die Studien von Robert Boyer [1943*] und Bruno Amable [1961*], deren Erkenntnisinteresse ähnlich wie das des VoC-Ansatzes der komparativen Leistungsfähigkeit der spezifischen nationalen Kapitalismusmodelle galt, allerdings in (post-)keynesianischer Perspektive unter Berücksichtigung makroökonomischer Zusammenhänge und gesellschaftspolitischer Verteilungs- und Modernisierungskonflikte (vgl. z.B. Amable 2003; Boyer 2005); und zum anderen in die Untersuchungen von Michel Aglietta [1938*] und Alain Lipietz [1947*], die die politökonomischen Dynamiken in einer neo-marxistischen Perspektive analysierten und hierbei die konstitutive Bedeutung der gesellschaftlichen Macht- und Herrschaftsverhältnisse thematisierten.

4.1.3.1 Akkumulationsregime, Regulationsmodus und hegemoniale Struktur

Die nachfolgenden Ausführungen konzentrieren sich auf diesen zweiten Strang, da Aglietta und Lipietz das politökonomische und gesellschaftstheoretische Profil der französischen Regulationsschule in besonderer Weise geprägt haben. Grundlegend war für sie die Auseinandersetzung mit dem in den 1960er und 1970er Jahren sehr einflussreichen marxistischen Strukturalismus von Louis Althusser [1918–1990]. Die Regulationisten verstanden sich Lipietz zufolge anfangs als „rebel sons of Althusser" (Lipietz/Jenson 1987: 19).[47] Mit dieser Formulierung brachte er zum Ausdruck, dass die Regulationsschule einige Elemente des marxistischen Strukturalismus übernommen hatte (Sablowski 2013: 86 f):

47 Diese Formulierung ist insofern aufschlussreich, als an der Entwicklung und Ausarbeitung der regulationstheoretischen Perspektive anfangs keine und im Laufe der Zeit auch nur wenig Frauen beteiligt waren.

so z. B. die Zurückweisung der vorherrschenden Interpretation des Basis-Überbau-Schemas, die Betonung der konstitutiven Bedeutung von Kultur, Ideologie und Politik für die kapitalistische Produktionsweise, die Komplexität einer konkreten kapitalistischen Gesellschaftsformation unter Eischluss unterschiedlicher – auch nicht-kapitalistischer – Produktionsverhältnisse, oder auch das Primat der Produktionsverhältnisse gegenüber den Produktivkräften, wodurch deren vermeintlich neutraler Charakter problematisiert wird. Gleichzeitig setzten sich die Regulationisten aber auch vom Strukturalismus ab. Ihre Kritik richtete sich vor allem darauf, dass der Strukturalismus durch die Fokussierung auf die „Reproduktion" kapitalistischer Verhältnisse, die gesellschaftlichen Widersprüche, Konflikte, Krisen und Umwälzungen nur unzureichend in den Blick zu nehmen vermochte. Sie korrigierten diese Blickverengung dadurch, dass sie die Perspektive der „Reproduktion" durch die krisen- und handlungstheoretisch offenere Perspektive der „Regulation"[48] ersetzten. Dies implizierte mehrere Aspekte: erstens ist die kapitalistische Entwicklung als inhärent widersprüchlich und instabil, mithin regulationsabhängig zu betrachten; zweitens sind mehrere – national spezifische und durch Krisen und Umbrüche voneinander separierte – kapitalistische Formationen zu unterscheiden; und drittens sind die sozialen Kämpfe um veränderte Modi der Regulation als wichtiger Faktor im Prozess einer nicht-linearen Entwicklung ernst zu nehmen.

Schon in einem zentralen Gründungsdokument der Regulationsschule, in seiner Dissertation *Régulation et Crises du Capitalisme* (Aglietta 2000 [1976]), hat Aglietta diese Aspekte in der Analyse der kapitalistischen Entwicklung in den USA zu berücksichtigen versucht. Die Schrift verdeutlicht, dass die herkömmliche neoklassische und keynesianische Wirtschaftstheorie große Schwierigkeiten hatte, den langen fordistischen Wirtschaftsboom der 1950er und 1960 Jahre und mehr noch die nachfolgend einsetzende Strukturkrise des Kapitalismus, insbesondere das Phänomen der „Stagflation" – das gleichzeitige Auftreten von wirtschaftlicher Stagnation und Inflation – analytisch zu erfassen. Um die Probleme der vorherrschenden gleichgewichts- bzw. ungleichgewichtstheoretischen Überlegungen zu überwinden, brachte Aglietta zwei analytische Konzepte – das „Akkumulationsregime" und die „Regulationsweise" – in Anschlag. Deren spe-

48 Der Begriff der „Regulation" greift zugleich weiter aus als der der „Regulierung", bei dem stets der Aspekt einer gezielten staatlichen Steuerung mitschwingt. Eine solche ist bei der „Regulation" keineswegs ausgeschlossen. Grundlegend sind jedoch ebenso die zahlreichen, oft dezentralen und relativ autonomen Formen der Regulation, die sich einer unmittelbaren staatlichen Kontrolle zum Teil entziehen.

zifische Beschaffenheit und auch die Beziehungen zwischen der Akkumulation und der Regulation werden für die Operationsweise einer konkreten kapitalistischen Gesellschaftsformation als maßgeblich betrachtet.

Das Akkumulationsregime ist bestimmt durch die makroökonomischen Regelmäßigkeiten und die sozioökonomischen Reproduktionsmuster eines Kapitalismusmodells. Alain Lipietz (1985: 120) definiert das Akkumulationsregime wie folgt:

> „Das Akkumulationsregime ist ein Modus systematischer Verteilung und Reallokation des gesellschaftlichen Produktes, der über eine längere Periode hinweg ein bestimmtes Entsprechungsverhältnis zwischen den Veränderungen der Produktionsbedingungen (dem Volumen des eingesetzten Kapitals, der Distribution zwischen den Branchen und den Produktionsnormen) und den Veränderungen in den Bedingungen des Endverbrauches (Konsumnormen der Lohnabhängigen und anderer sozialer Klassen, Kollektivausgaben, usw. …) herstellt.

In dieser Definition ist bereits die konstitutive Relevanz von nicht-ökonomischen, d.h. sozialen, institutionellen und politischen Verhältnissen für den Prozess der kapitalistischen Entwicklung erkennbar. Ohne Eigentumsgarantie erfolgt kein Kapitaleinsatz; ohne die Geltungskraft von Vertragsabschlüssen gibt es keine stabilen Lieferbeziehungen; ohne Tarifverhandlungen, Gesundheits- und Umweltstandards bleibt die Produktion prekär; und ohne ein allgemein akzeptiertes Zahlungsmittel, also Geld, wird es schwer, den Endverbrauch zu organisieren. All diese Aspekte verdeutlichen, dass die Akkumulation systematisch auf Formen der Regulation angewiesen ist (Becker 2009: 100 ff). Dies gilt umso mehr, als es immer wieder zu ökonomischen Krisen oder politischen Konflikten kommt, die die Akkumulation gefährden. Auch wenn es keine Garantie gibt, ist die Regulation in kapitalistischen Gesellschaftsformationen darauf zugeschnitten, derartige Gefährdungen – institutionell, verteilungspolitisch und kulturell – einzuhegen. Die Konzeption der „Regulationsweise" ist entsprechend relativ umfassend angelegt. Nochmals Lipietz (1985: 121):

> „Wir nennen im folgenden Regulationsweise die Gesamtheit institutioneller Formen, Netze und expliziter oder impliziter Normen, die die Vereinbarkeit von Verhaltensweisen im Rahmen eines Akkumulationsregimes sichern, und zwar sowohl entsprechend dem Zustand der gesellschaftlichen Verhältnisse als auch über deren konfliktuelle Eigenschaften hinaus."

Die Regulationsweise umschließt somit die Regulation des Arbeitsverhältnisses (Reproduktion der Arbeitskraft, soziale Sicherung, familiäre Beziehungen, Schule, Lebensstil, Formen und Normen des Konsums), des Kapitalverhältnisses (Verlagerung des Kapitals, Formen der Konkurrenz und Kooperation, Formen der Unternehmensorganisation), des Geldverhältnisses (Emission und Zirkulation von Geld, Bedeutung und Funktionsweise von Kapital-, Kredit- und Versicherungsmärkten) wie auch der rechtlichen, ideologischen und ökonomischen Dimensionen staatlicher Interventionen und internationaler Regime.

Grundsätzlich ist ein Akkumulationsregime mit mehreren Regulationsweisen kompatibel. Es gibt also kein Ableitungsverhältnis oder eine ausgeprägte Funktionalität zwischen Akkumulation und Regulation. Sofern beide sich in ihrer Entfaltung jedoch wechselseitig stützen und begünstigen, also einen relativ dauerhaften Reproduktionszusammenhang bilden, sprechen Vertreter*innen des Regulationsansatzes von einem Entwicklungsmodell oder einem hegemonial strukturierten historischen Block. Dies zeigt, dass einige Regulationstheoretiker*innen weitere analytische Konzepte nutzen, um die Beziehungen und die Prozesse der Artikulation zwischen dem Akkumulationsregime und der Regulationsweise zu erfassen (Lipietz 1991). Zu erwähnen ist in diesem Zusammenhang das „technologische" oder „industrielle" Paradigma. Dieses konzentriert sich auf die konkreten, materiellen und stofflichen Dimensionen der Akkumulation, einschließlich der Formen der Produktion und der Arbeitsorganisation, die durch bestimmte Schlüsseltechnologien beeinflusst werden. Die Entwicklung und Ausgestaltung von Produktion und Arbeitsorganisation wird als Produkt konkurrierender Interessen und Erwartungen, kurz gesagt, sozialer Konflikte und Machtverhältnisse, betrachtet. Gleichzeitig haben die Formen der Produktions- und Arbeitsorganisation ihre eigenen gesellschaftlichen Implikationen, indem sie die sozialen Strukturen und die Handlungsmöglichkeiten der politischen Akteure beeinflussen. Eine weitere Konzeption ist die des „hegemonialen Blocks". Sie weist darauf hin, dass die gesellschaftlichen Strukturen durch spezifische soziale Allianzen geprägt werden. Innerhalb eines „historischen Blocks", also der gesamten, historisch spezifischen Gesellschaftsformation, wird das Zusammenspiel zwischen dem Akkumulationsregime und der Regulationsweise – oder allgemeiner formuliert: zwischen der ökonomischen und der politisch-institutionellen Dimension der kapitalistischen Entwicklung – durch soziale Netzwerke oder zivilgesellschaftliche Koalitionen vermittelt, die die Prozesse der politischen Konsensbildung und Kompromissfindung organisieren.

4.1.3.2 Weitere Aspekte und Spezifizierungen

Im Laufe der Jahre sind unterschiedliche Aspekte der Regulationstheorie weiterentwickelt und spezifiziert worden. Die Beiträge und Debatten erstrecken sich auf unterschiedliche Teilbereiche der Theoriebildung (zum Überblick vgl. Atzmüller et al. 2013). Drei Initiativen und Diskussionsfelder verdienen es, besonders hervorgehoben zu werden.

Das erste Diskussionsfeld betrifft die besondere Ausprägung der Akkumulationsregime. Um dieses genauer zu fassen, hat Joachim Becker (2009: 96 ff) vorgeschlagen, drei Achsen der Akkumulation analytisch zu unterscheiden: Die erste Achse betrifft das Verhältnis von *produktiver* und *finanzialisierter* Akkumulation. Mit ihr wird markiert, in welchem Maße sich ein nationales Akkumulationsregime auf Sektoren mit einer produktiven Wertschöpfung – vor allem Branchen der industriellen Produktion – stützt oder aber auf eine dynamische Entwicklung der Finanzmärkte. Die regulationstheoretische Perspektive geht davon aus, dass die Finanzmarktentwicklung letztlich an die Basisdaten in der Produktion rückgebunden bleibt, sodass eine stark finanzialisierte Akkumulation nicht selten eine ökonomische Blasenbildung und erhöhte Instabilität eines Kapitalismusmodells anzeigt. Die zweite Achse beschreibt das Verhältnis von *extensiver* und *intensiver* Akkumulation. Sie bezieht sich auf die produktive Akkumulation und hier vor allem auf die Bedingungen der Profit- bzw. Mehrwertproduktion. Ein extensives Akkumulationsregime fokussiert sich auf die Ausweitung der Produktion und eine maximale Ausbeutung der Arbeitskräfte durch die Steigerung des absoluten Mehrwerts, d.h. eine arbeitsintensive Produktion mit langen Arbeitszeiten, geringen Löhnen und niedrigen Schutzstandards. Im Unterschied hierzu ist ein intensives Akkumulationsregime durch eine Steigerung des relativen Mehrwerts, also fortgeschrittene Technologien sowie hochqualifizierte und relativ gut bezahlte Arbeitskräfte gekennzeichnet, was mit dazu beiträgt, den kapitalistischen Verwertungsprozess durch einen erhöhten Konsum abzustützen. Schließlich bezieht sich die dritte Achse auf eine *intravertierte* oder *extravertierte* Akkumulation. Durch diese Unterscheidung wird erfasst, ob sich ein Akkumulationsregime vornehmlich auf den Binnenmarkt stützt oder die Außenbeziehungen prägend sind. Sofern letzteres der Fall ist, kann die Extraversion aktiv oder passiv sein. Eine aktive Extraversion zeigt sich in einem starken Export von Waren und Kapital, eine passive Extraversion spiegelbildlich in einer Abhängigkeit von Waren- und Kapitalzuflüssen, letzteres in Form von Direkt- und Portfolioinvestitionen oder ausländischen Krediten.

Neben der Spezifizierung der Akkumulationsregime betrifft ein zweites Diskussionsfeld die Krisen, Umbrüche und Übergänge von einer kapitalistischen

Formation zu einer anderen. Grundlegend ist hierbei zunächst die Unterscheidung zweier Arten von Krisen: zum einen „kleine Krisen" oder „Krisen innerhalb der Regulation", die innerhalb der kapitalistischen Gesellschaftsformation durch die Aktivierung von Elementen der Regulationsweise in der Regel gut bewältigt werden können; und zum anderen „großen Krisen" oder „Krisen der Regulation", die über die bestehende Gesellschaftsformation hinausdrängen. Eine „große Krise" bricht dann aus, wenn die Akkumulationsdynamik erlahmt, die gesellschaftlichen Probleme zunehmen – z.B. Erwerbslosigkeit, Inflation etc. – und die gegebene Regulationsweise keine hinreichenden Antworten zur Bewältigung dieser Probleme mobilisieren kann (Lipietz 1985: 113).

In der Perspektive der Regulationsschule führt eine solche Konstellation zu einem kapitalistischen Strukturbruch. Die „Fordismuskrise" der 1970er Jahre wurde als ein solcher Strukturbruch, d.h. als „große Krise" analysiert. Allerdings gab es in den Diskussionen über die Ursachen der Krise unterschiedliche Deutungen: Einige verwiesen auf die erschöpften Produktivitätsreserven der tayloristischen Arbeitsorganisation (Lipietz 1985: 127), andere auf die vorübergehend gestiegene Verhandlungsmacht der Gewerkschaften und die dadurch ausgelöste Profitklemme („profit squeeze") (Marglin/Schor 1991), und wieder andere auf die veränderten internationalen Bedingungen nach dem Ende des Bretton Woods-Systems, infolge derer auch die Effektivität der nationalen Regulationsweisen erodierte (Hirsch 1995). Doch nicht nur die Krisenursachen, auch die Konsequenzen der Krise wurden unterschiedlich interpretiert. Lange war unklar, anhand welcher Kriterien bestimmt werden konnte, ob sich die OECD-Gesellschaften noch in der Fordismuskrise befanden oder bereits den Weg in eine neue kapitalistische Formation gefunden hatten. Erst allmählich, nachdem sich die Einsicht durchgesetzt hatte, dass sich die Operationsweise der neuen Formation von der fordistischen deutlich unterscheiden konnte, also nicht nach einer erneuten Entsprechung von Produktions- und Konsumnorm (Massenproduktion und Massenkonsum) Ausschau gehalten werden sollte, ging die regulationstheoretische Diskussion dazu über, die neue Formation genauer zu markieren. Behelfsweise arbeiteten viele zunächst mit dem Begriff des „Postfordismus" (Hirsch/Roth 1986), bevor gegen Ende der 1990er, Anfang der 2000er Jahre vermehrt von einem „transnationalen High-Tech-Kapitalismus" (Haug 2003), „Finanzmarkt-Kapitalismus" (Windolf 2005), einem „Akkumulationsregime der Vermögensbesitzer" (Aglietta 1998) oder einem „finanzgetriebenen" oder „finanzdominierten" Akkumulationsregime" (Stockhammer 2007) gesprochen wurde.

Mit den zuletzt genannten Konzepten war ein drittes Diskussionsfeld verbunden, da sich mit ihnen die regulationstheoretische Architektur, genauer: der analytische Fokus der Theorie veränderte (Grahl/Teague 2000). So hatten die früheren regulationstheoretischen Schriften – um die Komplexität und besondere Ausprägung der nationalen kapitalistischen Formationen einzufangen – konzeptionell zwar zwischen den unterschiedlichen Bereichen der Regulation unterschieden, sich zumeist jedoch sehr stark auf das Lohnverhältnis konzentriert. Dies war insofern naheliegend, als die auf das Lohnverhältnis bezogenen sozialen Kämpfe – Arbeitskämpfe oder Kämpfe zum Ausbau des Wohlfahrtsstaates – dazu beitrugen, den fordistischen Kapitalismus zunächst zu stabilisieren, später aber auch zu destabilisieren. In dem Maße, wie sich der Fokus auf die Finanzmarktdynamik richtete, rückten als prägende Verhältnisse der Regulationsweise nun das Kapitalverhältnis, also die Formen der Unternehmensorganisation und die veränderten Beziehungen zwischen den Sektoren, sowie das Geldverhältnis, d.h. die Prozesse der Geldschöpfung und Kapitalmobilisierung im Finanzsystem, in den Blick. Dieser Perspektivenwechsel konnte sich im Vorfeld der Weltfinanzkrise und deren Verlauf in den Jahren 2007 bis 2009 bestätigt sehen. Im Zuge der Bearbeitung der Krisenkosten durch austeritätspolitische Anpassungsstrategien kreisten die politischen Auseinandersetzungen – nicht zuletzt in der Europäischen Union – dann jedoch wieder vermehrt um das Lohnverhältnis, d.h. um die Durchsetzung oder Abwehr von arbeits- und sozialpolitischen Reformen zur Steigerung der Wettbewerbsfähigkeit (Lehndorff 2014; Bieling/Buhr 2015). Möglicherweise handelt es sich hierbei um einen Prozess, der sich angesichts der öffentlichen Kosten des Managements der Corona-Pandemie in modifizierter Form nun wiederholen könnte.

4.1.4 Rezeption und Kritik der Regulationsschule

Die französische Regulationsschule bildet seit den 1980er Jahren einen wichtigen, vielleicht sogar den wichtigsten Referenzpunkt einer macht- und herrschaftskritisch orientierten Politischen Ökonomie. Im Vergleich zum VoC-Ansatz ist sie insofern gesellschaftstheoretisch ambitionierter, als sie die bestehenden Machtverhältnisse und (zivil-)gesellschaftlichen Kämpfe als wichtige Vermittlungsformen von Akkumulation und Regulation betrachtet. Die Regulationstheorie arbeitet dabei mit einem erweiterten Verständnis des Ökonomischen. Die Produktionsverhältnisse werden als Ausdruck spezifischer gesellschaftlicher Macht- und Aneignungsverhältnisse verstanden. Vor allem aber zeichnet sich die Theorie durch eine doppelte Vergleichsperspektive aus, in der unterschiedliche Kapitalismusmodelle nicht nur im Raum, sondern auch in der Zeit unterschieden werden können (Bieling 2011b: 9).

Mit den regulationstheoretischen Konzepten haben sich zahlreiche Wissenschaftler*innen aus unterschiedlichen sozialwissenschaftlichen Disziplinen auseinandergesetzt. Nach einer Phase der Aneignung der Konzeptionen und der kritischen Reflexion des Nutzens und analytischen Mehrwerts der entwickelten Begriffe ging es vermehrt darum, die Defizite der Theoriebildung zu bearbeiten. Einige dieser Defizite wurden bereits genannt: etwa die unzureichende Differenzierung der unterschiedlichen Dimensionen der Akkumulation oder die Mehrdeutigkeit der Krisenanalyse und die Schwierigkeiten, die Operationsweise der neuen Formation genauer zu bestimmen. Hinzu kamen weitere Kritikpunkte, die zumeist aber ebenfalls von Bestrebungen begleitet wurden, die Theorie weiterzuentwickeln. So ging es etwa darum, die Regulationstheorie für ein politökonomisch gehaltvolles Verständnis von Arbeitspolitik nutzbar zu machen (Jürgens/Naschold 1984; Bieling 2012); die „staatstheoretische Lücke" der regulationstheoretischen Konzepte zu schließen (Hirsch 1995); die Mensch-Naturbeziehungen als gesellschaftliche Naturbeziehungen zu fassen (Görg 2003); die klassentheoretische Engführung aufzubrechen und die mehrfache soziale Spaltung in der postfordistischen Gesellschaft zu erschließen (Kohlmorgen 2004); oder auch die Prozesse der ungleichen Entwicklung, nicht zuletzt im Kontext der europäischen Integration analytisch und empirisch einzufangen (Bieling et al. 2016).

Diese und andere Impulse zeugen davon, dass die Regulationstheorie die kritische politökonomische Diskussion auf vielfache Weise belebt hat. Von ihr ausgehende wirtschafts- und gesellschaftspolitische Effekte lassen sich allerdings nur schwer identifizieren. Was die wirtschaftspolitischen Debatten betrifft, so blieb der Kreis der heterodoxen Ökonom*innen, die sich mit ihr befassen, überschaubar. Beratungsfunktionen und Kontakte zu staatlichen Apparaten gab es sporadisch allenfalls in Frankreich. In den anderen Ländern ließen sich zuweilen gewerkschaftliche Funktionsträger*innen oder auch Teile der sozialen Bewegungen regulationstheoretisch inspirieren. Es gibt sicherlich mehrere Gründe dafür, dass die Regulationsschule gesellschaftspraktisch kaum rezipiert und nutzbar gemacht wurde. Möglicherweise ist die Anlage des Theoriedesigns für ihre Praxisferne mitverantwortlich. Schließlich ist die Theorie nicht nur recht voraussetzungsvoll. Sie beinhaltet auch eine eher holistische Analyseperspektive, deren zentrale Kategorien darauf zugeschnitten sind, die charakteristischen Merkmale des Verhältnisses von Ökonomie, Politik und Gesellschaft – einschließlich der darin eingelagerten Macht- und Herrschaftsverhältnisse – aufzuspüren. Die „Anleitung" dafür, wie das Zusammenspiel der unterschiedlichen Handlungssphären konkret zu erfassen und zu interpretieren ist, bleibt hierbei oft recht allgemein.

Dies verdeutlicht, dass die Regulationstheorie nach wie vor der Weiterentwicklung und Präzisierung bedarf; zumal einige Probleme fortbestehen. Dies ist zum einen – ungeachtet der Einführung von Kontingenzmomenten – ein impliziter Funktionalismus, da die Entwicklung der Regulationsweise oft primär unter dem Aspekt der Stabilisierung des Akkumulationsregimes betrachtet wird. Zum anderen orientiert sich die Regulationstheorie – wie auch der VoC-Ansatz – ontologisch an einer Nationalstaat-Weltmarkt-Dichotomie. Es fällt ihr zumindest nicht ganz leicht, die inter- und transnationalen Dynamiken der kapitalistischen Entwicklung, die im Kontext der Globalisierung zweifelsohne an Bedeutung gewonnen haben, theoretisch-konzeptionell zu erfassen.

4.2 Internationale Politische Ökonomie: Neo-Gramscianische Perspektiven

Die politökonomische Diskussion adressierte schon früh Aspekte der Weltmarktintegration und befasste sich etwa mit Fragen des internationalen Handels. Sie war in diesem Sinne von Beginn an immer auch Internationale Politische Ökonomie (IPÖ). Als ein eigenes, spezifisch profiliertes Forschungsfeld, das zwischen der Wirtschaftswissenschaft und den Internationalen Beziehungen angesiedelt ist und auch die Erkenntnisse anderer Sozialwissenschaften mit aufnimmt – so z.B. der Soziologie, der Geschichtswissenschaft oder der Wirtschaftsgeographie –, etablierte sich die IPÖ jedoch erst seit den 1970er Jahren (Bieling 2011a: 10ff). Sie entstand in dem Maße, wie sich Wissenschaftler*innen aus unterschiedlichen Disziplinen den damaligen Umbrüchen in der Weltökonomie zuwandten – dem Zusammenbruch des Bretton Woods-Systems, der Forderung nach einer Neuen Weltwirtschaftsordnung, der wachsenden Bedeutung Transnationaler Konzerne (TNKs), der Liberalisierung des Warenhandels und der Finanzmärkte – und die beschleunigte Globalisierung analysierten.

Anfangs ließen sich die meisten Beiträge recht gut den drei Strömungen einer merkantilistisch-realistischen, liberal-internationalistischen und historisch-strukturalistischen IPÖ zuordnen. Schon bald differenzierte sich die Debatte jedoch stärker aus (Wullweber et al. 2013). Es wurde ein Mainstream erkennbar, der sich im Spannungsfeld realistischer und liberaler Diskussionen bewegte, und eine kritisch-heterodox ausgerichtete Forschung, die sich darauf konzentrierte, Fragen der Macht und Herrschaft, Ausbeutung und Abhängigkeit zu analysieren. Die nachfolgenden Ausführungen konzentrieren sich darauf, die kritisch-heterodoxe IPÖ-Diskussion am Beispiel des Neo-Gramscianismus, einem wichtigen Referenzpunkt der Diskussion seit den 1980er Jahren, zu rekonstruieren. Der Neo-Gramscianismus stellt eine Theorieperspektive dar, die einige der von Antonio Gramsci [1891–1937] entwickelten Konzepte, insbesondere das der Hegemonie und Zivilgesellschaft, aufgreift und für die Analyse der Weltökonomie nutzbar zu machen versucht. Wie dies zu verstehen ist, wird nachfolgend vor allem anhand der von Robert W. Cox [1926–2018] in die Debatte eingebrachten Überlegungen illustriert. Sie waren für die Entwicklung des Neo-Gramscianismus grundlegend, zumindest von sehr großer Bedeutung.

4.2.1 Gramsci und die Erneuerung des Marxismus

Um die konzeptuellen Überlegungen des Neo-Gramscianismus besser zu verstehen, sind zunächst ein paar Worte zu Antonio Gramsci zu verlieren. Dieser hatte in den 1920er Jahren dazu beigetragen, das marxistische Denken zu erneuern, allerdings nicht als Wissenschaftler im eigentlichen Sinne, sondern als Theoretiker, der an der Schnittstelle von Wissenschaft und politischer Praxis agierte. Der Weg zu einer intellektuellen Führungsposition war eher zufällig (Fiori 2013). Gramsci war 1891 auf Sardinien, in Cagliari, geboren worden und wuchs in Ghilarza auf. Schon in der Schulzeit eignete er sich den Großteil seines Wissens im Selbststudium an. Er litt unter einer schwachen physischen Konstitution und war oft krank. Die finanzielle Situation der Familie war angespannt, da sein Vater wegen Unregelmäßigkeiten vom Dienst suspendiert worden war. 1911 erhielt Gramsci ein Stipendium und studierte in Turin Literaturwissenschaft, Linguistik und Philosophie. Dort lernte er unter anderem Palmiro Togliatti [1893–1964] und Angelo Tasca [1892–1960] kennen. Mit diesen kooperierte er in der Sozialistischen Partei und in diversen Zeitschriftenprojekten, so z.B. der *L'Ordine Nuovo*. Gramsci war 1921 an der Gründung der Kommunistischen Partei Italiens beteiligt, hatte dort wichtige Funktionen inne, war ab 1924 deren Abgeordneter im Parlament, wurde aber ungeachtet seiner dadurch gegebenen Immunität durch das faschistische Regime 1926 verhaftet. Im Gefängnis arbeitete Gramsci zu zahlreichen Fragen der marxistischen Theorie.[49] Ende 1934 wurde er angesichts seines schlechten Gesundheitszustandes entlassen. Nach einem langen Klinikaufenthalt starb er 1937 an einer Gehirnblutung.

4.2.1.1 Die Hegemoniefrage, oder: Bausteine der „Philosophie der Praxis"

Wenn Gramsci als Erneuerer der marxistischen Theorie gilt, so war dies nicht zuletzt darauf zurückzuführen, dass er sich sehr kritisch mit den unterschiedlichen Varianten des „Ökonomismus" und einer objektivistischen und geschichtsphilosophischen Erstarrung der marxistischen Theorie – repräsentiert etwa durch Karl Kautsky [1854–1938] und Nikolai Bucharin [1888–1938], den führenden Theoretikern der Zweiten und Dritten Internationale – auseinandersetz-

49 Diese als *Gefängnishefte* bekannten Texte wurden in Italien nach dem Zweiten Weltkrieg, in deutscher Sprache allerdings erst sehr viel später veröffentlicht (Gramsci 1991–99).

te. Gramsci war stattdessen stets bestrebt, die handelnden Subjekte – daher auch die Rede vom Marxismus als einer „Philosophie der Praxis" – in die Analyse der wirklichen Geschichte mit einzubeziehen. Seine Aufmerksamkeit galt den konkreten Problemen der damaligen Zeit. Vor dem Hintergrund der Niederlage der Turiner Fabrikrätebewegung und des Erfolgs des Faschismus interessierte ihn, warum die Revolution im „Osten", d.h. in Russland, einem damals sehr rückständigen Land, erfolgreich gewesen ist, nicht aber im „Westen", wo der Erfolg eigentlich zu erwarten gewesen wäre. Er selbst gab auf diese Frage eine gleichsam programmatische Antwort:

> „Im Osten war der Staat alles, die Zivilgesellschaft war in ihren Anfängen und gallertenhaft; im Westen bestand zwischen Staat und Zivilgesellschaft ein richtiges Verhältnis, und beim Wanken des Staates gewahrte man sogleich eine robuste Struktur der Zivilgesellschaft. Der Staat war nur ein vorgeschobener Schützengraben, hinter welchem sich eine robuste Kette von Festungen und Kasematten befand; von Staat zu Staat mehr oder weniger, versteht sich, aber gerade dies verlangte eine genaue Erkundung nationaler Art." (Gramsci 1991–99: 874)

Hatte sich Gramsci schon während des Studiums mit Fragen der Kultur und Zivilgesellschaft auseinandergesetzt, so rückten sie im Gefängnis ins Zentrum seines theoretisch-konzeptionellen Denkens.[50] Die Zivilgesellschaft betrachtete Gramsci dabei als Bestandteil des „erweiterten" oder „integralen" Staates. Der integrale Staat umschließt einerseits die politische Gesellschaft, also den Staat im engeren Sinne, andererseits aber auch die Zivilgesellschaft, d.h. die Infrastruktur der öffentlichen Kommunikation. Gramsci rechnete ihr die Schulen, Universitäten, Bibliotheken, Kirchen und andere Bildungseinrichtungen zu, ebenso die Massenmedien (Bücher und Zeitschriften), Theater und Museen, politischen Parteien und Vereinigungen, Diskussionsforen oder Nachbarschaftsnetzwerke. Für Gramsci war schon damals erkennbar, dass sich die Zivilgesellschaft im „Westen" stark ausdifferenziert und erweitert hatte. Die in ihr ausge-

50 Die intensive Beschäftigung mit der Operationsweise von Staat und Zivilgesellschaft ist allerdings nicht so zu verstehen, dass Gramsci eine kohärente, in sich geschlossene Theorie ausgearbeitet hätte. Dies war unter den gegebenen Bedingungen schwerlich möglich. Gramsci entwickelte viele Überlegungen – ohne dass ihm die Quellen immer vorgelegen hätten – aus dem Gedächtnis. Er setzte häufig neu an. Einige Konzepte wurden unterschiedlich verwendet. Das Tableau der Notizen blieb in mancher Hinsicht bruchstückhaft.

tragenen Deutungskämpfe entscheiden maßgeblich darüber, ob die bestehenden Herrschaftsverhältnisse hegemonial abgesichert oder aber aufgebrochen und transformiert werden.

Das Zusammenspiel von Staat und Zivilgesellschaft verweist für Gramsci auf das zentrale Problem der Hegemonie. Unter Hegemonie versteht er einen konsensbasierten Modus der Herrschaft, der zwar keineswegs frei ist von Zwangselementen, aber von den Beherrschten akzeptiert wird. Die Genese von Hegemonie vollzieht sich als spezifische Artikulation gesellschaftlicher Kräfteverhältnisse im Zusammenspiel mehrerer Ebenen (Gramsci 1991–99: 1560 ff): Auf der gesellschaftsstrukturellen Ebene des „historischen Blocks" nimmt Gramsci sowohl die Potenziale als auch die inneren Widersprüche der materiellen und ideologischen Reproduktion in den Blick. Wie sich diese Potenziale und Widersprüche auf der Ebene der politischen Kräfteverhältnisse entfalten, ist maßgeblich durch die Qualität der Beziehungen zwischen unterschiedlichen sozialen Klassen und Gruppen bestimmt. Mitunter gelingt es einem „hegemonialen Block", d.h. einer Allianz sozialer Kräfte, die intellektuelle und moralische Führung zu übernehmen und eine neue politische Ethik zu verankern. Für die Durchsetzung und Aufrechterhaltung einer solchen Ethik sind auf einer weiteren Ebene schließlich noch die konkreten materiellen und kulturellen oder ideologischen Praktiken – Verallgemeinerung der eigenen Weltsicht oder Techniken der Machtausübung und Kontrolle – der beteiligten Akteure entscheidend.

Im Ringen um Deutungsmacht kommt den Intellektuellen eine zentrale Rolle zu. Nach Gramsci (1991–99: 1502) handelt es sich bei ihnen um „Funktionäre des Überbaus", die diskursiv darauf hinwirken, die bestehenden Herrschaftsverhältnisse zu legitimieren oder aber in Frage zu stellen, indem sie die „aktive" oder „passive" Zustimmung der Beherrschten organisieren oder deren Kritik öffentlich zur Sprache bringen. In den Arenen der Zivilgesellschaft agieren demnach sehr unterschiedliche Intellektuellengruppen. Sie unterscheiden sich zum einen in der Qualität ihrer Kommunikation, d.h. dem Einfluss, den sie in der öffentlichen und politischen Diskussion geltend machen können. Zum anderen fügen sie sich unterschiedlich in die gesellschaftlichen Macht- und Herrschaftsbeziehungen ein. So geht Gramsci (1991–99: 1497 ff) davon aus, dass jede soziale Klasse oder Schicht – das Bürgertum wie auch die Arbeiter*innenklasse – ihre eigenen, „organischen" Intellektuellen hervorbringt. Darüber hinaus existieren als Relikt der vorangegangenen Herrschaftsordnung noch die Gruppe der „traditionellen" Intellektuellen. In der damaligen Zeit waren dies die Vertreter der Kirche.

Als Expert*innen und Organisator*innen von Kultur und Wahrheit sind die unterschiedlichen Intellektuellengruppen in die Kämpfe um einen politischen oder ethischen Führungsanspruch involviert. Sie adressieren dabei – vermittelt über die unterschiedlichen Arenen der Zivilgesellschaft – letztlich immer auch das Alltagsbewusstsein, das durch die spezifische Art des Arbeitens und Lebens der jeweiligen sozialen Klasse, der Region oder Ethnie oder auch des Geschlechts geprägt ist. Wie genau diese Prägung sich in einer bestimmten politischen Orientierung oder Ethik niederschlägt ist durch die materiellen Produktions- und Reproduktionsbedingungen nicht eindeutig festgelegt. Gleichwohl lässt sich die Genese von Hegemonie nicht unabhängig von den strukturellen gesellschaftlichen Gegebenheiten entschlüsseln.

4.2.1.2 Fordismusanalyse

Gramsci hat sich wiederholt gegen ein kulturalistisch eingeschränktes Hegemonieverständnis ausgesprochen, das allein den Kampf um Bedeutungen und Begriffe in den Blick nimmt. Er hat vielmehr stets die Relevanz der materiellen Bezüge und Voraussetzungen hegemonialer Auseinandersetzungen hervorgehoben. Eine in diesem Zusammenhang mehrfach von ihm frei zitierte Passage stammt von Marx (1985: 9) aus dem Vorwort zur Kritik der politischen Ökonomie:

> „Eine Gesellschaftsformation geht nie unter, bevor alle Produktivkräfte entwickelt sind, für die sie weit genug ist, und neue höhere Produktionsverhältnisse treten nie an die Stelle, bevor die materiellen Existenzbedingungen derselben im Schoß der alten Gesellschaft selbst ausgebrütet worden sind. Daher stellt sich die Menschheit immer nur Aufgaben, die sie lösen kann, denn genauer betrachtet wird sich stets finden, dass die Aufgabe selbst nur entspringt, wo die materiellen Bedingungen ihrer Lösung schon vorhanden oder wenigstens im Prozess ihres Werdens begriffen sind."

In den *Gefängnisheften* gibt es zahlreiche Stellen, an denen sich Gramsci in ähnlicher Form auf grundsätzliche politökonomische Überlegungen von Marx bezieht. Derartige Verweise machen ihn nun keineswegs zu einem herausragenden Ökonomen, wenngleich sein Freund Piero Sraffa [1898–1983] ihn im Gefängnis mit den Schriften der politökonomischen Klassiker bestens versorgt hat (Krätke 1998: 55f). Die Stärke und der Beitrag Gramscis zur politökonomischen Diskussion ist anders einzuordnen. Gestützt auf seine hegemonietheoretischen Überlegungen hat er einen – gesellschafts-, macht- und kulturtheoretisch – erweiterten, in gewisser Weise sozialkonstruktivistischen Zugriff auf politökonomische Probleme und Fragestellungen entwickelt. Dieser Zugriff hat im wesentlich drei Komponenten: Die erste besteht darin, dass Gramsci die gesellschaftlichen Voraussetzungen ökonomischer Entwicklung betrachtet. Zweitens nimmt er in den Blick, wie sich im Zuge der ökonomischen Transformation die Strukturen und Organisationsformen von Hegemonie verändern. Und drittens betrachtet er, wie sich hierbei spezifische soziokulturelle Anpassungsprozesse und Konflikte entfalten. Was dies genau bedeutet, wird in den Ausführungen zum „Amerikanismus und Fordismus" erkennbar (Gramsci 1991–99: 2601 ff).

In diesem Text interessiert sich Gramsci dafür, warum die fordistische Produktions- und Lebensweise zunächst nicht in Italien – stellvertretend für Westeuropa –, dafür aber in den USA zur Entfaltung kommt. Die Antwort, die er gibt, verweist zum einen auf die kleinteilige, wenig produktive Betriebsamkeit des ökonomischen Lebens in großen italienischen Metropolen – Neapel, Palermo, Rom – und auf die „parasitären" Klassen, die durch die Restbestände feudaler Verhältnisse oder mafiöse Netzwerke genährt werden. Im Kontrast hierzu hebt er zum anderen die günstigen Ausgangsbedingungen in den USA hervor:

> „Amerika hat keine großen ‚historischen und kulturellen Traditionen', ist aber auch nicht mit diesem Bleimantel belastet: es ist dies einer der Hauptgründe – gewiss wichtiger als der sogenannte natürliche Reichtum – für seine gewaltige Akkumulation von Kapitalien, obgleich der Lebensstandard in den Volksklassen höher als der europäische ist. Die Nicht-Existenz dieser von den vergangenen historischen Phasen zurückgelassenen zäh parasitären Sedimente hat eine gesunde Basis für die Industrie und vor allem für den Handel ermöglicht und erlaubt immer mehr die Reduktion der vom Transportwesen und vom Handel repräsentierten ökonomischen Funktion auf eine der Produktion real untergeordnete Aktivität, sogar den Versuch, diese Aktivitäten in der produktiven Arbeit selbst zu absorbieren." (Gramsci 1991–99: 2068)

Die tradierten sozioökonomischen Verhältnisse sind für die Möglichkeiten, die Produktion zu modernisieren oder zu revolutionieren, von grundlegender Bedeutung. Darüber hinaus nimmt Gramsci auch die sozialkulturellen und politisch-institutionellen Bedingungen in den Blick, wenn er schreibt:

> „Die Amerikanisierung erfordert ein gegebenes Milieu, eine gegebene gesellschaftliche Struktur (oder den entschiedenen Willen, sie zu schaffen) und einen bestimmten Staatstyp. Der Staat ist der liberale Staat, nicht im Sinn des Liberalismus der Zölle oder der tatsächlichen politischen Freiheit, sondern im grundlegenderen Sinn der freien Initiative und des ökonomischen Individualismus, der mit eigenen Mitteln, als ‚Zivilgesellschaft', durch die

> historische Entwicklung selbst, beim Regime der industriellen Konzentration und des Monopols ankommt. Das Verschwinden des halbfeudalen Typus des Rentiers ist in Italien eine der Hauptbedingungen der industriellen Umwälzung (und zum Teil die Umwälzung selbst), und nicht eine Folge." (Gramsci 1991–99: 2079)

Wenn sich die fordistische Produktions- und Lebensweise erst einmal Bahn bricht, dann verändern sich auch die hegemonialen Verhältnisse. Gramsci weist durch seine Analysen der Kultur und der öffentlichen Kommunikation immer wieder darauf hin, dass die Prozesse der hegemonialen Transformation politisch umkämpft sind und gestaltet werden. Ebenso legt er aber auch Wert darauf, dass die zivilgesellschaftlichen Deutungskämpfe in Beziehung stehen zu den sozioökonomischen Verhältnissen und Bedingungen der Produktion. Hegemonietheoretisch dürfen die Experimente und Techniken einer verbesserten Produktions- und Arbeitsorganisation in den Ford'schen Fabrikhallen nicht ausgeklammert werden; ebenso wenig die durch die Produktivitätssteigerungen ermöglichten Lohnzuwächse. All diese Aspekte sind für ihn grundlegend:

> „Da diese vorgeordneten Bedingungen existierten und bereits von der historischen Entwicklung rationalisiert waren, ist es relativ einfach gewesen, die Produktion und die Arbeit zu rationalisieren, wobei geschickt der Zwang (Zerstörung des Arbeiter-Gewerkschaftswesens auf territorialer Basis) mit der Überzeugung kombiniert (hohe Löhne, verschiedene soziale Zuwendungen, ideologische Propaganda und äußerst geschickte Politik) und erreicht wurde, das gesamte Leben des Landes auf die Produktion zu gründen. Die Hegemonie entspringt der Fabrik und braucht zu ihrer Ausübung nur eine minimale Menge professioneller Vermittler der Politik und der Ideologie." (Gramsci 1991–99: 2069)

Die Formulierung „die Hegemonie entspringt der Fabrik" ist in der Industriesoziologie wiederholt aufgegriffen worden, um die gesellschaftliche Relevanz betrieblicher Reorganisationsprozesse zu untersuchen. In dem von Gramsci betrachteten Kontext geht es – im Vergleich zu Europa – jedoch vor allem um die ausgeprägte Unmittelbarkeit von Produktion und Lebensweise in den USA. Mit dem fordistischen Fabrikregime ist ein Kontrollanspruch des Managements verbunden, der weit über den Betrieb hinausreicht und sich auf unterschiedliche Aspekte der Lebensführung – die Bildung, das Wohnen, die Ernährung, den Alkoholgenuss oder die sexuellen Praktiken erstreckt:

> „Hervorzuheben ist, wie die Industriellen (besonders Ford) sich für die Sexualbeziehungen ihrer Belegschaften und überhaupt für die allgemeine Systematisierung ihrer Familien interessiert haben; der Anschein von ‚Puritanismus', den dieses Interesse angenommen hat (wie im Fall der Prohibition) darf einen nicht täuschen; die Wahrheit ist, dass der neue Menschentyp, den die Rationalisierung der Produktion der Arbeit erfordert, sich nicht entwickeln kann, solange der Sexualtrieb nicht entsprechend reguliert und seinerseits rationalisiert worden ist." (Gramsci 1991–99: 2073)

Es lassen sich zahlreiche Belege dafür anführen, dass die hier angesprochenen soziokulturellen Anpassungsprozesse erfolgreich waren. Zugleich gibt es aber auch Beispiele in Gestalt abweichender Lebensformen, die die Grenzen der Kontrolle und Anpassung illustrieren. Der Kontrollanspruch des Managements bleibt für Gramsci immer unvollständig. Dies gilt für die Arenen der privaten Lebensgestaltung, ebenso aber auch für die betrieblichen Organisations- und Arbeitsprozesse. Das Bestreben, das Denken und Handeln der Arbeiter*innen umfassend zu kontrollieren, gelingt offenbar nicht:

> „Die amerikanischen Industriellen haben die den neuen industriellen Methoden innewohnende Dialektik sehr gut verstanden. Sie haben verstanden, dass der ‚dressierte Gorilla' eine Phrase ist, dass der Arbeiter ‚bedauerlicherweise' Mensch bleibt und sogar dass er während der Arbeit mehr denkt oder zumindest mehr Möglichkeit zum Denken hat, zumindest wenn er die Anpassungskrise überstanden hat und nicht eliminiert worden ist: und er denkt nicht nur, sondern die Tatsache, dass er keine unmittelbaren Befriedigungen aus der Arbeit zieht und dass er versteht, dass man ihn auf einen dressierten Gorilla reduzieren will, kann ihn zu einem wenig konformistischen Gedankengang bringen." (Gramsci 1991–99: 2092)

Genau solche Gedankengänge und die daraus resultierenden subversiven Praktiken gilt es aus Sicht der Industriellen demzufolge einzuhegen: durch disziplinierende oder auch erzieherische Maßnahmen, Prozesse der kulturellen Anpassung, letztlich aber auch durch materielle Konzessionen. Für Gramsci stellen die relativ hohen Löhne und der durch sie ermöglichte Konsum, also die Steigerung des Lebensstandards einen zentralen Hebel dar, um die Zustimmung der Beschäftigten zur fordistischen Produktion und Gesellschaftsordnung zu erzeugen und die Widersprüche und Konflikte, die der kapitalistischen Produktionsweise eingeschrieben sind, zu bearbeiten.

4.2.2 Robert Cox und die Neo-Gramscianische Internationale Politische Ökonomie

Die hegemonietheoretische Perspektive untersucht, wie sich die diskursiven Praktiken, sozialen Kämpfe und Aushandlungsprozesse in unterschiedlichen Arenen – den Betrieben, Nachbarschaften, Bereichen der Zivilgesellschaft wie auch den staatlichen Apparaten im engeren Sinne – artikulieren. Diese Perspektive erschien in den 1980er Jahren auch einigen Vertreter*innen der Internationalen Politischen Ökonomie als vielversprechend. Sie griffen die von Gramsci entwickelten Überlegungen und Konzepte auf und machten sie für die Analyse internationaler oder regionaler politökonomischer Themen nutzbar.

Ein Wegbereiter dieser Bestrebungen war der kanadische Wissenschaftler Robert W. Cox. Dem eigenen Bekunden nach wuchs Cox (1996) in einem konservativen Milieu in Montreal auf. Er studierte an der dortigen McGill Universität in den 1940er Jahren Geschichte und arbeitete nach dem Studium an der tripartistisch, d.h. durch Vertreter*innen der Gewerkschaften, der Arbeitgeberverbände und des Staates, zusammengesetzten International Labour Organization (ILO) in Genf. Von 1965–71 war er Direktor des dort angesiedelten Internationalen Instituts für Arbeitsstudien und zudem Professor am Institut für Internationale Beziehungen an der Universität Genf. 1972 wechselte er als Professor zur Columbia Universität nach New York, bevor es ihn 1977 an die York Universität nach Toronto zog. Dort forschte und lehrte er bis zu seiner Emeritierung im Jahr 1992, blieb aber auch danach bis zu seinem Tod 2018 akademisch aktiv. Zusammen mit Susan Strange [1923–1998] hat er die kritisch ausgerichtete IPÖ-Diskussion seit den 1970er Jahren stark geprägt.

Die Annäherung an gramscianische Überlegungen lief bei Cox in mehreren Schritten. Grundlegend war für ihn zunächst die Kritik des vor allem in den USA vorherrschenden Neorealismus, der sich von einer historischen Perspektive, die auch die gesellschaftlichen Macht- und Herrschaftsverhältnisse berücksichtigte, verabschiedet hatte. Ausgehend von dieser Kritik wandte er sich eingehender der hegemonietheoretischen Perspektive Antonio Gramscis zu, bevor er diese mit der Konzeption der sozialen Produktionsbeziehungen politökonomisch fundierte und für seine große historische Studie *Production, power, and world order: Social forces in the making of history* (Cox 1987) operationalisierte.

4.2.2.1 Von der Kritik des Neorealismus zur Analyse historischer Strukturen

Die kritische Absetzung von der neorealistischen Perspektive ist für die neo-gramscianische IPÖ prägend. Robert W. Cox macht sehr nachdrücklich darauf aufmerksam, dass sich die neo-gramscianische IPÖ erkenntnistheoretisch deutlich anders – reflexiv und kritisch – positioniert. Die reflexive Dimension kommt vor allem in folgenden Überlegungen zum Ausdruck:

> „Theory is always for someone and for some purpose. All theories have a perspective. Perspectives derive from a position in time and space, specifically social and political time and space. The world is seen from a standpoint definable in terms of nation or social class, of dominance or subordination, of rising or declining power, of a sense of immobility or of present crisis, of past experience, and of hopes and expectations for the future. Of course, sophisticated theory is never just the expression of a perspective. The more sophisticated a theory is, the more it reflects upon and transcends its own perspective; but the initial perspective is always contained within a theory and is relevant to its explication. There is, accordingly, no such thing as theory in itself, divorced from a standpoint in time and space. When any theory so represents itself, it is the more important to examine it as ideology, and to lay bare its concealed perspective." (Cox 1981: 128)

Auf der Grundlage dieser erkenntnistheoretischen Reflexionen unterscheidet Cox (1981: 128 ff) idealtypisch zwei Arten von Theorie. Die erste Art bezeichnet er als „Problem-Lösungs-Theorie". Hierunter versteht er eine Perspektive, die den politischen Handlungsrahmen und die bestehenden Machtbeziehungen als gegeben annimmt und dazu beitragen will, die identifizierten Probleme oder Störungen zu beseitigen, um die etablierte Ordnung zu festigen. Bei der zweiten Art handelt es sich hingegen um eine „kritische Theorie". Diese zeichnet sich dadurch aus, dass sie die Entstehungsbedingungen der internationalen Ordnungsstrukturen – einschließlich der diese konstituierenden sozialen Verhältnisse und Machtbeziehungen – mit in den Blick nimmt und analysiert, inwiefern spezifische Widersprüche und Entwicklungen über diese Ordnungsstrukturen hinausweisen.

An diese zweite Art von Theorie, also eine kritische Theorie, schließt Cox an. Im Kontrast zur tendenziell ahistorischen Perspektive des Neorealismus interessiert er sich für den Wandel historischer Strukturen. Diese Strukturen sieht er geprägt durch das Zusammenspiel dreier Dimensionen sozialer Kräfte: durch die materiellen Kapazitäten, in denen sich die produktiven und technologischen Potenziale der bestehenden Produktionsweise reflektieren; durch die Ideen – die intersubjektiven und kollektiven Vorstellungen –, die die weltpolitischen Praktiken maßgeblich bestimmen; und die Institutionen, die eine Gerinnung und Verregelung sozialer Machtbeziehungen ermöglichen. Im Dreieck von materiellen

Kapazitäten, Ideen und Institutionen gelangt Cox (1981: 137f) zu einer analytischen Heuristik der sozialen Kräfteverhältnisse, die drei Handlungsebenen oder Sphären umspannt: erstens die Sphäre der Produktionsorganisation, die die sozialen Kräfte maßgeblich erzeugt; zweitens die Sphäre des Staates, dessen Operationsweise sich über die komplexe Interaktion mit der Zivilgesellschaft erschließt; und drittens die Sphäre der internationalen Kräftekonstellationen, also die Strukturen der Weltordnung. Letztere wird durch die ersten beiden Sphären – die Produktionsorganisation und den Staats-Zivilgesellschafts-Komplex – wesentlich bestimmt.

4.2.2.2 Anschlüsse an Gramsci

In der Entwicklung der hier nur knapp umrissenen Perspektive nimmt Cox punktuell bereits auf Gramsci Bezug. Angesichts der Fokussierung auf soziale Kräfte, Staats-Zivilgesellschafts-Komplexe und Fragen der Hegemonie ist dies wenig überraschend. Die Bezugnahme auf Gramsci erfolgt in einem weiteren Aufsatz dann ganz explizit (Cox 1983), um ein alternatives, politökonomisches Paradigma der Internationalen Beziehungen zu begründen, das sich von den etablierten Paradigmen deutlich abhebt. Cox lehnt sich relativ eng an einige der von Gramsci entwickelten Überlegungen an: Erstens greift er das Hegemonie-Konzept auf, das einen spezifischen Herrschaftsmodus markiert, der auch Teile der subalternen Kräfte durch materielle Zugeständnisse und Kompromisse und andere Konsens generierende Praktiken integriert. Von großer Bedeutung ist hierbei zweitens die veränderte Operationsweise der Zivilgesellschaft, die sich zunehmend ausdifferenziert und unterschiedliche Diskurse und Strategien der Bedeutungsproduktion umschließt. Die Zivilgesellschaft wird als Bestandteil des erweiterten oder integralen Staates begriffen. Die sich in ihr entfaltenden Aktivitäten tragen mit dazu bei, die tradierten Herrschaftsformen zu festigen und zu modernisieren, so etwa auf dem Wege der „passiven Revolution" – eines „von oben" oder „von außen" geleiteten Wandels der gesellschaftlichen Verhältnisse ohne Erhebung des Volkes – oder Strategien des „Trasformismo", der führende Akteure der subalternen Kräfte in das Herrschaftsgefüge kooptiert (Cox 1983: 164ff).

Diese Praktiken verweisen darauf, dass das staatliche Handeln in einer neogramscianischen Perspektive stets als Ergebnis des Zusammenspiels konkreter Staats-Zivilgesellschafts-Komplexe begriffen wird, deren Operationsweise drittens an die materiellen Bedingungen der Produktion und Reproduktion rückgebunden bleibt. Cox (1983: 167ff) greift in diesem Sinne das Konzept des „historischen Blocks" auf, mit dem Gramsci die spezifischen Muster der historisch spezifischen Gesellschaftsformation, etwa die des Fordismus, zu erfassen versuchte. Das Konzept des „historischen Blocks" thematisiert also, wie sich in einer besonderen historischen Konstellation die Produktionsformen und staatlich-zivilgesellschaftlichen Prozesse unter Vermittlung konkurrierender sozialer Kräfte und ihrer Intellektuellen artikulieren.

Die materiellen Grundlagen oder Aspekte der internationalen Politik werden von Cox im Gramsci-Aufsatz durchaus angesprochen, in seiner großen Studie zur Herausbildung und zum Wandel der Weltordnungsstrukturen dann aber noch weiter vertieft. Er führt dabei die Konzeption der „sozialen Produktionsbeziehungen" ein. Mit der Bezeichnung „sozial" hebt er hervor, dass die Produktion nicht nur andere gesellschaftliche Felder maßgeblich strukturiert, sondern selbst als ein soziales Kräftefeld zu begreifen ist, das politischen, institutionellen und kulturellen Einflüssen unterliegt. Hierzu passt entsprechend auch ein sehr umfassendes Verständnis von Produktion, das über die Herstellung physischer Produkte hinausreicht. Die Produktion umschließt für Cox (1989: 39) auch „the production and reproduction of knowledge and of the social relations, morals, and institutions that are prerequisites to the production of physical goods." Dieses weite Verständnis von Produktion wird von ihm intern weiter differenziert. In Ergänzung zu den „sozialen Produktionsbeziehungen" (social relations of production) spricht Cox auch von „Produktionsverhältnissen" (production relations) und den „Machtbeziehungen in der Produktion" (power relations of production). Je nachdem, welcher Begriff verwendet wird, treten spezifische Aspekte in den Vordergrund:

> „*Production relations* is the broadest term, including the relationship between the people involved and the world of nature, i.e., technology, as well as the relations between the various groups of people and the legal and institutional forms to which these relations give rise and which structure them. The term *social relations of production* focuses attention more specifically on the pattern or configuration of social groups engaged in the process, and the term *power relations of production* focuses on the dominant-subordinate nature of this pattern of social relations." (Cox 1987: 12)

Die Konzeption der sozialen Produktionsbeziehungen ist für die Art und Weise, wie gramscianische Überlegungen für die Analyse der Weltordnung und Weltökonomie nutzbar gemacht werden, in mehrfacher Hinsicht instruktiv. Erstens wirkt Cox durch die Betonung der sozialen Verhältnisse und Machtbeziehungen in der Produktion dem Bild der Ökonomie als einer nicht-gesellschaftlichen Sphäre, deren Operationsweise selbst feststeht und nicht verändert werden kann, entgegen. Zweitens weist er darauf hin, dass die sozialen Produktionsbeziehungen ohne die Prozesse der Reproduktion nur schwer zu begreifen sind. Durch die Berücksichtigung der Reproduktion wird es möglich, neben der Klasse der Arbeiter*innen auch andere soziale Kräfte und Beziehungen – etwa die Geschlechter-Beziehungen oder die Mensch-Natur-Beziehungen – kategorial zu erfassen und in die Analyse einzubeziehen. Drittens wird erkennbar, dass Cox die von Gramsci entwickelten Konzepte nicht nur aufgreift und einfach auf die internationale politische Ökonomie überträgt, sondern mit diesen selbst arbeitet, sie also fortentwickelt und für die empirische Analyse operationalisiert. Dies ist durchaus naheliegend und erforderlich. So sind die von Gramsci entwickelten Begriffe recht dehnbar, da er sie selbst mitunter wenig trennscharf und in unterschiedlichen Kontexten verwendet hat. Darüber hinaus stellen sie sich – man denke nur an das Konzept der Zivilgesellschaft oder des Staates – durchaus anders dar, wenn sie auf die internationale oder globale Arena projiziert werden.

Ungeachtet dieser grundsätzlichen Differenz sind die Überlegungen Gramscis für Cox mehr als eine einfache Inspirationsquelle. Sie helfen ihm eine Perspektive zu entwickeln, die sich vom neo-realistischen Verständnis von Hegemonie, das diese mehr oder minder mit Dominanz gleichsetzt und Macht vor allem als Ausdruck überlegener ökonomischer und militärischer Ressourcen begreift, deutlich absetzt. Auch die sozioökonomisch, kulturell und auch ideologisch geprägten Machtbeziehungen und Prozesse der Konsensgenerierung – durch Diskurse wie auch materielle Konzessionen und Kompromisse – werden in die Analyse mit einbezogen:

> „Hegemony at the international level is thus not merely an order among states. It is an order within a world economy with a dominant mode of production which penetrates into all countries and links into other subordinate modes of production. It is also a complex of international social relationships which connect the social classes of the different countries. World hegemony is describable as a social structure, an economic structure, and a political structure; and it cannot be simply one of these things but must be all three. World hegemony, furthermore, is expressed in universal norms, institutions and mechanisms which lay down general rules of behavior for states and for those forces of civil society that act across national boundaries – rules which support the dominant mode of production.“ (Cox 1983: 171 f)

4.2.2.3 Kritisch-realistischer Neo-Gramscianismus

Die von Robert W. Cox entwickelte Theorieperspektive lässt sich als „kritisch-realistischer" Neo-Gramscianismus einordnen (Falk 1997). Gestützt auf die kritische Analyse der sozialen Produktionsbeziehungen und zivilgesellschaftlichen Hegemonialstrukturen richtet sich die Aufmerksamkeit auf die fortbestehenden zwischenstaatlichen Machtbeziehungen und Konflikte. Diese werden in bestimmten Phasen durch Formen einer internationalen Hegemonie kontrolliert und eingehegt. Wir haben es bei Cox (1983: 169 ff; 1987) mit der Konzeption einer Zwei-Ebenen-Hegemonie zu tun. So setzt internationale Hegemonie die Genese hegemonialer Strukturen im nationalen Raum voraus. Zunächst muss sich ein überlegenes Model der Produktions- und Lebensweise im nationalen Raum herausbilden, bevor sich dieses – vermittelt über die inter- und transnationalen Aktivitäten der hegemonialen Kräfte – im globalen Raum verallgemeinern und in die Operationsweise internationaler Institutionen einschreiben kann.

Die Institutionalisierung und Absicherung von Hegemonie in internationalen Organisationen ist vor allem deswegen wichtig, weil hierdurch zugleich auch die hegemonialen Normen universalisiert werden (Quellentext 12).

Quellentext 12: Hegemonie und Internationale Organisationen

Ein Mechanismus, durch den die universellen Normen einer Welthegemonie zum Ausdruck gebracht werden, ist die internationale Organisation. In der Tat fungiert internationale Organisation als der Prozeß, durch den die Institutionen der Hegemonie und ihrer Ideologie entwickelt werden. Folgende Merkmale internationaler Organisation drücken deren hegemoniale Rolle aus: (1) die Institutionen artikulieren die Regeln, die die Ausbreitung hegemonialer Weltordnungen erleichtern; (2) sie sind ihrerseits das Produkt der hegemonialen Weltordnung; (3) sie legitimieren ideologisch die Normen der Weltordnung; (4) sie binden die Eliten der peripheren Länder ein und (5) sie absorbieren gegenhegemoniale Ideen.
Internationale Institutionen verkörpern die Regeln, die einerseits die Ausbreitung der herrschenden ökonomischen und sozialen Kräfte erleichtern. Zugleich mindern sie für die untergeordneten Interessen die Schmerzen der Anpassung. Dabei sind die Regeln für die weltweiten Finanz- und Handelsbeziehungen von besonderer Bedeutung. Sie sollen in erster Linie der wirtschaftlichen Expansion dienen. Gleichzeitig las-

sen sie Ausnahmen und Abweichungen zu, um auf Problemsituationen Rücksicht zu nehmen. Sie können angesichts veränderter Umstände revidiert werden. Im Unterschied zum Goldstandard gaben die Institutionen von Bretton Woods mehr Schutz für innenpolitische soziale Angelegenheiten wie die Arbeitslosigkeit – unter der Bedingung freilich, daß die nationalen Politiken mit dem Ziel einer liberalen Weltwirtschaft übereinstimmten. Das gegenwärtige System freier Wechselkurse gibt ebenfalls Raum für nationales Handeln, obgleich es – als oberstes Ziel und Prinzip – die Verpflichtung aufrecht erhält, die nationalen Politiken im Interesse einer liberalen Weltwirtschaft zu harmonisieren.
Internationale Institutionen und Regeln werden im Allgemeinen durch denjenigen Staat initiiert, der die Hegemonie errichtet. Zumindest aber brauchen sie dessen Unterstützung. Der dominante Staat achtet natürlich darauf, daß er gemäß der Machthierarchie innerhalb der zwischenstaatlichen hegemonialen Struktur die Zustimmung der anderen Staaten erhält. Einige Länder aus der zweiten Reihe werden zuerst konsultiert, um ihre Unterstützung zu sichern. Zumindest die Zustimmung einiger peripherer Länder ist dringend geboten. Die formale Beteiligung kann dabei zugunsten der dominierenden Mächte gewichtet sein, wie im Internationalen Währungsfond und der Weltbank. Sie kann sich aber auch – wie in den meisten größeren internationalen Organisationen – auf das Prinzip „ein Staat, eine Stimme“ stützen. Den formellen Entscheidungsprozeduren liegt stets eine informelle Einflußstruktur zugrunde. Diese spiegelt die unterschiedlichen Ebenen der tatsächlichen politischen und wirtschaftlichen Machtverhältnisse wider.

Quelle: Cox 1998: 83 f.

Durch die Institutionalisierung kann sich die internationale Hegemonie von ihren nationalen Kapitalismusmodellen und Staats-Zivilgesellschafts-Komplexen partiell ablösen. Ebenso bilden sich transnationale Netzwerkstrukturen heraus – Cox (1987: 359 f) erwähnt eine entstehende „transnationale Managerklasse“ –, die die Kontrolle hegemonialer Nationalstaaten relativieren. Nicht nur die relative Verselbständigung der internationalen Organisationen und die Prozesse der Transnationalisierung signalisieren eine klare Distanz zum neorealistischen Denken. Auch durch die Fokussierung auf die gesellschaftlichen Widersprüche und Konflikte, die der internationalen Hegemonie eingeschrieben sind, ordnet sich Cox eindeutig einer kritischen politökonomischen Forschungsperspektive zu.

4.2.3 Weitere Strömungen oder Schulen des Neo-Gramscianismus

Auch die anderen Strömungen oder Schulen einer neo-gramsianischen IPÖ verstehen sich als kritisch. Sie schließen an die von Cox skizzierten Elemente des Neo-Gramscianismus an, setzen zum Teil aber auch neue Akzente. Die neue Akzentuierung ergibt sich zum einen daraus, dass weitere Themenfelder untersucht werden. Zum anderen stützen sich die anderen Strömungen aber auch auf spezifische analytische Konzepte, die bei Cox keine oder nur eine nachgelagerte Rolle spielen.

4.2.3.1 Amsterdamer Schule

Die Amsterdamer Schule ist vor allem mit dem Namen Kees van der Pijl [1947*] verbunden. Zu ihr zählen zudem Henk Overbeek [1949*] oder Otto Holman [1956*], die mit van der Pijl eng zusammengearbeitet haben, und einige jüngere Wissenschaftler*innen, die zentrale Konzepte der Schule aufgegriffen und weiterentwickelt haben: so etwa Bastiaan van Apeldoorn, Nana de Graaff, Laura Horn oder Angela Wigger. Die Perspektive der Amsterdamer Schule ist insofern gramscianisch orientiert, als es ihr ebenfalls darum geht, die Genese und Verallgemeinerung transnationaler hegemonialer Strukturen zu untersuchen. Deutlich stärker als bei Cox wird Hegemonie dabei nicht nur als Resultat sozialer Kräfte, sondern als „Klassenprojekt" begriffen. Neben dem Gramscianismus sind für die Analyseperspektive der Amsterdamer Schule gemäß Henk Overbeek (2000: 163 ff) folgende Aspekte charakteristisch: erstens eine Selbstverortung in der Tradition des historischen Materialismus, die in der besonderen Gewichtung der sozialen Produktionsverhältnisse und der durch diese konstituierten Klassenbeziehungen zum Ausdruck kommt; zweitens eine Hervorhebung von transnationalen Kooperationsformen – stark geprägt durch die internationale Arbeitsteilung und das transnationale Kapital –, die über die politischen Machtverhältnisse des Nationalstaats hinausweisen; und drittens die Identifizierung spezifischer Kapitalfraktionen, deren Interessen und strategische Positionen sich – bedingt durch die Rolle im kapitalistischen Reproduktionskreislauf – unterscheiden.

Dieser letztgenannte Aspekt – die Bedeutung spezifischer Kapitalfraktionen – hatte bereits in der Analyse der transatlantischen Kooperation nach dem Zweiten Weltkrieg bei van der Pijl (1984: 8 ff) eine große Bedeutung. Er argumentierte damals, dass das Bankkapital – fernab gesellschaftlicher Kompromisszwänge – das Herrschaftskonzept („concept of control") eines „liberalen Internationalismus" verfolgte, sich also für eine sehr umfassende wirtschaftliche Liberalisierung und Deregulierung aussprach. Deutlich anders gelagert waren die Interessen des Produktivkapitals. Dieses war durch die lokale Gebundenheit der industriellen Fertigung sehr viel stärker darauf angewiesen, die Kooperation und entsprechende Kompromisse mit den Beschäftigten zu finden. Deshalb präferierte es das Herrschaftskonzept der „staats-monopolistischen Regulierung", das auch Elemente einer wirtschaftspolitischen Kontrolle und Steuerung enthält. In der Synthese dieser beiden Herrschaftskonzepte kristallisierte sich in den Nachkriegsjahrzehnten im transatlantischen Raum das Herrschaftskonzept eines „korporatistischen Liberalismus" heraus (van der Pijl 1984: 28 ff), das den Erfordernissen des Fordismus weitgehend entsprach.

In den 1990er und 2000er Jahren befasste sich die Amsterdamer Schule vermehrt mit der neuen Dynamik der europäischen Integration, also dem EG-Binnenmarkt, der Wirtschafts- und Währungsunion (WWU), der EU-Erweiterung und anderen hierauf bezogenen gemeinschaftlichen Initiativen. Als treibende Kraft dieser Entwicklung wurde wiederholt das transnationale Kapital, insbesondere der European Round Table of Industrialists (ERT) als eine Art strategischer Planungskörper analysiert (Van Apeldoorn 2002). Auf der Grundlage einer zunehmenden Kapitalmarktorientierung und transnationalen Verflechtung der Konzerne ergriff der ERT immer wieder die Initiative zur weiteren Liberalisierung und Integration der europäischen Ökonomie. Das hegemoniale Herrschaftskonzept, an dem sich die Konzerne nun orientierten, war allerdings nicht mehr der „korporatistische Liberalismus", sondern der „Neoliberalismus"; und zwar in dem Maße, wie im Zuge der Globalisierung die lokalen Bindungen des Produktivkapitals gelockert wurden und sich das Geldkapital seiner zwischenzeitlichen Einhegung entledigte.

Eine weitere theoretische Entwicklung besteht darin, dass sich van der Pijl (2006: 6 ff) seit Ende der 1990er Jahre der trans- und international umkämpften Expansionsdynamik (neo-)liberal verfasster Wirtschaftsräume zuwendet. Hierzu unterscheidet er zwischen zwei Typen von Staats-Zivilgesellschafts-Komplexen: Auf der einen Seite sieht er – benannt nach dem britischen Philosophen John Locke – den Komplex des Lock'schen Kerngebiets, der sich ausgehend von Großbritannien über die USA auf andere Gesellschaften ausdehnt und sich an (markt-)liberalen Organisationsprinzipien – einem (selbst-)begrenzten Staat, einer besitzindividualistischen Kultur, weitereichenden Freiheitsrechten und stabilen Formen der zivilgesellschaftlichen Selbstorganisation – orientiert. Auf der anderen Seite steht demgegenüber – benannt nach Thomas Hobbes – der Typus des Hobbes'schen Herausforderer-Staats, der durch eine umfassende politische Kontrolle von Ökonomie und Gesellschaft, eine top-down Mobilisierung sozialer Klassen und repressive Staatsapparate gekennzeichnet ist. Die divergierenden staatlich-zivilgesellschaftlichen Organisationsprinzipien haben in der Vergangenheit immer wieder Spannungen und Konflikte genährt, die letztlich zugunsten des Locke'schen Kerngebietes aufgelöst wurden. Dessen expansiv-liberale Ausrichtung hat bislang jedenfalls eine hegemoniale Wirkung entfaltet, der sich die Hobbes'schen Herausforderer auf Dauer nicht zu entziehen vermochten.

4.2.3.2 Konstitutionalistischer Neo-Gramscianismus

Neben Cox, der für einen „kritisch-realistischen", und der Amsterdamer Schule, die für einen „transnationalen" Neo-Gramscianismus steht, haben auch die Beiträge von Stephen Gill [1950*], einem Kollegen von Cox an der York University in Toronto, die neo-gramscianische IPÖ maßgeblich geprägt. Die konzeptionellen Überlegungen Gills lassen sich – obgleich er sich ebenfalls mit den transnationalen Eliten-Netzwerken, vor allem mit der Trilateralen Kommission befasst hat (Gill 1990) – vielleicht am besten als „konstitutionalistischer" Neo-Gramscianismus bezeichnen, da ihn besonders die Prozesse der inter- und supranationalen Verfassungsbildung, vor allem der Institutionalisierung und Verrechtlichung marktliberaler Wettbewerbsvorgaben interessieren (Gill 2002; 2003). Sofern es sich hierbei um Formen des Konstitutionalismus handelt[51], bilden sie eine wichtige Komponente transnationaler hegemonialer Entwicklungsdynamiken, die mit ähnlich ausgerichteten Tendenzen in der politischen Ökonomie und Zivilgesellschaft korrespondieren.

Was die politische Ökonomie betrifft, so beobachtet Gill (1995) als dominante Tendenz die Verallgemeinerung eines „disziplinierenden Neoliberalismus". Hierunter fallen für ihn all jene Prozesse, die die Globalisierung und ökonomische Liberalisierung vorantreiben und mit den politischen Empfehlungen führender Intellektueller des Neoliberalismus wie Friedrich August von Hayek oder Milton Friedman übereinstimmen. Nach Gill werden hierdurch die transnationalen Macht- und Herrschaftsbeziehungen ökonomisiert, partiell anonymisiert und subjektiv internalisiert. Er schließt hiermit an die Überlegungen Michel Foucaults zur Subjektivierung und Internalisierung von Herrschaft an, bettet diese aber in den Kontext der Globalisierung von Handel, Produktion und Finanzen ein. Gerade durch die Globalisierung der Kapital- und Kreditmärkte wird für

51 Begrifflich präzise kann zwischen Konstitutionalismus und Konstitutionalisierung unterschieden werden (Eberl/Rödl 2010). Als Konstitutionalisierung sind die Prozesse der transnationalen Verfassungsbildung zu bezeichnen, die die Globalisierung rechtlich und institutionell einrahmen. Der Konstitutionalismus ist im Unterschied hierzu deutlich enger definiert und bezieht sich auf all jene Prozesse, durch die die demokratische Selbstorganisation der Gesellschaft eingeengt und beschnitten wird.

Gill die strukturelle Macht des transnationalen Kapitals gegenüber politischen Akteuren – den Regierungen oder Gewerkschaften – systematisch gestärkt.

Durch den „neuen Konstitutionalismus“ wird diese Entwicklung im Bereich der politisch-institutionellen und rechtlichen Sphäre gefördert. Es entsteht mit ihm eine transnationale Rechts- und Regulierungsstaatlichkeit, die die Globalisierung von Investitionen, Handelsbeziehungen und Wettbewerbsdynamiken vorantreibt und zugleich der demokratischen Kontrolle und Einflussnahme entzieht:

> „The new constitutionalism can be defined as the political project of attempting to make transnational liberalism, and if possible liberal democratic capitalism, the sole model for future development. New constitutionalist proposals […] emphasize market efficiency, discipline and confidence; economic policy credibility and consistency; and limitation on democratic decision-making processes. Proposals imply or mandate the insulation of key aspects of the economy from the influence of politicians or the mass of citizens by imposing, internally and externally, ‚binding constraints‘ on the conduct of fiscal, monetary and trade and investment policies. Ideology and market power is not enough to ensure the adequacy of neo-liberal restructuring.“ (Gill 2003: 132)

Eine dritte Tendenz innerhalb der Zivilgesellschaft besteht für Gill (1995) zudem in der Ausbreitung einer „Kultur des Marktes“, die dazu beiträgt, die vorherigen Tendenzen konsensual abzustützen. So gewinnt seit den 1980er Jahren die Werbe- und Kulturindustrie nochmals an Bedeutung. Das besitzindividualistische Denken breitet sich weiter aus. Diskurse über die Perspektiven der Nutzenmaximierung und die produktiven Effekte der Marktkonkurrenz treten in den Vordergrund. Im Gegenzug wird – getragen durch medien-, marketing- und konsumorientierte Ober- und Mittelklassen – die Kritik des öffentlichen Sektors und der staatlichen Bürokratie forciert und die Privatisierung, Kommerzialisierung und Vermarktlichung von Staat und Gesellschaft eingefordert.

4.2.4 Weitere Entwicklung und Kritik

Die hier skizzierten Dynamiken werden von der neo-gramscianischen IPÖ vor allem im transatlantischen Wirtschaftsraum, also in den USA und der EU, beobachtet und analysiert (Bieling/Steinhilber 2000; Cafruny/Ryner 2003; van Apeldoorn et al. 2009). Es gibt mithin eine gewisse regionale Schwerpunktsetzung, die punktuell zwar aufgebrochen worden ist, sich ansonsten aber daraus erklärt, dass der Verlauf der ökonomischen, sozialen und auch institutionellen und rechtlichen Transnationalisierung in Europa besonders ausgeprägt ist.

Seit den 2000er Jahren hat sich die Forschung zugleich jedoch stark ausdifferenziert. Dies liegt nicht zuletzt daran, dass sich viele jüngere Wissenschaftler*innen der neo-gramscianischen Perspektive zuwenden und diese für die Analyse unterschiedlicher Themen und Untersuchungsfelder nutzbar zu machen versuchen. Sie befassen sich mit der Transformation hegemonialer Strukturen in verschiedenen Weltregionen (Vivares/Dolcetti-Marcolini 2016; Chalcraft 2021), mit den zahlreichen Widersprüchen im Prozess der Globalisierung (Gill 2003; Stephen 2011), mit den arbeits- und sozialpolitischen Konflikten im Kontext der Finanz- und Eurokrise (Bieling 2015) oder auch mit den jüngeren Kontroversen in der Klima- und Transformationsdebatte (Haas 2019; Newell 2019). Die Fokussierung auf die Rolle der transnationalen Eliten und hegemonialen Kräfte bleibt in den meisten Untersuchungen durchaus präsent. Ebenso werden aber auch vermehrt Bezüge zu Konzeptionen hergestellt, die unterschiedliche Aspekte der Produktions- und Lebensweise thematisieren, also stärker die alltäglichen Erfahrungen potenziell widerständiger sozialer Klassen und Gruppen aufgreifen. Dies gilt unter anderem für die Konzeption der „imperialen Lebensweise" (Brand/Wissen 2017), für die Beiträge zu einer „Everyday International Political Economy" (Hobson/Seabrooke 2007) oder auch die Überlegungen zu einer „Kulturellen Politischen Ökonomie" (Jessop 2009), die die Elemente der Bedeutungsproduktion als konstitutiv für die kapitalistische Entwicklung betrachtet.

Die zuletzt angesprochenen konzeptionellen Innovationen lassen sich auch als Versuch interpretieren, die recht dehnbaren Begriffe Gramscis genauer zu fassen und für die empirische Analyse nutzbar zu machen. Hierbei richtet sich der Blick häufig auf die diskursiven Praktiken und sozialen Interaktionsformen – z.B. auf die Prozesse der Netzwerkbildung oder die Formierung von Allianzen –, durch die hegemoniale Verhältnisse entstehen, sich reproduzieren oder aber modifiziert und in Frage gestellt werden. In den meisten Studien geht es entsprechend vermehrt darum, die neo-gramscianischen Analysekonzepte methodologisch zu fundieren und für die empirische Analyse zu operationalisieren: etwa mit Hilfe der Historisch-Materialistischen-Politikanalyse (HMPA) (Brand 2013) oder in Kombination mit kritischen Diskursanalysen (Fairclough 2013). Nicht nur was den Untersuchungsgegenstand betrifft, auch methodologisch ist die neo-gramscianische IPÖ inzwischen sehr breit aufgestellt.

Angesichts der hier nur sehr knapp angedeuteten Weiterentwicklung und Ausdifferenzierung des Neo-Gramscianismus stellt sich die Frage, inwiefern die vor längerer Zeit formulierten Kritiken heute noch zutreffen. In den 1990er Jahren war unter anderem eingewandt worden, dass sich die gramscianischen Konzepte – etwa das des historischen Blocks oder der Zivilgesellschaft – nicht einfach auf die internationale politische Ökonomie übertragen lassen (Germain/Kenny 1998). Tatsächlich verdeutlichen die Anstrengungen einer konzeptionellen und methodologischen Weiterentwicklung, dass die meisten Forscher*innen sich dieser Problematik durchaus bewusst sind und sie die Konzepte nicht einfach übertragen, sondern nutzbar zu machen versuchen. Zu relativieren sind auch die gegenläufigen Kritiken, die dem Neo-Gramscianismus entweder vorwarfen, sich von den grundlegenden materiellen Widersprüchen der kapitalistischen Akkumulation zu entfernen (Burnham 1991), oder aber die Gegensätze und Konflikte zwischen den sozialen Klassen zu essentialisieren (Scherrer 1999). Auch hier spricht die Heterogenität der neo-gramscianischen Debatte eher dafür, dass es für beide Kritiken zwar zutreffende Beispiele gibt, es in der Entwicklung des Theoriestrangs insgesamt jedoch recht gut gelungen ist, die ökonomischen, institutionellen und kulturell-diskursiven Prozesse aufeinander zu beziehen.

Ungeachtet der Zurückweisung der älteren Kritiken bleibt jedoch das Problem bestehen, dass die gramscianischen Begriffe und Konzeptionen aufgrund ihres mitunter holistischen Charakters und ihrer Dehnbarkeit immer wieder spezifiziert und operationalisiert werden müssen. Die Theoriebildung bleibt hierdurch grundsätzlich unabgeschlossen. Zugleich eröffnen sich fortwährend neue Möglichkeiten, die analytischen Konzepte weiterzuentwickeln oder durch komplementäre Perspektiven anzureichern; und auf die gesellschaftspolitische Praxis politischer Organisationen und sozialer Bewegungen einzuwirken. Bislang ist es sicherlich schwierig, im Handeln dieser Organisationen einen unmittelbaren oder eindeutigen Theorieeffekt zu identifizieren. Sofern das Handeln von linken Parteien, Gewerkschaften oder der globalisierungskritischen Bewegung durch kapitalismuskritische Erwägungen angeleitet ist, leistet die neo-gramscianische IPÖ aber durchaus einen gewissen Beitrag.

4.3 Feministische Politische Ökonomie und Intersektionalität

Am 24. Oktober 1975 beteiligt sich 90 % der isländischen Frauen*[52] am „Frauenstreik“ und legten ihre Arbeit in Schulen, Fabriken, Restaurants, Banken, an Schreibtischen und im Haushalt nieder und brachten damit die Wirtschaft zum

52 Der Konstruktionscharakter des „sozialen Geschlechts“ betrifft alle sozialen Gruppen. „Frauen*“ beispielsweise bezieht sich auf alle Personen, die sich unter der Bezeichnung „Frau“ definieren, definiert werden und/oder sich sichtbar gemacht sehen.

Stillstand (Erlingsdóttir/Chandra 2020: 450f). Dieser wirtschaftliche Stillstand entstand einerseits durch den Streik der Frauen in ihrer Rolle als Lohnarbeiter*innen, vor allem jedoch aufgrund ihres Streiks als Hausfrauen und Mütter, deren unbezahlte Fürsorgearbeit als selbstverständlich vorausgesetzt wurde. Schwindende Kapazitäten an Süßigkeiten und Hotdogs ließen darauf schließen, dass hunderte von überforderten Vätern versuchten, ihren Nachwuchs zu versorgen, allerdings ohne die Hilfe der Mütter und bei geschlossenen Supermärkten und Restaurants. Ihre Büros verwandelten sich in Kitas oder Schulen und verunmöglichten ein produktives Arbeitsumfeld. Diese „Revolution der roten Socken" – benannt nach der isländischen Rødstrømpern (Rote Socken), einer radikal-feministischen Bewegung, die zu dem Streik aufrief – verdeutlichte nachdrücklich, dass die Reproduktions- und Fürsorgearbeit von zentraler Bedeutung für das wirtschaftliche Leben ist.

Keiner der bisher vorgestellten politökonomischen Theorien gelingt es, die Reproduktions- und Fürsorgearbeit (care work) als zentrale Komponenten der wirtschaftlichen Sphäre konzeptionell angemessen zu fassen und theoretisch zu reflektieren. Die meisten Ansätze – von der Neoklassik bis hin zu marxistischen Theorien – neigen dazu, die Reproduktionsarbeit außerhalb der Wirtschaftssphäre zu verorten. Ihr wird zwar durchaus eine systemische Relevanz für die profitorientierte Erwerbswirtschaft zugeschrieben, obgleich eine notwendige Voraussetzung bleibt sie der offiziellen Ökonomie konzeptionell zumeist jedoch nur extern verbunden. Diese theoretische Ausgliederung und die damit einhergehende Geschlechterblindheit erschwert es, wissenschaftliche Erkenntnisse über die systemischen Ausbeutungsverhältnisse und die konstitutiven Macht- und Herrschaftsstrukturen in der Reproduktions- und Fürsorgearbeit zu generieren.

Ansätze der Feministischen und Intersektionalen Politischen Ökonomie versuchen die Sphäre des Ökonomischen um Reproduktions- und Fürsorgearbeit zu erweitern, um ihre systemische Funktion innerhalb des Kapitalismus zu verstehen, Antworten auf soziale Ungleichheit und Ausgrenzung zu finden sowie ihren Wandel ebenso wie ihre Kontinuitäten zu verstehen. Diesen Ansätzen zufolge können Wirtschaftsgüter nicht auf Produktionsgüter verkürzt werden, sondern beinhalten alle Quellen potentiellen Einkommens wie Humankapital, natürliche Ressourcen, soziales Kapital in Form von gegenseitigen Netzwerken, Verpflichtungen und Hilfestellungen sowie Wissen (Folbre 2021: 8). Obwohl die genannten Kapitalformen häufig nicht einfach in Geld denominiert werden können und auch ihre Eigentumsverhältnisse nur schwer zu bestimmen sind, stehen sie unter einer kollektiven, gesellschaftlichen Kontrolle. Sie sind Quelle unverzichtbarer wirtschaftlicher Gewinne, können aber auch zu kostspieligen Formen der Ausbeutung – in Form von physischen und psychischen Gesundheitsproblemen und Ineffizienz – führen.

Feministische und intersektionale Theorien wie auch die sozialen Bewegungen, die sich auf sie beziehen, verbindet eine lange Geschichte. Frühe politische Frauenbewegungen bildeten sich in Frankreich und anderen europäischen Ländern bereits um 1830 und in den USA um 1850, um für die Abschaffung der Sklaverei einzutreten. In den USA war der Kampf gegen die Sklaverei von einem starken Bewusstsein des notwendigen Zusammendenkens von Geschlecht, Ethnie und wirtschaftlichem Status – sprich Sklavin oder freie Frau* – geprägt. Ähnlich dachten auch die frühen Frauenbewegungen in Frankreich Klasse und Geschlecht systematisch zusammen. Sie waren somit, im heutigen Sinne, stärker intersektional und systemkritisch angelegt als spätere Frauenbewegungen ab Mitte des 20. Jahrhunderts. Ungeachtet eines marxistischen Flügels wurde innerhalb der Frauenbewegungen des 20. Jahrhunderts in Europa und den USA ein Weißer Feminismus dominant, der sich stark auf die Emanzipation der Weißen[53] Mittelklassefrauen konzentrierte[54]. Als Antwort auf eine solche Ausgrenzung Nicht-Weißer Mittelschichtsfrauen entstanden die Tripple Oppression Theory, der Black Feminism und schließlich der Intersektionalitätsansatz, die alle die komplexen und sich überlagernden Unterdrückungsmechanismen in den Vordergrund stellen.

53 Die Begriffe „Schwarz“ und „Weiß“ werden hier bewusst großgeschrieben und beziehen sich nicht auf die reelle Hautfarbe oder eine biologische Eigenschaft. Die Antirassismus-Bewegung nutzt diese Bezeichnungen, um dem Rassismus in der Sprache entgegenzutreten: „Weiß“ (alternativ: weiß) und „Weißsein“ soll auf die sozialen, politischen und kulturellen Privilegien von Menschen hinweisen, die keinem Rassismus ausgesetzt sind und sich deshalb in einer machtvolleren, gesellschaftlichen Position befinden. „Schwarz“ und „Schwarzsein“ ist eine Selbstbezeichnung. „Schwarzsein“ bedeutet, dass Menschen durch die Erfahrung des Rassismus miteinander verbunden sind und auf eine bestimme Art und Weise von der Gesellschaft wahrgenommen werden.

54 Angela Davis beschreibt die diskriminierenden und ideologisch blinden Fundierungen eines Großteils der westlichen Frauenbewegung beispielhaft anhand der Bewegung für Geburtenkontrolle in den 1970er und 1980er Jahren, bei denen Frauen* ethnischer Minderheiten so gut wie abwesend waren. Dieser Umstand war der Tatsache geschuldet, dass Geburtenkontrolle für viele nicht-weiße Frauen* aufgrund der erlebten Geschichte der Zwangssterilisation, erzwungener Abtreibungen und Kindermorde mit Genozid assoziiert wurde (Davis 1981: 183f).

4.3.1 Eine kurze Geschichte der Frauen*bewegungen

Die feministische Theorie und ihre Entwicklung sind stark abhängig von den historisch spezifischen sozialen Kämpfen, die Frauen* über die Jahrhunderte geführt haben. Entgegen weitverbreiteter Annahmen, die Frauen*bewegung habe ihren Ursprung in den sozialen Kämpfen der Weißen Frau* um ihre eigene politische Emanzipation, bildeten sich erste politisch organisierte Frauengruppen einerseits aus französischen Arbeiter*innen (Krause 2020) und andererseits aus Kämpfer*innen gegen die Sklaverei in den USA. Die Grimke-Schwestern – Sarah und Angelina – aus South Carolina waren Mitglieder der 1833 gegründeten Female Anti-Slavery Society und wurden bekannt für ihre Analyse der systematischen Verschränkung und Interdependenz von Sklaverei und der Unterdrückung der Frau*. Die soziale und politische Ungleichheit der Frau* war zunächst von nebensächlicher Bedeutung für die beiden Schwestern. Ihr primärer Kampf galt der Entblößung der Unmenschlichkeit und Unmoral der Sklavenhaltergesellschaft sowie der Darstellung der besonderen Rolle der weiblichen Sklavinnen für das Fortbestehen dieses Systems (Davis 1981: 36). Erst als ihr Frau*sein und – damit einhergehend – fehlende politische und partizipative Rechte sie an politischer Einflussnahme hinderten, wurde die feministische Emanzipation zum Instrument im Kampf um die Abschaffung der Sklaverei. Es ist somit nicht überspitzt festzustellen, dass die ersten organisierten politischen Frauen*verbände sich mit multiplen und überlagernden Formen von Ausgrenzung, Unterdrückung und Ausbeutung durch das patriarchale kapitalistische System befassten.

Eine zweite zentrale Motivation der Grimke-Schwestern und ihrer Weißen Schwestern, sich politisch für die Abschaffung der Sklaverei zu engagieren, war die Emanzipation der Weißen Mittelschichtsfrauen aus dem privaten Hausfrauendasein und der Eintritt in die öffentliche Sphäre. Dieser Beweggrund ist aufschlussreich, um die konstitutive Funktion von Sexismus und vergeschlechtlichter Arbeitsteilung im Kapitalismus und die Gräben zwischen Weißem und Schwarzem Feminismus zu verstehen (Hull et al. 1982). Jene konstitutive Funktion lässt sich entlang des kapitalistischen Entwicklungsprozesses nachzeichnen, der, beginnend mit der Industrialisierung in Westeuropa und Amerika, die Frauen* einer neuen systemischen Funktion in Form der idealisierten „Hausfrau" als gesellschaftlicher Rolle zuordnete (Quellentext 13).

Quellentext 13: Hausarbeit und Fabrikarbeit

Tatsächlich war der Platz der Frau* schon immer im Haus, allerdings fand in der vor-industriellen Zeit das wirtschaftliche Treiben selbst im Haus und dem umliegenden Ackerland statt. Während die Männer das Land bestellten (oftmals mit der Unterstützung ihrer Frauen*), waren die Frauen* Handwerker*innen, sie produzierten Stoffe, Kleidung, Kerzen, Seife und praktisch alle Nutzgegenstände für die Familie. Der Arbeitsplatz der Frau* war tatsächlich im Haus – allerdings nicht nur weil sie Kinder gebar und heranzog oder die Bedürfnisse ihres Mannes erfüllte. Sie waren produktive Arbeiter*innen innerhalb der Hausökonomie und ihre Arbeit war nicht weniger respektabel als die der Männer. Als die Produktion aus den Häusern weg und in die Fabriken zog, begann sich eine Ideologie des Frauseins zu verbreiten, die das Bild der Hausfrau und Mutter idealisierte. Als Arbeiter*innen hatten Frauen* zumindest eine ökonomische Gleichstellung genossen, aber als Hausfrauen waren sie verdammt dazu, Anhängsel der Männer und Diener ihrer Ehemänner zu sein.

Quelle: Davis (1981: 28); eigene Übersetzung, Genderstern hinzugefügt.

Eine Ironie der Geschichte bestand darin, dass mit der Industrialisierung zuvor als produktiv angesehene Tätigkeiten aus den privaten Haushalten in die Fabrik verlagert wurden und die Frauen* dadurch vielfach ihre ökonomische Grundlage und Tätigkeit verloren. Die ersten Fabrikarbeiter*innen waren somit Frauen*, die es sich nicht leisten konnten, ausschließlich Hausfrau* zu sein und jene Produkte einzukaufen, die sie früher selbst produzierten (Davis 1981: 205). Durch die Trennung von Produktion und Reproduktion – Fabrik und Haus – brachte die Industrielle Revolution nicht nur eine gesellschaftliche Neuordnung der räumlichen Aspekte von Produktion – durch die Entstehung von Fabriken, eine veränderte Arbeitsteilung und zunehmende Urbanisierung – mit sich, sondern zugleich auch eine Neuordnung der Geschlechterrollen (Hausen 2013). Es entstanden moderne Formen des Sexismus, die von neuen institutionellen Strukturen untermauert wurden (Arruzza et al. 2019). In der deutschsprachigen Diskussion haben sich die Bielefelder Entwicklungssoziologinnen Veronika Bennholdt-Thomsen [*1944], Maria Mies [*1931] und Claudia von Werlhof [*1943] bemüht, den Begriff der „Hausfrauisierung“ historisch zu kontextualisieren:

> „Der Begriff Hausfrauisierung umfasst […] vielschichtige Prozesse. Auf einer historischen Ebene umfasst er die Entstehung der Hausarbeit und damit einhergehend die Domestizierung der Frau: Mit Entstehung und Durchsetzung des Kapitalismus wird die Frau abhängig vom Einkommen des Mannes. Diese Form der geschlechtlichen Arbeitsteilung galt vorerst nur für eine relativ kleine bürgerliche Schicht, breitete sich aber später auch im Proletariat aus." (Haidinger/Knittler 2019: 96)

Der kapitalistische Prozess der Hausfrauisierung schuf somit einerseits die kostengünstigste Reproduktion der Arbeitskraft und gleichzeitig die politische Entmachtung der Frauen* durch die Verdrängung ihrer Tätigkeiten ins Private. In Abgrenzung zu Sklavenbesitzern und Feudalherren kann der kapitalistische Arbeitgeber „freie" Arbeiter*innen im dreifachen Sinne einstellen: gemäß dem Konzept der „doppelt freien Lohnarbeit" von Karl Marx [1818–1883] frei von Sklaverei und Leibeigenschaft sowie von Produktionsmitteln (Marx 1976 [1867]: 181 ff); und zusätzlich insofern frei, als die Arbeitgeber*innen auch frei von der Verantwortung sind, für den Lebensunterhalt und die soziale Reproduktion aufkommen zu müssen (Folbre 2021: 77). Die Hausfrau und Mutter sind somit ein systemstabilisierendes Moment im kapitalistischen System, indem sie unbezahlte Fürsorgearbeit leisten.

Die Rolle der Hausfrau wurde im Kapitalismus zwar zu einem neuen Ideal und Leitbild, allerdings konnte sich dieses nur sehr begrenzt, zumeist in privilegierten Gesellschaftskreisen – oftmals der Weißen Mittel- und Oberschicht – materialisieren. Versklavte Frauen* in den Amerikas sowie arme Arbeiter*innen in den sich industrialisierenden Ländern waren von Beginn an von diesem idealisierten Frauenbild ausgenommen. Sie waren nicht primär Mütter und Hausfrauen, sondern Sklavinnen, Gebärmaschinen und Arbeiterinnen (Davis 1981). Die emanzipatorischen Kämpfe sahen und sehen daher für Frauen* dieser unterschiedlichen Positionierung innerhalb des kapitalistischen Systems verschieden aus.

Obwohl die Institutionalisierung der Feministischen Ökonomik als eigenständige Forschungsrichtung innerhalb der Wirtschaftswissenschaften erst sehr viel später erfolgte – erst 1992 wurde die internationale Vereinigung der Feministischen Ökonomik (International Association for Feminist Economics) gegründet – reicht die Ökonomiekritik aus feministischer Sicht bis ins 18. Jahrhundert zurück. Hiervon zeugen unter anderem die Auseinandersetzungen mit den Vertretern der Klassischen Politischen Ökonomie, so etwa mit Adam Smith [1723–1790].

> „Schon in diesen frühen Debatten war die Aufteilung der gesellschaftlichen Arbeit in die marktförmige beziehungsweise bezahlte Erwerbsarbeit und die nicht-marktförmige beziehungsweise unentgeltliche Reproduktionsarbeit im Haushalt Gegenstand der feministischen Kritik. Dabei ging es vor allem darum, die systematisch von Frauen erbrachte, gesellschaftlich gering und ökonomisch gar nicht bewertete Haus- und Sorgearbeit sichtbar zu machen und zu zeigen, inwiefern Frauen durch die Reproduktionsarbeit in ökonomische Prozesse eingebunden sind." (Bauhardt/Çaglar 2010: 7)

4.3.2 Feministische Politische Ökonomie und die Aufhebung der Geschlechterblindheit

Die Feministische Politische Ökonomie ist kein paradigmatischer Ansatz, sondern ein Sammelbegriff mehrerer theoretischer Zugänge und Perspektiven. Ihr gemeinsames Fundament ist die Beobachtung, dass Frauen* in kapitalistischen Gesellschaften auf den Arbeitsmärkten im Durchschnitt andere, weniger und schlechter bezahlte Arbeit ausführen und prozentual mehr Hausarbeit verrichten als Männer. Es können drei dominante Strömungen identifiziert werden, die sich explizit mit Reproduktionsarbeit befassen: die neoklassische/neu-keynesianische Theorieschule widmet sich Fragen von Hausarbeit und Reproduktion im Rahmen der Familienökonomie; liberale feministische Theorien behandeln vor allem empirische und normative Fragen der Gleichbehandlung anhand von Themen wie dem Gender-Pay Gap; und die radikalfeministischen Ansätze verstehen sich als Teil der marxistischen Tradition, erweitern allerdings diese Perspektive um die der Geschlechterdiskriminierung und Ausbeutung in der Reproduktionssphäre als systemisches Moment des Kapitalismus.

In diesen Ansätzen ist soziales Geschlecht (Gender) als analytische Relationalkategorie zu verstehen (Becker-Schmidt 2007; Bieling 2021: 56 ff). Es geht nicht allein um Frauen, sondern stets um ihre soziale Beziehung zu Männern. Im Kontext der LGBTQIA-Diskussion (Lesbian, Gay, Bisexual, Transgender, Queer, Intersexual and Asexual) ist diese Relationalität auch auf soziale Gruppen zu erweitern, die sich einer binären geschlechtlichen Zuordnung mitsamt der einhergehenden Heteronormativität entziehen. Im Vergleich zur „Klasse" sind die konstitutiven Faktoren der analytischen Relationalkategorie des sozialen Geschlechts insofern schwieriger zu bestimmen, als sich die modernen geschlechterspezifischen Macht- und Verteilungsverhältnisse nicht allein aus dem Lohnverhältnis herleiten lassen. Es ist vielmehr das Zusammenspiel von Lohnarbeit und Reproduktionsarbeit, welches die Organisation der Familien und

Haushalte maßgeblich definiert und damit Männern und Frauen* spezifische gesellschaftliche Rollen und Aufgaben zuschreibt. In der geschlechtlichen Arbeitsteilung haben sich historisch typische Muster herausgebildet, die ihrerseits mit spezifischen Geschlechterregimen korrespondieren. Jene Regime stützen sich unter anderem auf – familien- und arbeitsrechtlich definierte – patriarchale Privilegien und Kontrollformen, politische Kämpfe und Sozialisationsmuster, über die diese Privilegien und Kontrollformen auch kulturell reproduziert und diskursiv legitimiert werden.

Die drei dominanten theoretischen Ansätze der feministischen Ökonomik positionieren sich unterschiedlich im Verhältnis zu den Geschlechterregimen und ihren Legitimationsgrundlagen: Die neoklassischen Ansätze wenden ihre Konzepte der Nutzenmaximierung, Effizienz und Anreize auf die Familie an und sehen den freien Willen der wirtschaftlichen Akteure – mit einer Tendenz zur Naturalisierung gesellschaftlicher Verhältnisse – durch rationale Erwägungen bestimmt, wodurch ihnen eine systemische Analyse von Ungleichheit und Diskriminierung verunmöglicht wird. Im Unterschied hierzu fordern liberale Ansätze ausgehend von ihren normativ-ethischen Reflexionen verstärkt politisch-institutionelle Reformen. Die radikalfeministischen Ansätze verstehen die bestehenden Geschlechterregime als Ausdruck einer gruppenbezogenen Unterdrückung und Ausbeutung, die selbstzerstörerisch und nicht nachhaltig ist und somit verändert werden muss. Im Folgenden werden einige theoretische Hintergründe der drei Ansätze vertieft.

4.3.2.1 Frauen* in der neoklassischen Ökonomie: die Familienökonomie

Der grundsätzlichste Vorwurf, mit dem liberale, identitätspolitische und auch radikal feministische Ansätze die etablierte neoklassische Ökonomik konfrontieren, ist der der Geschlechterblindheit. Durch den Fokus auf Individuen werden zentrale Ungleichheiten zwischen den Geschlechtern, die z.B. die Partizipation am Arbeitsmarkt, die geschlechtliche Aufteilung der Sorgearbeit, die geschlechterspezifischen Effekte der Geld-, Finanz-, Sozial- oder Arbeitspolitik oder die Auswirkungen wohlfahrtstaatlicher Strukturen betreffen, unsichtbar gemacht. Eine Ausnahme gibt es, und zwar die Familienökonomie. In dieser wird die Bedeutung von Frauen*, vor allem ihre Rolle im Haushalt, als Mutter und Lohnarbeiterin mithilfe neoklassischer Methoden und Konzepte explizit diskutiert und verhandelt.

Die Familienökonomie ist heute ein Teilgebiet der Haushaltstheorie und wendet neoklassische Konzepte wie beispielsweise Produktion, Arbeitsteilung, Nutzenmaximierung, Effizienz und Anreize auf die Familie an. Durchschlagende Berühmtheit erlangt die Familienökonomik mit Gary Stanley Becker

[1930–2014], der für seine Arbeiten zur Ausweitung ökonomischer Methoden auf Bereiche außerhalb marktförmig organisierter Strukturen – einschließlich Fragen zur Diskriminierung, Kriminalität und Organisation innerhalb der Familie – im Jahr 1992 den Alfred-Nobel-Gedächtnispreis für Wirtschaftswissenschaften erhielt. Zusammen mit Jacob Mincer [1922–2006] entwickelte Becker die sogenannte „New Home Economics"-Theorie, mit der die beiden auch das Konzept des Humankapitals in seiner heutigen Verwendungsweise einführten.

In der Tradition Beckers veröffentlichten Martin Browning, Pierre-André Chiappori und Yoram Wiess im Jahr 2014 ein Buch mit dem Titel *Economics of the Family*. In diesem diskutieren sie Themen wie Hochzeit, Scheidung und Wiederverheiratung, Fruchtbarkeit, Kinder, Zeitaufwendung und effiziente Arbeitsspezialisierung im Rahmen der Familie, um hierauf bezogen jeweils komparative Vorteile zu identifizieren (Browning et al. 2014). Mithilfe dieser Konzepte versteht die Familienökonomie die geschlechterbasierte Ungleichverteilung von Löhnen oder die Fürsorgearbeit als das Resultat rationaler Entscheidungen der beiden Ehepartner*innen auf der Suche nach einer möglichst effizienten Arbeitsteilung:

> „For instance, in discussing sex roles economists often rely on the principle of comparative advantage. Thus, a mother will spend more time with a child than her husband if the ratio of her productivity at home relative to her market wage exceeds that of the father." (Browning et al. 2014: 4)

Solche Betrachtungen sind aus kritischer Gender-Perspektive letztlich aber unbefriedigend. Oft werden empirische Beobachtungen wie ungleiche Lohnniveaus und diskriminierende Arbeitsmarkstrukturen zwischen Männern und Frauen* mit Verweis auf die biologischen Instinkte der Frau*, ihren freien Willen, sich für oder gegen einen bestimmten Beruf zu entscheiden, und ihre rationale Entscheidung für die Hausarbeit als Elemente einer effizienten Arbeitsteilung verstanden. Außerdem greifen die der reinen Ökonomie entliehenen Konzepte bei der Analyse sozialer Relationen wie denen innerhalb von Familien oft nicht. So lassen sich etwa die Annahmen zur Rolle des Privateigentums und zur Kontrolle über das Produkt der eigenen Arbeit nicht oder nur sehr begrenzt auf die Sphäre der Fürsorge und Reproduktion übertragen. Zwar „produzieren" Eltern ihre Kinder und investieren in sie im Laufe ihres Lebens, doch haben sie keinen Anspruch auf das „Produkt" (Folbre 2021: 70).

Grundsätzlich lässt sich festhalten, dass die modelltheoretischen Annahmen der Familienökonomie durch ihre Fokussierung auf den homo oeconomicus, die

Effizienz, die Optimalität von Handlungen und Freiwilligkeit kein erkenntnistheoretisches Instrument bieten, um die alltäglichen Formen von Ausbeutung, systemischer Ungleichheit oder Diskriminierung zu erfassen.

4.3.2.2 Liberale feministische Ansätze und der Gender Pay Gap

Im Unterschied zur Familienökonomie verstehen liberale Ansätze die Ungleichbehandlung von Frauen* und Männern auf dem Arbeitsmarkt als normativ falsch und ineffizient. Eines ihrer wichtigsten Forschungsthemen sind die Verdienstunterschiede zwischen Männern und Frauen* (Gender Pay Gap, GPG). In Deutschland verdienten Frauen im Jahr 2019 rund ein Fünftel weniger als Männer – der unbereinigte Gender Pay Gap lag somit bei 19 % (Statistisches Bundesamt 2021). Die Ursache dieser Verdienstunterschiede setzte sich aus zwei Komponenten zusammen: Die eine Komponente bilden die bestehenden Formen der Arbeitsmarktsegregation, d.h. die sozialstrukturellen Profile unterschiedlicher Arbeits- und Berufsfelder, die mithilfe des unbereinigten Gender Pay Gap erfasst werden; und die andere Komponente die geschlechtsspezifischen Diskriminierungsstrukturen, die durch den bereinigten Gender Pay Gap dargestellt werden.

Der unbereinigte Gender Pay Gap wird aus dem Verhältnis der absoluten Bruttostundenverdienste von Männern und Frauen* ermittelt. Eine wesentliche Ursache für die Verdienstunterschiede nach dem unbereinigten Gender Pay Gap sind die Formen der horizontalen Arbeitsmarksegregationen anhand des Geschlechts. Sie verdeutlichen, dass Frauen* öfter als Männer in schlecht bezahlten Berufen und Branchen, so etwa als Erzieher*innen, Pflegepersonal und andere Care-Arbeiter*innen tätig sind. Soziologische Ansätze wie die „Devaluationshypothese“ und der darauf aufbauende „Comparable Worth“-Ansatz liefern wichtige Instrumente, um die gesellschaftliche Abwertung sog. „weiblicher Berufe“ und die institutionelle Verfestigung geringerer Lohnstrukturen zu erklären und empirisch zu erfassen (Lillemeier 2016: 4f). Darüber hinaus kommt es auch zur vertikalen Segregation, infolge derer Frauen* seltener als Männer in Führungspositionen arbeiten (Holst/Busch 2009).

Die vorherrschenden Analysen zum bereinigten GPG behelfen sich sog. Dekompositionsverfahren, die die Verdienstunterschiede zwischen Männern und Frauen* in einen „erklärten“ und einen „unerklärten“ Teil zerlegen. Als lohnrelevant angesehene Faktoren, die einen Großteil der bestehenden Verdienstunterschiede zwischen Frauen* und Männern erklären, beinhalten den

> „Faktor ‚Beruf und Branche‘ (d.h. die horizontale Arbeitsmarktsegregation qua Geschlecht) […]. Entscheidend sind außerdem die Arbeitsplatzanforderungen hinsichtlich ‚Führung und Qualifikation‘ (so genannte Leistungsgruppen) und der ‚Beschäftigungsumfang‘, das heißt Teilzeit und geringfügige Beschäftigung.“ (Lillemeier 2016: 6)

Der verbleibende „unerklärte“ Rest wird als „bereinigter“ Gender Pay Gap bezeichnet und lag in Deutschland im Jahr 2018 bei 6%.

Politikempfehlungen zur Schließung des „bereinigten“ und „unbereinigten“ Gender Pay Gaps bedienen sich oft identitätspolitischer Aspekte der analytischen Relationskategorie „Frau“. Nur selten setzten sie an den materiellen Gegebenheiten der schlecht bezahlten Branchen und Berufe oder den Belastungen durch die vorausgesetzte unbezahlte Sorgearbeit an. Konkrete Veränderungsvorschläge nutzen das Instrument der Frauenquote in allen Bereichen des Arbeitsmarktes oder setzen auf eine größere Transparenz bei Lohnverhandlungen. Wie bereits oben erwähnt konnten durch diese Form des liberalen Feminismus bemerkenswerte Erfolge für privilegierte Frauen* erzielt werden. Kritiker*innen unterstellen den liberalen Ansätzen jedoch, die Funktionalität des Sexismus und der geschlechterbasierten Diskriminierung für das kapitalistische System zu verkennen.

> „Vollkommen kompatibel mit grassierender Ungleichheit, betreibt der liberale Feminismus ein Outsourcing der Unterdrückung. Er gestattet es weiblichen Fach- und Führungskräften gerade dadurch, sich ‚durchzusetzen‘ *(lean in)*, dass er ihnen die Möglichkeit bietet, sich auf jene schlecht bezahlten migrantischen Frauen zu ‚stützen‘ *(lean on)*, an die sie ihre Pflege- und Hausarbeit delegieren.“ (Arruzza et al. 2019: 22)

Die Aufwertung der analytischen Relationskategorie „Frau“ bei gleichzeitiger Beibehaltung systemimmanenter Abwertung bestimmter Branchen, Berufe und häuslicher Tätigkeiten stützt sich demzufolge auf eine Verlagerung von unbezahlter und unterbezahlter Arbeit. Die neu emanzipierten Frauen* werden auf Kosten anderer diskriminierter Gesellschaftsgruppen begünstigt. So kann eine Frau* und Mutter, die ihren Anteil der Reproduktionsarbeit verringern möchte, um ihren Marktlohn zu erhöhen, andere Frauen* anstellen und bezahlen, um diese Arbeit zu verrichten. Diese Kette verdeutlicht, dass der Ruf nach Löhnen für Hausfrauen nicht auf eine progressive Veränderung hinausläuft (Davis 1981), sondern zu einer Verlagerung der Ausbeutung hin zu noch stärker marginalisierten Gruppen führt.

Diese Verlagerung wird besonders deutlich anhand der Analyse der globalen Fürsorgeketten (global care chains); ein Konzept, das die Soziologin Arlie Russell Hochschild [1940*] prägte (Hochschild 2000), um eine grundlegende Transformation der internationalen Arbeitsteilung und weiblicher Migrationsbewegungen zu beschreiben und innerhalb der globalisierten Kapitalismusstrukturen funktional zu verorten. Die Analyse von Hochschild beginnt mit der Beobachtung einer grundlegenden Umverteilung von bezahlter und unbezahlter Sorgearbeit im internationalen Maßstab, im Zuge derer Arbeitsmigrant*innen zunehmend Betreuungs-, Haushalts-, Pflege- und Fürsorgeaufgaben (cooking, cleaning, caring) im Zielland übernehmen, während ihre eigenen Kinder, Familien und Gemeinschaften im Heimatland zurückbleiben und von anderen Familienangehörigen versorgt werden.

Vor allem Frauen* aus dem globalen Süden stellen einen überwältigenden Teil der Arbeitsmigration dar, die notwendig ist, um die durch die feministischen Bewegungen und Errungenschaften verschärfte Reproduktionskrise im globalen Norden zu bewältigen. Die liberal-feministischen Errungenschaften der „befreiten" westlichen Frau* gehen somit zu Lasten der ausgebeuteten und prekarisierten Arbeiter*innenschaft, die sich zu einem Großteil aus Frauen* aus dem globalen Süden zusammensetzt (Federici 2020: 81). Diese globale Umverteilung von Fürsorgearbeit wird forciert durch nationale Migrationsregime, die Zuwanderung für reproduktive Tätigkeiten als „erwünscht" kategorisieren (Heimbach-Steins 2010). Eine Kosten-Nutzenanalyse dieser Transformation globaler Arbeitsmigration zur Bewältigung nationalstaatlicher Fürsorgenotstände betrachtet die Effekte – den Nutzen wie die Kosten – erstens für das Zielland, zweitens für das Herkunftsland und letztlich für die Arbeiter*innen selbst (Wahl 2019). Zunehmend rückt die Perspektive der migrantisierten Frau* ins Zentrum der Analyse. Der Blick richtet sich hierbei auf die Frage, welche Nachteile durch diese Form der globalen Fürsorgemigration entstehen: für die migrantisierte Frau* selbst, für die zurückbleibenden Kinder und Familien sowie für die größeren Gemeinschaften im Herkunftsland (Isaksen et al. 2008; Lutz 2018).

Die hier skizzierte Spirale der Verlagerung von Prekarität innerhalb der Sorge- und sozialen Reproduktionsarbeit zu überwinden, ist keine leichte Aufgabe. Gemäß der radikalfeministischen Theorie kann dies nur gelingen, wenn emanzipatorische Bewegungen erfolgreich darauf drängen, die reproduktive Arbeit als gleichwertige Arbeit konzeptionell einzugliedern und aufzuwerten, anstatt sie als eine externe Voraussetzung für die Wirtschaftssphäre in ihrem bisherigen Status zu belassen.

4.3.2.3 Radikalfeministische Ansätze: Produktion und Reproduktion

Radikalfeministische Ansätze der politischen Ökonomie – nachfolgend: Feministische Politische Ökonomie – grenzen sich sowohl von der neoklassischen Familienökonomie als auch von liberalen Ansätzen deutlich ab. Sie teilen weder die Auffassung der Familienökonomie, dass die ungleiche Verteilung von Fürsorge- und Hausarbeit ein Produkt des „weiblichen freien Willens" oder der biologischen Eigenschaften der Frau* sei, noch sehen sie in den reformistischen Politikempfehlungen der liberalen Ansätze zur Angleichung des Lohnniveaus oder einer identitätspolitisch gestärkten Repräsentation von Frauen* Antworten, um der systemischen Abwertung der Haus- und Sorgearbeit sowie diskriminierender Arbeitsmarktstrukturen entgegenzuwirken.

Die Feministische Politische Ökonomie lenkt den Fokus der politökonomischen Analyse auf das Verhältnis von Reproduktion und Produktion und die zugrundeliegenden Ausbeutungsverhältnisse des patriarchalen Kapitalismus. Grundlegende Analysekonzeptionen des Kapitalismus teilt sie mit einigen marxistischen Ansätzen. Es lassen sich jedoch verschiedene konzeptionelle Innovationen ausmachen, die spezifisch dazu beitragen, den Blick der politökonomischen Analyse für Fragen der Geschlechterbeziehungen zu sensibilisieren.

Die Feministische Politische Ökonomie stützt ihre Analyse auf drei grundlegende Thesen zur kollektiven Identität der Frau*, die sie unter Berücksichtigung der funktionalen Rollenzuweisung innerhalb kapitalistischer Gesellschaften und daraus entstehender Konflikte gewinnt: Erstens teilen Frauen* gemeinsame Interessen. Diese ergeben sich zweitens maßgeblich aus der historischen Spezialisierung von Frauen* auf reproduktive Arbeit, die sich allgemein auf die Reproduktion und Fürsorge von menschlichen Fähigkeiten bezieht. Drittens schließlich geht die Feministische Politische Ökonomie davon aus, dass die Sorgeverpflichtungen für Bedürftige und Familienangehörige zu Spannungen zwischen dem individuellen Wohl der Frau* und dem Gruppenwohl – allgemeiner gesprochen: zwischen Eigennutz und Altruismus – führen; und zwar in einer Art und Weise, die besonders problematisch und kostspielig für Frauen* ist (Folbre 2021: 4).

Die Feministische Politische Ökonomie bezieht sich auf die weiter oben ausgeführte systemische Funktion der Abwertung von „Frauenarbeit" und widerspricht damit zugleich der aus der ökonomischen Theorie stammenden Dichotomisierung von „produktiven" und „reproduktiven" Tätigkeiten und Leistungen. Hierbei handelt es sich für sie um ein rein theoretisches Konstrukt, das in der Realität eigentlich keine Entsprechung findet:

> „Ihre einzige Realität erhält sie durch die paradoxe Struktur moderner Ökonomie, die in der Bewertung sozial-ökologische Produktivität nicht erkennt und nicht anerkennt, diese Produktivität in den ökonomischen Verwertungsprozessen jedoch umfassend in Anspruch nimmt und aushöhlt." (Biesecker/Hofmeister 2010: 52)

Mithilfe der beiden zentralen Analysekategorien – Reproduktion und soziale Reproduktion – gelingt es der Feministischen Politischen Ökonomie

> „die Einheit aller produktiven Prozesse in ihrer Verschiedenheit in den Blick zu nehmen und deren Erhaltung und Erneuerung in die ökonomischen Gestaltungsprozesse zu integrieren. Eine ökonomische Theorie, die ihr Denkgebäude um diese Kategorie herum entwickelt, ist daher in der Lage, zur konzeptionellen und gestalterischen Entwicklung nachhaltigen Wirtschaftens beizutragen. Perspektivisch eröffnet sich damit eine Vision von der ‚Neuerfindung' des Ökonomischen in und für eine nachhaltige Gesellschaft." (ebd.)

Die Reproduktion beschreibt dabei den Prozess der Entstehung und Versorgung menschlichen Lebens und seiner Fähigkeiten (Folbre 2021: 65), wobei jene Aufgaben nicht zwangsläufig oder ausschließlich von Frauen* und Familien verrichtet werden müssen. Reproduktionsarbeit beinhaltet sowohl bezahlte als auch unbezahlte Fürsorgearbeit und kann an unterschiedlichsten Orten – einschließlich dem Zuhause, sozialen Gemeinschaften, privaten Firmen oder im öffentlichen Sektor – stattfinden. Darüber hinaus beinhaltet sie neben der Fürsorge für andere auch die Selbstfürsorge (ebd: 71). Die soziale Reproduktion umfasst mithin

> „everything involved in the maintenance of life on a daily basis, and intergenerationally or the process by which all the main relations in the society are constantly recreated and perpetuated." (Laslett/Brenner 1989: 382)

Eine wichtige Autorin der feministischen Ökonomik ist die US-amerikanische Ökonomieprofessorin Nancy Folbre [*1952]. Sie ist Autorin einiger Klassiker der jungen Disziplin der Feministischen Politischen Ökonomie, einschließlich der Schriften *The Invisible Heart: Economics and Family Values* (2001), *Greed, Lust, and Gender: A History of Economic Ideas* (2009) und *Valuing Children: Rethinking the Economics of the Family* (2008). In den 1970er Jahren studierte sie zunächst Philosophie und Lateinamerikanische Studien an der University of Texas in

Austin und promovierte später in den Wirtschaftswissenschaften, wobei sie sich hier bereits auf die systemische Funktionalität von Fürsorgearbeit spezialisierte. Nancy Folbre ist heute Teil der Redaktionsleitung des Journal of Women, Politics & Policy, war 2002 Präsidentin der International Association for Feminist Economics und ist seit 2000 Vorstandsmitglied der Foundation for Child Development, Mitglied der National Advisory Commission of Child Care and Early Education, der National Organization for Women Legal Defence und des Education Fund seit 2004.

Die von Nancy Folbre vorgenommene konsequente Erweiterung der wirtschaftlichen Sphäre um diejenige der reproduktiven Tätigkeiten umfasst auch eine neue Formalisierung der Mehrwerterzeugung, die im Widerspruch zur marxistischen Werttheorie steht (Quelltext 14).

Quellentext 14: Reproduktion und Produktion

Reproduktion, ebenso wie Produktion, schafft Mehrwehrt, indem sie die Fähigkeiten einer Gesellschaft vermehrt, anstatt materiellen Wohlstand anzuhäufen. Reproduktion beinhaltet Eigeninvestitionen, geht aber weit über das Konzept der Eigeninvestition aus der neoklassischen Theorieschule hinaus, das das Individuum als einen autonomen Schöpfer seines eigenen Humankapitals versteht. Sie geht des weiteren über den Begriff der Arbeitskraftreproduktion hinaus, den einige moderne marxistische Theorieausführungen als Prozess der Profitakkumulation der herrschenden Klasse hervorheben. Die Entstehung und Versorgung menschlicher Fähigkeiten ist ein notwendiger – und kostspieliger – Aspekt aller ökonomischen Systeme. Individuen und Gruppen mögen über die Verteilung der Kosten verhandeln, die sie oft ungleich vergeben. Ebenso wie die Produktion kann auch die Reproduktion Externalitäten oder Übertragungseffekte entstehen lassen – diese sind meistens preislich nicht ausgezeichnet und beinhalten unerwartete Nebenwirkungen menschlicher Handlungsentscheidungen. Langfristig ist das soziale Fortbestehen einer Gruppe nicht nur abhängig von ihren Produktionsfähigkeiten, sondern auch von der Fertigkeit ihrer Gruppenmitglieder, die Gruppe langfristig zu vergrößern und zu stärken ebenso wie von ihrem Erfolg, sich gegen gewaltsame Aneignungen zu verteidigen.

Quelle: Folbre (2021: 65); eigene Übersetzung.

In enger Wechselwirkung mit dem theoretischen Verständnis, dass Reproduktionsarbeit Mehrwert erzeugt, steht die „Lohn für Hausarbeit“-Bewegung. Diese entstand zunächst in Italien, verbreitete sich dann jedoch sehr rasch auch in anderen Ländern. Wichtiger Grundlagentext für die Bewegung war das Manifest *Die Macht der Frauen und der Umsturz der Gesellschaft* (Della Costa 1978), in dem die Hausfrau* ins Zentrum des kapitalistischen Produktionszyklus rückt. Als Teil der feministischen Bewegungen in Italien, Großbritannien und Deutschland, forderte die „Lohn für Hausarbeit“-Bewegung einen staatlichen Lohn für die Haus- und Sorgearbeit, um den produktiven und notwendigen Charakter dieser Tätigkeiten zu unterstreichen. Die Kampagne verlief allerdings nicht einheitlich. Unter anderem wurde darüber gestritten, ob die Lohnforderung eine realpolitische sei oder einen eher symbolischen Charakter trage, da eine Kommodifizierung der Haus- und Sorgearbeit die bestehenden Ausbeutungsverhältnisse nicht beenden, sondern ausschließlich verlagern würde.

Die Philosophin und Aktivistin Silvia Federici beschreibt in ihrem Werk *Revolution at Point Zero* die „Lohn für Hausarbeit“-Kämpfe der 1970er Jahre wie auch die Dynamik der „unvollendeten feministischen Revolution“ (Federici 2020 [2012]). Die Gründe der fehlenden Vollendung der feministischen Revolution verortet sie vor allem in einer doppelten Arbeitsmarktverlagerung: Erstens haben Frauen* in Westeuropa und den USA ihre im Haushalt verrichtete reproduktive Arbeit durch eine oft prekäre Lohnarbeit in reproduktiven Branchen wie Restaurants, Krankenhäusern oder Schulen ersetzt; und zweitens haben sie ihre Hausarbeiten kommodifiziert, d.h. an andere Frauen* abgegeben, die sie als Haushälter*innen, Putz- und Pflegekräfte entlohnen, was sehr komplexe Hierarchien und Ausbeutungsverhältnisse mit sich bringt (Folbre 2021: 80). Diese zeigen sich in unterschiedlichen Lohn- und Rentenniveaus (Grabka 2017), in einer Schutzlosigkeit in Krisenzeiten (Bieling 2012) und in Phasen der politischen und ökonomischen Transformation (Mackenzie 1993). Die Frauen* bilden dabei eine Gruppe, in der die Zugangschancen zu Finanz-, Human- und Sozialkapital sowie natürlichen Ressourcen sehr ungleich verteilt sind. Die spezifischen Formen der Unterdrückung und Ausbeutung, die hiermit verbunden sind, differenzieren sich zunehmend aus. Um die determinierenden Merkmale sozialer Prekarität in einer komplexen kapitalistischen Struktur zu erkennen, müssen wir daher über die einfache Perspektive der Geschlechterdiskriminierung hinausschauen und die sich überlappenden und interdependenten Diskriminierungsmerkmale ins Zentrum stellen. Dies hat sich die Intersektionalitätsdebatte zur Aufgabe gemacht.

4.3.3 Intersektionalität

Mit den kapitalistischen Gesellschaften entstanden die oben beschriebenen, historisch spezifischen Strukturen der Geschlechterdiskriminierung. Diese Strukturen koexistierten und entwickelten sich im Zusammenspiel mit anderen, älteren Formen hierarchischer Gesellschaftsorganisation. Keine dieser hierarchischen Muster mit ihren jeweils besonderen Unterdrückungsmechanismen bewegt sich linear und in Isolation von den anderen. Im Gegenteil, sie bilden ein komplexes Gefüge mehrdimensionaler Diskriminierungserfahrungen und sich überlagernder Gruppenidentitäten, von denen das Geschlecht nur eine Dimension darstellt.

In dem Bestreben, die Ungleichheitsdebatte um Diskriminierungsmerkmale auf der Grundlage von Klasse, Hautfarbe und anderen Merkmalen zu erweitern, etablierte die US-amerikanische Juristin Kimberlé Crenshaw [1959*] im Jahr 1987 den Begriff der „Intersektionalität". Sie leitete damit eine paradigmatische Neuordnung der Geschlechterforschung ein. Der Begriff der „Intersektionalität" bezieht sich auf die Überschneidung unterschiedlicher Diskriminierungsformen wie Rassismus, Antisemitismus, Sexismus, Antifeminismus, religiöse Verfolgung, Homophobie, Transphobie, Ableismus/Behindertenfeindlichkeit, Disablismus, Alterdiskriminierung und Klassismus (Crenshaw 1989). Nach dem Verständnis der Intersektionalitätsdebatte treten diese Formen der Diskriminierung und Ausgrenzung zumeist nicht isoliert voneinander auf, sondern in Form besonderer Interdependenzen und Überschneidungen (engl. intersections) und führen somit zu komplexen und zugleich sehr individuellen Diskriminierungserfahren.

Das grundlegende Ziel der Intersektionalitätstheorie besteht darin, die komplexen Formen der Diskriminierung in ihrer Verwobenheit wahrzunehmen, sie zu thematisieren und Menschen in ihrer Vielfalt und ihren politischen Kämpfen sichtbar zu machen. Die historischen Wurzeln der heutigen Intersektionalitätsdebatte liegen einerseits im *Black Feminism*, der seine erste systematische Artikulation 1892 in Anna J. Cooper's Buch *A Voice from the South* fand (May 2012) und andererseits in dem Triple Oppression-Ansatz, der im Rahmen der Abschaffung der Sklaverei in Amerika die systematische Verbindung von Sexismus, Klassismus und Rassismus diskutierte.

Viele Arbeiten des Black Feminism und auch der späteren Intersektionalitätsdebatte entstammen dem US-amerikanischen Kontext der Sklavenhaltergesellschaft und den daraus reproduzierten spezifischen Ungleichheiten. Die zentrale analytische Innovation ist die der Triade der Unterdrückung: „Race"/Ethnizität, Klasse und Geschlecht. Das nahezu gleichnamige Buch der US-amerikanischen

Bürgerrechtlerin Angela Davis [1944*], *Women, Race & Class* (1981), ist eines der zentralen Werke des Intersektionalitätsansatzes. Es beginnt mit der besonderen Rolle der Schwarzen Sklavin innerhalb der Sklavenhaltergesellschaft und reicht bis hin zu modernen Fragen der feministischen Emanzipation.

Angela Davis wurde zur Symbolfigur der Bewegung der politischen Gefangenen in den USA, war Vor- und Mitdenkerin der Intersektionalitätsdebatte und überzeugte Marxistin mit langjähriger Parteimitgliedschaft in der Kommunistischen Partei der USA (CPUSA). Sie wurde 1944 in eine Schwarze Mittelschichtfamilie geboren und wuchs in der durch Ku-Klux-Klan-Gewalt erschütterten Stadt Birmingham in Alabama auf (Davis 1974). Sie studierte Französisch an der Brandeis Universität in Massachusetts und an der Sorbonne in Paris. 1965 begann sie zusätzlich das Studium der Philosophie bei Herbert Marcuse [1898–1979], ging auf dessen Anraten nach Frankfurt am Main und vollendete ihre Doktorarbeit an der Humboldt Universität in Berlin. Nach ihrer Rückkehr in die USA im Sommer 1967 wurde sie kurzzeitig Mitglied der Black Panther Party, um die sich zuspitzenden Kämpfe der Schwarzen Bürgerrechtler*innen zu unterstützen. Schwerpunkt ihrer theoretischen und aktivistischen Arbeit, auch während ihrer Tätigkeit als Dozentin an der University of California, Los Angeles, war die Untersuchung des „Gefängnis-Industrie-Komplexes" und der Nachweis sich überlagernder Unterdrückungsmechanismen von Geschlecht, Ethnizität und Klasse. Zwischen 1970 und 1972 lief ein Gerichtsverfahren wegen Unterstützung des Terrorismus gegen Davis selbst. Sie wurde schließlich freigesprochen. In *Angela Davis: An Autobiography* schildert sie eindrücklich den damaligen Zeitgeist, die allgegenwärtige Angst der Schwarzen Bevölkerung vor Verhaftungen, ihre eigenen Erfahrungen und die einschneidenden Effekte für das soziale Leben der Schwarzen Gemeinschaften (Davis 1981).

In *Women, Race & Class* rekonstruiert sie detailliert die besonderen Formen der Unterdrückung der Schwarze Frauen* in der Sklavenhaltergesellschaft wie auch die spezifische Rolle, die sie als freie Arbeiter*innen in der kapitalistischen Gesellschaft der USA einnahmen:

> „As a direct consequence of their outside work – as ‚free' women no less than as slaves – housework has never been the central focus of Black women's lives. They have largely escaped the psychological damage industrial capitalism inflicted on white middle-class housewives, whose alleged virtues were feminine weakness and wifely submissiveness. […] Black women, however, have paid a heavy price for the strengths they have acquired and the relative independence they have enjoyed. While they have seldom been ‚just house-

wives' they have always done their housework. They have thus carried the double burden of wage labor and housework." (Davis (1981: 208)

Diese Unterschiedlichkeit der gelebten Realität von Frauen* verschiedener gesellschaftlicher Gruppen, basierend auf ihrer jeweiligen Funktion für das kapitalistische System, nutzt Davis dazu, unterschiedliche Verhältnisse und Prozesse aufeinander zu beziehen: die besondere Bedeutung der Emanzipation für Schwarze Frauen* ebenso wie für Arbeiter*innen, die Prozesse von Bildung und Freiheit, die geschlechtsspezifischen Formen von Gewalt sowie die exkludierende Dynamik der Weißen Frauenbewegungen mit ihrem Fokus auf die Geburtenkontrolle in den 1970er Jahren und danach (Davis 1981).

In der deutschsprachigen Frauen- und Geschlechterforschung ist das Thema der Intersektionalität erst sehr viel später angekommen, „getragen vom doxographischen Mantra race class gender und begleitet von Gerüchten über eine schwindende soziale Relevanz von Geschlecht sowie eine Krise feministischer Theorie" (Knapp 2012: 98). Inzwischen hat die Konzeption der Intersektionalität unverkennbar an Bedeutung und Einfluss gewonnen. Sie wird vermehrt genutzt, um das Verhältnis und die Überlappungen von unterschiedlichen Formen und Dynamiken sozialer Ungleichheit zu analysieren (Winker/Degele 2009). Zugleich bleibt das Profil der Intersektionalitäts-Konzeption mehrdeutig. Es fehlt ein klarer paradigmatischer Zugriff, was im Gegenzug die Gefahr beinhaltet, dass komplexe Machtstrukturen und Unterdrückungsmuster hegemonial vereinnahmt werden und sich die diskursiv generierten Bedeutungen immer wieder verschieben (Nash 2019).

In *Black Feminism Reimagined after Intersectionality* rekonstruiert Jennifer C. Nash (2019) die Auseinandersetzung des Schwarzen Feminismus mit Intersektionalität, die oft als primärer intellektueller und politischer Beitrag zur feministischen Theorie gefeiert wird. Nash skizziert die institutionelle Geschichte und den gegenwärtigen Gebrauch von Intersektionalität in der akademischen Welt und zeigt, wie die Geschlechterforschung die Intersektionalität einerseits als wichtigen Forschungsimpuls, andererseits aber auch als Bedrohung für die Kohärenz des Feminismus darstellt. Gemäß Nash neigt der schwarze Feminismus dazu, eine defensive Haltung einzunehmen und die Nutzung der Intersektionalität kontrollieren zu wollen. Im Gegenzug empfiehlt sie Schwarzen Feministinnen, ihre intellektuellen Beiträge neu zu konzipieren. Nur wenn sie ihre protektionistische Haltung, d.h. den Wunsch, Wissen zu ihrem Eigentum zu machen, aufgeben, können sie die visionären Möglichkeiten Schwarzer feministischer Theorie zur Weltgestaltung freisetzen.

Tatsächlich ist eine protektionistische intellektuelle Grundhaltung von weniger einflussreichen Strömungen nicht besonders überraschend. Sie drängt sich in gewisser Weise sogar auf, wenn man sich einige prägende Tendenzen in der feministischen Diskussion in Erinnerung ruft, so etwa:

> „(a) die im deutschen Feminismus von minorisierten Frauen angeführten Debatten der 1980er und 1990er Jahre zu verschweigen; (b) diese Interventionen als politische Auseinandersetzung ohne theoretischen Wert zu klassifizieren; (c) die im englischsprachigen Raum in den 1970er und 1980er Jahren von Women und *Queers of Color* geführten Kämpfe zu „ent-theoretisieren" und schließlich (d) eine theoretische Kontinuität nur über in institutionalisierten akademischen Netzwerken geführte Debatten zu erzielen." (Erel et al. 2007: 239)

4.3.4 Ausblick: Die Coronakrise hat ein Geschlecht

Jenseits dieser Probleme und Vorbehalte ist die Analyseperspektive der Intersektionalität grundsätzlich sehr aufschlussreich. Ihr analytisches Potenzial zeigt sich nicht zuletzt mit Blick auf die Coronapandemie und die mit dieser verbundenen Gesundheits- und Sorgearbeitskrise (Duijs 2021: 218). So sind im Zuge der Coronapandemie strukturelle Ungleichheiten – basierend auf Geschlecht, Klasse, Alter und Ethnizität – vielfach hervorgetreten. Viele Vertreter*innen der Intersektionalen und Feministischen Politische Ökonomie sehen hierin eine empirische Bestätigung ihres theoretischen Grundkonzepts: Grundlage allen wirtschaftlichen Handels ist die Versorgung von Menschen und die Befriedigung ihrer unmittelbaren Lebensbedürfnisse. Mit diesem normativen Anspruch – ebenso aber auch: mit dessen Nichterfüllung oder Zurückweisung im gesellschaftlichen Alltag – werden wir in der aktuellen Krise konfrontiert. Als „systemrelevante Berufe" gelten neuerdings primär jene im Gesundheitssektor, der Nahrungsmittelbranche und der Sorgearbeit. Die Krise führt uns zudem vor Augen, dass wir ohne Autos und Flugzeuge leben können, nicht jedoch ohne die Erfüllung grundlegender Bedürfnisse, die unsere leibliche Existenz, also die Versorgung mit Nahrung, Wohnung, alltäglicher Hilfe und emotionaler Unterstützung betreffen.

Außerdem wird klar: Die Corona-Krise trifft uns nicht alle gleichermaßen. Sie hat vielmehr ein Geschlecht, eine Klasse und eine Ethnizität. All diese ungleichen Betroffenheiten und die jeweils besonderen materiellen Auswirkungen der Krise können feministische und intersektionale Ansätze darlegen und analysieren. Doch nicht nur die Krise, auch die gesellschaftliche Krisenbewältigung hat ein Geschlecht. So übernehmen im überwältigenden Ausmaß Frauen* viele Arbeiten der öffentlich organisierten Reproduktion. Der Anteil der sozialversicherungspflichtigen Beschäftigten nach Wirtschaftszweigen in Prozent zeigt, dass Frauen 72.9 % der Beschäftigten im Einzelhandel mit Nahrungsmitteln stellen, 76 % der Krankenhausbeschäftigten und 92.9 % der Erzieher*innen in Kindergärten und Vorschulen (Janson 2020). Doch damit nicht genug. Es sind zudem überwiegend Frauen*, die die Mehrarbeit schultern müssen, wenn wichtige Sicherungsnetze wie Schule, Kita, Betreuungs-, Sport- und Kulturangebote entfallen (ILO 2020).

Dieser Modus der Krisenbewältigung bringt für die meisten Menschen, überproportional aber für viele Frauen*, einen großen Verlust an Lebensqualität mit sich. Durch die landesweiten Lockdown-Strategien kam es zu einer Verschiebung, weg von den marktförmig organisierten Wirtschaftsstrukturen hin zur heimischen Struktur der Sorgearbeit (Branicki 2020). Kranke mussten vermehrt zuhause versorgt werden. Die Schließung von Schulen und Kitas führte zur Verlagerung der Bildung in die Familie. Weitere Belastungen brachte die Verlagerung des Arbeitsplatzes vom Büro ins Private mit sich, oftmals ohne ausreichende finanzielle Unterstützung für diejenigen, die über keine ausreichende Homeoffice-Ausstattung verfügen (Bahn et al. 2020). Tatsächlich ist es problematisch anzunehmen, dass alle über eine gute Infrastruktur – passende Arbeitsräume, genügend Platz und Ruhe oder schnelles Internet – verfügen. Der Lebensalltag unterschiedlicher sozialer Gruppe und Milieus stellt sich unterschiedlich dar. Die klassenspezifischen Effekte der Krise sind schwer zu übersehen. Einerseits konnte die oftmals Weiße Mittel- und Oberschicht mehr oder weniger bequem von zuhause aus arbeiten, mit genügend Platz, Arbeitsinfrastruktur und Kinderbetreuung – entweder durch die Ehepartner*innen oder eine zusätzliche private Kinderbetreuung – und Ersparnisse anhäufen. Auf der anderen Seite waren Arbeiter*innen in weniger privilegierten Jobs ohne die Möglichkeit des Homeoffice genötigt, trotz des Gesundheitsrisikos mit öffentlichen Transportmitteln zu ihren Arbeitsstätten zu fahren und sich einem stark erhöhten Infektionsrisiko auszusetzten. Das Gefälle zwischen Arbeiter*innen für Lieferdienste, die ihre Gesundheit und ihr Leben in prekären Arbeitsverhältnissen riskierten, um privilegierten Menschen ihre Bestellungen in deren sicheres Zuhause zu liefern, zeigt den intersektionalen Charakter der Coronapandemie – vor allem, wenn die Frage gestellt wird: Wessen Lebensqualität wird auf Kosten wessen Lebens bewahrt?

Schließlich ist darauf hinzuweisen, dass auch die Sterblichkeit und die psychische Belastung des Coronavirus ein Alter und eine Ethnizität haben (Fazackerley 2020). Bertocchi und Dimico (2021) finden in ihrer in Illinois durchgeführten Fallstudie eine überproportionale gesundheitliche Belastung für Minderheiten und besonders Schwarze Frauen*.

> „Through an event study approach, we establish that Black individuals are affected earlier and more harshly and that the effect is driven by Black women. Rather than comorbidity or aging, the Black female bias is associated with poverty and channeled by occupational segregation in the health care and transportation sectors and by commuting on public transport. Living arrangements and lack of health insurance are instead found uninfluential." (Bertocchi/Dimico 2021)

All diese Aspekte verdeutlichen, dass die Coronapandemie und die Versuche ihrer politischen Bewältigung durch vielfältige soziale Ungleichheiten gekennzeichnet sind. Die Feministische Politische Ökonomie und die Intersektionalitätsforschung leisten einen wichtigen Beitrag dazu, diese Ungleichheiten empirisch zu erfassen und als Formen komplexer Herrschaftsverhältnisse zu analysieren.

4.4 Ökologische Politische Ökonomie

Die ökologische Krise rückte spätestens mit dem Bericht *Die Grenzen des Wachstums* des Club of Rome im Jahr 1972 in die Aufmerksamkeit der Weltöffentlichkeit (Meadows et. al 1972). Der Bericht gilt als der erste Versuch, systematisch und interdisziplinär die Auswirkungen des menschengemachten Klimawandels auf Wirtschaft und Gesellschaft zu erfassen, und das Ergebnis war niederschmetternd: Unter den gegebenen Raten an Bevölkerungswachstum, Rohstoffverbrauch, Industrialisierung und Umweltverschmutzung würden die planetaren Grenzen innerhalb eines Jahrhunderts erreicht werden.

Seit 1988 veröffentlicht das vom Umweltprogramm der Vereinten Nationen ins Leben gerufene „Intergovernmental Panel on Climate Change" (IPCC) in regelmäßigen Abständen „Sachstandsberichte" über den Fortschritt und die ökologischen, sozialen und ökonomischen Auswirkungen der globalen Klimaerwärmung auf Grundlage der neuesten wissenschaftlichen Studien. Durch Verfahren wie Eiskernbohrungen lässt sich die globale Temperaturveränderung mittlerweile bis weit in die Vergangenheit zurückverfolgen. Die wissenschaftlichen Erkenntnisse deuten in eine klare Richtung: Der aktuelle Entwicklungspfad des globalen Klimas ist folgenschwerer als zunächst gedacht. Nicht zuletzt durch diese erhöhte Aufmerksamkeit beschäftigten sich immer mehr Sozialwissenschaftler*innen mit den Ursachen und Verlaufsformen der Klimakrise.

Die globale Klimaerwärmung ist ein gutes Beispiel für die Schädigung eines globalen öffentlichen Gutes: Die Emissionen an einem Ort auf der Welt haben Auswirkungen auf die Klimaentwicklung auf der gesamten Erde. Allein koordiniertes Handeln kann die globale Klimaerwärmung effektiv aufhalten. Da die meisten Klimagase wie Kohlenstoffdioxid und Methan für sehr lange Zeit in der Atmosphäre bleiben, ist für die Konzentration in der Atmosphäre nicht allein der aktuelle Ausstoß an Klimagasen zu einem gegebenen Zeitpunkt relevant, sondern ebenso sehr die Summe der bisher ausgestoßenen Mengen.

Kenngrößen wie der „ökologische Fußabdruck" geben ein gutes Gefühl dafür, welchen Einfluss jede*r von uns durch das individuelle Konsumverhalten auf die globale Klimaerwärmung hat, und der internationale Vergleich des „ökologischen Fußabdrucks" verdeutlicht die Verteilungsdimension der Klimakrise. Wenig überraschend liegt er für Industriestaaten um ein Vielfaches höher als für die Länder des Globalen Südens. Zudem sind die westlichen Industrienationen für einen überwiegenden Teil der schon in der Atmosphäre eingelagerten Klimagase verantwortlich, eine Tatsache, die in den internationalen Beziehungen unter dem Schlagwort „ökologische Gerechtigkeit" verhandelt wird. Aus diesem Befund speisen sich unterschiedliche normative Positionen bei der Bewältigung der Klimakrise. Nicht selten wird auf die individuelle Verantwortung verwiesen. Dies mag nicht falsch sein, aber eine individualistische Perspektive läuft Gefahr, die sozialen Kämpfe und strukturellen Bedingungen, in denen die Klimakrise ihren Ausdruck findet, aus dem Blick zu verlieren (I.L.A. Kollektiv 2017: 9). Eine politökonomische Perspektive nimmt hierauf stärker Bezug. Sie beansprucht, die Wirtschaftsweise, die Gesellschaftsordnung und die Mensch-Natur-Verhältnisse zusammenzudenken. In dieser Perspektive wird von „gesellschaftlichen Naturverhältnissen" gesprochen.

> „Weder kann demnach Gesellschaft unabhängig von Natur thematisiert werden, da der soziale Prozess konstitutiv mit Natur vermittelt ist, noch zieht der geschichtliche Prozess auf eine immer umfassendere Kontrolle der Natur […]. Den Ausgangspunkt einer kritischen Theorie der Naturverhältnisse stellen die Prozesse einer praktischen, d.h. ökonomisch-technischen und sprachlich-diskursiven Konstruktion der Natur dar, und nicht vermeintlich unwandelbare Gesetze der Natur, an die der Mensch und oder die Gesellschaft sich anzupassen habe […]. Es besteht unhintergehbar eine Pluralität gesellschaftlicher Naturverhältnisse, die jedoch – insbesondere unter bürgerlich-kapitalistischen Bedingungen – von Dominanzverhältnissen geprägt sind." (Brand/Görg 2003: 17f)

4.4.1 Perspektiven, Einflüsse und Grundlagen

Nachfolgend geht es darum, verschiedene ökonomie- und kapitalismustheoretische Konzeptionen vorzustellen, die sich abseits von technischen Fragen mit der gesellschaftlichen und politökonomischen Dimension eines übermäßigen Ressourcenverbrauchs und der Erderwärmung befassen. Hierbei wird erkennbar, dass sich die Ökologische Politische Ökonomie nicht durch eine geschlossene Theorieperspektive auszeichnet. Sie stützt sich vielmehr auf eine ganze Reihe spezifischer Erklärungen und interpretativer Bausteine, also auf eine Mehrzahl analytischer Perspektiven, die vor allem durch den gleichen Gegenstandsbereich verbunden sind: eine ressourcenintensive Produktions- und Lebensweise und die Klimakrise.

4.4.1.1 Marktlösungen und Externalitäten

In der akademischen Diskussion sind die disziplinären Grenzen trotz der interdisziplinären Natur der Klimakrise immer noch sehr deutlich zu erkennen. Die wirtschaftswissenschaftliche Subdisziplin der Umwelt- und Klimaökonomik (Environmental/Climate Economics) verharrt in ihren Analysen zumeist in Kosten-Nutzen-Rechnungen und versucht durch verschiedene Methoden, die mit dem Klimawandel entstandenen Externalitäten – ökonomische Konsequenzen menschlichen Handelns, die sich nicht in den Preisen niederschlagen – einzupreisen und zu quantifizieren. Der Fokus liegt hier stets auf den Einflüssen des Klimawandels auf die Entwicklung der Wirtschaft. Die zentrale Berechnungsgröße sind die „sozialen Kosten des Kohlenstoffausstoßes" (Social Cost of Carbon), die die marginalen Kosten einer zusätzlich ausgestoßenen Tonne CO_2 abbilden. In klimaökonomischen Modellen werden dementsprechend die durch den Klimawandel entstandenen ökonomischen Schäden gegen die kurzfristigen privatwirtschaftlichen Gewinne, die durch den ungehemmten Treibhausausstoß ermöglicht werden, aufgerechnet. Eine zentrale Annahme aller umweltökonomischen Modelle ist die Substituierbarkeit von Klimaschäden und Wirtschaftswachstum, eine Annahme, die in den Naturwissenschaften ebenso wie in den politökonomischen Perspektiven als unhaltbar gilt.

In den letzten Jahren entwickelten sich jedoch auch in der Umweltökonomik Stimmen, die die Unsicherheit ökonomischer Modelle betonen und vor den unberechenbaren Konsequenzen der Klimaerwärmung warnen (Wagner/Weitzman 2015). Hervorzuheben sind hier insbesondere die Kipppunkte im Klimasystem der Erde wie etwa die Umkehrung des Golfstroms oder das Abschmelzen der Polkappen. Diese Kipppunkte sind Ereignisse, die plötzlich auftreten, tendenziell irreversibel sind und potentiell verheerende Folgen für das Weltklima nach sich ziehen (Cai et al. 2016). Zudem hat sich in der Ökonomik neben der dem neoklassischen Paradigma verhafteten Umweltökonomik die heterodoxe Theorieschule der Ökologischen Ökonomik (Ecological Economics) herausgebildet (Venkatachalam 2007), deren prominente frühe Vertreter*innen, wie etwa Nicolas Georgescu-Roegen, unten eingeführt werden.

Die internationalen Institutionen folgen meistens der Umwelt- und Klimaökonomik. Sie sehen in der globalen Klimaerwärmung ein technisches Problem, das im Rahmen der bestehenden Institutionen gelöst werden kann – etwa durch eine optimale CO_2-Bepreisung oder internationale Verträge. Im Unterschied hierzu stehen die meisten sozialwissenschaftlichen Beiträge und viele soziale Bewegungen den marktbasierten Lösungen wesentlich kritischer gegenüber. Sie betonen die Rolle der kapitalistischen Produktions- und Lebensweise, die die fossile Wirtschaftsweise kennzeichnenden gesellschaftlichen Naturverhältnisse, den Wachstumszwang und die im Rahmen der Klimakrise ausgefochtenen sozialen Kämpfe. Im Rahmen einer weiter ausgreifenden Kapitalismusanalyse und -kritik wird die Klimakrise oft als eine Form der multiplen Krisen behandelt, die auf die Dysfunktionalität von Marktlösungen für gesellschaftliche Probleme hindeuten. Fast immer wird der Kapitalismus für die Klimakrise mitverantwortlich gemacht (zur Abgrenzung siehe Brand/Wissen 2017: 149 f).

4.4.1.2 Entropie und Raumschiffökonomie

Nicolas Georgescu-Roegen [1906–1994] gilt als Begründer der wachstumskritischen Ökologischen Ökonomik. Er wurde 1906 in Rumänien geboren und verbrachte einen Großteil seiner akademischen Karriere in den Vereinigten Staaten. Er erhielt zunächst ein Stipendium für das Studium der Mathematik und Statistik in Bukarest und Paris, bevor er von 1934 bis 1936 an der Harvard Universität mit Joseph Schumpeter in Kontakt kam. Dieser weckte sein Interesse für ökonomische Fragen, woraufhin Georgescu-Roegen eine Karriere in der Ökonomik verfolgte. Mit *Analytical Economics* (Georgescu-Roegen 1966) verfasste er in dieser Zeit unter anderem ein bedeutendes Lehrbuch für Volkswirtschaftslehre, das Eingang in den Kanon ökonomischer Standardwerke fand. Zeit seines Lebens verblieb er jedoch am intellektuellen Rand seiner Disziplin und widersprach in seinen wissenschaftlichen Werken einigen der vorherrschenden konzeptionellen Annahmen seiner Disziplin. Er sprach sich insbesondere gegen das „mechanistische Dogma" und den damit verbundenen verengten Blick der Neoklassik auf die soziale Welt aus (Georgescu-Roegen 1975). Dementsprechend wurde er in späteren Jahren trotz seiner frühen Erfolge nicht mehr von seinen Kolleg*innen rezipiert. Er lebte zuletzt weitgehend isoliert vom akademischen

Betrieb und engagierte sich lediglich in gelegentlichen Beiträgen als Friedensaktivist.

In seinem 1971 erschienenen Hauptwerk *The Entropy Law and the Economic Process* (Georgescu-Roegen 1971) beschäftigte er sich mit dem zweiten Grundsatz der Thermodynamik. Dieses sogenannte Entropiegesetz besagt, dass die Entropie in einem geschlossenen System wie der Erde ständig und irreversibel steigt. Anders formuliert sinkt die Qualität der auf der Erde verfügbaren Energie stetig. Die freie Energie wird zu gebundener Energie, die Ordnung transformiert sich zu Unordnung:

> „Beyond and above all technical formulae, the essence of the main thermodynamic laws is this: in an isolated system, the amount of energy remains constant (the first law), while the available energy continuously and irrevocably degrades into unavailable states (the second law). Let us mark well that an isolated system can exchange neither energy nor matter with its ‚outside'. Strictly speaking, the only isolated system is the whole universe." (Georgescu-Roegen 1986: 3)

Georgescu-Roegen versuchte, den physikalischen Begriff der Entropie aus den Naturwissenschaften in die Sozialwissenschaften zu übertragen. Dies gelang ihm nur zum Teil. War er anfangs noch zuversichtlich, dass der Begriff auch in der Ökonomie in seiner technischen Definition angewendet werden kann, so musste er nach deutlicher Kritik durch Physiker*innen einlenken, der Gebrauch des Entropiebegriffs sei vor allem metaphorisch gemeint. Sein Einfluss auf die Postwachstumsbewegung insbesondere in Frankreich darf jedoch nicht unterschätzt werden.

Im unten angeführten Quellentext 15 beschreibt Georgescu-Roegen die Transformation von freier, das heißt verfügbarer, Energie in Form von Kohle in gebundene Energie in Form von Asche. Mit dem Verbrauch und der Verarbeitung von natürlichen Ressourcen, also freier Energie, steigt die Entropie im geschlossenen System Erde. Aus Erdöl wird hochwertiges Plastik, und aus dem recycelten Plastik werden höchstens noch minderwertige Gummieimer. Die Qualität der Produkte sinkt mit jedem weiteren Recyclingzyklus bis am Ende nur noch Abfall übrigbleibt, der nicht mehr weiterverwendet werden kann. Dieser Prozess ist möglich, solange das System offen ist, das heißt solange freie Energie von außen zugeführt und gebundene, unbrauchbare Energie in Form von Abfall nach außen abgegeben werden kann. Letztlich ist zwar nur das Universum ein geschlossenes System, aber mit der vollständigen Inwertsetzung der natürlichen

Ressourcen unseres Planeten wird auch die Erde zum geschlossenen System – mit von außen kommender Sonnenenergie als einziger Ausnahme.

Quellentext 15: Das Konzept der Entropie

Nehmen wir den Fall einer altmodischen Eisenbahnlokomotive, bei der die Wärme der verbrennenden Kohle in den Kessel und durch den entweichenden Dampf aus dem Kessel in die Atmosphäre fließt. Ein offensichtliches Ergebnis dieses Prozesses ist ein gewisses Maß an mechanischer Arbeit: Der Zug hat sich von einem Bahnhof zum anderen bewegt. Aber der Prozess beinhaltet auch andere unbestreitbare Veränderungen. Die Kohle hat sich nämlich in Asche verwandelt. Doch eines ist sicher: Die Gesamtmenge an Materie und Energie hat sich nicht verändert. Das ist das Diktat des Erhaltungssatzes von Materie und Energie – des ersten Hauptsatzes der Thermodynamik, der, wie wir betonen sollten, zu keinem der Gesetze der Mechanik in Widerspruch steht. Die Schlussfolgerung kann nur sein, dass die Veränderung von Materie und Energie eine qualitative Veränderung sein muss. Am Anfang ist die chemische Energie der Kohle frei, in dem Sinne, dass sie uns zur Verfügung steht, um mechanische Arbeit zu erzeugen. Im Laufe des Prozesses verliert die freie Energie jedoch nach und nach diese Eigenschaft. Letztlich geht sie immer vollständig in das Gesamtsystem über, wo sie zu gebundener Energie wird, also zu Energie, die wir nicht mehr für den gleichen Zweck nutzen können. Das Gesamtbild ist natürlich etwas komplizierter. Und tatsächlich liegt der Vorteil der Einführung der Entropie als neuer Zustandsgröße gerade in der dadurch erreichten analytischen Vereinfachung und Vereinheitlichung. Dennoch haben die anderen, eher intuitiven Konzepte der freien und gebundenen Energien nie ihre transparente Bedeutung verloren. Denn in einer weiten, aber substantiellen Perspektive ist die Entropie ein Index für die relative Menge an gebundener Energie in einer isolierten Struktur oder, genauer gesagt, dafür, wie gleichmäßig die Energie in einer solchen Struktur verteilt ist. Mit anderen Worten: Eine hohe Entropie bedeutet eine Struktur, in der die meiste oder alle Energie gebunden ist, und eine niedrige Entropie eine Struktur, in der das Gegenteil der Fall ist.

Quelle: Georgescu-Roegen (1971: 5); eigene Übersetzung.

Die Vorstellung eines geschlossenen Systems Erde hat Kenneth E. Boulding [1910–1993] pointiert beschrieben. Boulding ist ein weiterer früher Vertreter der Ökologischen Ökonomik. Sein bedeutendster Beitrag zur Debatte ist der 1966 erschienene Text *The Economics of the Coming Spaceship Earth* (Boulding 1966), in dem er den Übergang von einer „offenen" zu einer „geschlossenen" Ökonomie vorhersagt. Die offene Ökonomie war gekennzeichnet durch eine Grenze (frontier), die man habe übertreten können, wenn die sozialen oder ökologischen Bedingungen an einem Ort der Erde nicht mehr hinnehmbar waren. Diese Konzeption ist Rosa Luxemburgs Idee der Landnahme nicht unverwandt (Luxemburg 1987 [1913]: 315). Spätestens seit dem Zweiten Weltkrieg ist Boulding zufolge die Weltwirtschaft mit der Überwindung der internen ökonomischen Grenzen zu einem geschlossenen System geworden. Menschliche Gesellschaften waren bis dahin eine offene Operationsweise gewohnt, in der von außen stammende Inputs in die Ökonomie integriert und Outputs außerhalb des Systems verklappt werden konnten. Boulding bezeichnet diese Wirtschaftsweise als Cowboyökonomie (cowboy economy),

> „the cowboy being symbolic of the illimitable plains and also associated with reckless, exploitative, romantic, and violent behavior, which is characteristic of open societies." (Boulding 1966: 7)

Die Ökonomie der Zukunft wird Boulding zufolge eine „Raumschiffökonomie" sein (spaceman economy), eine geschlossene Ökonomie,

> „in which the earth has become a single spaceship, without unlimited reservoirs of anything, either for extraction or for pollution, and in which, therefore, man must find his place in a cyclical ecological system which is capable of continuous reproduction of material form even though it cannot escape having inputs of energy." (Boulding 1966: 7f)

Den größten Unterschied der beiden Idealtypen sieht Boulding im Stellenwert des Konsums (Quellentext 16). Indem Konsumption und Produktion in der Cowboyökonomie als erstrebenswert gelten und im Maß des Bruttoinlandprodukts der Ressourcenumsatz maximiert wird, fällt unter den Tisch, dass ein großer Teil des Ressourcenumsatzes durch die Extraktion erschöpfbarer Ressourcen entsteht und ein Großteil des Outputs in Form von Abfall letztlich in diese außerhalb der Ökonomie stehende Sphäre zurückgegeben wird. In der Raumschiffökonomie hingegen ist der Ressourcenumsatz („Throughput") aufgrund der

Geschlossenheit des Systems eine zu minimierende Größe. Das hauptsächliche Maß für die Wirtschaftsleistung ist hier die Erwirtschaftung und Erhaltung des bestehenden Kapitalstocks, jedoch durch einen geringeren Ressourceneinsatz. Diese Konzeption kehrt im aktuellen politökonomischen Diskurs als „qualitatives" oder „nachhaltiges" Wachstum wieder.

Quellentext 16: Ressourcenumsatz und Konsum

Der wesentliche Maßstab für den Erfolg der Wirtschaft ist nicht die Produktion und der Konsum, sondern die Art, der Umfang, die Qualität und die Komplexität des gesamten Kapitalstocks, einschließlich des Zustands der menschlichen Körper und Köpfe, die im System enthalten sind. In der Raumschiffökonomie geht es in erster Linie um die Aufrechterhaltung des Kapitalstocks, und jede technologische Veränderung, die zur Aufrechterhaltung eines gegebenen Gesamtkapitalstocks mit einem geringeren Ressourcenumsatz (d.h. weniger Produktion und Konsum) führt, ist eindeutig ein Gewinn. Dieser Gedanke, dass sowohl Produktion als auch Konsum eher schlecht als gut sind, ist für Ökonomen sehr befremdlich, da sie von den Konzepten des Einkommensstroms besessen sind und die Konzepte des Kapitalstocks fast ausklammern. Es gibt tatsächlich einige sehr schwierige und ungelöste Probleme, die mit der Frage verbunden sind, ob menschliches Wohlergehen oder Wohlfahrt als eine Bestandsgröße oder eine Stromgröße zu betrachten ist. Etwas von beiden Elementen scheint tatsächlich daran beteiligt zu sein, und soweit ich weiß, gibt es praktisch keine Studien, die darauf abzielen, diese beiden Dimensionen menschlicher Zufriedenheit zu identifizieren. Ist es zum Beispiel das Essen, das gut ist, oder ist es gut genährt zu sein? Beinhaltet wirtschaftliches Wohlergehen den Besitz schöner Kleidung, schöner Häuser, guter Ausrüstung und so weiter, oder ist es am Wertverlust und der Abnutzung dieser Dinge zu messen? Ich selbst neige dazu, das Konzept der Bestandsgrößen für grundlegend zu halten, d.h. den Zustand des Gut-Genährt-Seins für wichtiger als das Essen, und auch die sogenannten Dienstleistungen als im Wesentlichen die Wiederherstellung eines sich erschöpfenden psychischen Kapitals zu betrachten. So habe ich argumentiert, dass wir in ein Konzert gehen, um einen psychischen Zustand wiederherzustellen, den man als ‚einfach nur in ein Konzert gegangen zu sein' bezeichnen könnte, der, einmal etabliert, dazu neigt, sich zu entwerten. Wenn er sich über einen bestimmten Punkt hinaus verschlechtert, gehen wir zu einem anderen Konzert, um ihn wiederherzustellen. Wenn er schnell abnimmt, gehen wir in viele Konzerte, wenn er langsam abnimmt, gehen wir in wenige. Nach dieser Sichtweise essen wir in erster Linie, um die körperliche Selbstregulierung wiederherzustellen, d.h. um einen Zustand aufrechtzuerhalten, in dem wir gut genährt sind, und so weiter. In dieser Sichtweise gibt es überhaupt nichts Erstrebenswertes am Konsum. Je weniger Konsum wir in einem bestimmten Zustand aufrechterhalten können, desto besser geht es uns. Wenn wir Kleidung hätten, die sich nicht abnutzt, Häuser, die nicht verfallen, und selbst wenn wir unseren körperlichen Zustand aufrechterhalten könnten, ohne zu essen, wären wir eindeutig viel besser dran.

Quelle: Boulding (1966: 8 f); eigene Übersetzung.

4.4.1.3 Elinor Ostrom: Governing the Commons

Der „Tragödie der Allmende" (tragedy of the commons) liegt die These zugrunde, dass gemeinschaftlich genutzte Naturgüter nach kurzer Zeit durch Übernutzung zerstört werden: Übernutzte Wasserquellen versiegen, die Fischbestände überfischter Meere gehen zurück, und exzessive Rodungen verwandeln Waldgebiete dauerhaft in Steppen. Die klassische ökonomische Antwort auf dieses Problem war und ist die Vergabe von Eigentumsrechten an den Allmendegütern. Eine gesellschaftliche Problematik soll so durch eine privatwirtschaftliche Lösung bewältigt werden. Der zweite Pol einer möglichen Antwort, neben dieser marktwirtschaftlichen, besteht in einer zentralplanerischen Lösung, in der die Nutzungsrechte an den Allmendegütern von einer staatlichen oder anderen regulativen Instanz zentral vergeben werden.

Eine Alternative zu diesen beiden klassischen Lösungen entwickelte die Politikwissenschaftlerin Elinor Ostrom [1933–2012], die im Jahr 2009 für ihre institutionentheoretische Analyse gemeinschaftlich genutzter Naturgüter mit dem Nobel-Gedächtnispreis ausgezeichnet wurde. Entgegen der Mehrheitsauffassung der Sozialwissenschaften entwickelte Ostrom in ihrem 1990 erschienen Hauptwerk *Governing the Commons* eine Konzeption der Allmendegüter, in der der oben beschriebene Zerstörungsprozess durch kluge Institutionen verhindert wird. Dafür untersuchte Ostrom viele real existierende Institutionen und Arrangements, mit denen Gemeinschaften ihre Allmendegüter verwalten. Ihre Analyse schlägt weder eine rein zentralplanerische Lösung noch eine reine Marktlösung vor, sondern verweist auf die soziale Prozesshaftigkeit der gemeinschaftlichen Arrangements zur Nutzung der Allmendegüter.

Den Ausgangspunkt ihrer Analysen bilden ihre Forschungen zur Wassernutzung in Kalifornien. Im Gegensatz zu den vorherrschenden spieltheoretischen Analysen beobachtet Ostrom, dass viele der Arrangements soziale Konflikte nicht durch einseitiges egoistisches Handeln, sondern durch Kommunikation lösen. Der Quellentext 17 beschreibt die Institutionen, mit denen die Fischer in der türkischen Hafenstadt Alanya die Überfischung der Küstenregion erfolgreich verhindert haben.

Quelltext 17: Die Verfassung der Allmende: jenseits von Staat und Markt

Anfang der 1970er Jahre begannen die Mitglieder der örtlichen Genossenschaft mit einem ausgeklügelten System zur Zuteilung von Angelplätzen an die örtlichen Fischer zu experimentieren. Nach mehr als einem Jahrzehnt der Versuch-und-Irrtums-Methode stellen sich die Regeln, die von den Küstenfischern in Alanya verwendet werden, wie folgt dar:

- Jeden September wird eine Liste der berechtigten Fischer erstellt, die aus allen lizenzierten Fischern in Alanya besteht, unabhängig von ihrer Mitgliedschaft in der Genossenschaft.
- Innerhalb des Gebietes, das normalerweise von den Alanya-Fischern genutzt wird, werden alle nutzbaren Fischfangplätze benannt und aufgelistet. Diese Standorte sind so verteilt, dass die Netze, die an einem Standort ausgelegt werden, nicht die Fische abwehren, die an den angrenzenden Standorten verfügbar sein sollten.
- Diese benannten Fischfangplätze und die entsprechenden Zuweisungen sind von September bis Mai gültig.
- Im September werden die berechtigten Fischer ausgelost und den benannten Fangplätzen zugewiesen.
- Von September bis Januar bewegt sich jeder Fischer jeden Tag nach Osten zum nächsten Standort. Nach Januar bewegen sich die Fischer nach Westen. Dies gibt den Fischern gleiche Chancen an den Beständen, die zwischen September und Januar von Ost nach West wandern und von Januar bis Mai ihre Wanderung durch das Gebiet umkehren […]

Das System hat den Effekt, dass die Fischer auf den Fanggründen weit genug auseinander liegen, so dass die Produktionsmöglichkeiten an jedem Standort optimiert werden. Außerdem haben alle Fischerboote die gleichen Chancen, an den besten Stellen zu fischen. Es werden keine

Ressourcen für die Suche nach oder den Kampf um einen Standort verschwendet. Es sind keine Anzeichen von Überfischung erkennbar [...]. Obwohl es sich nicht um ein System an Privateigentum handelt, sind die Rechte zur Nutzung der Fischgründe und die Pflichten zur Einhaltung dieser Rechte klar definiert. Und obwohl es sich nicht um ein zentralisiertes System handelt, wurde die nationale Gesetzgebung, die solchen Kooperativen die Zuständigkeit für ‚lokale Gebiete' gegeben hat, von den Kooperativenvertretern genutzt, um ihre Rolle bei der Ausarbeitung eines praktikablen Regelwerks zu legitimieren. Die Tatsache, dass die lokalen Beamten die unterzeichnete Vereinbarung jedes Jahr akzeptieren, erhöht ebenfalls die Legitimität. Die tatsächliche Überwachung und Durchsetzung der Regeln wird jedoch den Fischern überlassen.

Quelle: Ostrom (1990: 19 f); eigene Übersetzung.

Sowohl rein staatliche als auch rein marktförmige Regelungen erscheinen vor dem Hintergrund dieser Fallstudie als unattraktiv, da sie niemals der Eigenständigkeit der unterschiedlichen Arrangements und den lokalen Gegebenheiten Rechnung tragen können:

> „Policy analysts who would recommend a single prescription for commons problems have paid little attention to how diverse institutional arrangements operate in practice. The centrists presume that unified authorities will operate in the field as they have been designed to do in the textbooks – determining the best policies to be adopted for a resource based on valid scientific theories and adequate information. Implementation of these policies without error is assumed. Monitoring and sanctioning activities are viewed as routine and nonproblematic." (Ostrom 1990: 21 f)

In gewisser Weise begründete Ostrom ein neues Denken in der Ökonomie, in dem nicht von abstrakten Modellen mit teils problematischen Annahmen auf die Wirklichkeit geschlossen wird, sondern reale Institutionen und konkrete gesellschaftliche Lösungen für Allokationsprobleme in die Theoriebildung eingehen. Das von Lee Anne Fennell so getaufte „Ostrom'sche Gesetz" besagt dementsprechend, mit einer Spitze gegen die Neoklassik, dass eine Eigentumsordnung für Allmendegüter, die in der Praxis funktioniert, auch in der Theorie funktionieren kann (Fennell 2011: 10). Ostrom brachte die empirischen Studien aus vielen verschiedenen Disziplinen zusammen, die vorher nur in ihrer jeweiligen Disziplin gelesen wurden und verhalf dadurch der qualitativen Analyse politökonomischer Fragen zu erneutem Ansehen.

4.4.2 Kapitalismusanalysen

Neben den skizzierten ökonomie- und politiktheoretischen Zugängen zur Ökologischen Politischen Ökonomie sind in den letzten Jahrzehnten auch verschiedene kapitalismustheoretisch fundierte Konzeptionen entstanden. Angesichts der Aktualität der ökologischen Diskurse – insbesondere der Debatten um die Klimakrise – wäre es verfrüht von „klassischen" Analysen zu sprechen. Die nachfolgend erläuterten neueren Kapitalismusanalysen haben aber durchaus Potential. Sie beschäftigen sich mit Fragen nach Reform vs. Revolution, der Unvereinbarkeit von Kapitalismus und Ökologie und der Irreversibilität der durch die Klimakrise verursachten Zerstörung.

4.4.2.1 Elmar Altvater: Ökologische Kapitalismuskritik

Elmar Altvater [1938–2018] ist für viele der bekannteste Vertreter der ökologischen Kapitalismuskritik in Deutschland. Der Bergarbeitersohn aus dem Ruhrgebiet war seit seiner Schulzeit politisch aktiv, studierte bis 1963 in München Soziologie und Volkswirtschaftslehre und engagierte sich im Sozialistischen Deutschen Studentenbund (SDS) (Mahnkopf 2009). Seine Dissertation beschäftigte sich mit den externen Effekten der sowjetrussischen planwirtschaftlichen Industrialisierung auf die Umwelt. Später sollte er sich mit der Theorie externer Effekte weitaus kritischer auseinandersetzen. Von 1971 bis 2006 lehrte er als Professor für Politische Ökonomie am Otto-Suhr-Institut der Freien Universität Berlin. In dieser Zeit leistete er bedeutende Beiträge zur Analyse der historischen Zyklen von Wachstum und Krisen im Kapitalismus, der Globalisierung und der gesellschaftlichen Naturverhältnisse. Er gründete unter anderem die Zeitschrift PROKLA, äußerte sich regelmäßig zu tagesaktuellen politischen Themen, war Mitglied im wissenschaftlichen Beirat von attac und Gründungsmitglied der Grünen, von denen er sich später jedoch distanzierte. In seiner Abschiedsvorlesung mit dem Titel „Was heißt und zu welchem Ende betreiben wir Kapitalismuskritik?" formuliert er die zentrale Motivation, Politische Ökonomie zu betreiben:

> „Um die Transformationen von gesellschaftlichen, politischen und ökonomischen Machstrukturen zu verfolgen, um die Veränderungen und Reproduktionsbedingungen von Gewalt und Gegengewalt oder die Auseinandersetzungen um die Hegemonie im kapitalistischen Weltsystem zu begreifen." (Altvater 2006: 465)

In seinen Schriften untersucht Altvater die systemische Kongruenz von Kapitalismus und „Fossilismus“: Die soziale Formation des Kapitalismus, der westlichen Rationalität in Form von moderner Technik und die Ausbeutung fossiler Energieträger zur Energieproduktion treten historisch zur selben Zeit auf. So hat sich mit der Industrialisierung eine regelrechte „prometheische Revolution“ (Altvater/Mahnkopf 1996: 508) vollzogen – eine Revolution der gesellschaftlichen Naturverhältnisse, bei der sich ein neues Energiesystem etabliert hat: der Fossilismus. Doch diese historische Kongruenz geht aktuell verloren. Das zeigt sich unter anderem im vorausgesagten „Peak Oil“, dem weltweiten Maximum der Ölförderung, das durch die Fracking-Technologie noch einmal aufgeschoben wurde. Die einzige Möglichkeit, aus dieser fossilen Sackgasse zu entkommen, ist für Altvater eine erneute „prometheische Revolution“, bei der die Schranken des Fossilismus überwunden werden (Altvater 2006: 466).

Immer wieder nimmt Altvater auf die Ideen Georgescu-Roegens Bezug, wie auch im gemeinsam mit seiner Lebensgefährtin Birgit Mahnkopf verfassten Hauptwerk *Grenzen der Globalisierung* (1996):

> „Entropie als sozialwissenschaftliche Kategorie ist ein Maß für die Gleichverteilung in den modernen Gesellschaften, in der die Ordnungsstrukturen der prämodern gegliederten Gesellschaften mit ihren sicheren Zuordnungsverfahren und Zuweisungen aufgelöst sind, sowie ein Maß für die ‚molekulare Unordnung‘ in einem System, in dem im Prinzip jedes Mitglied jede Position einnehmen kann.“ (Altvater/Mahnkopf 1996: 516)

Die vermachteten Kapitalverhältnisse zeigen sich besonders in der internationalen Arbeitsteilung und Dependenz, die durch internationale Handelsverträge abgesichert wird. Die Ideologie des Freihandels erlaubt die Durchsetzung „knallharter Herrschaftsinteressen“, und dieser krisenanfällige und diskursiv stabilisierte Sachzwang Weltmarkt (Altvater 1987) limitiert die nationalstaatlichen Handlungsmöglichkeiten vor allem im Globalen Süden, wo die Verschuldungskrise zusammen mit der kapitalistischen Inwertsetzung der Naturgüter große soziale Verwerfungen nach sich zieht.[55] Der gemeinhin als Globalisierung beschriebene Prozess der weltweiten Verflechtung von Kapital-, Informations- und Handelsflüssen ist bei Weitem nicht schrankenlos. Von der Globalisierung zu

55 Schon die Begriffe der wirtschaftlichen Perspektive auf die Natur (etwa: „natürliche Ressourcen“) deuten darauf hin, dass die Natur im Kapitalismus stets einer Verwertungslogik unterworfen wird.

unterscheiden ist ein Zustand der Globalität, der jedoch niemals erreichbar ist, „da die Globalisierung des Kapitals unweigerlich über die Stränge schlägt und dabei alle sozialen, historisch gewachsenen Maße von Zeiten und Räumen durch Expansion und Beschleunigung mißachtet“ (Altvater/Mahnkopf 1996: 15). Nur in der ersten Dimension der kapitalistischen Doppelbestimmung aller Beziehungen – der wertmäßig-monetären – wäre eine vollständige Globalisierung möglich, nicht jedoch in der zweiten – der sozialen Dimension.

Der Begriff „Anthropozän“ bezeichnet für Altvater (2013) den Zeitraum der Erdgeschichte, in dem der menschliche Einfluss auf die Natur und die Beschaffenheit des Planeten Erde ein bestimmtes Maß überschritten hat – strenggenommen ein Erdzeitalter, in dem der menschliche Einfluss auf das Klima in den Gesteinsschichten sichtbar wird. Vor allem in den Sozial- und Geisteswissenschaften wird dieser Begriff seit einiger Zeit verwendet, um die wirtschaftliche Aktivität des Menschen als Ursache der Klimakrise hervorzuheben. In Altvaters Analysen wird analog zu diesem Konzept der Begriff des „Kapitalozäns“ (Altvater 2013) verwendet, um die Klassendynamik der ökologischen Frage in den Vordergrund zu rücken. Der menschliche Einfluss auf das Klima vollzieht sich nicht durch den Menschen ohne jede weitere Bestimmung, sondern vor allem durch den Menschen in der kapitalistischen Gesellschaftsformation.

> „Im Anthropozän sind ‚die Menschen‘ in ihren mehr oder weniger entwickelten Gesellschaftsformationen die dramatis personae, die ihre Erdgeschichte gestalten können und sie seit der Neolithischen Revolution gestaltet haben. Im Kapitalozän sind die wichtigsten formenden Kräfte die Regierungen und internationalen Organisationen, vor allem aber die großen Banken, Unternehmen, Investmentfonds, Ölkonzerne etc., die die Bewegungsgesetze des Kapitals exekutieren und dabei auch unweigerlich und mit höchster okzidentaler Rationalität die negativen Wirkungen der völlig rationalen Externalisierung auf das Gesellschafts- und Erdsystem ausüben.“ (Altvater 2015: 136 f)

Diese Externalisierung ist Altvater zufolge keine Fehlfunktion des Marktes, wie klassischerweise von den Ökonom*innen gedacht, sondern für das Funktionieren des Marktes stets notwendig. Dieser Gedanke erinnert an Bouldings Cowboyökonomie, also an die Verklappung ökonomischer Outputs außerhalb des Systems, ebenso aber auch an die umwelt- und klimapolitische Brisanz von Georgescu-Roegens Entropiegesetz. Dieses verweist auf die stofflichen Bedingungen und Formen der Produktions- und Lebensweise, die im Kapitalozän in

Widerspruch treten zu den Mechanismen der ökonomischen Kreislauf- und Verwertungslogik. Letztere tendiert nicht nur dahin, die räumlichen und zeitlichen Bedingungen der ökonomischen Reproduktion, also die Natur zu ignorieren. Sie geht auch davon aus, dass „alle ökonomischen Prozesse zirkulär bzw. reversibel sind" (Altvater 1991: 263). Was als Kapital anfangs investiert wird, kehrt – vermittelt durch Handel, Verkauf und Konsum – in Form von Geldzahlungen plus Profit oder Zins zum Ausgangspunkt zurück. Nur durch Krisen wird dieser Kreislauf unterbrochen, wobei diese Unterbrechung eine eher konjunkturelle oder strukturelle Verlaufsform annehmen kann.

Die ökologische Krise weist für Altvater nun allerdings über diese beiden Verlaufsformen der ökonomischen Krise hinaus. Dies liegt vor allem daran, dass die stofflichen Konditionen des kapitalistischen Verwertungsprozesses, also die produktive Nutzbarmachung und Aneignung von Natur durch das Merkmal der Irreversibilität gekennzeichnet ist. Die Prozesse der ökonomischen Verwertung und der Stoff- und Energietransformation driften demzufolge auseinander. Gemäß dem Entropiegesetz von Georgescu-Roegen, d.h. dem mit der Produktion zunehmenden Entropieanstieg und der gleichzeitig verringerten Qualität der Energie, führt Altvater (1991: 264) aus:

> „Die natürliche Umwandlungsrichtung von Energie und Stoffen ist im geschlossenen System mit einer unumkehrbaren Qualitätsabnahme der Energie bzw. der Stoffe verbunden. Diese naturgesetzliche und irreversible Degradation der Energie- und Stoffqualität braucht im offenen System so lange nicht zu interessieren, wie Energie und Stoff aus der Umwelt in das ökonomische System zugeführt werden können."

Doch nicht nur die problemlose Zufuhr, auch die sich in gleichem Maße vollziehende Abfuhr von Energie ist erforderlich, um die Mensch-Natur-Beziehungen in einem dynamischen Gleichgewicht zu halten. Der Expansions- und Wachstumsdrang des Kapitals lässt dies allerdings nicht zu. Entsprechend kommt es für Altvater zu einer beschleunigten Entropiesteigerung, die im Zeichen der Umwelt- und Klimakrise vermehrt politisiert wird und eine grundlegende Transformation der Produktions- und Lebensweise auf die Agenda setzt.

Bis zuletzt bemühte sich Altvater darum, klassische Ansätze der politischen Ökonomie für die Analyse der ökologischen Krise fruchtbar zu machen, so etwa durch seine Schrift zu Friedrich Engels' „Dialektik der Natur", *Engels neu entdecken.* Er weist darauf hin, dass Marx und Engels den Klassenkonflikt nie als reinen Verteilungskampf gesehen haben: „Die Atmosphäre kann man nicht umverteilen, man muss die Produktionsweise und mit ihr den Stoffwechsel zwischen Mensch, Gesellschaft und Natur ändern." (Altvater 2015: 18) Altvater – und auch Mahnkopf (2009: 111) – sieht den einzigen Ausweg aus der Krise der gesellschaftlichen Umweltverhältnisse in einer neuen Polanyi'schen sozial-ökologischen Transformation, die die Mensch-Natur-Verhältnisse verändert, indem sie zunächst den Kapitalismus überwindet.

4.4.2.2 Imperiale Produktions- und Lebensweise

Diese sozial-ökologische Transformation wird bisher durch ein Problembündel verhindert, das Ulrich Brand und Markus Wissen als *Imperiale Lebensweise* bezeichnet haben. Der Begriff lenkt den Blick darauf, „dass das alltägliche Leben in den kapitalistischen Zentren wesentlich über die Gestaltung der gesellschaftlichen Verhältnisse und der Naturverhältnisse andernorts ermöglicht wird" (Brand/Wissen 2017: 43). Dies geschieht durch die vielfältigen asymmetrischen Beziehungen zwischen dem Zentrum und der Peripherie wie etwa die ungleichen Handelsbeziehungen, die Ausbeutung der natürlichen Ressourcen im Globalen Süden, die Ausbeutung billiger Arbeitskraft und die Auswirkungen auf lokale Ökosysteme:

> „In Anlehnung an die klassische Imperialismustheorie ließe sich sagen, dass der entwickelte Kapitalismus eines nicht kapitalistischen oder zumindest eines weniger entwickelten Außen bedarf, damit der nicht an seinen ökologischen Widersprüchen zugrunde geht." (Brand/Wissen 2017: 122)

Der Fokus der Analyse von Brand und Wissen liegt auf den Alltagspraxen der imperialen Lebensweise und den ihnen zugrundeliegenden strukturellen Macht- und Herrschaftsverhältnissen. Eine trotz der multiplen Krise weiter bestehende Normalität, vor allem im Globalen Norden, steht im Spannungsverhältnis zu den gegenwärtigen Krisen, die auf die Widersprüche hindeuten, die der imperialen Lebensweise eingelagert sind (Brand/Wissen 2017: 13 ff).[56] In dieser Perspektive

56 „Unser Konzept der Lebensweise steht dabei insofern in der Tradition Antonio Gramscis, als wir davon ausgehen, dass sich eine widersprüchliche Gesellschaftsformation wie die kapitalistische nur reproduzieren kann, wenn sie in den Alltagspraxen und im Alltagsverstand verankert ist und dadurch gleichsam ‚natürlich' wird. Mit dem Adjektiv ‚imperial' möchten wir, über Gramsci hinausgehend, die globale und ökologische Dimension der Lebensweise betonen." (Brand/Wissen 2017: 45)

> „kommt es zunächst darauf an, die ökologische Krise als das anzuerkennen, was sie ist: ein deutlicher Hinweis darauf, dass sich die Produktions- und Konsumnormen des globalen Nordens, wie sie sich mit dem Kapitalismus herausgebildet haben, auch in ihrer ökologisch modernisierten Variante nur auf Kosten von immer mehr Gewalt, ökologischer Zerstörung und menschlichem Leid aufrechterhalten lassen, und auch dies nur in einem kleinen Teil der Welt." (Brand/Wissen 2017: 16)

Die imperiale Lebensweise durchzieht fast alle Lebensbereiche. Neben der Mobilität und der Ernährung sind auch die Bildung und die Sorgearbeit betroffen (I.L.A. Kollektiv 2017). Wie in vielen anderen Kapitalismusanalysen sind die im engeren Sinne ökologischen Fragen stets mit den weiter gefassten gesellschaftlichen und strukturellen Macht- und Herrschaftsverhältnissen verwoben. Sie verdichten sich in den eingangs eingeführten „gesellschaftlichen Naturverhältnissen".

Dabei ist es bei Weitem nicht nur der Globale Norden, in dem die imperiale Lebensweise diese Normalität „im Auge des Sturms" erzeugt. Die Länder sowohl im Globalen Süden als auch im Globalen Norden sind ihrerseits durch Klassenkonflikte geprägt, die zu interner Differenzierung führen. So befindet sich mit China das größte Schwellenland in einer Situation, in der sich – durch die sich wandelnden Konsumnormen der aufstrebenden Mittelklassen – ebenfalls die imperiale Lebensweise ausbreitet. Deshalb wäre es falsch, die imperiale Lebensweise ausschließlich als Beziehung zwischen einem ausbeuterischen Globalen Norden und einem ausgebeuteten Globalen Süden zu betrachten.

In der soziologischen Literatur wurde das Phänomen, das von Brand/Wissen als „imperiale Produktions- und Lebensweise" bezeichnet wird, als „Externalisierungsgesellschaft" untersucht (Lessenich 2016). Der Fokus liegt in dieser Analyse jedoch recht einseitig auf dem Verhältnis von Globalem Norden und Globalen Süden. Die interne Stratifizierung der Klassengesellschaft – im Globalen Norden und Süden – und die mit dieser verbundenen Formen der vorherrschenden Produktions- und Lebensweise geraten hierdurch nur unzureichend in den Blick.

4.4.2.3 Die Postwachstumsgesellschaft

In der öffentlichen Debatte in Europa ist in den letzten Jahren insbesondere unter dem Slogan „Postwachstum" (Frankreich: „Décroissance", UK: „Degrowth") eine Gesellschaftsvision in den Fokus gerückt, die ein Ende des Wirtschaftswachstums als notwendige Bedingung für die effektive Bekämpfung der Klimakrise betrachtet. Die Postwachstumsbewegung überschreitet dabei die Grenzen zwischen Aktivismus und Wissenschaft und erreicht damit eine Repolitisierung der (sozial-)wissenschaftlichen Debatte.

Die Postwachstumsgesellschaft ist das normative Leitbild der Postwachstumsbewegung, die sich sowohl im akademischen Diskurs etabliert als auch medial und politisch profiliert hat. Zentraler Gedanke der Postwachstumsgesellschaft ist das Ende des ökonomischen Wachstums durch den Übergang in eine Wirtschaftsweise ohne Wachstum. Hermann Daly [1938*], ein Schüler von Nicolas Georgescu-Roegen, argumentierte schon in den 1980er Jahren für eine Steady-State-Ökonomie (Daly 1977), wurde dafür jedoch von seinem ungnädigen Lehrer heftig kritisiert.

Die Ansätze der neueren Postwachstumstheoretiker*innen reichen von der Betonung der Suffizienz, der Subsistenz und des Verzichts auf Konsum (Paech 2012) über die Neudefinition von menschlichem Glück und dem „guten Leben" jenseits des Bruttoinlandsprodukts bis hin zu umfassenden Konzeptionen davon, wie konkrete Institutionen und Regierungsmodelle in einer Postwachstumsgesellschaft aussehen müssten (Jackson 2013). Zentrale Analysekategorie der Postwachstumstheoretiker*innen ist zum einen der Wachstumszwang, den es zu überwinden gilt; zum anderen werden die Folgen der schon von Stanley Jevons [1835–1882] beobachteten Rebound-Effekte durch effizientere Technologien betont.

Gemeinschaftlich verwaltete öffentliche Güter spielen eine zentrale Rolle in Konzeptionen alternativer Wirtschaftsmodelle, wie sie insbesondere von Postwachstumstheoretiker*innen skizziert wurden. Der „Commonismus"[57] bezeichnet dabei eine Wirtschaftsweise, die weder auf privatwirtschaftliche Marktlösungen noch auf staatlicher Zentralplanung basiert, sondern sich durch das Nebeneinander vieler Commons-Strukturen auszeichnet:

> „Das Commoning ist ein auf Freiwilligkeit und kollektiver Verfügung basierendes soziales Verhältnis, das eine Inklusionslogik hervorbringt und zu Inklusionsbedingungen führt." (Sutterlütti/Meretz 2018: 160 f)

Diese solidarische Ökonomie existiert schon heute in Form der sog. Solidarischen Landwirtschaft, einem langfristigen Zusammenschluss der Produzent*innen und Konsument*innen von Agrarprodukten, oder der Entwicklung von Open Source Software und dem in manchen Städten verfügbaren Freifunk. Die-

57 Verwandte Konzepte sind der sogenannte Konvivalismus oder die Permakulturbewegung.

se Commons sind dynamische soziale Arrangements, die durch Praktiken des „Commoning" weiterentwickelt und reproduziert werden. Es handelt sich dabei um selbstorganisierte Prozesse einer gemeinsamen, bedürfnisorientierten Produktion, Verwaltung, Pflege oder Nutzung. Vertreter*innen des „Commonismus" oder des verwandten „Konvivalismus" gehen davon aus, dass aus einem dichten Netz an Commons eine neue Wirtschaftsweise entstehen kann, die das menschliche Wirtschaften vom Wachstumszwang löst (Adloff/Leggewie 2014).

4.4.3 Rezeption

Die verschiedenen hier vorgestellten Analyseperspektiven wurden in den letzten Jahrzehnten wissenschaftlich und gesellschaftlich breit rezipiert. Dabei lassen sich mehrere Diskursstränge feststellen, die quer zueinander liegen. Zu nennen wäre zunächst die große gesellschaftliche Wirkkraft der Postwachstumsidee, deren Vertreter*innen sich akademisch und politisch gut vernetzt haben. Die Idee der Postwachstumsgesellschaft bildet neben dem bedingungslosen Grundeinkommen und der gesellschaftlichen Umverteilung von Arbeit das zentrale politökonomische Projekt sozial-ökologisch orientierter Bewegungen. Die konkreten politischen Fragen – vom Kohleausstieg über den Wandel der Mobilität bis hin zu den ökologischen Konsequenzen großer Infrastrukturprojekte – können dabei nicht losgelöst von einer allgemeinen Kapitalismusanalyse beantwortet werden.

Die neuen ökologischen Bewegungen im Rahmen der Fridays-for-Future-Proteste schließen an bestehende Diskurse an (Brand 2020). Schon vor dem Bericht des Club of Rome hatten sich in vielen Ländern Umweltbewegungen gebildet, die sich meist lokal für Umweltschutz eingesetzt hatten. Diese erste Umweltbewegung hatte nicht selten einen konservativen Kern. Der Fokus lag etwa auf der Erhaltung der bestehenden Artenvielfalt. Die Entwicklungen in den 1980er Jahren brachten eine thematische Erweiterung der schon bestehenden Umweltbewegungen mit sich, die letztlich in der zweiten Umweltbewegung als Teil der „neuen sozialen Bewegungen" mündete. Ohne die Umweltbewegung hätte es die deutsche Energiewende in dieser Form nicht gegeben (Brand/Wissen 2017: 21). Die Entwicklung hin zu einer globalen Klimabewegung ist dabei eng an Fragen der globalen Gerechtigkeit geknüpft und lässt sich oft nicht vom Aufkommen einer generellen Globalisierungskritik trennen, wie das Beispiel der globalisierungskritischen Bewegung attac verdeutlicht.

Die diskursive Abgrenzung der Postwachstumsbewegung erfolgt vor allem gegenüber dem Lager der Verfechter*innen eines grünen Kapitalismus („Green Growth"): In dieser eher technikoptimistischen Perspektive liegt der Fokus auf gesteigerter Effizienz in der bisher emissionsintensiven Produktion, die durch technischen Fortschritt erreicht werden soll (Brand/Wissen 2017: 147 ff). Diesen Optimismus hält die Postwachstumsbewegung für grundsätzlich unplausibel. Die ökologische Kapitalismuskritik sieht hierin lediglich eine unzureichende Anpassung des Kapitalismus an die neuen Umstände planetarer Grenzen, ohne die eigentlichen Probleme an der Wurzel zu fassen. Mit Antonio Gramsci lässt sich bei dem Projekt des grünen Kapitalismus durchaus von einer „passiven Revolution" sprechen, bei der die grundlegenden Macht- und Herrschaftsverhältnisse nicht verändert werden (Brand/Wissen 2017: 36). Aus Sicht der ökologischen Kapitalismuskritik ist die Postwachstumsgesellschaft letztlich nur jenseits des Kapitalismus möglich, alles andere sei „bukolische[r] Biedermeier" (Altvater 2015: 66). Auch die globalisierungskritische Bewegung um attac bezieht sich direkt auf die ökologische Kapitalismuskritik.

Die ökologische Perspektive auf die politische Ökonomie bietet auch eine utopische Motivation für das Studium der politischen Ökonomie überhaupt. Mit Elmar Altvater betreibt man Politische Ökonomie „in praktischer Absicht, weil wir die Welt verändern müssen, wenn wir wollen, dass sie bleibt. Die Geschichte ist nicht am Ende. Es gibt Alternativen. Es ist notwendig, sie zu erdenken, sie zu entwickeln und sich für die Realisierung in gesellschaftlicher, das heißt heute in global vernetzter Praxis einzusetzen. Theoretisch im Studium, und praktisch in der Politik." (Altvater 2006: 468)

Glossar

Allmende: Güter in gemeinschaftlich verwaltetem Eigentum. Historisch bezieht sich der Begriff vor allem auf gemeinschaftlich genutzte landwirtschaftliche Flächen; ist auch von anderen Gütern die Rede spricht man meistens von => Commons.

Anthropozän: Der Begriff *Anthropozän* bezeichnet ein Erdzeitalter, in dem der Mensch als Spezies einen messbaren und dauerhaften Effekt auf das Erdklima ausübt.

Arbitrage: Ausnutzung von kurzfristigen Preisunterschieden für gleichwertige Güter an unterschiedlichen Orten, um Gewinn zu erzielen.

Austeritätspolitik: Strategie zum Abbau der Staatsverschuldung durch die Kürzung öffentlicher Ausgaben. Im Gegensatz zu einer expansiven Haushaltskonsolidierung durch zusätzliche Investitionen und Steuermehreinnahmen ist bei der Austeritätspolitik mit hohen gesellschaftlichen Folgekosten zu rechnen, z.B. einer maroden Infrastruktur und erhöhten Erwerbslosigkeit.

Bismark'sche Sozialgesetzgebung: Strategie zur Kontrolle und Einbindung der Arbeiter*innenbewegung im Deutschen Kaiserreich unter der Leitung von Reichskanzler Otto von Bismarck, im Zuge derer unter anderem die Krankenversicherung (1883) und die Unfallversicherung (1884) eingeführt wurden.

Bretton Woods-System: Internationale Währungsordnung nach dem Zweiten Weltkrieg mit autonomer Geldpolitik, festen Wechselkursen und Kapitalverkehrskontrollen. Der Dollar war als Leitwährung an das Gold gebunden, die anderen Währungen an den Dollar. Die festen Währungsrelationen wurden durch die Option gestützt, Kredite beim Internationalen Währungsfonds und der Weltbank aufzunehmen.

Bürgerliche Revolution: Der dem Marxismus entstammende Begriff bezeichnet politische Revolutionen, in denen die Bourgeoisie die Macht von den Feudalherren übernimmt. Zentrales Merkmal der bürgerlichen Revolution ist die Etablierung des Rechtsstaats, d.h. der Gewaltenteilung und der Gewährung bürgerlicher Freiheitsrechte, die etwa das Privateigentum, die Gleichheit vor dem Gesetz, die freie Meinungsäußerung oder den Schutz vor staatlichen Übergriffen betreffen.

Ceteris Paribus: Modelltheoretische Annahme etwa in wirtschaftswissenschaftlichen Modellen. Die Veränderung einer Größe „ceteris paribus" ist eine Veränderung dieser Größe unter der Annahme, dass alle anderen Größen gleichbleiben.

Commons: Siehe => *Allmende*

Deficit-Spending: Wirtschaftspolitische Strategie zur Bekämpfung von wirtschaftlichen Krisen, bei der der Staat die in der Krise wegfallende Nachfrage kreditfinanziert kompensiert. Im Gegensatz zur => Austeritätspolitik mildert diese Strategie die sozialen und gesellschaftlichen Folgekosten der Krise tendenziell ab.

Dreieckshandel: Koloniales Handelssystem, das zwischen dem Beginn des 16. bis zum Beginn des 19. Jahrhunderts West-Afrika, die neue Welt (Amerika) und Europa zirkulär verband und eine globale Arbeitsteilung etablierte. In diesem Handelskreislauf wurden a) Sklav*innen aus West-Afrika nach Amerika verschleppt; b) Amerika exportierte primär Plantagenerzeugnisse wie Zucker, Kaffee, Baumwolle, Tabak, Rum und auch Edelmetalle wie Gold und Silber nach Europa; c) Europa verschiffte vor allem Waffen, Alkohol und Tuch in seine Kolonien nach West-Afrika.

Entropie: Entropie ist ein Maß für die Unordnung in einem System. Im Energiesystem entspricht eine hohe *Entropie* einem großen Anteil an gebundener Energie und eine niedrige *Entropie* einem großen Anteil an freier Energie.

Externalität: Als *Externalität* wird der Effekt einer Transaktion bezeichnet, der sich nicht in den resultierenden Preisen widerspiegelt. Umweltverschmutzungen und der Ausstoß von klimaschädlichen Treibhausgasen zählen zu den wichtigsten negativen Externalitäten im Produktionszyklus.

Federal Reserve: Zentralbank der Vereinigten Staaten von Amerika, die im Gegensatz zur Europäischen Zentralbank per Mandat neben der Preisniveaustabilität und stabilen Zinsen auch eine hohe Beschäftigungsquote sicherzustellen hat.

Feudalismus: Gesellschaftsformation, die das europäische Mittelalter prägte, jedoch auch in anderen Weltregionen vorzufinden war und noch heute in hybrider Form existiert. Der *Feudalismus* zeichnet sich durch ein paternalistisches Ausbeutungs- und Kontrollregime aus, dass durch die Existenz einer landbesitzenden Lehnsherrenklasse und deren Beziehung zu ihren Bauern oder Leibeigenen geprägt ist.

Fossilismus: Der Begriff des *Fossilismus* bezeichnet eine Wirtschaftsweise, die auf der Ausbeutung fossiler Energieträger basiert.

Gender: Im Deutschen wird *Gender* als „soziales Geschlecht" übersetzt und in Abgrenzung zum biologischen Geschlecht (engl. „sex") verstanden. Innerhalb der Geschlechterforschung wird sowohl das biologische als auch das soziale Geschlecht oftmals als soziale Konstruktion verstanden. Hierdurch können auch binäre Geschlechterkonzeptionen wie „weiblich" und „männlich" kritisch hinterfragt werden.

Globaler Süden: Hierbei handelt es sich nicht primär um einen geographischen Begriff, sondern um einen Gegenbegriff zum „Globalen Norden" auf der Grundlage struktureller Abhängigkeiten. Der Begriff „Globaler Süden" fungiert oft als Ersatz für ältere geopolitische oder modernisierungstheoretische Klassifizierungen wie „Dritte Welt" oder „Entwicklungsländer".

Hegemonie: Hegemonie lässt sich als eine spezifische, durch die Zustimmung der Beherrschten mitgetragene Herrschaftsform begreifen. Diese kann sich auf eine moralisch-intellektuelle Führung, materielle Konzessionen und Kompromisse oder auch die Bereitstellung öffentlicher Güter stützen.

Imperialismus: Als *Imperialismus* wird zumeist das Streben eines Staates charakterisiert, andere Länder wirtschaftlich und politisch kontrollieren oder unterwerfen zu wollen. Das späte 19. und frühe 20. Jahrhundert gilt gemeinhin als Zeitalter des Imperialismus, in dem die großen Mächte um die Aufteilung der Welt konkurrierten.

Imperiale Lebensweise: Die *imperiale Lebensweise* bezeichnet die Alltagspraxen und die strukturellen Macht- und Herrschaftsverhältnisse, die eine Kontrolle der gesellschaftlichen Verhältnisse und Naturverhältnisse andernorts miteinschließen, um die etablierte „Normalität" in den kapitalistischen Zentren aufrecht zu erhalten.

Intersektionalität: Der Begriff leitet sich vom englischen Wort *intersection* = Kreuzung oder Schnittpunkt ab und beschreibt die Verschränkung multipler Formen von Ungleichheit, Unterdrückung und sozialer Herrschaft. Im Sinne von Class, Gender oder Ethnizität kann sich die Verschränkung auf einzelne Personen oder eine Gruppe von Personen beziehen.

Interventionismus: In der Wirtschaftswissenschaft versteht man unter *Interventionismus* die Bereitschaft des Staates, in die Funktionsweise der Ökonomie einzugreifen, etwa durch Regional-, Industrie- oder Konjunkturpolitik, siehe auch => *Deficit-Spending.*

Inwertsetzung: Mit kapitalistischer *Inwertsetzung* wird die ökonomische Nutzbarmachung von sozialen Beziehungen, auch Mensch-Natur-Beziehungen, bezeichnet, die bisher nicht in ökonomische Prozesse eingebunden waren.

Kameralismus: Der *Kameralismus* bildete sich im 17./18. Jahrhundert als die deutsche Variante des Merkantilismus heraus. Er stützte sich besonders auf die Implementierung einer einheitlichen Finanzverwaltung.

Kapitalozän: In Abgrenzung zum => *Anthropozän* bezeichnet der Begriff *Kapitalozän* ein Erdzeitalter, in dem die dominanten Kapitalfraktionen im Kapitalismus einen messbaren und dauerhaften Effekt auf das Erdklima ausüben.

Kolonialismus: Der *Kolonialismus* beschreibt die Inbesitznahme auswärtiger Territorien und die Unterwerfung, Ausbeutung, Vertreibung oder Ermordung der kolonialisierten Bevölkerung. Die Epoche des neuzeitlichen Kolonialismus begann im 15. Jahrhundert mit dem Zeitalter der europäischen „Entdeckungen" und erreichte ihren Höhepunkt im 19. und 20. Jahrhundert mit weltumspannenden europäischen Kolonialimperien.

Kommodifizierung: Kommodifizierung bezeichnet den Prozess der Kommerzialisierung, auch => Inwertsetzung von vormals gemeinschaftlich genutzten oder produzierten Gütern.

Laissez-faire: Wirtschaftspolitische Strategie, gemäß der sich der Staat nicht in das Wirtschaftsleben einmischt. In Europa war diese extreme Form des Wirtschaftsliberalismus im 19. Jahrhundert wie auch in den 1920er Jahren sehr einflussreich.

Land-Grabbing: Land-Grabbing ist eine spezifische Form der => Landnahme. Hierunter wird die Aneignung von Landflächen – besonders Agrarflächen, aber auch Flächen für den Bergbau, den Tourismus oder die Forstwirtschaft – durch internationale Firmen verstanden.

Landnahme: Das Konzept der kapitalistischen *Landnahme* geht auf Rosa Luxemburg zurück. Es bezeichnet die Durchkapitalisierung entlegener Regionen oder nicht-kapitalistisch organisierter Gesellschaftssphären.

Mixed Economy: Die Modelle einer „gemischten Wirtschaft" zeichnen sich dadurch aus, dass neben dem privat organisierten Sektor auch im beträchtlichen Umfang staatliche oder genossenschaftliche Unternehmen existieren. Typisch für die „mixed economy" ist eine wirtschaftspolitische Gestaltungskonzeption, die staatlichen Planungs- und Interventionsinstrumenten eine große Bedeutung beimisst.

Ordoliberalismus: Spezifisch deutsche Strömung des Liberalismus, die den Fokus auf den staatlich garantierten Ordnungsrahmen in der Marktwirtschaft legt.

Physiokraten: Anhänger einer ökonomischen Theorieschule im 18. Jahrhundert, die in der Arbeit in der Land-, Forst- und Fischereiwirtschaft sowie im Bergbau die primäre Quelle ökonomischer Werte sahen, die durch das verarbeitende Gewerbe lediglich umgeformt würden.

Plattformökonomie: Überbegriff für die Geschäftsmodelle der Internetfirmen, die nicht mehr selbst produzieren, sondern vor allem eine Plattform für das Zusammentreffen von Konsument*innen und Produzent*innen darstellen.

Proletarisierung: Gesellschaftlicher Prozess, der sich seit der Industriellen Revolution vollzog und im Zuge dessen die in die Städte gezogenen Bauern zu Fabrikarbeiter*innen wurden.

Protektionismus: Als *Protektionismus* wird eine außenwirtschaftspolitische Strategie bezeichnet, die ausländische Anbieter*innen auf dem Binnenmarkt durch spezifische Importbeschränkungen – Zölle, Import- und Exportkontingente, Subventionen, besondere administrative Bestimmungen und andere nichttarifäre Handelshemmnisse – systematisch diskriminiert.

Rätedemokratie: Gesellschaftliche und politische Organisationsstruktur, bei der stufenweise Rätevertreter*innen gewählt werden. Das System nimmt die Formung eines mehrheitlichen „Volkswillens" an, der durch das imperative Mandat der gewählten Räte durchgesetzt werden soll. Historisch versuchte etwa Bayern 1919 eine Räterepublik einzuführen, die aber nicht lange bestand.

Realsozialismus: Zunächst Selbstbezeichnung der Deutschen Demokratischen Republik (DDR), um die Diskrepanz zwischen dem marxistischen Anspruch und der gelebten politischen Realität zu fassen. Zentrale Aspekte der realsozialistischen Staaten waren ein Ein-Parteien System und eine planwirtschaftliche Organisation des Wirtschaftslebens.

Rebound-Effekt: Obwohl durch effizientere Technologien oft weniger Ressourcen verbraucht werden, kann es zu einem insgesamt höheren Ressourcenverbrauch kommen, wenn das Produkt intensiver genutzt wird. Dieses Phänomen ist der sogenannte *Rebound-Effekt*.

Schocktherapie: Der Übergang von einer staatssozialistischen zu einer kapitalistischen Ökonomie kann eher graduell oder radikal erfolgen. Die radikale Variante wird häufig als „Schocktherapie" bezeichnet. Sie besteht darin, dass möglichst gleichzeitig das Staatseigentum privatisiert, die Kapital-, Waren- und Arbeitsmärkte dereguliert und die Preise freigegeben werden. Durch den radikalen Kurswechsel, so die Konzeption, sollen sich die Wirtschaftsakteure rasch auf neue, verlässliche Rahmenbedingungen einstellen können.

Sozialdarwinismus: Der *Sozialdarwinismus* überträgt die von Charles Darwin entwickelte biologische Evolutionslehre auf die Gesellschaft. Die sozialen Verhältnisse erscheinen als „Kampf ums Dasein" (struggle for existence), bei dem nur die Stärksten und Erfolgreichsten überleben (survival of the fittest).

Taylorismus: Modell der Organisation des Betriebsablaufs, bei dem alle Arbeiten in kleine Schritte zerlegt und jeweils detaillierte Vorgaben erstellt werden, wie die Arbeit am effizientesten auszuführen ist.

Trust: Rechtsform von zusammengeschlossenen Unternehmen, die vor allem in anglo-amerikanischen Ländern gängig ist. Im Unterschied zum Kartell sind die beteiligten Unternehmen nicht mehr selbstständig.

Utilitarismus: Philosophische Ethik, die für die Analyse der Moralität von Handlungen die Maximierung des gesellschaftlichen Nutzens in den Mittelpunkt stellt. Der Handlungsutilitarismus bezieht diese Analyse auf die einzelne Handlung, während der Regelutilitarismus versucht, Handlungsregeln aufzustellen.

Literatur

Abendroth, Wolfgang (1965): Sozialgeschichte der europäischen Arbeiterbewegung. Frankfurt/M.: Suhrkamp.

Adloff, Frank (2005): Zivilgesellschaft. Theorie und politische Praxis. Frankfurt/M.: Campus.

Adloff, Frank/Leggewie, Claus (2014): Das konvivalistische Manifest. Für eine neue Kunst des Zusammenlebens. Bielefeld: transcript.

Aglietta, Michel (1998): Ein neues Akkumulationsregime. Die Regulationstheorie auf dem Prüfstand. Hamburg: VSA.

Aglietta, Michel (2000) [1976]: A Theory of Capitalist Regulation: The US Experience. New Edition. London: Verso.

Albert, Michel (1992): Kapitalismus contra Kapitalismus. Frankfurt/M.; New York: Campus.

Albert, Michel (2001): Kapitalismus contra Kapitalismus – zehn Jahre danach. In: Blätter für deutsche und internationale Politik 46(12), 1451–1462.

Althusser, Louis (1968): Für Marx. Frankfurt/M.: Suhrkamp.

Altvater, Elmar (1987): Sachzwang Weltmarkt. Verschuldungskrise, blockierte Industrialisierung, ökologische Gefährdung – der Fall Brasilien. Hamburg: VSA-Verlag.

Altvater, Elmar (1991): Die Zukunft des Marktes. Ein Essay über die Regulation von Geld und Natur nach dem Scheitern des „real existierenden Sozialismus". Münster: Verlag Westfälisches Dampfboot.

Altvater, Elmar (1994): Operationsfeld Weltmarkt oder: Vom souveränen Nationalstaat zum nationalen Wettbewerbsstaat. In: PROKLA. Zeitschrift für kritische Sozialwissenschaft 24(4), 517–547.

Altvater, Elmar (2006): Was heißt und zu welchem Ende betreiben wir Kapitalismuskritik? In: Blätter für deutsche und internationale Politik 51(4), 457–468.

Altvater, Elmar (2013): Wachstum, Globalisierung, Anthropozän. Steigerungsformen einer zerstörerischen Wirtschaftsweise. In: Emanzipation 3(1), 71–88.

Altvater, Elmar (2015): Engels neu entdecken. Das hellblaue Bändchen zur Einführung in die „Dialektik der Natur" und die Kritik von Akkumulation und Wachstum. Hamburg: VSA Verlag.

Altvater, Elmar/Mahnkopf, Birgit (1996): Grenzen der Globalisierung. Ökonomie, Ökologie und Politik in der Weltgesellschaft. Münster: Westfälisches Dampfboot.

Amable, Bruno (2003): The Diversity of Modern Capitalism. Oxford: Oxford University Press.

Anderson, Perry (1978): Über den westlichen Marxismus. Frankfurt/M.: Syndikat.

Appel, Michael (1992): Werner Sombart. Theoretiker und Historiker des modernen Kapitalismus. Marburg: Metropolis.

Arruzza, Cinzia/Bhattacharya, Tithi/Fraser, Nancy (2019): Feminismus für die 99%. Ein Manifest. Berlin: Matthes & Seitz.

Arthus, Ingrid (2014): Leben und Werk von Karl Marx im historischen Kontext. In: Artus, Ingrid et al. (Hg.): Marx für SozialwissenschaftlerInnen. Eine Einführung. Wiesbaden: VS Springer, 7–28.

Atzmüller, Roland/Becker, Joachim/Brand, Ulrich/Oberndorfer, Lukas/Redak, Vanessa/Sablowski, Thomas (Hg.) (2013): Fit für die Krise? Perspektiven der Regulationstheorie. Münster: Westfälisches Dampfboot.

Atzmüller, Roland/Aulenbacher, Brigitte/Brand, Ulrich/Décieux, Fabienne/Fischer, Karin/Sauer, Birgit (Hg.) (2019): Capitalism in Transformation. Movements and Countermovements in the 21st Century. Celtenham: Edward Elgar.

Aulenbacher, Brigitte/Marterbauer, Markus/Novy, Andreas/Thurnher, Armin (Hg.) (2019): Karl Polanyi. Wiederentdeckung eines Jahrhundertdenkers. Wien: Falter Verlag.

Baccaro, Lucio/Pontusson, Jonas (2016): Rethinking comparative political economy: The growth model perspective. In: Politics & Society 44(2), 175–207.

Bachinger, Karl/Mathis, Herbert (2009): Entwicklungsdimensionen des Kapitalismus. Klassische sozioökonomische Konzeptionen und Analysen. Wien et al.: Böhlau.

Backhaus, Jürgen (Hg.) (2000): Werner Sombart (1863–1941) – Klassiker der Sozialwissenschaften. Eine kritische Bestandsaufnahme. Marburg: Metropolis.

Bagchi, Amiya Kumar (1982): The political economy of underdevelopment. Cambridge: Cambridge University Press.

Bahn, Kate/Cohen, Jennifer/van der Meulen Rodgers, Yana (2020): A Feminist Perspective on COVID-19 and the Value of Care Work Globally. In: Gender, Work & Organization 27(5), 695–699.

Bauhardt, Christine/Caglar, Gülay (Hg.) (2010): Gender and Economics. Feministische Kritik der politischen Ökonomie. Wiesbaden: VS Verlag.

Beckenbach, Frank/Daskalakis, Maria/Hofmann, David (2016): Zur Pluralität der volkswirtschaftlichen Lehre in Deutschland. Eine empirische Untersuchung des Lehrangebotes in den Grundlagenfächern und der Einstellung der Lehrenden, Marburg: Metropolis Verlag.

Becker-Schmidt, Regina (2007): „Class", „gender", „enthicity", „race": Logiken der Differenzsetzung, Verschränkungen von Ungleichheitslagen und gesellschaftliche Strukturierung. In Klinger, Cornelia/Knapp, Gudrun-Axeli/Sauer, Birgit (Hg.): Achsen der Ungleichheit. Zum Verhältnis von Klasse, Geschlecht und Ethnizität. Frankfurt/M.: Campus, 56–83.

Becker, Joachim (2009): Regulationstheorie. In: Becker, Joachim et al.: Heterodoxe Ökonomie. Marburg: Metropolis, 89–116.

Becker, Karina/Dörre, Klaus (2019): Völkisch populism: a Polanyian type movement? In: Atzmüller, Roland/Aulenbacher, Brigitte/Brand, Ulrich/Décieux, Fabienne/Fischer, Karin/Sauer, Birgit (Hg.): Capitalism in Transformation. Movements and Countermovements in the 21st Century. Celtenham: Edward Elgar, 152–168.

Becker, Uwe (2007): Open systemness and contested reference frames and change: A reformulation of the varieties of capitalism theory. In: Socio-Economic Review 5(2), 261–286.

Beckert, Jens (2007): The Great Transformation of Embeddedness. Karl Polanyi and the New Economic Sociology. Discussion Paper 07/1. Köln: Max-Planck-Institut für Gesellschaftsforschung.

Benz, Arthur (2008): Der moderne Staat, München: Oldenbourg.

Berlin, Isaiah (2006) [1969]: Freiheit. Vier Versuche. Frankfurt/M.: Fischer Verlag.

Bertocchi, Graziella/Dimico, Arcangelo (2021): Covid-19, Race, and Gender'. Centre for Economic Policy Research (CEPR) Discussion Paper No. DP16000, London.

Biebricher, Thomas/Ptak, Ralf (2020): Soziale Marktwirtschaft und Ordoliberalismus. Zur Einführung. Hamburg: Junius Verlag.

Bieling, Hans-Jürgen (2011a): Internationale Politische Ökonomie. Wiesbaden: VS Verlag.

Bieling, Hans-Jürgen (2011b): Varieties of Capitalism, Regulationstheorie und Neogramscianische IPÖ – komplementäre oder gegensätzliche Perspektiven des globalisierten Kapitalismus?, ZÖSS Discussion Paper 23. Hamburg: ZÖSS.

Bieling, Hans-Jürgen (2012): Regulationstheorie und Arbeitspolitik. In: Dörre, Klaus/Sauer, Dieter/Wittke, Volker (Hg.): Kapitalismustheorie und Arbeit. Neue Ansätze soziologischer Kritik. Frankfurt/M.; New York: Campus Verlag, 127–142.

Bieling, Hans-Jürgen (2012): Transnationale (Krisen-)Dynamiken des Finanzmarktkapitalismus. Klassenverhältnisse, Gender und Ethnizität aus politökonomischer Perspektive. In: Berliner Journal für Soziologie 22(1), 53–77.

Bieling, Hans-Jürgen (2015): Uneven development and ‚European Crisis Constitutionalism'. Or the reasons for and conditions of a ‚Passive Revolution in Trouble'. In: Jäger, Johannes/Springler, Elisabeth (Hg.): Asymmetric crisis in Europe and possible futures: Critical political economy and post-Keynesian perspectives. London; New York: Routledge, 98–113.

Bieling, Hans-Jürgen (2017): Aufstieg des Rechtspopulismus im heutigen Europa – Umrisse einer gesellschaftstheoretischen Erklärung. In: WSI-Mitteilungen 70(8), 557–565.

Bieling, Hans-Jürgen/Buhr, Daniel (Hg.) (2015): Europäische Welten in der Krise. Arbeitsbeziehungen und Wohlfahrtsstaaten im Vergleich. Frankfurt/M.; New York: Campus Verlag.

Bieling, Hans-Jürgen/Steinhilber, Jochen (Hg.) (2000): Die Konfiguration Europas. Dimensionen einer kritischen Integrationstheorie. Münster: Westfälisches Dampfboot.

Bieling, Hans-Jürgen/Jäger, Johannes/Ryner, Magnus (2016): Regulation theory and the political economy of the European Union. In: Journal of Common Market Studies 54(1), 53–69.

Biesecker, Adelheid/Hofmeister, Sabine (2010): Im Fokus: Das (Re) Produktive. Die Neubestimmung des Ökonomischen mithilfe der Kategorie (Re) Produktivität. In: Bauhardt, Christine/Caglar, Gülay (Hg.): Gender and Economics. Feministische Kritik der politischen Ökonomie. Wiesbaden: VS Verlag, 51–80.

Blätter für deutsche und internationale Politik (Hg.) (2015): Mehr geht nicht! Der Postwachstumsreader. Blätter Verlagsgesellschaft mbH.

Blau, Joachim (1980): Sozialdemokratische Staatslehre in der Weimarer Republik. Darstellung und Untersuchung der staatstheoretischen Konzeptionen von Hermann Heller, Ernst Fraenkel und Otto Kirchheimer. Marburg: VAG.

Block, Fred (2003): Karl Polanyi and the Writing of „Great Transformation". In: Theory and Society 32(3), 275–306.

Bofinger, Peter (2008): Das Jahrzehnt der Entstaatlichung. In: WSI-Mitteilungen 61(7), 351–357.

Bohle, Dorothee/Greskovits, Béla (2012): Capitalist diversity on Europe's periphery. Cornell: Cornell University Press.

Bohle, Dorothee/Greskovits, Béla (2019): Polanyian perspectives on capitalisms after socialism. In: Atzmüller, Roland/Aulenbacher, Brigitte/Brand, Ulrich/Décieux, Fabienne/Fischer, Karin/Sauer, Birgit (Hg.): Capitalism in Transformation. Movements and Countermovements in the 21st Century. Celtenham: Edward Elgar, 92–118.

Böhm, Stephan (2009a): Joseph A. Schumpeter (1883–1950). In: Kurz, Heinz D. (Hg.): Klassiker des ökonomischen Denkens. Band 2. Von Vilfredo Pareto bis Armatya Sen. München: C.H. Beck, 137–160.

Böhm, Stephan (2009b): Friedrich August von Hayek (1988–1922). In: Kurz, Heinz D. (Hg.): Klassiker des ökonomischen Denkens. Band 2. Von Vilfredo Pareto bis Armatya Sen. München: C.H. Beck, 228–249.

Boltanski, Luc/Chiapello, Ève (2003): Der neue Geist des Kapitalismus. Konstanz: UVK Verlagsgesellschaft.

Bordo, Michael D. (2019): Karl Brunner and Allan Meltzer: From Monetary Policy to Monetary History to Monetary Rules. Economics Working Paper 19104. Stanford: Hoover Institution.

Born, Karl Erich (2012): Jean Baptiste Colbert (1619–1683). In: Starbatty, Joachim (Hg.): Klassiker des ökonomischen Denkens. Hamburg: Nikol Verlag, 96–113.

Boulding, Kenneth E. (1966): The economics of the coming spaceship earth, In: Environmental Quality Issues in a Growing Economy. In Jarrett, Henry Ed (Hg.): Environmental Quality in a Growing Economy, Baltimore, MD: Johns Hopkins University Press, 3–14.

Boyer, Robert (2005): How and Why Capitalisms Differ. In: Economy and Society 34(4), 509–557.

Brand, Ulrich (2013): State, context and correspondence. Contours of a historical-materialist policy analysis. In: Österreichische Zeitschrift für Politikwissenschaft (ÖZP) 42(4), 425–442.

Brand, Ulrich (2020): Post-Wachstum und Gegen-Hegemonie. Klimastreiks und Alternativen zur imperialen Lebensweise. Hamburg: VSA.

Brand, Ulrich/Görg, Christoph/Blank, Karin/Hirsch, Joachim/Wissen, Markus (2003): Postfordistische Naturverhältnisse. Münster: Westfälisches Dampfboot.

Brand, Ulrich/Görg, Christoph/Wissen, Markus (2019): Contested social-ecological transformation: shortcomings of current debates and Polanyian perspectives. In: Atzmüller, Roland/Aulenbacher, Brigitte/Brand, Ulrich/Décieux, Fabienne/Fischer, Karin/Sauer, Birgit (Hg.): Capitalism in Transformation. Movements and Countermovements in the 21st Century. Celtenham: Edward Elgar, 184–197.

Brand, Ulrich/Wissen, Markus (2017): Imperiale Lebensweise. Zur Ausbeutung von Mensch und Natur in Zeiten des globalen Kapitalismus. München: Oekom.

Branicki, Layla J. (2020): COVID-19, Ethics of Care and Feminist Crisis Management. In: Gender, Work & Organization 27(5), 872–883.

Brie, Michael (1991): Marxismus und administrativer Sozialismus. In: Das Argument 33(7), 507–517.

Brie, Michael (2015): Polanyi neu entdecken. Hamburg: VSA.

Browning, Martin/Chiappori, Pierre-André/Weiss, Yoram (2014): Economics of the Family. Cambridge: Cambridge University Press.

Bruff, Ian (2011): What about the elephant in the room? Varieties of capitalism, varieties in capitalism. In: New Political Economy 16(4), 481–500.

Bruff, Ian/Ebenau, Matthias/May, Christian/Nölke Andreas (Hg.) (2013): Vergleichende Kapitalismusforschung: Stand, Perspektiven, Kritik. Münster: Westfälisches Dampfboot.

Bürgin, Alfred/Maissen, Thomas (1999): Zum Begriff der politischen Ökonomie heute. In: Geschichte und Gesellschaft 25(2), 177–200.

Burnham, Peter (1991): Neo-Gramscian hegemony and the international order. In: Capital & Class 15(3), 73–92.

Cafruny, Alan/Ryner, Magnus (Hg.) (2003): A Ruined Fortress. Neoliberal Hegemony and Transformation in Europe. Boulder: Rowman & Littlefield Publishers.

Cai, Yongyang/Lenton, Timothy M./Lontzek, Thomas S. (2016): Risk of multiple interacting tipping points should encourage rapid CO2 emission reduction. In: Nature Climate Change 6(5), 520–525.

Campagnolo, Gilles/Vivel, Christel (2012): Before Schumpeter: forerunners of the theory of the entrepreneur in 1900s German political economy – Werner Sombart, Friedrich von Wieser. In: Journal of the History of Economic Thought 19(6), 908–943.

Caspari, Volker (2009): John Maynard Keynes (1883–1946). In: Kurz, Heinz D. (Hg.): Klassiker des ökonomischen Denkens. Band 2. Von Vilfredo Pareto bis Armatya Sen. München: C.H. Beck, 161–186.

Chalcraft, John (2021): Revolutionary Weakness in Gramscian Perspective: the Arab Middle East and North Africa since 2011. In: Middle East Critique 30(1): 87–104.

Chaloupek, Günther (1995): Long-term economic perspectives compared: Joseph Schumpeter and Werner Sombart. In: Journal of the History of Economic Thought 2(1), 127–149.

Chaloupek, Günther (1996): Werner Sombarts „Spätkapitalismus" und die langfristige Wirtschaftsentwicklung. In: Wirtschaft und Gesellschaft 22(3), 385–400.

Coburger, Carla/Klösel, Patrick (2017): Wider das Einheitsdenken. Plädoyer für Pluralismus in der Wirtschaftswissenschaft. In: Blätter für deutsche und internationale Politik 62(7), 99–104.

Cockett, Richard (1995): Thinking the Unthinkable. Think-Tanks and the Economic Counter-Revolution, 1931–1983. London: Fontana Press.

Cotula, Lorenzo (2013): The New Enclosures? Polanyi, international investment law and the global land rush. In: Third World Quarterly 34(9), 1605–1629.

Cournot, Augustin Antoine (1924) [1838]: Untersuchungen über die mathematischen Grundlagen der Theorie des Reichtums. Jena: Fischer.

Cox, Robert W. (1981): Social forces, states and world orders: beyond international relations theory. In: Millennium 10(2), 126–155.

Cox, Robert W. (1983): Gramsci, hegemony and international relations: an essay in method. In: Millennium 12(2), 162–175.

Cox, Robert W. (1987): Production, power, and world order: Social forces in the making of history. New York: Columbia University Press.

Cox, Robert W. (1989): Production, the State, and Change in World Order. In: Czempiel, Ernst-Otto/Rosenau, James N. (Hg.): Global Changes and Theoretical Challenges. Lexington, MA: Lexington Books, 37–50.

Cox, Robert W. (1996): Influences and commitments. In: Cox, Robert W./Sinclair, Timothy J.: Approaches to World Order. Cambridge: Cambridge University Press, 19–38.

Cox, Robert W. (1998): Weltordnung und Hegemonie. Grundlagen der Internationalen Politischen Ökonomie, FEG-Studie Nr. 11. Marburg: FEG.

Crenshaw, Kimberle (1989): Demarginalizing the Intersection of Race and Sex: A Black Feminist Critique of Antidiscrimination Doctrine, Feminist Theory and Antiracist Politics. In: University of Chicago Legal Forum 1989(1), 139–167.

Crouch, Colin (2008): Postdemokratie. Frankfurt/M.: Suhrkamp.

Crouch, Colin (2011): Das befremdliche Überleben des Neoliberalismus. Berlin: Suhrkamp.

Dale, Gareth (2016): Karl Polanyi: A Life on the Left. New York: Columbia University Press.

Daly, Herman E. (1977): Steady-State Economics. Washington, DC: Island Press.

Davidson, Paul (2015): John Maynard Keynes. Berlin: Dunker & Humblot.

Davis, Angela Y. (1974): Angela Davis: an Autobiography. New York: Random House.

Davis, Angela Y. (1981): Women, Race & Class. New York: Random House.

Dehling Jochen/Schubert Klaus (2011): Ökonomische Theorien der Politik. Wiesbaden: VS Verlag für Sozialwissenschaften.

Della Costa, Mariarose (1978): Die Frau und der Umsturz der Gesellschaft. In: Della Costa, Mariarosa/James, Selma (Hg.): Die Macht der Frau und der Umsturz der Gesellschaft. Berlin: Merve, 27–67.

Demirovic, Alex (1991): Ist die DDR an Marx gescheitert? In: Das Argument 33(7), 519–525.

Demirovic, Alex/Dück, Julia/Becker, Florian/Bader, Pauline (Hg.) (2011): VielfachKrise. Im finanzmarktdominierten Kapitalismus. Hamburg: VSA-Verlag.

Deppe, Frank (1999): Politisches Denken im 20. Jahrhundert. Die Anfänge. Hamburg: VSA.

Deppe, Frank (2003): Politisches Denken zwischen den Weltkriegen. Hamburg: VSA.

Deppe, Frank (2006): Politisches Denken im Kalten Krieg. Teil 1: Die Konfrontation der Systeme. Hamburg: VSA.

Deppe, Frank (2015): Der Staat. Köln: PapyRossa Verlag.

Deppe, Frank/Salomon, David/Solty, Ingar (2011): Imperialismus. Köln: PapyRossa Verlag.

Deutschmann, Christoph (2019): Karl Polanyi as a theorist of disembedded markets. In: Atzmüller, Roland/Aulenbacher, Brigitte/Brand, Ulrich/Décieux, Fabienne/Fischer, Karin/Sauer, Birgit (Hg.): Capitalism in Transformation. Movements and Countermovements in the 21st Century. Celtenham: Edward Elgar, 60–74.

Dicken, Peter (2011): The Global Shift. Mapping the Changing Contours of the World Economy. London: Sage.

Dieterich, Heinz (2006): Der Sozialismus des 21. Jahrhunderts. Wirtschaft, Gesellschaft und Demokratie nach dem globalen Kapitalismus. Berlin: Kai Homilius Verlag.

Dobb, Maurice (1977): Wert- und Verteilungstheorien seit Adam Smith. Eine nationalökonomische Dogmengeschichte. Frankfurt/M.: Suhrkamp.

Dörre, Klaus (2009): Die neue Landnahme. Dynamiken und Grenzen des Finanzmarktkapitalismus. In: Dörre, Klaus/Lessenich, Stephan/Rosa, Hartmut (Hg.): Soziologie – Kapitalismus – Kritik. Eine Debatte. Frankfurt/M.: Suhrkamp, 32–86.

Downs, Anthony (1968) [1957]: Ökonomische Theorie der Demokratie. Tübingen: J.C.B. Mohr.

Duijs, Saskia Elise/Haremaker, Anouk/Bourik, Zohra/Abma, Tineke A./Verdonk, Petra (2021): Pushed to the Margins and Stretched to the Limit: Experiences of Freelance Eldercare Workers During the COVID-19 Pandemic in the Netherlands. In: Feminist Economics 27(1–2), 217–235.

Ebenstein, Lanny (2007): Milton Friedman. A Biography. New York; Basingstoke: Palgrave Macmillan.

Eberl, Oliver/Rödl, Florian (2010): Kritische Politische Ökonomie und radikale Demokratietheorie. Eine Begegnung auf der Suche nach der postneoliberalen Weltrechtsordnung. In: Kritische Justiz 43(4), 419–433.

Ebner, Alexander (2009) Entrepreneurial state: The schumpeterian theory of industrial policy and the East Asian „Miracle". In: Cantner, Uwe/Gaffard, Jean-Luc/Nesta Lionel (Hg.) Schumpeterian Perspectives on Innovation, Competition and Growth. Berlin; Heidelberg: Springer, 369–390.

Ebner, Alexander/Peukert, Helge (Hg.) (2002): Werner Sombart. Nationalökonomie als Kapitalismustheorie. Ausgewählte Schriften. Marburg: Metropolis.

Ehnts, Dirk (2017): Modern Monetary Theory und Europäische Makroökonomie. In: Berliner Debatte Initial 28(3), 89–102.

Eichengreen, Barry (2000): Vom Goldstandard zum Euro. Die Geschichte des internationalen Währungssystems. Berlin: Verlag Klaus Wagenbach.

Eltis, Walter (2012): David Ricardo (1772–1823). In: Starbatty, Joachim (Hg.): Klassiker des ökonomischen Denkens, Teil 1. Hamburg: Nikol Verlag, 188–207.

Emunds, Bernhard (2001): Der Finanzkeynesianismus in der Tradition Hyman Minskys. In: PROKLA. Zeitschrift für kritische Sozialwissenschaft 31(2), 245–267.

Engels, Friedrich (1962) [1877/78]: Herrn Eugen Dühring's Umwälzung der Wissenschaft, MEW, Band 20. Berlin: Dietz Verlag, 239–303.

Engels, Friedrich (1972) [1845]: Die Lage der arbeitenden Klasse in England, Marx-Engels Werke, Band 2. Berlin: Dietz Verlag, 225–506.

Engels, Friedrich (1975) [1884]: Über den Verfall des Feudalismus und das Aufkommen der Bourgeoisie, MEW, Band 21, 5. Auflage. Berlin: Karl Dietz Verlag, 392–401.

Ennser-Jedenastik, Laurenz (2018): Welfare chauvinism in populist radical right platforms: The role of redistributive justice principles. In: Social Policy & Administration 52(1), 293–314.

Erel, Umut/Haritaworn, Jinthana/Rodríguez, Encarnación Gutiérrez/Klesse, Christian (2007): Intersektionalität oder Simultaneität?! Zur Verschränkung und Gleichzeitigkeit mehrfacher Machtverhältnisse. Eine Einführung. In: Hartmann, Jutta/Klesse, Christian/Wagenknecht, Peter/Fritzsche, Bettina/Hackmann, Kristina (Hg): Heteronormativität. Wiesbaden: VS Verlag, 239–250.

Erlingsdóttir, Irma/Chandra, Giti (Hg.) (2020): The Routledge Handbook of the Politics of the #MeToo Movement. London: Routledge.

Esping-Andersen, Gøsta (1990): The Three Worlds of Welfare Capitalism. Princeton: Princeton University Press.

Eucken, Walter (1932): Staatliche Strukturwandlungen und die Krisis des Kapitalismus. In: Weltwirtschaftliches Archiv 36, 297–321.

Eucken, Walter (1948): Das ordnungspolitische Problem. In: ORDO: Jahrbuch für die Ordnung von Wirtschaft und Gesellschaft 1, 56–90.

Eucken, Walter (1989) [1940]: Grundlagen der Nationalökonomie. Berlin et al.: Springer.

Eucken, Walter (2004) [1952]: Grundsätze der Wirtschaftspolitik. Tübingen: Mohr Siebeck.

Fairclough, Norman (2013): Critical discourse analysis: The critical study of language. London; New York: Routledge.

Falk, Richard (1997): The critical realist tradition and the demystification of interstate power: E.H. Carr, Hedley Bull and Robert W. Cox. In: Gill, Stephen/Mittelman, James H. (Hg.): Innovation and Transformation in International Studies. Cambridge: Cambridge University Press, 39–55.

Fazackerley, Anna (2020): Women's research plummets during lockdown – but articles from men increase. In: The Guardian, 12.5.2020.

Federici, Silvia (2020 [2012]): Revolution at Point Zero. Housework, Reproduction, and Feminist Struggle, Oakland: PM Press.

Fennell, Lee Anne (2011): Ostrom's Law: Property Rights in the Commons. In: International Journal of the Commons 5(1), 9–27.

Fiori, Guiseppe (2013): Das Leben des Antonio Gramsci. Berlin: Rotbuch.

Fleischmann, Christoph (2007): Kapitalismus als Religion. In: Blätter für deutsche und internationale Politik 52(1), 77–85.

Folbre, Nancy (2020): The Rise and Decline of Patriarchal Systems. An Intersectional Political Economy. London: Verso.

Foster, John (1974): Class Struggle and the Industrial Revolution. Early industrial capitalism in three English towns. London: Weidenfeld & Nicolson.

Foster, John Bellamy (2007): The financialization of capitalism. In: Monthly Review 58(11), 1–12.

Foundational Economy Collective (2019): Die Ökonomie des Alltagslebens. Für eine neue Infrastrukturpolitik. Berlin: Suhrkamp.

Frank, Andre Gunder (1980): Abhängige Akkumulation und Unterentwicklung. Frankfurt/M.: Suhrkamp.

Fraser, Nancy (1995): From Redistribution to Recognition? Dilemmas of Justice in a „post-Socialist" Age. In: New Left Review I/212, 68–93.

Freeman, Chris (1994): The economics of technical change. In: Cambridge journal of economics 18(5), 463–514.

Friedman, Milton (1968): The Role of Monetary Policy. In: The American Economic Review 58(1), 1–17.

Friedman, Milton (1970): A Theoretical Framework for Monetary Analysis. In: Journal of Political Economy 78(2), 193–238.

Friedman, Milton (1977): Nobel Lecture: Inflation and Unemployment. In: Journal of Political Economy 85(3), 451–472.

Friedman, Milton (2006) [1962]: Kapitalismus und Freiheit. München; Zürich: Piper.

Friedman, Milton (2008) [1953]: The Methodology of Positive Economics. In: Hausman, Daniel M. (Hg.): The Philosophy of Economics. An Anthology. Cambridge: Cambridge University Press, 145–178.

Friedman, Milton (2008) [1957]: A Theory of the Consumption Function. Princeton: Princeton University Press.

Friedman, Milton/Friedman, Rose (1980): Free to Choose. A Personal Statement. Orlando: Harvest Book.

Friedman, Milton/Schwartz, Anna Jacobson (1963): A Monetary History of the United States, 1867–1960. Princeton: Princeton University Press.

Friedman, Thomas L. (2006): The World Is Flat: A Brief History of the Twenty-first Century. London: Penguin Books.

Fukuyama, Francis (1989): Das Ende der Geschichte?. In: Europäische Rundschau 17, 3–25.

Fülberth, Georg (2011): Kapitalismus. Köln: PapyRossa.

Fulcher, James (2007): Kapitalismus. Stuttgart: Philipp Reclam.

Gehrke, Christian (2008): Karl Marx (1818–1883). In: Kurz, Heinz D. (Hg.): Klassiker des ökonomischen Denkens. Band 1. Von Adam Smith bis Alfred Marshall. München: C.H. Beck, 217–241.

Georgescu-Roegen, Nicholas (1966): Analytical Economics. Issues and Problems. Cambridge MA: Harvard University Press.

Georgescu-Roegen, Nicholas (1971): The Entropy Law and the Economic Process. Cambridge MA: Harvard University Press.

Georgescu-Roegen, Nicholas (1975): Energy and Economic Myth. In: Southern Economic Journal 41(3), 347–381.

Georgescu-Roegen, Nicholas (1986): The Entropy Law and the Economic Process in Retrospect. In: Eastern Economic Journal 12(1), 3–25.

Germain, Randall D./Kenny, Michael (1998): Engaging Gramsci: International Relations Theory and the New Gramscians. In: Review of International Studies 24(2), 3–21.

Giddens, Anthony (2001): Entfesselte Welt. Wie die Globalisierung unser Leben verändert. Frankfurt/M.: Suhrkamp.

Gill, Stephen (1990): American Hegemony and the Trilateral Commission. New York, Cambridge University Press.

Gill, Stephen (1995): Globalisation, Market Civilisation, and Disciplinary Neoliberalism. In: Millennium: Journal of International Studies 24(3), 339–423.

Gill, Stephen (2000): Toward a Postmodern Prince? The Battle in Seattle as a Moment in the New Politics of Globalisation. In: Millennium: Journal of International Studies 29(1), 131–140.

Gill, Stephen (2002): Constitutionalizing Inequality and the Clash of Globalizations. In: International Studies Review, 4(2), 47–65.

Gill, Stephen (2003): Power and Resistance in the New World Order, Houndmills: Palgrave.

Gilpin, Robert (2001): Global Political Economy. Understanding the International Economic Order. Princeton: Princeton University Press.

Goldschmidt, Nils (2008): Gustav Schmoller (1838–1917). In: Kurz, Heinz D. (Hg.): Klassiker des ökonomischen Denkens. Band 1. Von Adam Smith bis Alfred Marshall. München: C.H. Beck, 287–305.

Goodwin, Michael/Burr, Dan E. (2013): Economix. Wie unsere Wirtschaft funktioniert (oder auch nicht), Berlin: Verlagshaus Jacoby & Stuart.

Göransson, Bo/Söderberg, Johan (2005): Long waves and information technologies. On the transition towards the information society. In: Technovation 25(3), 203–211.

Görg, Christoph (1999): Gesellschaftliche Naturverhältnisse. Münster: Westfälisches Dampfboot.

Görg, Christoph (2003): Regulation der Naturverhältnisse: Zu einer kritischen Theorie der ökologischen Krise. Münster: Westfälisches Dampfboot.

Gossen, Hermann Heinrich (1889) [1854]: Entwicklung der Gesetze des menschlichen Verkehrs und der daraus fließenden Regeln für menschliches Handeln. Berlin: Prager.

Grabka, Markus/Jotzo, Björn/Rasner, Anika/Westermeier, Christian (2017): Der Gender Pension Gap verstärkt die Einkommensungleichheit von Männern und Frauen im Rentenalter, DIW-Wochenbericht 5, 87–96.

Grahl, John/Teague, Paul (2000): The Regulation School, the employment relation and financialization. In: Economy and Society 29(1), 160–178.

Gramsci, Antonio (1991): Marxismus und Kultur, Hamburg: VSA.

Gramsci, Antonio (1991–99): Gefängnishefte. Kritische Gesamtausgabe. Hamburg: Argument Verlag.

Granovetter, Mark (1985): Economic Action and Social Structure: The Problem of Embeddedness. In: American Journal of Sociology 91(3), 481–510.

Haas, Tobias (2019): Struggles in European Union energy politics: A gramscian perspective on power in energy transitions. In: Energy Research & Social Science 48, 66–74.

Habermas, Jürgen (1992): Faktizität und Geltung. Beiträge zur Diskurstheorie des Rechts und des demokratischen Rechtsstaats, Frankfurt/M.: Suhrkamp.

Haidinger, Bettina/Knittler, Käthe (2019): Feministische Ökonomie. Eine Einführung, Wien, Mandelbaum.

Hall, Peter A./Soskice, David (Hg.) (2001a): Varieties of Capitalism. The Institutional Foundations of Comparative Advantage. Oxford: Oxford University Press.

Hall, Peter A./Soskice, David (2001b): An Introduction to Varieties of Capitalism. In: Hall, Peter/Soskice, David (Hg.): Varieties of Capitalism. The Institutional Foundations of Comparative Advantage. Oxford: Oxford University Press, 1–68.

Hall, Peter A./Thelen, Kathleen (2009): Institutional change in varieties of capitalism. In: Socio-Economic Review 7(1), 7–34.

Hall, Stuart (1989a): Das „Politische" und das „Ökonomische" in der Marxschen Klassentheorie. In: Hall, Stuart: Ausgewählte Schriften. Hamburg; Berlin: Argument Verlag, 11–55.

Hall, Stuart (1989b): Schöne neue Welt. In: Blätter für deutsche und internationale Politik 34(4), 413–418.

Hancké, Bob/Rhodes, Martin/Thatcher, Mark (Hg.) (2007): Beyond Varieties of Capitalism. Conflict, Contradictions, and Complementarities in the European Economy. Oxford: Oxford University Press.

Harvey, David (1990): The Condition of Postmodernity. An Enquiry into the Origins of Cultural Change. Cambridge: Blackwell.

Harvey, David (2003): The new imperialism. Oxford: Oxford University Press.

Harvey, David (2005): A Brief History of Neoliberalism. Oxford: Oxford University Press.

Haug, Wolfgang Fritz (2003): High-Tech-Kapitalismus. Analysen zu Produktionsweise, Arbeit, Sexualität, Krieg und Hegemonie. Hamburg: Argument Verlag.

Hausen, Karin (2013): Geschlechtergeschichte als Gesellschaftsgeschichte. Kritische Studien zur Geschichtswissenschaft. Göttingen: Vandenhoack & Ruprecht.

Hay, Colin (1999): Marxism and the State. In: Gamble, Andrew/Marsh, David/Tant, Tony (Hg.): Marxism and social science. Basingstoke: Palgrave 1999, 152–174.

Hayek, Friedrich A. (1976) [1937]: Wirtschaftstheorie und Wissen. In: Individualismus und wirtschaftliche Ordnung. Salzburg: Neugebauer, 49–77.

Hayek, Friedrich A. (1994) [1968]: Der Wettbewerb als Entdeckungsverfahren. In: Hayek, Friedrich A.: Freiburger Studien. Gesammelte Aufsätze. Tübingen: Mohr Siebeck, 249–265.

Hayek, Friedrich A. (1996): Die Anmaßung von Wissen. Tübingen: Mohr Siebeck.

Hayek, Friedrich A. (2014) [1944]: Der Weg zur Knechtschaft. Reinbek/München: Lau-Verlag.

Heckscher, Eli F. (1932): Der Merkantilismus. Jena: Gustav Fischer.

Heimbach-Steins, Marianne (2010): Globale Fürsorgeketten. Eine exemplarische Skizze zu Genderaspekten in der internationalen Arbeitsmigration. In: Becka, Michelle et al. (Hg.): Ethik und Migration. Gesellschaftliche Herausforderungen und sozialethische Reflexion. Brill: Schöningh, 185–202.

Heine, Michael (2006): „… we simply do not know" (J.M. Keynes). Systemische Unsicherheit in Wirtschaftstheorie und -politik. In: Berliner Debatte Initial 17(4), 11–21.

Heinrich, Michael (2016): Grundbegriffe der Kritik der politischen Ökonomie. In: Quante, Michael/Schweikard, David P. (Hg.): Marx-Handbuch. Leben – Werk – Wirkung. Stuttgart: J.B. Metzler, 173–193.

Helleiner, Eric (1994): States and the Reemergence of Global Finance: From Bretton Woods to the 1990s. Ithaca; London: Cornell University Press.

Helleiner, Eric (1995): Great transformations: A Polanyian perspective on the contemporary global financial order. In: Studies in Political Economy 48(1), 149–164.

Herr, Hansjörg (2001): Keynes und seine Interpreten. In: PROKLA. Zeitschrift für kritische Sozialwissenschaft 31(2), 203–225.

Herrmann, Ulrike (2016): Kein Kapitalismus ist auch keine Lösung. Die Krise der heutigen Ökonomie oder was wir von Smith, Marx und Keynes lernen können. Frankfurt/M.: Westend.

Hicks, John (1937): Mr Keynes and the „Classics". A Suggested Interpretation. In: Econometrica 5(2), 147–159.

Hicks, John R. (1950) [1939]: Value and capital. An inquiry into some fundamental principles of economic theory. Oxford: Clarendon Press.

Hilferding, Rudolf (1910): Das Finanzkapital. Eine Studie über die jüngste Entwicklung des Kapitalismus. Wien: Wiener Volksbuchhandlung Ignaz Brand & Co.

Hirsch, Joachim (1995): Der nationale Wettbewerbsstaat. Staat, Demokratie und Politik im globalen Kapitalismus. Berlin; Amsterdam: Edition ID Archiv.

Hirsch, Joachim/Roth, Roland (1986): Das neue Gesicht des Kapitalismus. Vom Fordismus zum Post-Fordismus. Hamburg: VSA.

Hobsbawm, Eric J. (1976): Industrie und Empire 1. Britische Wirtschaftsgeschichte seit 1750. Frankfurt/M.: Suhrkamp.

Hobsbawm, Eric (1995): Das Zeitalter der Extreme. München; Wien: Hanser.

Hobsbawm, Eric et al. (1998): Das Manifest – heute. 150 Jahre Kapitalismuskritik. Hamburg: VSA.

Hobson, John Atkinson (1914): Work and wealth: A human valuation. London: Macmillan.

Hobson, John M./Seabrooke, Leonard (2007): Everyday politics of the world economy. Cambridge University Press.

Hochschild, Arlie R. (2000): Global care chains and emotional surplus value. In: Giddens, Anthony/Hutton, Will (Hg.): On the edge. Living with global capitalism, London: Jonathan Cape, 130–146.

Hoffmann, Jürgen (Hg.) (1983): Überproduktion, Unterkonsumption, Depression. Analysen und Kontroversen zur Krisentheorie. Hamburg: VSA.

Hofmann, Werner (1979): Theorie der Wirtschaftsentwicklung. Sozialökonomische Studientexte, Band 3. Berlin: Duncker & Humblot.

Hofmann, Werner (1986) [1965]: Sozialökonomische Studientexte, 3. Auflage. Berlin: Duncker & Humblot.

Holst, Elke/Busch, Anne (2009): Der „Gender Pay Gap“ in Führungspositionen der Privatwirtschaft in Deutschland. German Socio-Economic Panel paper on Multidisciplinary Panel Data Research. Berlin: DIW.

Honneth, Axel (1992): Kampf um Anerkennung. Zur moralischen Grammatik sozialer Konflikte. Frankfurt/M.: Suhrkamp.

Hoover, Kevin D. (1992): The Rational Expectations Revolution: An Assessment. In: Cato Journal 12(1), 81–96.

Horn, Karen (2009): Der Realismus des Adam Smith. In: Frankfurter Allgemeine Zeitung, 16. Januar, 12.

Horn, Karen (2011): Diesseits von Angebot und Nachfrage. Einige Anmerkungen zur Überdehnung des Gesetzes zwischen Markt und Moral, HWWI Policy Paper 57. Hamburg HWWI.

Horn, Karen Ilse (2013): Hayek für Jedermann. Die Kräfte der spontanen Ordnung. Frankfurt/M.: FAZ Buch.

Hosfeld-Guber, Jutta (1985): Der Merkantilismusbegriff und die Rolle des absolutistischen Staates im vorindustriellen Preußen. München: Verlag V. Florentz.

Howey, Richard S. (1972): The Origins of Marginalism. In: History of Political Economy 4(2), 281–302.

Hübner, Kurt (1989): Theorie der Regulation. Eine kritische Rekonstruktion eines neuen Ansatzes der Politischen Ökonomie. Berlin: Sigma.

Hull, Gloria T./Scott, Patricia Bell/Smith, Barbara (Hg.) (1982): All the Women Are White, All the Blacks Are Men, But Some of Us Are Brave. Black Women's Studies. New York: The Feminist Press.

Humphreys, Sarah C. (1979): Einleitung: Geschichte, Volkswirtschaft und Anthropologie: das Werk Karl Polanyis. In: Polanyi, Karl: Ökonomie und Gesellschaft. Frankfurt/M.: Suhrkamp, 7–59.

I.L.A. Kollektiv (2017): Auf Kosten anderer? Wie die imperiale Lebensweise ein gutes Leben für alle verhindert. München: Oekom. Online: https://aufkostenanderer.org/.

International Labour Organization (2020): ILO Monitor: COVID-19 and the World of Work. Fifth Edition. Geneva: ILO.

Isaksen, Lise Widding/Devi, Sambasivan Uma/Hochschild, Arlie Russell (2008): Global Care Crisis: A problem of Capital, Care Chain, or Commons? In: American Behavioral Scientist 52(3), 405–425.

Isenmann, Moritz (Hg.) (2014): Wiederaufnahme einer Debatte. Stuttgart: Franz Steiner Verlag.

Jackson, Tim (2013): Wohlstand ohne Wachstum. Leben und Wirtschaften in einer endlichen Welt. München: Oekom.

Janson, Matthias (2020): In der Krise halten Frauen die Gesellschaft am Laufen. zitiert nach de.statista.com. Online: https://de.statista.com/infografik/21148/anteil-der-sozialversicherungspflichtig-beschaeftigten-nach-wirtschaftszweigen/ [15.5.2021].

Janssen, Hauke (2009): Walter Eucken (1891–1950). In: Kurz, Heinz D. (Hg.): Klassiker des ökonomischen Denkens. Band 2. Von Vilfredo Pareto bis Armatya Sen. München: C.H. Beck, 187–204.

Jessop, Bob (1993): Towards a Schumpeterian workfare state? Preliminary remarks on post-Fordist political economy. In: Studies in political economy 40(1), 7–39.

Jessop, Bob (2007): State Power. A Strategic-Relational Approach. Cambridge: Polity Press.

Jessop, Bob (2009): Cultural political economy and critical policy studies. In: Critical Discourse Studies 3(3–4), 336–356.

Jessop, Bob (2019): A Polanyian paradox: money and credit as fictitious commodities, financialization, finance-dominated accumulation, and financial crisis. In: Atzmüller, Roland/Aulenbacher, Brigitte/Brand, Ulrich/Décieux, Fabienne/Fischer, Karin/Sauer, Birgit (Hg.): Capitalism in Transformation. Movements and Countermovements in the 21st Century. Celtenham: Edward Elgar, 75–90.

Jevons, William Stanley (1924): Die Theorie der Politischen Ökonomie. Jena: Verlag Gustav Fischer.

Jürgens, Ulrich/Naschold, Frieder (Hg.) (1984): Arbeitspolitik: Materialien zum Zusammenhang von politischer Macht, Kontrolle und betrieblicher Organisation der Arbeit. Wiesbaden: Westdeutscher Verlag.

Kang, Nahee (2006): A critique of the ‚Varieties of Capitalism' approach. International Centre for Corporate Social Responsibility Research Paper Series, 45. Nottingham: University of Nottingham.

Kaven, Carsten (2015): Über Friedrich A. von Hayeks Modell der Entstehung spontaner Ordnung, Discussion Papers. Hamburg: ZÖSS.

Keynes, John Maynard (1920) [1919]: Die wirtschaftlichen Folgen des Friedensvertrags. München; Leipzig: Duncker & Humblot.

Keynes, John Maynard (1925): The economic Consequences of Mr. Churchill. London: Hogarth Press.

Keynes, John Maynard (1926) [1921]: Über Wahrscheinlichkeit. Leipzig: Barth.

Keynes, John Maynard (1933): A Monetary Theory of Production. In: Clausing, Gustav (Hg.): Der Stand und die nächste Zukunft der Konjunkturforschung: Festschrift für Arthur Spiethoff. München: Duncker & Humboldt,123–125.

Keynes, John Maynard (1937): The General Theory of Employment. In: The Quarterly Journal of Economics 51(2), 209–223.

Keynes, John Maynard (1983) [1930]: Vom Gelde (A Treatise on Money). Berlin: Duncker & Humblot.

Keynes, John Maynard (1985) [1925]: Bin ich ein Liberaler?. In: Mattfeldt, Harald: Keynes. Kommentierte Werkauswahl. Hamburg: VSA, 86–95.

Keynes, John Maynard (1997) [1923]: Ein Traktat über Währungsreform. Berlin: Duncker & Humblot.

Keynes, John Maynard (2011) [1926]: Das Ende des Laissez-Faire. Ideen zur Verbindung von Privat- und Gemeinwirtschaft. München und Leipzig: Duncker & Humblot.

Keynes, John Maynard (2017) [1936]: Allgemeine Theorie der Beschäftigung, des Zinses und des Geldes. Berlin: Duncker & Humblot.

Kindleberger, Charles (1973): Die Weltwirtschaftskrise 1929–1939. München: DTV.

King, Robert G./Levine, Ross (1993): Finance and growth: Schumpeter might be right. In: The quarterly journal of economics 108(3), 717–737.

Klausinger, Hansjörg (2020): Friedrich August von Hayek. Die größten Ökonomen, 2. überarbeitete Auflage. München: UVK.

Knapp, Gudrun-Axeli (2012): Traveling Theories: Anmerkungen zur neueren Diskussion über „Race, Class, and Gender". In: Knapp, Gudrun-Axeli (Hg.): Im Widerstreit. Feministische Theorie in Bewegung. Wiesbaden: VS Verlag, 403–427.

Kocka, Jürgen (Hg.) (2001): Das lange 19. Jahrhundert. Stuttgart: Klett-Cotta.

Kocka, Jürgen (2013): Geschichte des Kapitalismus. München: Verlag C.H. Beck.

Kocka, Jürgen (2018): Schöpferische Zerstörung. In: Mittelweg 26(6), 45–54.

Kohlmorgen, Lars (2004): Regulation, Klasse, Geschlecht: Die Konstituierung der Sozialstruktur im Fordismus und Postfordismus. Münster: Westfälisches Dampfboot.

Kolev, Stefan/Goldschmidt, Nils/Hesse, Jan-Otmar (2020): Debating liberalism: Walter Eucken, F. A. Hayek and the early history of the Mont Pèlerin Society. In: The Review of Austrian Economics 33, 433–464.

Krätke, Michael (1998): Antonio Gramscis Beiträge zu einer kritischen Ökonomie. In: Hirschfeld, Uwe (Hg.): Gramsci-Perspektiven. Hamburg: Argument Verlag, 53–93.

Krause, Skadi Siiri (2020): Die Saint-Simonistinnen zwischen Frauen- und Arbeiterbewegung, In: Straichhahn, Vincent/Jacob, Frank (Hg.) (2020): Geschlecht und Klassenkampf. Die „Frauenfrage" aus deutscher und internationaler Perspektive im 19. Und 20. Jahrhundert. Berlin: Metropolis Verlag, 185–201.

Kromphardt, Jürgen (2004): Konzeptionen und Analysen des Kapitalismus, 4. Auflage. Göttingen: Vandenhoeck & Ruprecht.

Kromphardt, Jürgen (2020): John Maynard Keynes. Die größten Ökonomen, 2. überarbeitete und aktualisierte Auflage. München: UVK.

Kuhn, Thomas S. (1976): Die Struktur wissenschaftlicher Revolutionen, Frankfurt/M.: Suhrkamp.

Kurz, Heinz D. (2005): Joseph A. Schumpeter Ein Sozialökonom zwischen Marx und Walras. Marburg: Metropolis-Verlag.

Kurz, Heinz D. (Hg.) (2008a): Klassiker des ökonomischen Denkens, 2 Bände, München: C.H. Beck.

Kurz, Heinz D. (2008b): David Ricardo (1772–1823). In: Kurz, Heinz D. (Hg.): Klassiker des ökonomischen Denkens. Band 1. Von Adam Smith bis Alfred Marshall. München: C.H. Beck, 68–88.

Kurz, Heinz D. (2013): Geschichte des ökonomischen Denkens, München: C.H. Beck.

Kurz, Heinz D. (2019): Schumpeter im sozialwissenschaftlichen Pantheon. In: Leviathan 47(3), 375–397.

Lange, Oskar (1936): On the Economic Theory of Socialism: Part One. In: The Review of Economic Studies 4(1), 53–71.

Lange, Oskar (1937): On the Economic Theory of Socialism: Part Two. In: The Review of Economic Studies 4(2), 123–142.

Laslett, Barbara/Brenner, Johanna (1989): Gender und Social Reproduction: Historical Perspectives. In: Annual Review of Sociology 15, 381–404.

Lehndorff, Steffen (2014): Spaltende Integration. Der Triumph gescheiterter Ideen in Europa revisited. Zehn Länderstudien. Hamburg: VSA.

Lenel, Hans Otto (2012): Walter Eucken (1891–1950). In: Starbatty, Joachim (Hg.): Klassiker des ökonomischen Denkens, Teil 2. Hamburg: Nikol Verlag, 292–311.

Lenger, Friedrich (1994): Werner Sombart (1863–1941). Eine Biographie. München: C.H. Beck.

Lenger, Friedrich (2003): Industrielle Revolution und Nationalstaatsgründung. Stuttgart: Klett-Cotta.

Lenger, Friedrich (2009a): Werner Sombart. Ein Sozialwissenschaftler zwischen Kaiserreich und nationalsozialistischer Diktatur. In: Lenger, Friedrich: Sozialwissenschaft um 1900. Studien zu Werner Sombart und einigen seiner Zeitgenossen. Frankfurt/M. u.a.: Peter Lang, 13–30.

Lenger, Friedrich (2009b): Max Weber, Werner Sombart und der Geist des modernen Kapitalismus. In: Lenger, Friedrich: Sozialwissenschaft um 1900. Studien zu Werner Sombart und einigen seiner Zeitgenossen. Frankfurt/M. u.a.: Peter Lang, 125–145.

Lenger, Friedrich (2017): Adam Smiths Wohlstand der Nationen. Historische Kontexte und aktuelle Perspektiven. In: Mittelweg 36, 26(6), 7–18.

Lessenich, Stephan (2016): Neben uns die Sintflut. Die Externalisierungsgesellschaft und ihr Preis. Berlin: Hanser.

Liedtke, Rainer (2012): Die Industrielle Revolution. Köln: Böhlau Verlag GmbH & Cie.

Lillemeier, Sarah (2016): Der „Comparable Worth"-Index als Instrument zur Analyse des Gender Pay Gap: Arbeitsanforderungen und Belastungen in Frauen- und Männerberufen, WSI Working Paper, No. 205, Düsseldorf: HBS.

Linß, Vera (2007): Die wichtigsten Wirtschaftsdenker, Wiesbaden: Marixverlag.

Lipietz, Alain (1985): Akkumulation, Krisen und Auswege aus der Krise: Einige methodische Überlegungen zum Begriff der „Regulation". In: PROKLA. Zeitschrift für Kritische Sozialwissenschaft 15(1), 109–138.

Lipietz, Alain (1991): Demokratie nach dem Fordismus. In: Das Argument 33(6), 677–694).

Lipietz, Alain/Jenson, Jane (1987): Rebel sons: the regulation school – Interview with Alain Lipietz. In: French Politics and Society 5(4), 17–26.

List, Friedrich (1982) [1841]: Das nationale System der politischen Ökonomie. Berlin: Akademie-Verlag.

Lodewijks, John (2012): Bastard Keynesianism. In: King, John E. (Hg.): The Elgar Companion to Post Keynesian Economics. Cheltenham: Edward Elgar Publishing, 29–35.

Lutz, Helma (2018): Care migration: The connectivity between care chains, care circulation and transnational social inequality. In: Current Sociology 66(4), 577–589.

Luxemburg, Rosa (1975) [1913]: Die Akkumulation des Kapitals. Ein Beitrag zur ökonomischen Erklärung des Imperialismus. In: Luxemburg, Rosa: Gesammelte Werke, Band 5. Berlin: Dietz Verlag.

Mackenzie, Fiona (1993): Exploring the connections: Structural adjustment, gender and the environment. In: Geoforum 24(1), 71–87.

Magnusson, Lars (Hg.) (1993): Mercantilist Economics. Boston: Kluwer Academic Publisher.

Magnusson, Lars (1994): Mercantilism. The Shaping of an Economic Language. London: Routledge.

Mahnkopf, Birgit (2019): Alles ändern, damit die Welt bleiben kann. In Erinnerung an Leben und Werk von Elmar Altvater. In: Blätter für deutsche und internationale Politik 64(5), 98–111.

Manow, Philip (2001): Ordoliberalismus als ökonomische Ordnungstheologie. In: Leviathan 29(2), 179–198.

Marglin, Stephen/Schor, Juliet B. (Hg.) (1991): The Golden Age of Capitalism. Reinterpreting the Postwar Experience. Oxford: Oxford University Press.

Marshall, Alfred (1927) [1890]: Principles of Economics. An introductory volume. London: Macmillan.

Marx, Karl (1962) [1871]: Der Bürgerkrieg in Frankreich. Adresse des Generalrats der Internationalen Arbeiterassoziation, Marx-Engels Werke, Band 17. Berlin: Dietz Verlag, 313–365.

Marx, Karl (1969) [1845]: Thesen über Feuerbach, MEW, Band 3. Berlin: Dietz Verlag, 5–7.

Marx, Karl (1969) [1852]: Der achtzehnte Brumaire des Louis Bonaparte, MEW, Band 8. Berlin: Dietz Verlag, 194–207.

Marx, Karl (1973) [1875]: Kritik des Gothaer Programms, MEW, Band 19. Berlin: Dietz Verlag, 13–32.

Marx, Karl (1974) [1857/58]: Grundrisse der Kritik der Politischen Ökonomie. Berlin: Dietz Verlag.

Marx, Karl (1976) [1867]: Das Kapital. Erster Band: Der Produktionsprozess des Kapitals, MEW, Band 23. Berlin: Dietz Verlag.

Marx, Karl (1983) [1885]: Das Kapital. Zweiter Band: Der Zirkulationsprozess des Kapitals, MEW, Band 24. Berlin: Dietz Verlag.

Marx, Karl (1985) [1859]: Zur Kritik der Politischen Ökonomie, Marx-Engels Werke, Band 13. Berlin: Dietz Verlag, 3–167.

Marx, Karl (1985) [1859/60]: Zur Kritik der Politischen Ökonomie, MEW 13. Berlin: Dietz Verlag, 1–160.

Marx, Karl (1988) [1894]: Das Kapital. Dritter Band: Der Gesamtprozess der kapitalistischen Produktion, MEW, Band 25. Berlin: Dietz Verlag.

Marx, Karl/Engels, Friedrich (1969) [1845/46]: Die deutsche Ideologie. Kritik der neuesten deutschen Philosophie in ihren Repräsentanten Feuerbach, B. Bauer und Stirner, und des deutschen Sozialismus in seinen verschiedenen Propheten, MEW, Band 3. Berlin: Dietz Verlag, 13–530.

Marx, Karl/Engels, Friedrich (1972) [1847/48]: Manifest der Kommunistischen Partei, MEW, Band 4. Berlin: Dietz Verlag, 459–493.

März, Eduard (2012): Joseph Alois Schumpeter (1883–1950). In: Starbatty, Joachim (Hg.): Klassiker des ökonomischen Denkens, Teil 2. Hamburg: Nikol Verlag, 251–272.

May, Vivian M. (2012): Anna Julia Cooper, Visionary Black Feminist. New York: Routledge.

Meadows, Dennis/Meadows, Donella/Zahn, Erich/Milling, Peter (1972): Die Grenzen des Wachstums. Bericht des Club of Rome zur Lage der Menschheit. Stuttgart: Deutsche Verlagsanstalt.

Medema, Steven G./Samuels, Warren J. (Hg.) (2003): The History of Economic Thought. A Reader. London; New York: Routledge.

Menger, Carl (1990) [1871]: Grundsätze der Volkswirthschaftslehre. Düsseldorf: Verlag Wirtschaft und Finanzen.

Michaelides, Panayotis G./Milios, John G. (2009): Joseph Schumpeter and the German Historical School. In: Cambridge Journal of Economics 33(3), 495–516.

Minsky, Hyman P. (2011): Instabilität und Kapitalismus. Zürich: diaphanes.

Mirowski, Philip/Plehwe, Dieter (Hg.) (2009): The road from Mont Pèlerin. The making of the neoliberal thought collective. Cambridge: Harvard University Press.

Molina, Oscar/Rhodes, Martin (2007): The political economy of adjustment in mixed market economies: A study of Spain and Italy. In: Hancké, Bob/Rhodes, Martin/Thatcher, Mark (Hg.): Beyond Varieties of Capitalism: Conflict, contradictions and complementarities in the European economy. Oxford: Oxford University Press, 223–252.

Morgen, Jamie (2016): Introduction. The meaning and significance of neoclassical economics. In: Morgen, Jamie (Hg.): What is Neoclassical Economics? Debating the origins, meaning and significance. London; New York: Routledge, 1–29.

Muchlinski, Elke (2012): Keynes's economic theory – judgement under uncertainty. In: Cate, Tom (Hg.): Keynes's General Theory Fifty Years Later. London Edward Elgar, 58–74.

Munck, Ronaldo (2006): Globalization and contestation: A Polanyian problematic. In: Globalizations 3(2), 175–186.

Musil, Robert (2003): Neue Wege des Wirtschaftens. In: Becker, Joachim et al. (Hg.): Geld Macht Krise. Finanzmärkte und neoliberale Herrschaft. Wien: Promedia, 243–263.

Nash, Jennifer C. (2019): Black Feminism Reimagined after Intersectionality. Durham: Duke University Press.

Neubauer, Julius (1931): Die Gossenschen Gesetze. In: Zeitschrift für Nationalökonomie 2(5), 733–753.

Newell, Peter (2019): Trasformismo or transformation? The global political economy of energy transitions. In: Review of international political economy 26(1), 25–48.

Nölke, Andreas/May, Christian (2013): Vergleichende Kapitalismusforschung im Zeitalter der Krise der Finanzialisierung: Vom inter-nationalen zum inter-temporalen Studium ökonomische Institutionen. In: Bieling, Hans-Jürgen/Haas, Tobias/Lux, Julia (Hg.): Die Internationale Politische Ökonomie nach der Weltfinanzkrise, Sonderheft 5 der Zeitschrift für Außen- und Sicherheitspolitik. Wiesbaden: Springer VS, 51–70.

Nordmann, Jürgen (2005): Der lange Marsch zum Neoliberalismus. Vom Roten Wien zum freien Markt – Popper und Hayek im Diskurs. Hamburg: VSA.

Osterhammel, Jürgen (1995): Kolonialismus. Geschichte Formen Folgen. München: C.H. Beck.

Ostrom, Elinor (1990): Governing the Commons: The Evolution of Institutions for Collective Action. Cambridge: Cambridge University Press.

Ötsch, Walter Otto (2014): Warum war Keynes so erfolgreich? Eine Darstellung anhand der Methode von Bruno Latour. ICAE Working Paper No. 27. Linz.

Overbeek, Henk (2000): Auf dem Weg zu einer neo-gramscianischen Theorie der europäischen Integration – das Beispiel der Steuerharmonisierung. In: Bieling, Hans-Jürgen/Steinhilber, Jochen (Hg.): Die Konfiguration Europas. Dimensionen einer kritischen Integrationstheorie. Münster: Westfälisches Dampfboot, 162–188.

Paech, Niko (2012): Befreiung vom Überfluss. Auf dem Weg in die Postwachstumsökonomie. München: oekom.

Parsons, Talcott (2015) [1928/29]: „Kapitalismus" in der gegenwärtigen deutschen Literatur: Sombart und Weber. In: Berliner Journal für Soziologie 24(4), 433–467.

Peukert, Helge (2000): Werner Sombart. In: Backhaus, Jürgen (Hg.): Werner Sombart (1863–1941) – Klassiker der Sozialwissenschaften. Eine kritische Bestandsaufnahme. Marburg: Metropolis, 15–82.

Pierenkemper, Toni (2012): Geschichte des modernen ökonomischen Denkens. Große Ökonomen und ihre Ideen. Göttingen: Vandenhoeck & Ruprecht.

Pies, Ingo (2016): Moderne Klassiker der Gesellschaftstheorie. Von Karl Marx bis Milton Friedman. Tübingen: Mohr Siebeck.

Plehwe, Dieter/Walpen, Bernhard (1999): Wissenschaftliche und wissenschaftspolitische Produktionsweisen im Neoliberalismus. In: PROKLA. Zeitschrift für kritische Sozialwissenschaft 29(2), 203–235.

Plehwe, Dieter/Walpen, Bernhard (2007): Between network and complex organization. In: Plehwe, Dieter Walpen, Bernhard/Neunhöffer, Gisela (Hg.): Neoliberal Hegemony: A Global Critique. London: Routledge, 27–50.

Polanyi Levitt, Kari (2013): From the Great Transformation to the Great Financialization. On Karl Polanyi and other essays. Halifax: Fernwood Publishing.

Polanyi-Levitt, Kari (1996): The Life and Work of Karl Polanyi. Québec: Black Rose Books.

Polanyi-Levitt, Kari (2019): A life-long search for freedom. From Budapest to America and back: a journey through Karl Polanyi's live – interviewed by Michael Brie and Claus Thomasberger. In: Atzmüller, Roland et al. (Hg.): Capitalism in Transformation. Movements and Countermovements in the 21st Century. Cheltenham: Edward Elgar, 22–34.

Polanyi, Karl (1922): Sozialistische Rechnungslegung. In: Archiv für Sozialwissenschaften und Sozialpolitik 49(2), 377–420.

Polanyi, Karl (1977) [1944]: The Great Transformation. Politische und ökonomische Ursprünge von Gesellschaften und Wirtschaftssystemen. Wien: Europaverlag.

Polanyi, Karl (1979): Ökonomie und Gesellschaft. Frankfurt/M.: Suhrkamp.

Polanyi, Karl (1979 [1935]): Das Wesen des Faschismus. In: Polanyi, Karl: Ökonomie und Gesellschaft. Frankfurt/M.: Suhrkamp, 91–126.

Polanyi, Karl (2002): Chronik der großen Transformation: Artikel und Aufsätze (1920–1945), Band 1: Wirtschaftliche Transformationen, Gegenbewegungen und der Kampf um die Demokratie. Marburg: Metropolis.

Polanyi, Karl (2003): Chronik der großen Transformation: Artikel und Aufsätze (1920–1945), Band 2: Die internationale Politik zwischen den beiden Weltkriegen. Marburg: Metropolis.

Polanyi, Karl (2005): Chronik der großen Transformation: Artikel und Aufsätze (1920–1945), Band 3: Menschliche Freiheit, politische Demokratie und die Auseinandersetzung zwischen Sozialismus und Faschismus. Marburg: Metropolis.

Polanyi, Michael (1985): Implizites Wissen. Frankfurt a.M.: Suhrkamp.

Porter, Michael (1990): The Competitive Advantage of Nations. New York: Free Press.

Priddat, Birger P. (1995): Intention and Failure of W. Roscher's Historical Method of National Economics. In: Koslowski, Peter (Hg.): The Theory of Ethical Economy in the Historical School. Berlin: Springer, 15–34.

Prisching, Manfred (2017): Werner Sombart: Der moderne Kapitalismus. In: Kraemer, Klaus/Brugger, Florian (Hg.): Schlüsselwerke der Wirtschaftssoziologie. Wiesbaden: VS Springer, 79–87.

Ptak, Ralf (2017): Grundlagen des Neoliberalismus. In: Butterwegge, Christoph/Lösch, Bettina/Ptak, Ralf (Hg.): Kritik des Neoliberalismus, 3. Auflage. Wiesbaden: VS Verlag, 13–78.

Quante, Michael/Schweikard, David P. (Hg.) (2016): Marx-Handbuch. Leben – Werk – Wirkung. Stuttgart: J.B. Metzler.

Recktenwald, Horst Claus (2012): Adam Smith (1723–1790). In: Starbatty, Joachim (Hg.): Klassiker des ökonomischen Denkens, Teil 1. Hamburg: Nikol Verlag, 134–155.

Rehmann, Jan (1997): Max Weber: Modernisierung als Antizipation des Fordismus. In: Das Argument 39(5),613–629.

Reinert, Hugo/Reinert, Erik S. (2006): Creative Destruction in Economics: Nietzsche, Sombart, Schumpeter. In: Bachhaus, Jürgen G./Drechsler, Wolfgang (Hg.): Friedrich Nietzsche (1844–1900): Economy and Society. Wiesbaden: Springer, 55–85.

Renner, Andreas (2000): Die zwei „Neoliberalismen". In: Fragen der Freiheit, Heft 256, 48–64.

Reuter, Norbert (2004): Antizyklische Fiskalpolitik und deficit spending als Kern des Keynesianismus? Eine „schier unausrottbare Fehlinterpretation". In: Wirtschaft und Gesellschaft 30(3), 325–346.

Ricardo, David (1994) [1817]: Über die Grundsätze der Politischen Ökonomie und der Besteuerung. Übersetzt von Gerhard Bondi. Marburg: Metropolis-Verlag.

Rogall, Holger (2013): Volkswirtschaftslehre für Sozialwissenschaftler. Eine Einführung, 2. Auflage. Wiesbaden: VS Verlag.

Rogan, Tim (2017): The Moral Economists. R.H. Tawney, Karl Polanyi, E.P. Thompson, and the Critique of Capitalism. Princeton; Oxford: Princeton University Press.

Romer, Paul M. (2015): Mathiness in the Theory of Economic Growth. In: American Economic Review: Papers & Proceedings 105(5), 89–93.

Roth, Roland/Rucht, Dieter (2002): Neue Soziale Bewegungen. In: Greiffenhagen, Martin/Greiffenhagen, Sylvia (Hg.): Handwörterbuch zur politischen Kultur der Bundesrepublik Deutschland. Wiesbaden: Westdeutscher Verlag, 296–303.

Rothbard, Murray N. (2002): Milton Friedman unraveled. In: Journal of Libertarian Studies 16(4), 37–54.

Ruggie, John Gerard (1982): International regimes, transactions, and change: embedded liberalism in the postwar economic order. In: International Organization 36(2), 379–415.

Rüstow, Alexander (1932): Freie Wirtschaft – starker Staat. In: Böse, Franz (Hg.): Deutschland und die Weltkrise, Schriften des Vereins für Socialpolitik, Band 187. München; Leipzig: Duncker & Humblot, 62–69.

Ryner, Magnus (2015): Europe's ordoliberal iron cage: critical political economy, the euro area crisis and its management. In: Journal of European Public Policy 22(2), 275–294.

Sablowski, Thomas (2013): Regulationstheorie. In: Wullweber, Joscha/Graf, Antonia/Behrens, Maria (Hg.): Theorien der Internationalen Politischen Ökonomie. Wiesbaden: Springer VS, 85–99.

Samuelson, Paul A. (1938): A note on the pure theory of consumer's behavior. In: Economica 5(17), 61–71.

Samuelson, Paul A. (1946): Lord Keynes and the General Theory. In: Econometrica 14(3), 187–200.

Samuelson, Paul A. (1954): The Pure Theory of Public Expenditures. In: Review of Economics and Statistics 36(4), 387–389.

Sandelin, Bo/Trautwein, Hans-Michael/Wundrak, Richard (2014): A Short History of Economic Thought. London; New York: Routledge.

Sassoon, Donald (1996): One hundred years of socialism. The West European left in the twentieth century. New York: The New Press.

Scheele, Alexandra/Wöhl, Stefanie (Hg.) (2018): Feminismus und Marxismus. Basel; Weinheim: Beltz Juventa.

Scherf, Harald (2012): John Maynard Keynes (1883–1946). In: Starbatty, Joachim (Hg.): Klassiker des ökonomischen Denkens, Teil 2. Hamburg: Nikol Verlag, 273–291.

Scherrer, Christoph (1999): Globalisierung wider Willen? Die Durchsetzung liberaler Außenwirtschaftspolitik in den USA. Berlin: sigma.

Scheuermann, William E. (2009): Die politische Theorie konkurrierender Eliten: Joseph Schumpeter. In: Brodocz, André/Schaal, Gary (Hg.): Politische Theorien der Gegenwart I. Opladen: Verlag Barbara Budrich, 397–434.

Schleifstein, Josef (1972): Einführung in das Studium von Marx, Engels und Lenin. München: C.H. Beck.

Schmalz, Stefan (2018): Machtverschiebungen im Weltsystem: der Aufstieg Chinas und die große Krise. Frankfurt/M.; New York: Campus.

Schmid, Josef/Buhr, Daniel (2015): Wirtschaftspolitik, 2. Auflage. Paderborn: Schöningh Verlag.

Schmidt, Manfred G. (2019): Demokratietheorien. Eine Einführung, 6. Auflage. Wiesbaden: VS Springer.

Schulten, Thorsten (2004): Solidarische Lohnpolitik in Europa. Zur Politischen Ökonomie der Gewerkschaften. Hamburg: VSA.

Schumpeter, Joseph A. (1914): Epochen der Dogmen- und Methodengeschichte. In: Grundriss der Sozialökonomik, I. Abteilung, Tübingen: J.C.B. Mohr 19–124.

Schumpeter, Joseph A. (1961) [1939]: Konjunkturzyklen. Eine theoretische, historische und statistische Analyse des kapitalistischen Prozesses, 2 Bände, Göttingen: Vandenhoeck & Ruprecht.

Schumpeter, Joseph A. (1987): Beiträge zur Sozialökonomik, Wien et al.: Böhlau.

Schumpeter, Joseph A. (1991) [1908]: Das Wesen und der Hauptinhalt der theoretischen Nationalökonomie. Düsseldorf: Verlag Wirtschaft und Finanzen.

Schumpeter Joseph A. (1997) [1911]: Theorie der wirtschaftlichen Entwicklung. Eine Untersuchung über Unternehmergewinn, Kapital, Kredit, Zins und den Konjunkturzyklus. Berlin: Dunker & Humblot.

Schumpeter Joseph A. (2007) [1954]: Geschichte der ökonomischen Analyse, 2 Bände. Göttingen: Vandenhoeck & Ruprecht.

Schumpeter, Joseph A. (2020) [1942]: Kapitalismus, Sozialismus und Demokratie, 10. Auflage. Tübingen: Narr Francke Attempto Verlag.

Schweikard, David P. (2016): Karl Marx – Leben. In: Quante, Michael/Schweikard, David P. (Hg.): Marx-Handbuch. Leben – Werk – Wirkung. Stuttgart: J.B. Metzler, 1–20.

Screpanti, Ernesto/Zamagni, Stefano (2005): An Outline of the History of Economic Thought, Second Edition. Oxford: Oxford University Press.

Senf, Bernd (2007): Die blinden Flecken der Ökonomie. Wirtschaftstheorien in der Krise, 5. Auflage. Kiel: Verlag für Sozialökonomie.

Shonfield, Andrew (1965): Modern Capitalism. The Changing Balance of Public and Private Power. London: Oxford University Press.

Silver, Beverly J. (2003): Forces of Labor: Worker's Movements and Globalization since 1870. Cambridge M.A.; Cambridge University Press.

Simonis, Georg (1998): Das Modell Deutschland – Strukturmerkmale und Entwicklungslinien eines theoretischen Ansatzes. In: Simonis, Georg (Hg.): Deutschland nach der Wende. Wiesbaden: VS Verlag, 257–284.

Skidelsky, Robert (1983): John Maynard Keynes 1: Hopes betrayed, 1883–1920. London: Macmillan.

Skidelsky, Robert (1992): John Maynard Keynes 2: The economist as saviour, 1920–1937. London: Macmillan.

Skidelsky, Robert (2000): John Maynard Keynes 3: Fighting for Britain, 1937–1946. London: Macmillan.

Smith, Adam (2009) [1759]: Theorie der ethischen Gefühle. Auf der Grundlage der Übers. von Walther Eckstein neu hg. von Horst D. Brandt. Hamburg: Meiner.

Smith, Adam (2009) [1776]: Wohlstand der Nationen. Nach der Übersetzung von Max Stirner herausgegeben von Heinrich Schmidt. Köln: Anaconda Verlag.

Söllner, Fritz (2012): Die Geschichte des ökonomischen Denkens, 3. Aufllage. Berlin; Heidelberg: Springer Gabler.

Sombart, Werner (1932): Die Zukunft des Kapitalismus. Berlin-Charlottenburg: Buchholz & Weißwange.

Sombart, Werner (1934): Deutscher Sozialismus. Berlin-Charlottenburg: Buchholz & Weißwange.

Sombart, Werner (1987a) [1916]: Der moderne Kapitalismus. Historisch-systematische Darstellung des gesamteuropäischen Wirtschaftslebens von seinen Anfängen bis zur Gegenwart. Erster Band. Einleitung – Die vorkapitalistische Wirtschaft – Die historischen Grundlagen des modernen Kapitalismus. München; Leipzig: Duncker & Humblot.

Sombart, Werner (1987b) [1916]: Der moderne Kapitalismus. Historisch-systematische Darstellung des gesamteuropäischen Wirtschaftslebens von seinen Anfängen bis zur Gegenwart. Zweiter Band. Das europäische Wirtschaftsleben im Zeitalter des Frühkapitalismus, vornehmlich im 16.,17. und 18. Jahrhundert. München; Leipzig: Duncker & Humblot.

Sombart, Werner (1987c) [1927]: Der moderne Kapitalismus. Historisch-systematische Darstellung des gesamteuropäischen Wirtschaftslebens von seinen Anfängen bis zur Gegenwart. Dritter Band. Das Wirtschaftsleben im Zeitalter des Hochkapitalismus. München; Leipzig: Duncker & Humblot.

Sombart, Werner (2002) [1925]: Prinzipielle Eigenart des modernen Kapitalismus. In: Ebner, Alexander/Peukert, Helge (Hg.): Werner Sombart. Nationalökonomie als Kapitalismustheorie. Ausgewählte Schriften. Marburg: Metropolis, 377–391.

Sombart, Werner (2018) [1902]: Einleitende Bemerkungen zu einer Theorie des modernen Kapitalismus. In: Lichtblau, Klaus (Hg.): Die Modernität des Kapitalismus. Wiesbaden: VS Springer, 33–52.

Sombart, Werner (2018) [1909]: Der kapitalistische Unternehmer. In: Lichtblau, Klaus (Hg.): Die Modernität des Kapitalismus. Wiesbaden: VS Springer, 209–268.

Sombart, Werner (2018) [1929]: Die Wandlungen des Kapitalismus. In: Lichtblau, Klaus (Hg.): Die Modernität des Kapitalismus. Wiesbaden: VS Springer, 297–312.

Sombart, Werner/Weber, Max/Jaffé, Edgar (2002) [1904]: Geleitwort. In: Weber, Max: Schriften 1894–1922. Ausgewählt von Dirk Kaesler. Stuttgart: Kröner, 69–76.

Stanfield, J. Ron (1989): Karl Polanyi and contemporary economic thought. In: Review of Social Economy 47(3), 266–279.

Stapelfeldt, Gerhard (2001): Der Merkantilismus. Die Genese der Weltgesellschaft vom 16. bis zum 18. Jahrhundert. Freiburg: caira.

Starbatty, Joachim (Hg.) (2012): Klassiker des Ökonomischen Denkens. Hamburg: Nikol Verlagsgesellschaft.

Statistisches Bundesamt (2021): Gender Pay Gap 2019: Deutschland bleibt eines der EU-Schlusslichter, Statistisches Bundesamt (Destatis), 2021. Online: https://www.destatis.de/Europa/DE/Thema/Bevoelkerung-Arbeit-Soziales/Arbeitsmarkt/GenderPayGap.html [15.5.2021].

Stephen, Matthew (2011): Globalisation and resistance: struggles over common sense in the global political economy. In: Review of International Studies 37(1), 209–228.

Stockhammer, Engelbert (2007). Charakteristika eines finanzdominierten Akkumulationsregimes in Europa. In: WSI Mitteilungen 60(12), 643–649.

Streeck, Wolfgang (2010): E pluribus unum? Varieties and commonalities of capitalism, MPIfG Discussion Paper No. 10/12, Köln: MPIfG.

Streissler, Erich W. (1994): The influence of German and Austrian economics on Joseph A. Schumpeter. In: Shionova, Yuichi/Perlman, Mark (Hg.): Schumpeter in the History of Ideas. Ann Arbor: University of Michigan Press, 13–38.

Streminger, Gerhard (2017): Adam Smith. Wohlstand und Moral. München: C.H. Beck.

Sturm, Richard (2008): Adam Smith (1723–1790). In: Kurz, Heinz D. (Hg.): Klassiker des ökonomischen Denkens. Band 1. Von Adam Smith bis Alfred Marshall. München: C.H. Beck, 68–88.

Sutterlütti, Simon/Meretz, Stefan (2018): Kapitalismus aufheben. Eine Einladung, über Utopie und Transformation neu nachzudenken. Hamburg: VSA-Verlag.

Swedberg, Richard (1991): Joseph A. Schumpeter. His life and work. Cambridge: Polity Press.

Therborn, Göran (1977): The Rule of Capital and the Rise of Democracy. In: New Left Review No. 103, 3–41.

Thomasberger, Claus (2005): Human freedom and the ‚Reality of Society'. In: The History of Economic Thought 47(2), 1–14.

Thompson, Edward P. (1980): Die „moralische Ökonomie" der englischen Unterschichten im 18. Jahrhundert. In: Thompson, Edward P.: Plebejische Kultur und moralische Ökonomie. Frankfurt/M.: Ullstein, 66–129.

Tichy, Gunther (1985): Die endogene Innovation als Triebkraft in Schumpeters Konjunkturtheorie. In: Ifo-Studien 31(1), 1–27.

Tooze, Adam (2018): Crashed: wie zehn Jahre Finanzkrise die Welt verändert haben. München: Siedler.

Van Apeldoorn, Bastiaan (2002): Transnational Capitalism and the Struggle over European Integration. London; New York: Routledge.

Van Apeldoorn, Bastiaan/Horn, Laura/Drahokoupil, Jan (Hg.) (2009): Contradictions and Limits of Neoliberal European Governance. From Lisbon to Lisbon. Houndmills: Palgrave Macmillan.

Van der Pijl, Kees (1984): The Making of an Atlantic Ruling Class. London: Verso.

Van der Pijl, Kees (2006): Global Rivalries. From the Cold War to Iraq. London: Pluto Press.

Vanberg, Viktor J. (2020): Walter Euckens Weg zum Ordoliberalismus, Freiburger Diskussionspapiere zur Ordnungsökonomik 20/3. Freiburg: Walter Eucken Institut.

Veblen, Thorstein (1900): The Preconceptions of Economic Science. In: Quarterly Journal of Economics 14(2), 240–269.

Venkatachalam, Lakshmanan (2007): Environmental economics and ecological economics: Where they can converge? In: Ecological Economics 61(2–3), 550–558.

Vivares, Ernesto/Dolcetti-Marcolini, Michele (2016): Two regionalisms, two Latin Americas or beyond Latin America? Contributions from a critical and decolonial IPE. In: Third World Quarterly 37(5), 866–882.

vom Brocke, Bernhard (1992): Werner Sombart (1863–1941) Capitalism-Socialism-His Life, Works and Influence Since Fifty Years. In: Jahrbuch für Wirtschaftsgeschichte/Economic History Yearbook 33(1), 115–184.

von Thünen, Johann Heinrich (1990) [1826]: Der isolierte Staat in Beziehung auf Landwirtschaft und Nationalökonomie. Berlin: Akademie-Verlag.

Wagner, Gernot/Weitzman, Martin L. (2015): Climate Shock. The Economic Consequences of a Hotter Planet. Princeton: Princeton University Press.

Wagner, Ines/Lillie, Nathan (2013): Institutionalismus und räumliche Desintegration in der Vergleichenden Kapitalismusforschung: Arbeitsbeziehungen an der EZB-Baustelle Frankfurt. In: Bruff, Ian et al. (Hg.): Vergleichende Kapitalismusforschung: Stand, Perspektiven, Kritik. Münster: Westfälisches Dampfboot, 133–146.

Wahl, Stefanie A (2019): „Erwünscht", aber nicht „Priviligiert" – Migrantinnen im Pflegesektor. In: Becka, Michelle et al. (Hg.): Ethik und Migration. Gesellschaftliche Herausforderungen und sozialethische Reflexion. Brill: Schöningh, 139–148.

Walpen, Bernhard (2004): Die offenen Feinde und ihre Gesellschaft. Eine hegemonietheoretische Studie zur Mont Pèlerin Society. Hamburg: VSA.

Walras, Léon (1988) [1874]: Éléments d'économie politique pure ou théorie de la richesse sociale. Paris: Economica.

Walterskirchen, Ewald (2016): Neukeynesianismus und Postkeynesianismus: Was für ein Unterschied! In: Wirtschaft und Gesellschaft 42(3), 405–430.

Watson, Matthew (2005): Foundations of International Political Economy. Houndmills: palgrave macmillan.

Weber, Max (2002) [1904/05]: Die protestantische Ethik und der „Geist" des Kapitalismus. In: Weber, Max: Schriften 1894–1922. Ausgewählt von Dirk Kaesler. Stuttgart: Kröner, 150–226.

Weber, Max (2002) [1917]: Der Sinn der „Wertfreiheit" der soziologischen und ökonomischen Wissenschaften. In: Weber, Max: Schriften 1894–1922. Ausgewählt von Dirk Kaesler. Stuttgart: Kröner, 358–394.

Widmaier, Ulrich (2005): Joseph A. Schumpeter (1983–1950). In: Bleek, Wilhelm/Lietzmann, Hans J. (Hg.): Klassiker der Politikwissenschaft. München: C.H. Beck, 137–150.

Windolf, Paul (Hg.) (2005): Finanzmarkt-Kapitalismus. Analysen zum Wandel von Produktionsregimen. Kölner Zeitschrift für Soziologie und Sozialpsychologie, Sonderheft 45. Wiesbaden: VS Verlag.

Winkel, Harald (2012): Gustav von Schmoller (1838–1917). In: Starbatty, Joachim (Hg.): Klassiker des ökonomischen Denkens, Teil 2. Hamburg: Nikol Verlag, 97–118.

Winker, Gabriele/Degele, Nina (2009): Intersektionalität. Zur Analyse sozialer Ungleichheiten. Bielefeld: Transcript Verlag.

Wullweber, Joscha/Graf, Antonia/Behrens, Maria (Hg.) (2013): Theorien der Internationalen Politischen Ökonomie. Wiesbaden: Springer VS.

Ziebura, Gilbert (1984): Weltwirtschaft und Weltpolitik. 1922/24–1931. Frankfurt/M.: Suhrkamp.

Ziegler, Bernd (2008): Geschichte des ökonomischen Denkens. Paradigmenwechsel in der Volkswirtschaftslehre, 2. Auflage. München: Oldenbourg Verlag.

Ziegler, Dieter (2005): Die Industrielle Revolution. Darmstadt: Wissenschaftliche Buchgesellschaft.

Zinn, Karl Georg (2008): Die Keynessche Alternative. Beiträge zur Keynesschen Stagnationstheorie, zur Geschichtsvergessenheit der Ökonomie und zur Frage einer linken Wirtschaftspolitik. Hamburg: VSA.

Zweynert, Joachim (2007): Die Entstehung ordnungsökonomischer Paradigmen – theoriegeschichtliche Betrachtungen. Freiburger Diskussionspapiere zur Ordnungsökonomik 07/8. Freiburg: Walter Eucken Institut.

Zysman, John (1983): Governments, Markets, and Growth: Financial Systems and the Politics of Industrial Change. Ithaca: Cornell University Press.